Bruno P. Kremer
Thomas Merz

Naturparadies
Mittelrheintal

21 ausgewählte Erlebnistouren
zwischen Rüdesheim und Bonn

Quelle & Meyer Verlag Wiebelsheim

Die Angaben in diesem Buch sind von den Autoren und dem Verlag sorgfältig erwogen und geprüft, dennoch kann keine Garantie übernommen werden. Eine Haftung der Autoren bzw. des Verlags und seiner Beauftragten für Personen-, Sach- und Vermögens-schäden ist ausgeschlossen.

Bibliografische Information der Deutschen Nationalbibliothek
Die Deutsche Nationalbibliothek verzeichnet diese Publikation in der Deutschen Nationalbibliografie; detaillierte bibliografische Daten sind im Internet über http://dnb.d-nb.de abrufbar.

Umschlagabbildungen: Bruno P. Kremer, Thomas Merz
Druck und Verarbeitung: Westermann Druck Zwickau GmbH
Printed in Germany/Imprimé en Allemagne
ISBN 978-3-494-01705-1

Inhalt

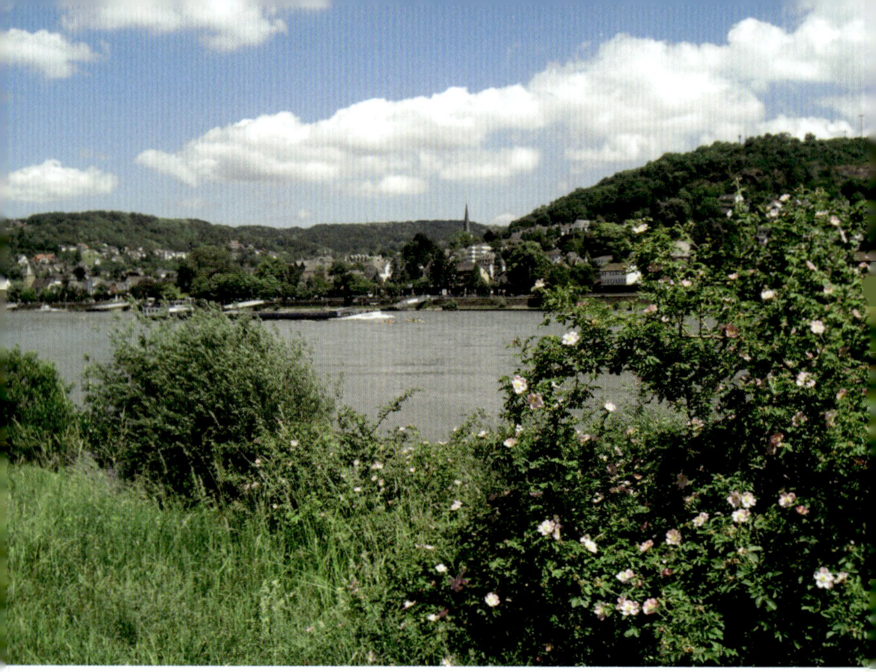

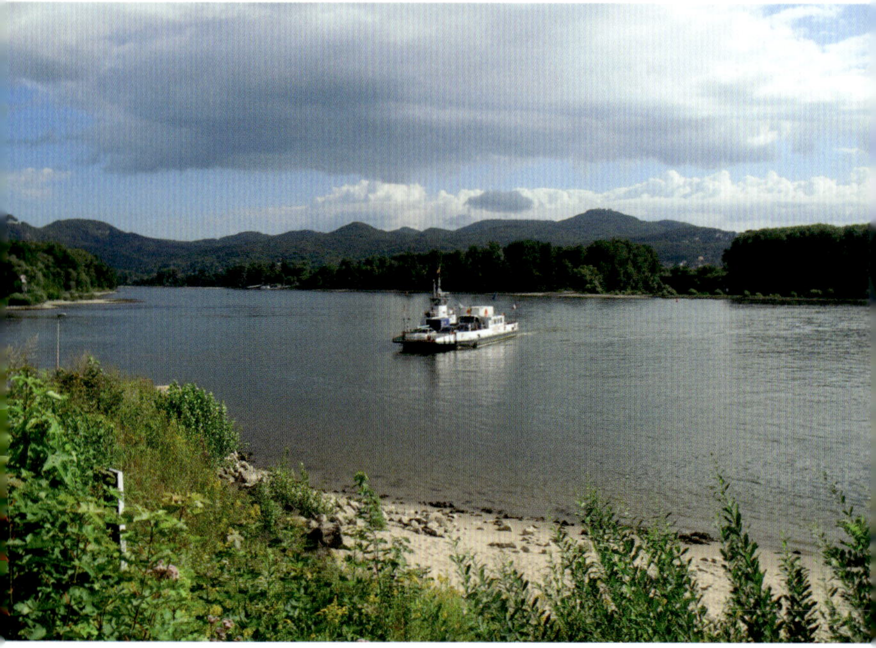

Das Rheintal zwischen Mainz und Bonn ist eine Landschaft von herausragender Bedeutung und in seiner Einzigartigkeit von universellem Rang.

Aus der Rheintal-Charta (1997)
des Rheinischen Vereins für Denkmalpflege und Landschaftsschutz

Faszination Mittelrhein

Unter dem Stichwort „Rhein" informiert das 1742 in Leipzig erschienene *Gro-ße vollständige Universal-Lexikon aller Wissenschafften und Künste* nicht gänzlich überraschend mit der geradezu schwärmerischen Notierung „Einer der edelsten, führnehmsten und wichtigsten Ströme in Europa". Tatsächlich hat kaum ein anderer Fluss eine in der allgemeinen Wahrnehmung vergleichbare Karriere vollzogen – bietet er doch für das sensible Gemüt sozusagen überall großes Landschaftskino. Seit Julius Caesar, der 55 v. Chr. zwischen Koblenz und Neuwied den ersten Brückenschlag über den damals noch stark von Inseln und Flachwassern durchsetzten Strom vollziehen ließ, hat er einen festen Platz in der abendländischen Literatur. Die weitaus meisten Autoren fassen ihre Eindrücke vom Rhein in freundliche, in angenehmen Konturen angelegte Gesamtbilder. Nicht so allerdings der berühmte Weltreisende und Naturforscher Georg Forster (1754–1794) – er hatte zwischen 1772 und 1775 den britischen Seefahrer James Cook (1728–1779) auf dessen zweiter Weltumsegelung begleitet. Forster konnte diesem Fluss tatsächlich so gar nichts abgewinnen, schrieb er doch 1791 in seinem Hauptwerk über den Mittelrhein (damals übrigens noch Niederrhein genannt) ziemlich verächtlich: „Für die Nacktheit des verengten Rheinufers unterhalb Bingen erhält der Landschaftskenner keine Entschädigung. Die Hügel zu beiden Seiten haben nicht jene stolze, imposante Höhe, die den Beobachter mit einem mächtigen Eindruck verstummen heißt; ihre Einförmigkeit ermüdet endlich, und wenn gleich die Spuren von künstlichem Anbau an ihrem jähen Gehänge zuweilen einen verwegenen Fleiß verraten, so erwecken sie doch immer auch die Vorstellung kindischer Kleinfügigkeit." Nun ja – der solcherart herummäkelnde Forster unternahm seine Rheinreise von Mainz bis Koblenz bei kühl-regnerischem Wetter im zeitigen Frühjahr 1790. Die Landschaftseindrücke des Mittelrheintals konnten mit seiner Reiselektüre „Reise nach Borneo" natürlich nicht wetteifern, mit der er, so sein Tagebucheintrag, „seine Phantasie an jenen glühenden Farben gewärmt und gelabt, wovon die winterliche Gegend hier nichts hatte." Und er fährt in seinem Bericht fort: „… und selbst die Lage der Städtchen, die eingeengt sind zwischen den senkrechten Wänden des Schiefergebirges und dem Bette des furchtbaren Flusses […] ist melancholisch und schauderhaft". Aus heutiger Sicht stellen sich solche Schilderungen dar wie ein totaler Verriss. Aber es sollte glücklicherweise anders kommen. Der missmutige Georg Forster hätte sich vermutlich die Augen gerieben.

Schon wenig später, nachdem man die Landschaft überhaupt und zunächst noch recht zaghaft als besonderen Erlebnisinhalt entdeckt hatte, änderte sich die Wahrnehmung nämlich geradezu grundlegend, und fortan keimte die

Burg Katz über St. Goarshausen: Burgen, Reben und Rheinromantik sind untrennbare Erlebnisinhalte.

Begeisterung gerade für den Mittelrhein allenthalben heftig auf. Heinrich von Kleist (1777–1811) beteuerte in einem 1803 geschriebenen Brief: „Der schönste Landstrich von Deutschland, an welchem unser großer Gärtner sichtbar con amore gearbeitet hat […] sind die Ufer des Rheins". Der Philosoph und Dichter Friedrich von Schlegel (1772–1829) schwärmte von „kühnen Burgen auf wilden Felsen", und Ferdinand Freiligrath (1810–1876) war völlig „vom Zauber des Rheins ergriffen". Der Ehrenbreitsteiner Clemens Brentano (1778–1842) schuf mit seiner Lore Lay eine der europaweit bekanntesten Frauengestalten, die nie existiert haben; bei Heinrich Heine (1797–1856) wurde sie letztlich zum fatal blonden und verführerischen Supermodel, das heftig in den Hormonhaushalt der Rheinschiffer eingreift. In der Vertonung des Württembergers Friedrich Silcher (1789–1860) ist sie neben „Stille Nacht" das international bekannteste deutsche Liedgut – kein Fahrgastschiff lässt diese spezifische Hymne bei der Passage des Loreley-Felsens aus. Der von der Insel Rügen stammende, aber überaus rheinbegeisterte Ernst Moritz Arndt (1769–1860) ließ erstmals betont nationale Töne anklingen. In der pathetischen Dichtung und Prosa von Max Schneckenburger (1819–1849), der 1840 das markige Gedicht „Die Wacht am Rhein" beisteuerte, vernahm man vermehrt ziemlich kämpferische Sprüche. Diese literarische Wahrnehmung ist jedoch nur die eine Facette.

Die Künstler des 19. Jahrhundert haben die tatsächlichen Landschaftseindrücke fallweise stark überhöht: Unteres Mittelrheintal und Siebengebirge. Kolorierter Stahlstich von William L. Leith, um 1840.

Schon geraume Zeit zuvor hatten ungezählte Maler und Zeichner die Schönheit der Flusslandschaft entdeckt und hier offenbar ihre Sehnsuchtslandschaft gefunden. Bereits im 17. Jahrhundert machten die Niederländer den Anfang. Engländer wie Lord Byron (1788–1824) oder das Malergenie William Turner (1775–1851) folgten ihnen zahlreich. Allein zwischen 1780 und 1870 erschienen in West- und Mitteleuropa über 300 verschiedene illustrierte Reisebeschreibungen über das Rheintal mit zusammen nahezu 5.000 Aquarellen, Lithographien, Radierungen oder Zeichnungen. Viele dieser Künstler entdeckten den besonderen Charme der Rheintallandschaft eher zufällig bei ihrer Durchreise auf dem Weg zu den mediterranen Quellen der klassischen Antike und deren Wiedergeburt zu Beginn der Neuzeit. Andere kamen, weil sie sich von den ersten begeisterten Schilderungen früherer Reisenden besonders motiviert fühlten.

Kulturgeschichtlich betrachtet stellt sich diese Entwicklung übrigens als bemerkenswertes Unikat dar, denn Vergleichbares hat sich weder an Donau, Elbe oder Weser vollzogen.

Ob es wirklich nur die den Ohren so besonders schmeichelnde Buchstaben- bzw. Wortreihung Rhein, Rebe, Romantik und Reiselust ist oder gar der passend zum Flussnamen reimende Wein? Karl Baedeker (1801–1859), seinerzeit

Buchhändler in Koblenz, sieht es durchaus distanzierter. Im 1828 erschienen die ersten seiner bald schon in vielen Auflagen verbreiteten Reisehandbücher, darunter auch die „Rheinreise von Mainz bis Cöln. Handbuch für Schnellreisende". Darin widerlegt er seitenlang den überkritischen Georg Forster und beschreibt die Rheinlandschaft auch aus heutiger Sicht bemerkenswert sachlich-informativ, ohne indessen deren besonderen Charme zu verkennen. Mit dieser frühen Reiseliteratur bediente er ein aufgeschlossenes und empfängliches Publikum, denn spätestens seit dem Beginn des 19. Jahrhunderts gehörte eine Rheinreise sozusagen zum bildungstouristischen Standardprogramm. Bald kamen übrigens auch die bis heute erhältlichen ausklappbaren Rhein-Panoramen auf, mit denen man die Tallandschaft gleichsam en passant vom Schiff aus nachvollziehen konnte. Mittelrheinische Landschaft und Reiseromantik sind somit seit langer Zeit fest zusammengehörende und fast schon komplementäre Begriffe.

Ein wichtiger Verkehrsraum

Der Rhein ist schon seit dem obersten Tertiär der einzige zur Nordsee entwässernde Alpenfluss und gehört zu den am stärksten von der Geschichte geprägten Strömen Europas. Nach Donau und Wolga ist er der längste und wasserreichste europäische Strom. Er formte nicht nur die von ihm durchflossenen Landschaften, sondern wurde auch umgekehrt immer wieder von seinem Umland geprägt. In der Folge und zum Teil auch in ursächlicher Verknüpfung mit der regionalen historischen Entwicklung Westeuropas wurde das Rheintal schon sehr früh auch zu einem bedeutenden Verkehrsweg. Heute zählt es zu den am stärksten beanspruchten Verkehrskorridoren der Welt. Als wichtige Nord-Süd-Achse bildet es den Kern des mitteleuropäischen Wasserstraßensystems. Von der gesamten deutschen Binnenschifffahrtsfracht werden rund 75 % auf dem Rhein transportiert – übrigens bemerkenswert umweltfreundlich und ziemlich kostengünstig.

Das Rheintal ist aber nicht nur eine wichtige Binnenschifffahrtsstraße. Der enge Talzug nimmt gleichzeitig zwei stark befahrene und insofern die Tallandschaft heftig verlärmende Streckenbänder im Schienennetz der Deutschen Bahn auf. Außerdem führen zwei Bundesstraßen (B9 und B42) in Nord-Süd-Richtung durch das Engtal des Rheins. Schließlich kommt dem Rheintal auch eine nicht zu unterschätzende Bedeutung für den Rohrleitungsfernverkehr zu, über den weit auseinander liegende Industriezentren mit Rohstoffen und Fertigprodukten versorgt werden. Von diesen im Rheinboden versenkten Leitungen ist in der Landschaft glücklicherweise nichts zu sehen.

Schon allein diese knappe verkehrsgeographische Skizze beleuchtet die vielfältigen Nutzungsansprüche an eine Landschaft, deren wirtschaftliche Funk-

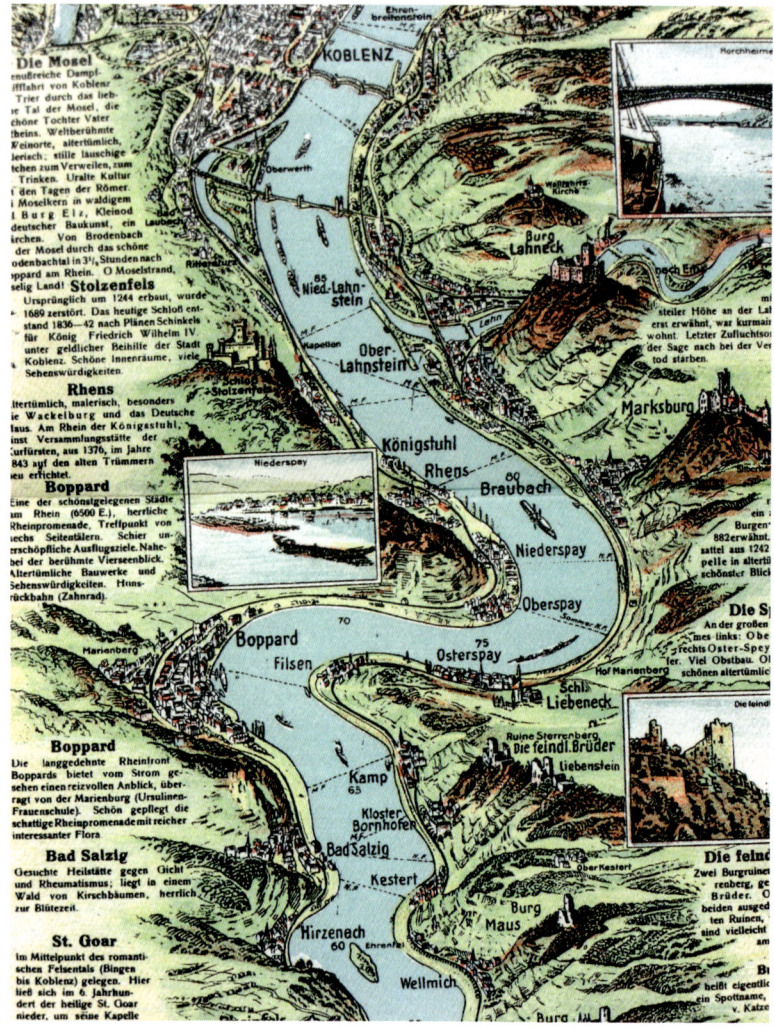

Liebevoll gezeichnete oder gemalte Rheinlaufkarten gab es schon vor über 100 Jahren: Ausschnitt aus einem 1907 in Köln erschienenen 1,20 m langen Leporello.

tion unter anderem auch darin besteht, die Ballungs- und Verdichtungsräume Rhein-Ruhr und Rhein-Main-Neckar bequem miteinander zu verbinden. Schon 1839 formulierte Victor Hugo (1802–1885) zu diesem Thema überaus treffend:

„Ursprünglich hatte die Natur, als sie den Rhein schuf, an eine Wildnis gedacht; der Mensch hat daraus eine Straße gemacht".

Auf die landschaftliche Eigenart des Rheintals ist diese Nutzung als Verkehrs-, Siedlungs- und Wirtschaftsraum verständlicherweise nicht ohne nachhaltigen Einfluss geblieben. Vielerorts sind der Landschaft durch die industrielle Flächennutzung sogar herbe Wunden geschlagen worden. Der Strom selbst führt(e) eine nicht unerhebliche Abwasserfracht und galt lange Zeit als Symbol einer im europäischen Maßstab unbewältigten Umweltbelastung, obwohl sein Uferfiltrat vor allem im Niederrheingebiet das Trinkwasser für Millionen Menschen liefert. Trotz dieser Problembündel, die in ihrer Gesamtwirkung gewiss nur wenig zur Landschaftsästhetik beitragen, hat sich die mittelrheinische Landschaft entlang des Stroms noch viele erlebniswerte Züge bewahren können. Kein anderer europäischer Fluss berührt mehr Großstädte als der Rhein, aber gerade das rund 125 km lange Durchbruchstal durch das Rheinische Schiefergebirge ist zum Glück noch nicht zu einem urbanen Lebensraum zusammengewachsen.

Erlebniswerte Tallandschaft – als UNESCO-Welterbe dekoriert

Wenn die Rede auf den burgenbekrönten, rebenbekränzten und eben romantisch verklärten Rhein kommt, dem der frühere Bundespräsident Richard von Weizsäcker immerhin eine „heitere Würde" attestiert, ist fast immer der Mittelrhein zwischen Bingen und Bonn gemeint. „Der berühmteste und am meisten bewunderte Teil des Flusses, der reichste für den Geologen, der interessanteste für den Historiker, der wichtigste für die Politik, der schönste für den Dichter" notierte Victor Hugo im Jahre 1842 zutreffend in seiner zweibändigen Darstellung speziell über den Mittelrhein. Tatsächlich hat hier die Tallandschaft auf größeren Strecken noch wesentliche Züge ihres ursprünglichen Gesichtes bewahren können, denn für ausufernde Siedlungen war in den steilhängigen Engtalabschnitten nirgendwo Raum. Hier konnte man den Strom auch nicht einfach in neues, stark verkürztes weil begradigtes Bett zwingen, wie bei der 1817 unter dem badischen Strombaudirektor Oberst Johann Gottfried Tulla (1770–1828) im Oberrheingraben nach geradezu militärischen Maßstäben begonnenen und 1868 abgeschlossenen Rheinkorrektion. Auch war es hier zumindest auf weiten Strecken nicht möglich, seine Ufer fast flächendeckend mit Industrieanlagen zu säumen wie heute stellenweise im Ober- und Niederrheingebiet. Als stark frequentierter Verkehrs- und Transportweg zwischen den Ballungsräumen Rhein/Neckar, Rhein/Main und Rhein/Ruhr kann aber auch der Mittelrhein zwar nicht mehr gänzlich natürlich sein, aber zumindest abschnittweise dennoch erlebniswerte und sympathische Naturnähe entwickeln – und dies im Kontext mit einer auch im europäischen Maßstab

An der Binger Talpforte zwischen dem Mäuseturm und der Burgruine Ehrenfels beginnt der Mittelrhein mit seinen beeindruckenden Engtalstecken.

geradezu einzigartigen kulturlandschaftlichen Dichte, die in vielen Buchtiteln ausführlich dargestellt ist.

Vor diesem Hintergrund war es eine konsequente Entwicklung, dass zumindest das Obere Mittelrheintal zwischen Bingen und Koblenz seit 2002 UNESCO-Welterbe ist – ausgewiesen als Weltkulturerbe neben drei weiteren rheinland-pfälzischen Welterbestätten, nämlich Dom zu Speyer (1981), Denkmalbereiche in Trier (1986) und Obergermanisch-raetischer Limes (2005). Das Obere Mittelrheintal ist zwar eine überaus reichhaltige Kulturlandschaft, weist aber auch viele erlebniswerte naturlandschaftliche Facetten auf, wie es die eingangs zitierte Rheintal-Charta sinngemäß vermerkt. Vor allem diese werden im vorliegenden Buch im Vordergrund stehen.

Obwohl voreilige Kritiker die Rheinromantik leichtfertig totsagen (vgl. Meyer-Doerpinghaus 2015), belohnt das Publikumsinteresse die Welterbelandschaft nach wie vor. Die Attraktivität gerade des Mittelrheingebietes als einer der kulturhistorisch faszinierendsten europäischen Flusslandschaften überhaupt ist – gewiss auch als verdiente Konsequenz eines bemerkenswert rührigen

Den Logos der Fernwanderwege am Rhein kann man sich vorbehaltlos anvertrauen.

Regio-Touristik-Managements – immer noch ungebrochen. Die mittelrheinische Landschaft mit ihren zahlreichen Zeugnissen einer vielschichtigen und -phasigen kulturellen Tradition ist immer noch ein gerne besuchtes Reise-, Urlaubs- und vor allem Wandergebiet, unter anderem ablesbar am Erfolg des 2005 zwischen Wiesbaden und Bonn auf der rechten Rheinseite eröffneten Premiumwanderwegs Rheinsteig oder auf seinem Pendant, dem linksrheinisch 2010 eröffneten RheinBurgenWeg.

Die Rheinhöhenwege

Schon um 1900 keimte der Wunsch auf, als Wanderer die staubigen Talwege eher zu meiden und die Mittelrheinlandschaft nicht nur aus der Perspektive der Uferpromenaden zu erleben. Zu diesem Zeitpunkt bestand aber noch kein die Talflur in der Höhe durchgängig begleitendes Wegesystem.

Hans Hoitz, Kölner Gymnasiallehrer und langjähriges Vorstandsmitglied des Eifelvereins, regte 1904 nach eigenen Geländeerkundungen beim Rheinischen Verkehrsverband in Koblenz an, beiderseits entlang des Mittelrheins ein Band von Höhenwegen einzurichten, um auch dieses Gebiet dem Tages- oder Fernwanderer komplett zu erschließen. Den offiziellen Planungsauftrag erhielt er 1907. Die nach dem Kartenbild zunächst recht einfach erscheinende Idee, den Weg unmittelbar über die Talkante des Mittelrheintals zu führen, ließ sich jedoch so im Gelände nicht immer umsetzen. In Teilen musste der Streckenverlauf recht beträchtliche Umwege in Kauf nehmen, um an den zahlreichen Seitentaleinmündungen unnötige Ab- und Aufstiege zu vermeiden. Andererseits bot sich mit der schließlich gefundenen Wegeführung die Möglichkeit, bei einer längeren Wanderung auch die Nebentäler zumindest anteilig zu erleben und das Mittelrheintal in immer wieder wechselnden landschaftlichen Szenerien wahrzunehmen. Daher zeigen sich die ursprünglichen Rheinhöhenwege im Kartenbild wie eine Girlande mit zahlreichen Bögen und Windungen. Nach nur etwa vier Jahren war das neue Wegesystem auf der rechten Rheinseite von (Bonn-)Beuel bis Wiesbaden auf einer Länge von 280 km eingerichtet und mit dem bis heute kennzeichnenden „R"

Abschnittweise trifft man am Rhein auch auf die traditionellen Wege der Jakobspilger.

durchmarkiert. Linksrheinisch endete der Fernwanderweg anfangs in Bingen und heute südlich von Mainz. Zur Wandersaison 1910 wurden beide Höhenwege auf einer Gesamtlänge von 452 km eröffnet.

Unterdessen sind Ausbau und Wegeführung mehrfach überarbeitet worden. Auf weiten Strecken entspricht der rechtsrheinische Rheinhöhenweg dem

• Rheinsteig

Dieser Premiumwanderweg wurde 2007 eröffnet. Er beginnt am Bonner Hauptbahnhof, endet nach rund 280 km am Bahnhof Wiesbaden-Biebrich und verläuft oft deutlich rheintalnäher als der traditionelle Rheinhöhenweg.

Meist sind die Rheinhöhen-Wanderwege bequem zu bewältigen,

... aber manchmal stellen sie besondere Anforderungen.

- RheinBurgenWeg

Als linksrheinische Entsprechung zum Rheinsteig wurde er im Jahre 2010 als Prädikatswanderweg eröffnet. Er beginnt am Rolandsbogen südlich von Bonn (vgl. NaTour 18) und endet nach 196 km am Mäuseturm in Bingen. Auch seine Streckenführung ist nicht immer identisch mit dem nach wie vor bestehenden linksrheinischen Rheinhöhenweg. Für geübte Bergwanderer bietet er mit dem Mittelrhein-Klettersteig im Bopparder Hamm (vgl. NaTour 7) und dem Oelsbergsteig bei Oberwesel zwei recht anspruchsvolle Wegalternativen.

Natur am Mittelrhein

Die Mittelrheinlandschaft zeichnet sich durch eine erstaunlich vielfältige natürliche Ausstattung aus – eine Tatsache, die so allerdings in der großen Mehrzahl der nicht gerade wenigen Reise- bzw. Tourenführer zum Erlebnisraum Mittelrheintal überraschenderweise gar nicht oder nur wenig kompetent anklingt. Trotz der im Vergleich zu allen anderen europäischen Flussregionen beispiellosen Karriere in Literatur oder bildender Kunst hat man den Rhein und seine Tallandschaft nämlich als Naturerscheinung bzw. als faszinierendes Lebensraumgefüge bisher fast total vergessen. Selbst auf dem Höhepunkt der Rheinreiseromantik stand die Rheinlandschaft immer nur gesamthaft und gleichsam als Projektionsfläche für historisierende Ideen im Vordergrund des Schauens und Erlebens. Als natürlichen Lebensraum, als faszinierenden Fließwasserbiotop mit einer Vielzahl biogeographisch hervorhebenswerter Pflanzen- und Tierarten, wurde der Rhein lange Zeit fast überhaupt nicht wahrgenommen oder gar thematisiert. Erst um die vorletzte Jahrhundertwende unternahm der zunächst in Heidelberg, dann in Freiburg arbeitende Hydrobiologe Robert Lauterborn (1869–1952) eine systematische Erfassung der gesamten Pflanzen- und Tierwelt des Rheins von der Quelle bis zur Mündung. Er krönte seine umfangreiche Lebensarbeit mit einem mehrbändigen, 1916–1919 erschienenen und bis heute lesenswerten Grundlagenwerk zur Naturgeschichte des Stroms. Warum es am Rhein so schön ist, hat eben mit seiner besonderen Talnatur zu tun.

Auf der anderen Seite nimmt vor allem die ökologische Qualität des Rheinstroms in der öffentlichen Einschätzung wohl als Folge der allgemeinen Sensibilisierung für Umweltfragen einen besonderen Rang ein, wobei man ihn generell immer noch nicht als besonders hochwertig ansieht, sondern eher als Patienten versteht. Heinrich Böll (1917–1985), der heute kaum noch gelesene Kölner Nobelpreisträger, bezeichnete den Rhein einmal als „verschmutzte Majestät", was zu seinen Lebzeiten leider durchaus zutraf. Solche Einschätzungen entstehen nicht von ungefähr und sind auch fern von jeglicher modernen Legendenbildung. Chemieunfälle, Tankerhavarien und Fischsterben bleiben in der kollektiven Erinnerung ebenso verhaftet wie die in letzten Jahrzehnten gelegentlich katastrophal verlaufenen Rheinhochwasser. Gegenwärtig stellt sich de Situation dagegen völlig anders dar: Die Lebensraumqualität auch des

Mittelrheins hat sich durch wirksame Maßnahmen des technischen Umweltschutzes während der letzten Jahrzehnte erheblich und nicht nur zur Freude der Rhein-Hydrobiologen verbessert – schon seit dem Jahre 2000 weist der Rhein durchweg wieder die Gewässergüteklasse II auf. Viel besser kann ein Fließwasserökosystem dieser Größenordnung auch in der Naturlandschaft nicht sein – obwohl längst noch nicht alle Umweltprobleme behoben sind. Die fast immer verheerenden und fallweise auf groben Dilettantismus zurückzuführenden Chemieattacken der vergangenen Jahrzehnte hat der Rhein unterdessen also glücklicherweise recht gut überwunden.

Ein ganz anderer Fokus

Weil man das Obere Mittelrheintal zwischen Bingen und Koblenz, die Mittelrheinische Beckenlandschaft zwischen Koblenz und Neuwied sowie das Untere Mittelrheintal von Andernach bis zu der bei Bonn ansetzenden Niederrheinischen Tieflandbucht nicht allein den sentimentalen (wenngleich sicherlich berechtigten und nachvollziehbaren) Schwärmereien der Architekturbegeisterten, Kunsthistoriker und Literaten überlassen sollte, wählen wir hier einen ganz anderen Zugang: Wir stellen diese Landschaft vor allem aus naturkundlicher Sicht vor – mit besonderen erlebnis- bzw. anschauenswerten Anlauf- und Schwerpunkten zu biologisch-ökologischen und geologischen Themen. Immerhin repräsentiert der zwischen den beiden rechts und links angrenzenden Flügeln des Rheinischen Schiefergebirges eingezwängte Talzug des Mittelrheins sozusagen das Kernstück rheinischer Landschaft, weil er deren wichtigste landschaftliche Strukturachse darstellt. Im Vordergrund der Schilderung stehen hier also das Engtal und sein Strom als einzigartiger und themenreicher Natur- und Erlebnisraum. Für erklärte Naturfreunde ist ein Besuch des Mittelrheins eventuell auch ganz ohne Burgenromantik oder sonstige kultur- resp. kunsthistorische Befrachtung immer ein besonderes Erlebnis. Dieses Buch ist damit aber kein Reiseführer im üblichen Sinne, der die Aufstellungsorte der nächst erreichbaren Cola-Automaten oder jede Wegebiegung minutiös auflistet. Es versucht vielmehr, die landschaftliche Eigenart und den phasenreichen Werdegang des Rheintals nachzuzeichnen und durch Geländebeobachtung auch nachvollziehbar zu machen. Darüber hinaus skizziert es die gebietstypische Flora und Fauna mit ihren Lebensräumen, ihre Erhaltung und Gefährdung. Es geht in diesem Buch wesentlich um das ganzheitliche Erleben einer besonderen Landschaft mit „wissendem Auge". Aus nahe liegenden Gründen bleiben dabei die weiteren angrenzenden Rahmenlandschaften des Mittelrheintals meist eher Kulisse und insofern wirklich im Hintergrund. Somit spannt sich vor Ihnen ein weiter und vom Üblichen durchaus abweichender, aber faszinierender Themenbogen auf: Wussten Sie beispielsweise, wo, wann und warum hier ein äußerst heftiger Vulkanismus die Landschaft erschütterte und Teile des Schiefergebirges wie mit Schrotschüssen durchsiebte? Ist Ihnen bekannt, dass heute im Rhein Krabben aus China, Muscheln aus Ägypten oder Fische aus dem Schwarzmeergebiet leben? Hätten Sie je gedacht, dass in den Uferorten am Mittelrhein überall Blütenpflanzen aus Kanada, Mittelamerika, Südafrika oder Südostasien vorkommen? Und ferner: Wo sonst als am Mittelrhein lässt sich unsere eigene Vor- und Frühgeschichte über fast eine Million Jahre zurückverfolgen – länger und lückenloser als in irgendeinem anderen Gebiet Europas? Wenn Sie das alles neugierig gemacht hat, blättern Sie die folgenden Vorschläge für erlebnisreiche NaTouren durch unsere wander- und wunderschöne Landschaft zu Hause oder auf einer schattigen Bank unterwegs einmal in Ruhe durch.

Landschaft und Naturraum

Fast alle Quellflüsse des Alpenrheins mussten vor dessen Einmündung in den Bodensee so manche schier unpassierbar erscheinende Engstelle im hoch aufragenden Alpenland durchbrechen, etwa der Hinterrhein in der berühmten Via Mala oder die Aare in ihrer beeindruckenden Aare-Schlucht. Aber

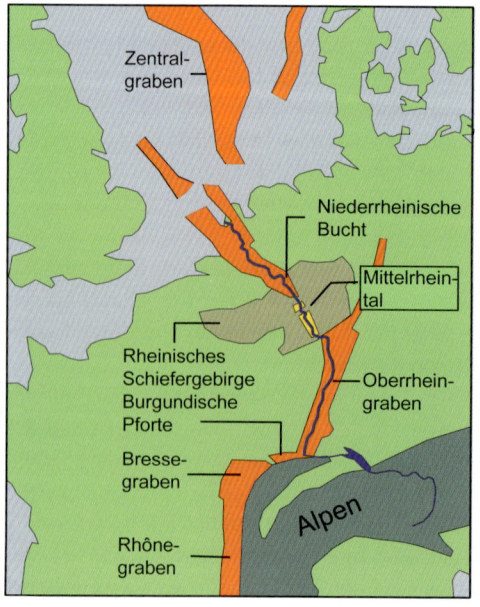

Das Mittelrheintal ist ein Teil einer europaweiten Riftstruktur.

Man glaubt es nicht, aber es ist so: Das Mittelrheintal markiert einen groß-räumigen Riss in der Erdkruste.

nur zwischen Bingen und Bonn, dem eigentlichen Mittelrheingebiet, hat der Fluss eine nicht minder schwierige und aus dem Geländebefund zunächst unverständliche Gebirgsstrecke zu durchmessen. Der Rhein folgt hier, ebenso wie im Oberrheingraben und in der Niederrheinischen Bucht, erkennbar dem ausgedehnten Westeuropäischen Riftsystem (vgl. Abb. S. 22). Als Rift bezeichnet man einen großen und meist recht tief gehenden Längsriss, der den europäischen Kontinent nord-südlich in zwei Plattenteile zerlegt. Das Rift ist somit eine durch die gesamte viele Kilometer mächtige Erdkruste bis in den Erdmantel hinabreichende Spalte, an der sich Westeuropa in erdgeschichtlicher Zukunft übrigens allmählich vom übrigen Europa löst und dann wohl einen eigenen Kontinent bilden wird.

In der sicherlich drang-, aber durchaus eindrucksvollen Talenge ist dem Mittelrhein zwischen Bingen und Bonn kein mäandrierendes Ausufern wie im Ober- oder Niederrheingebiet möglich. Aber gerade dieses Durchbruchstal hat im Gegensatz zu den offenen und weiträumigen übrigen Flussabschnitten einen unverhältnismäßig breiten Strom kulturgeschichtlicher Zeugnisse in Gang gesetzt, viele Jahrhunderte lang vor allem in Gestalt einzigartiger Baudenkmäler, später zusätzlich in hinreißenden Landschaftsschilderungen mit dem Schreibzeug der Literaten sowie durch Pinsel und Zeichenstift der bildenden Künstler.

Wer vielschichtigen kultur- bzw. naturhistorischen Bezügen, Ereignissen und Zusammenhängen nachgehen möchte, ist im Mittelrheingebiet nahezu überall auf dem richtigen Weg. Von der Altsteinzeit bis in die Gegenwart haben hier alle wichtigen Epochen ihre besonderen Spuren hinterlassen. Für Kunstbegeisterte ist die Landschaft im Tal und auf den Höhen nicht weniger ergiebig – von romanischen Kirchen über mittelalterliche Burgen bis hin zu barocken Schlossbauten ist diese Landschaft erstaunlich reich mit attraktiven und erlebniswerten Objekten besetzt.

Angesichts solcher Fülle könnte man glatt übersehen (und hat es wohl auch geraume Zeit), dass die mittelrheinische Landschaft zunächst einmal ein großartiger Naturraum ist. Der Blick auf die Landkarte ist dabei hilfreich und verrät es sofort: Der Rhein ist die mit Abstand wichtigste landschaftliche Strukturachse Westdeutschlands. Sie verknüpft linear alle drei Großlandschaften Mitteleuropas, den alpinen Hochgebirgsriegel, die über 400 km breite Mittelgebirgsregion und das ausgedehnte nordwesteuropäische Tiefland. Als Mittelrheingebiet legt die beschreibende Geographie sein eigen- und einzigartiges Durchbruchstal durch das Rheinische Schiefergebirge fest, das die (ursprünglich) durchweg 40 km breite Auenlandschaft des Oberrheingrabens mit der weiten und ebenen Niederrheinischen Tieflandsbucht verbindet. Mit seinen sämtlichen, insgesamt jedoch nicht allzu betonten Schlingen und Windungen weist der Mittelrhein von seinem Gebirgseintritt bei Bingen (Rhein-km 530) bis zum Übergang in den Niederrhein, etwa in Höhe des Siebengebirges bei Bonn (Rhein-km 655), eine Länge von rund 125 km auf. Damit entfallen auf diesen Stromabschnitt nur 12,5 % der kilometrierten Gesamtfließstrecke, denn von der Mitte der Konstanzer Rheinbrücke (Rhein-km 0) bis zur Einmündung in die Nordsee (Nieuwe Waterweg bei Rhein-km 1032,8 nahe Hoek van Holland) sind es immerhin etwas mehr als 1.000 km. Die Gesamtlänge des Rheins von der (so allerdings bis heute falsch definierten) Quelle des Vorderrheins am Ausgang des Toma-Sees im schweizerischen Graubünden bis zur Mündung beträgt nach jüngerer Korrektur rund 1.233 km. Die eigentümlichen Diskrepanzen zwischen der offiziellen, auf Ufertafeln ablesbaren Rheinkilometrierung und der tatsächlichen Lauflänge des Flusses erläutert S. 374.

Der heute durch die Stromkorrektion im 19. Jahrhundert stark verkürzte Oberrhein (jetzt 357 km, ca. 35% Streckenanteil) und der in historischer Zeit technisch ebenfalls, aber weniger massiv im Lauf veränderte Niederrhein (ungefähr 22 % des Stromgebietes, 226 km) sind zwar deutlich länger als die 125 km lange Mittelgebirgsstrecke des Flusses, blieben aber als Erlebnis- und Reiselandschaft durchweg weniger prominent als der Mittelrhein mit seinem

Engtal, obwohl er auch auf seiner übrigen Fließstrecke mit großartigen Natureindrücken überrascht. „Bei dem freundlichen Bonn hört die eigentlich schöne Rheingegend auf", schrieb 1805 Friedrich von Schlegel (1772–1829) unter dem Eindruck einer gerade beendeten Rheinreise. Seine Feststellung mag uns heute vielleicht ein wenig voreingenommen oder gar überheblich erscheinen, aber sie ist nachvollziehbar und auf jeden Fall typisch für das Landschaftsverständnis der gesamten Epoche, und die liebte nun einmal das betonte Relief. Die vielfach zitierte Rheinromantik entfachte sich vor allem an den beeindruckenden und landschaftlich einzigartigen Engtalabschnitten im mittleren Teil des Rheins, die in der frühen Reiseliteratur allerdings häufig noch als schroff, bedrückend oder gar abweisend empfunden und beschrieben wurden. Nachdem das canyonartig enge Durchbruchstal zwischen Bingen und Bonn jedoch für einen ungehinderten und vor allem weniger gefährlichen Schifffahrtsbetrieb und im 19. Jahrhundert auch für den landgebundenen Durchgangsverkehr geöffnet worden war, wandelte sich das Bild: Die Mittelrheinregion gilt seither zunehmend als anmutige, heitere Landschaft. Bingen und Bonn sind gleichsam die Kardinalpunkte innerhalb desjenigen Teils der Rheinlandschaft, der nach weit verbreiteter Einschätzung nach wie vor zu den erlebniswertesten Flussregionen Europas mit einer Vielzahl bedeutender Geotope gehört.

Was sind Geotope?

Landschaftliche Schönheit ist ein schwer festzulegender Begriff. Er tritt zwar als zentraler Leitgedanke im Bundesnaturschutzgesetz ebenso auf wie im rheinland-pfälzischen Landespflegegesetz. Was aber genau unter einer schönen im Gegensatz zu einer weniger ansprechenden Landschaft zu verstehen ist, lässt sich kaum in Tabellen oder gar rechnerischen Größen fassen. So bleibt nur die Möglichkeit einer umschreibenden Eingrenzung.

Landschaft ist immer auch ein Dokument ihrer eigenen Erdgeschichte. Das oftmals komplizierte räumliche Nebeneinander von Höhen und Tälern, von Kuppen, Hängen, Senken und Schluchten lässt sich auf dem Hintergrund ihres jeweiligen Werdegangs zum klareren zeitlichen Nacheinander entschlüsseln und gewinnt so an zusätzlicher Erlebnisqualität. Am einzelnen Anschauungsobjekt werden zeitliche Tiefe und Besonderheiten der Landschaftsformung deutlich. Jede Landschaft ist einzigartig und in ihrer jegliche historische Zeiten überspannenden Geschichtlichkeit unwiederholbar. Demnach kann sich die im Gesetzestext benannte landschaftliche Schönheit und Eigenheit nicht allein auf die reine Oberflächenbeschaffenheit beschränken, sondern regt dazu an, auch die zeitliche Tiefe in den Blick zu nehmen und die besonderen Zeitmarken Jahrmillionen während Landschaftsformung bewusster zu wahrzunehmen. Das Erleben erdgeschichtlicher Besonderheiten sowie herausragender Ereignisfolgen aus dem landschaftlichen Werdegang braucht also seine spezifischen Anschauungsobjekte.

Besondere erdgeschichtliche Objekte, also hervorhebenswerte und zum Teil erst durch technisch-bergbauliche Eingriffe sichtbar gewordene Einzelschöpfungen der unbelebten Natur, bezeichnet die Fachwissenschaft seit Anfang der 1990er Jahre als Geotope. Diese Wortneuschöpfung greift den längst eingeführten und weithin bekannten ökologischen Begriff Biotop auf. Natürliche Geotope sind beispielsweise Hanganrisse, Felswände, Prallhänge, Bach- und Flussbetten, Kliffs und Talprofile. Vom Menschen geschaffene Freilegungen von Gesteinen mit speziellem Denkmalwert sind dagegen Böschungen, Gruben oder Hohlwege sowie besondere geo- bzw. bergbauhistorische Situationen wie Pingen, Schächte, Schürfe und Stollen. In allen diesen Bildungen können besondere Böden, Fossilien, Gesteine, Mineralien, Lagerungsverhältnisse oder Sedimentstrukturen der direkten Beobachtung zugänglich sein. Geotopcharakter haben sie immer auch dann, wenn sie gar Typlokalitäten spezieller wissenschaftlicher Befunde darstellen oder für die Fachwissenschaft bedeutsame Richtprofile enthalten.

Ein Tal in drei Abschnitten

Die heute in der Regionalgeographie als Mittelrheingebiet bezeichnete Flusslandschaft umfasst nach naturräumlichen Kriterien drei Teilstücke von jeweils etwas unterschiedlicher Ausdehnung und voneinander abweichender natürlicher Ausstattung.

Das Durchbruchstal des Rheins beginnt mit dem oberen Engtal zwischen Taunus und Hunsrück (Oberes Mittelrheintal), wo der den Rheingau begleitende Inselrhein eigenartigerweise nahezu rechtwinklig abknickt – es umfasst somit den rund 60 km langen Flussabschnitt von Bingen bis Koblenz, mit dem der Fluss einen ungemein eindrucksvollen Canyon geschaffen hat. In seinem oberen Engtalabschnitt fließt er auf der Sohle eines heute 150–220 m tief eingeschnittenen Talzuges und füllt dessen Boden mit dem Stromband und der schmalen, angrenzenden Aue nahezu vollständig aus, abgesehen von ein paar höheren randlichen Terrassenleisten. Mit seiner einzigartigen Burgen- und Rebflächenkette bietet dieser Flussabschnitt die touristisch so immer noch wahrgenommene Rheinromantik pur.

Das erlebniswerte Mittelrheintal gliedert sich in zwei unterschiedlich lange Teilstrecken: Von Bingen bis Koblenz erstreckt sich das Obere Mittelrheintal

Die verschiedenen Verebnungsflächen im Mittelrheintal sind Ausdruck einer komplexen Talgeschichte.

(= oberes Engtal), von Andernach bis Bonn das Untere Mittelrheintal (= unteres Engtal) (vgl. Abb. S 28). Zwischen das obere und untere Engtal ist das Mittelrheinische Becken eingeschaltet. Naturräumlich ist es in die Koblenz-Neuwieder Talweitung (Neuwieder Becken) und das westlich anschließende Hügelland von Maifeld und Pellenz zu gliedern. Im Kartenbild nimmt das Becken eine zentrale Lage im gegenseitigen Berührungssaum der vier Schiefergebirgsteile Taunus, Hunsrück, Eifel und Westerwald ein, die zusammen eine ungefähr schmetterlingsförmige Figur bilden. Seine landschaftlich im Vergleich zu den Engtalstrecken stark abweichenden Besonderheiten teilen sich bei der Durchreise auf Schiene, Straße oder Strom sofort mit. Besonders eindrucksvoll präsentiert sich die Beckenlandschaft, wenn man über die Autobahn A48 (E44) von den Westerwaldhöhen kommend nach Westen fährt, dabei die in das Mittelrheinbecken vermittelnde Weitersburger Rampe passiert und über die Bendorfer Rheinbrücke die Eifelseite ansteuert. Die im Kartenbild so markanten, als ungefähr rechtwinklige Achsen auf den Mittelrhein treffenden Talzüge von Lahn und Mosel sind besondere Akzente im schmetterlingsförmig umrissenen Rheinischen Schiefergebirgsblock. Die weite Verebnungslandschaft des Mittelrheinischen Beckens beeinflusst den Mündungsbereich der Lahn, des

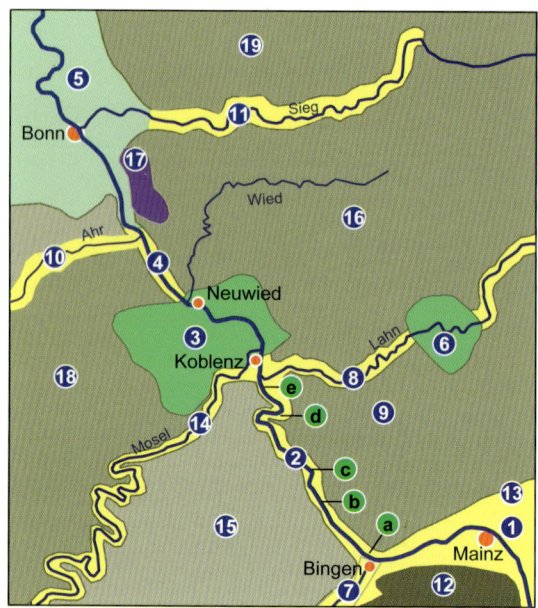

Landschaftliche Gliederung des Mittelrheingebietes und seiner Rahmenlandschaften: 1 Oberrheinebene, 2 Oberes Mittelrheintal (oberes Engtal) mit den Teilen a Binger Pforte, b Bacharacher Tal, c St. Goarer Engtal, d Bopparder Schlingen, e Lahnsteiner Pforte; 3 Mittelrheinbecken, 4 Unteres Mittelrheintal (unteres Engtal), 5 Niederrheinische Bucht, 6 Limburger Becken, 7 Unteres Nahetal, 8 Unteres Lahntal, 9 Unteres Moseltal, 10 Unteres Ahrtal, 11 Unteres Siegtal, 12 Rheinhessisches Hügelland, 13 Rheingau, 14 Taunus, 15 Hunsrück, 16 Westerwald, 17 Siebengebirge, 18 Eifel, 19 Bergisches Land

bedeutendsten rechten Nebenflusses des Rheins auf seiner gesamten Mittelgebirgsstrecke, in seinem Erscheinungsbild ebenso wie die Moselmündung – beide sind nämlich in Stromrichtung deutlich verschleppt.

Das Untere Mittelrheintal als drittes und letztes Teilstück beginnt direkt nördlich von Andernach und erstreckt sich knapp 30 km lang in nordwestlicher Richtung bis zum Übergang des Mittelrheins in die Tieflandbucht des Niederrheins. Diese Übergangsstelle ist wegen einer fehlenden eindeutigen Landmarke allerdings topographisch nicht kilometergenau anzugeben. Sie liegt etwa zwischen Remagen-Rolandswerth und Bonn-Mehlem (linksrheinisch) sowie dem Siebengebirge auf der rechten Rheinseite. Ersatzweise kann man sie durchaus mit dem Fuß des markanten Drachenfelses bei Königswinter festlegen. Damit fällt sie auch ungefähr mit der Landesgrenze zwischen Rheinland-Pfalz (Mittelrhein) und Nordrhein-Westfalen (Niederrheinische Bucht mit

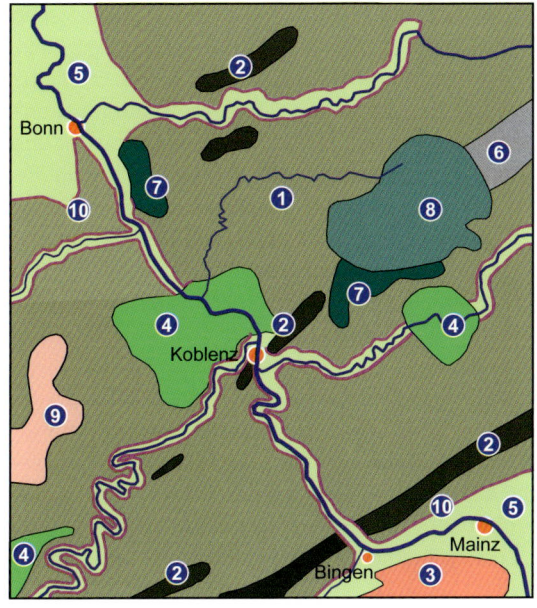

Landschaftsformen im Mittelrheingebiet und seiner Umrahmung: 1 Grundgebirgshochflächen (Paläozoikum), 2 Höhenrücken, 3 Schichtstufenland (Mesozoikum), 4 jüngere Senken, 5 Flusstäler und Niederungslandschaften, 6 altvulkanische Decken, 7 tertiärzeitliche Vulkankuppen, 8 tertiärzeitliche Vulkandecken, 9 quartärzeitliche Kuppen und Maare, 10 Erosionskante und Steilabbrüche

Niederrhein) zusammen. In der beruflichen Rheinschifffahrt wird die Grenze vom Mittel- zum Niederrhein meist mit der Mündung der rechtsrheinischen Sieg gegenüber von Bonn angegeben.

Auf dieser Strecke zwischen Bingen und Bonn weist das Mittelrheingebiet erstaunlich viele besondere Landschaftsformen auf (Abb. S. 28). Die hätte auch schon 1790 der nörglerische Georg Forster wahrnehmen können, wenn er sich denn von seiner Reiselektüre gelöst hätte.

Zwischen Stromsohle und Talschulter

Der enge Rhein-Canyon (= Untertal), durch den der Strom sich zwischen die angrenzenden Schiefergebirgsflanken mit ihren oft weithin entblößten und vielgestaltigen Felspartien, Gesimsen, Klippen, Leisten, Rippen und Spornen zwängt, umfasst nur einen Teil des Mittelrheintals (Abb. S. 30). Wenn man die grandiose Flusslandschaft von den Höhen um St. Goar, der Loreley, von der Marksburg oder vom Ehrenbreitstein bei Koblenz aus überblickt, erkennt man im Schiefergebirgsrahmen sofort ein höheres und, flussgeschichtlich betrachtet, auch deutlich älteres Stockwerk des Mittelrheintals. Dieses Stockwerk bezeichnet man als Obertal. Während sich die hochgelegenen Talstufen im Unteren Mittelrheingebiet zwischen Eifel und Westerwald zu einer fächerförmig geöffneten, abschnittweise 3–14 km breiten Gebirgsbucht zusammenfügen, begleiten sie den Oberen Mittelrhein jeweils nur als schmale Bänder. Erst hinter diesen Terrassenstufen steigen die bewaldeten Höhen sanft und mit weniger auffallenden Übergängen zu den Kammlagen von Rheinhunsrück und Rheintaunus auf, die ihrerseits zu noch höheren Teillandschaften (Moselhunsrück, Hunsrückhochfläche bzw. Hintertaunus) überleiten. Die eigentlichen naturräumlichen Grenzen des Oberen Mittelrheintales zu den beiderseitig angrenzenden Schiefergebirgsteilen Taunus und Hunsrück verlaufen also nicht entlang der markanten und manchmal recht scharfkantig erscheinenden Engtalschulter, sondern deutlich weiter zurück versetzt und erst in ungefähr 320–350 m Höhe (Abb. unten).

Wegen der Enge der Talflucht und der steil aufragenden Talflanken sind die das Tal begrenzenden Taunus- oder Hunsrückberge im Oberen Mittelrheintal als Landschaftskulisse allerdings kaum wahrzunehmen. Hier endet der Blick daher meist bereits an der Kante der Engtalschulter. Das dort nach oben anschließende Plateautal trägt aus der Talperspektive so nicht einsehbare Felder und Dörfer in Höhenlage. In beiden Fällen steht der horizontalen Erstreckung der

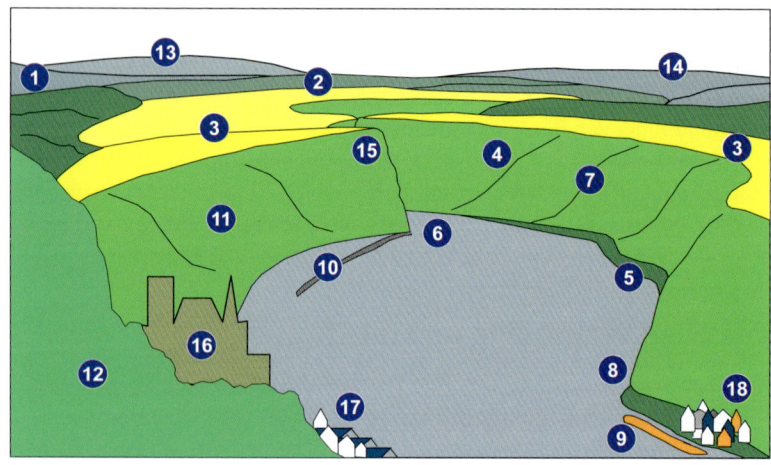

Landschaftselemente im Oberen Mittelrheintal: 1 älteste Talanlage, 2 Terrassenstufen aus dem Pliozän, 3 Hauptterrassenstufen, 4 Mittelterrassenflur, 5 Niederterrassen, 6 Durchbruchstal (Rheincanyon), 7 junge Erosionsrinnen, 8 Prallhang, 9 Sandbank, 10 Stromleitwerk am Gleithang, 11 Sonnenhang mit Rebfluren, 12 Hangtrockenwald, 13 Taunushöhenrücken, 14 Hunsrückhöhenrücken, 15 Talkantenfels (Loreley), 16 Burg Katz, 17 St. Goar, 18 St. Goarshausen

gewöhnlich etliche Kilometer breiten Hochterrassenflur das durchweg über 150 m eingesenkte und scharfkantig abgesetzte Engtal mit seiner eher vertikalen Linienführung der steilen Felsflanken und Seitentalkerben gegenüber. Zwischen dem Hauptterrassenniveau und der heutigen Talsohle finden sich schmale Terrassenreste, die man in der Landschaftsmorphologie als Mittelterrassen bezeichnet (vgl. Abb. S. 30). Trotz ihrer nur geringen Ausdehnung sind sie jedoch besonders wichtige Elemente der Rheintallandschaft, denn auf ihnen befinden sich mehrheitlich die berühmten mittelrheinischen Höhenburgen.

Klima und Witterung

Das Rheinische Schiefergebirge ist nicht nur die Rahmenlandschaft des Mittelrheins, sondern übernimmt hier auch die Rolle einer Klimascheide. Über das nördlich vorgelagerte Tiefland und die übrigen nordwesteuropäischen Niederungslandschaften ziehen besonders häufig Tiefdruckgebiete (Antizyklonen) und deren Ausläufer hinweg, die überwiegend ziemlich kühle und meist auch feuchte Luftmassen aus den Meeresgebieten im Westen oder Nordwesten heranführen. Die davon betroffene Niederungslandschaft im nördlichen Teil des Rheinlandes weist demnach viele Kennzeichen eines ozeanischen Klimas auf. Südlich vom Rheinischen Schiefergebirge ist dagegen der Anteil wärmerer Luftmassen von südwestlichen Hochdruckgebieten viel häufiger. Daher ist die Witterung hier deutlich beständiger. Lagebedingt weist dieser Bereich eher etliche Merkmale eines kontinentalen Klimas auf. Dieser besondere Klimacharakter, der vor allem den breiten Oberrheingraben auszeichnet, endet jedoch nicht an der Binger Talpforte, sondern bleibt auch im Verlauf des Rheindurchbruchstals und meist auch in den großen Nebenflusstälern im kleinklimatischen Maßstab ebenso wirksam wie in den Beckenlandschaften innerhalb des Schiefergebirges (Abb. S. 29).

Solche klimaräumlichen Unterschiede lassen sich natürlich mit vielen Zahlenwerten belegen – so auch im Vergleich einiger Teilregionen, die in etwa der gleichen Höhenstufe angehören. Dazu greifen wir beispielhaft die südliche Niederrheinische Bucht bei Bonn (Meereshöhe etwa 55 m), die Mittelrheinische Beckenlandschaft bei Koblenz (Meereshöhe um 60 m) sowie die Graben- und Beckenlandschaft zwischen Mainz und Bingen (Meereshöhe bei 95 m) heraus:

Die langjährigen Mittel der Januar-Durchschnittstemperaturen belegen eindrucksvoll den ausgleichenden Einfluss der maritimen, von Westen herangeführten Luftmassen. Obwohl die Jahresdurchschnittstemperaturen für alle drei ausgewählten (und oben benannten) Teilräume mit etwa 10 °C nahezu

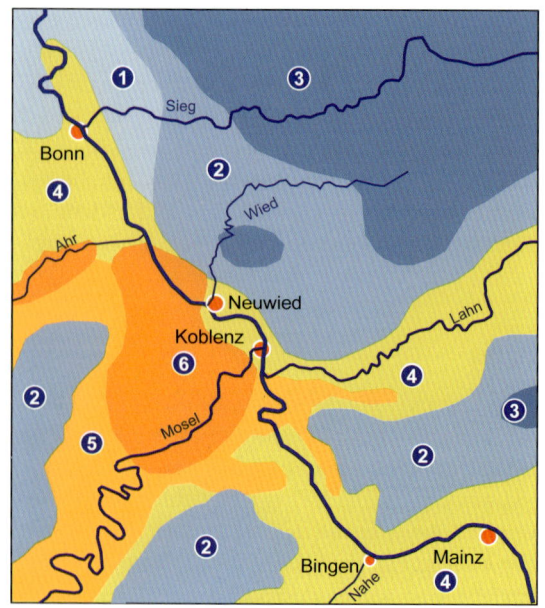

Klimatypen in der Umrandung des Mittelrheingebietes: 1 Ozeanisches Tieflandklima, 2 Ozeanisches Hügellandklima, 3 Ozeanisches Berglandklima, 4 Kontinentales Klima der Becken und Tieflagen, 5 Kontinentales Klima der feuchteren Leelagen, 6 Kontinentales Klima der trockeneren Leelagen

gleich ausfallen, zeigen die Einzelwerte interessante Abweichungen. In Köln misst man im Januar im Durchschnitt etwas über 2 °C, in Koblenz um 1,8 °C, in Mainz und Bingen dagegen nur 1,1 °C. Die entsprechenden Werte für den Monat Juli mit seinen im gesamten Jahresgang höchsten Temperaturen kehren das Bild allerdings um: In der Niederrheinischen Bucht ist es im Durchschnitt nur etwa 17,5 °C warm, im Mittelrheinischen Becken aber schon 18,5 °C und am nördlichen Ende des Oberrheingrabens sogar 19,5 °C. Die tatsächlichen täglichen Temperaturschwankungen betragen im Köln-Bonner Umland nur etwa 7 °C und zeigen sich damit ziemlich gedämpft. Im Großraum Neuwied-Koblenz bewegen sie sich bei knapp 10 °C, und in der Gegend um Bingen bis Mainz sogar oberhalb von 12 °C. Während der Sommermonate ist also auf der Mittelrheinstrecke mit erheblichen täglichen Unterschieden zu rechnen – dem eher gleichförmigen Temperaturtagesgang in der Niederrheinbucht stehen die spürbar weiter auseinander liegenden Temperaturverläufe der Mittelrheinischen Bucht und des auslaufenden Oberrheingrabens gegenüber.

Das klimatische Gefälle zwischen Ober- und Niederrhein entlang der Mittelrheinachse lässt sich mit weiteren Daten belegen. Die Niederrheinische Bucht weist pro Jahr etwa 44 Frosttage auf. In Koblenz ist dagegen schon mit etwa 52 Frosttagen zu rechnen. Bingen im eher kontinental getönten Grenzsaum

Der Frühling zieht am Mittelrhein immer ein wenig früher ein als anderswo.

zwischen Ober- und Mittelrhein muss im Schnitt etwa 63 solcher Wintertage hinnehmen. Dem stehen die nicht minder aussagekräftigen Sommertage mit einem Temperaturmaximum von mindestens 25 °C gegenüber. Die Niederrheinische Bucht kommt dabei auf knapp 20, das Mittelrheinbecken auf 35 und die nördliche Oberrheinregion bei Bingen auf 40 sommerlich warme Tage. Schon allein der Kenndatenvergleich von Teilräumen, die in der Luftlinie nur wenig mehr als 100 km auseinander liegen, führen die regionalen Wetter- und Klimaunterschiede klar vor Augen. Den ausgeglichenen Wetterereignissen des Niederrheingebiets nördlich des Mittelgebirgsschwelle steht südlich des Gebirgsriegels ein Klimatyp gegenüber, der von größeren Schwankungen gekennzeichnet ist. Die Sommertage fallen hier wärmer, die Wintertage hingegen stets etwas kälter aus.

Temperaturen sind indessen nur die eine Seite des Wettergeschehens. Ein weiterer wichtiger und für Ihre Outdoor-Aktivitäten bedeutsamer Wetterfaktor sind die Niederschläge. Hierbei lässt sich von NW nach SO über das Rheinische Schiefergebirge hinweg ein bemerkenswertes Gefälle feststellen. In Niederrheingebiet fallen an durchschnittlich 165 Tagen des Jahres insgesamt etwa 700 mm Niederschläge – das sind 700 Liter Wasser je Quadratmeter. Im Mittelrheinischen Becken regnet es nur an rund 157 Tagen, wobei im gesamten Jahr etwas mehr als 600 mm Niederschläge zusammen kommen. Das Mainzer Becken erhält jährlich kaum mehr als 500 mm Niederschläge bei etwa 137 Regentagen und ist somit fast schon eine Trockeninsel. Im südlichen Vorfeld des Oberen Mittelrheintals regnet es daher statistisch fast einen Monat lang weniger als in der Niederrheinischen Bucht.

Alle diese Daten betreffen das Klima bzw. die zu erwartende Witterung von Großräumen. Kleinklimatisch können sich davon abweichende und durchaus markante Unterschiede ergeben. So unterscheiden sich beispielsweise die rechte (Taunus- bzw. Westerwald-) und die linke (Hunsrück- bzw. Eifel-) Seite des Mittelrheintals durch die unterschiedliche Ausrichtung der Talwände zur Sonneneinstrahlung (Exposition) in Temperaturgestaltung und Niederschlagswirkung erheblich. Die heutige Verteilung der wärmebedürftigen, eher den kontinentalen Klimatyp spiegelnden Rebfluren auf den Sonnenflanken im Mittelrheintal gegenüber den stärker beschatteten und daher überwiegend bewaldeten Teilbereichen der linken Rheinseite unterstreichen diese Unterschiede.

Dieses zunächst nur für das eigentliche Mittelrheintal und seine Beckenlandschaft entworfene Bild ändert sich erheblich, wenn man zum Vergleich die umrahmende Mittelgebirgslandschaft betrachtet. Entsprechend der Höhenstufung der einzelnen Schiefergebirgslandschaften nimmt auch das Klima jeweils andersartige Züge an. Sie betreffen den Temperaturverlauf ebenso wie die Niederschlagsverteilung. In den Hochlagen von Hunsrück oder Taunus liegt die statistisch mittlere Januartemperatur deutlich unter –1 °C, während sie im Juli durchschnittlich kaum die 15 °C-Marke erreicht. Noch tiefer liegen die mittleren Temperaturen natürlich in den Schiefergebirgsteilen oberhalb der 800 m-Höhenstufe. Die –1 °C-Januarisotherme umschließt in diesen Teilgebieten sogar weitaus größere Flächen als in der Eifel oder gar in dem in dieser Hinsicht arg (aber zu Unrecht) verfemten Westerwald („Über deinen Höhen pfeift …").

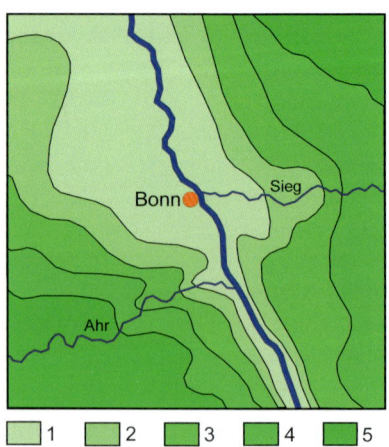

Einsetzen der Apfelblüte (Beginn des Vollfrühlings) – Durchschnittsdatum sowie Tage nach Jahresbeginn:
1 25.4./120, 2 30.4./125, 3 5.5./130, 4 10.5./135, 5 10.5./140

Die Höhengebiete der westlichen Eifel wirken für die von Nordwesten heran-ziehenden Feuchtluftmassen gleichsam als Regenfänger – in der Hocheifel fallen meist mehr als 1.000 mm Niederschläge, und zwar überwiegend in den Herbst- und Wintermonaten. Nach Osten nimmt die Niederschlagstätigkeit deutlich ab, wobei sich die Maxima gleichzeitig in die Sommermonate verla-gern. Über den rechtsrheinischen Höhengebieten nehmen sie dagegen wieder auffallend zu. Im Hochsauerland an der Nordostecke des Schiefergebirges fallen jährlich etwa 1.500 mm.

Temperatur und Niederschlag sind in unserer Region demnach von deutlichen Unterschieden bestimmt: Das Mittelrheintal weist eine klare kontinentale Tönung auf, die umrahmenden Berglandschaften sind dagegen eher ozeanisch geprägt.

Klimadaten und Pflanzenleben

Die Summenwirkung aller Klimafaktoren ergibt eindrucksvolle räumlich-zeitli-che Muster der Vegetationsentwicklung. Da das Wettergeschehen im gesam-ten Jahresgang einen direkten Einfluss auf die Entwicklung der Pflanzenwelt nimmt, kann man deren Lebenstätigkeiten wie Laubaustrieb, Blühbeginn, Fruchtreife oder Blattfall auch umgekehrt als zusätzliche Klimakennzeichen verwenden. Damit befasst sich eine eigene Spezialdisziplin, die man Phänolo-gie nennt. Vor allem Pflanzen registrieren die Summenwirkung der Klimafakto-ren nämlich wesentlich sensibler als die meisten Messinstrumente.

Tabelle 1.1

Jahreszeit	beginnt mit ...	... und endet mit
Vorfrühling	Blüte von Hasel und Schnee-glöckchen	Laubaustrieb der Rosskastanie
Erstfrühling	Laubentfaltung der Rot-Buche	Blüte der Rosskastanie
Vollfrühling	Apfelblüte	Stäuben des Roggens
Frühsommer	Blüte von Schwarzem Holunder	Beginn der Roggen-ernte
Hochsommer	Roggenreife	Fruchtabwurf der Rosskastanie
Frühherbst	Reife der Rosskastanien	einsetzende Laub-verfärbung
Vollherbst	einsetzende Laubverfärbung	allgemeiner Laubfall
Winter	Tagesdurchschnittstemperatur unter 0 °C	Stäuben der Hasel-kätzchen

Der Jahreszeitenbeginn verzögert sich auch entsprechend der geographischen Lage des Beobachtungsortes: Je 1° nördlicher Breite und 100 m Höhenzunahme lässt sich daher eine gewisse Verspätung in Tagen angeben sowie ein tägliches süd-nördliches Fortschreiten des jeweiligen Jahreszeitenstarts in km/Tag. Weil der Frühling im Allgemeinen von Süden nach Norden durch Mitteleuropa zieht, braucht er etwa vier Tage, um einen kompletten Breitenkreis (= 110 km) zu überwinden. Im Westen startet die Saison etwas früher als im Osten: Für die Überwindung von einem Längengrad (in unserem Raum ca. 100 km) benötigt er ebenfalls rund vier Tage. Wenn er von den Tälern auf die Berge steigt, schafft er je 100 m ebenfalls in vier Tagen. Für die einzelnen Jahreszeiten hat man aus der genauen Beobachtung die folgenden Werte abgeleitet:

Tabelle 1.2

Jahreszeit	Breitenverzögerung (km je Tag)	Höhenverzögerung (Tage je 100 m)	Fortschreiten nach Osten und Süden (km je Tag)
Vorfrühling	1,5–2,6	2,9–3,4	76–74
Erstfrühling	3,4–4,2	ca. 4	33–26
Vollfrühling	3,0–3,6	3,1–4,7	37–27
Frühsommer	ca. 3	3,4–4,2	ca. 37
Hochsommer	5,2–5,9	4,3–5,6	27–20

In der heimischen Natur regt sich das wieder erwachende Leben schon ab Spätwinter mit den ganz früh blühenden Gehölzen wie Hasel und Erle. Einige Straucharten werden eigens deswegen in Gärten angepflanzt, weil sie schon außergewöhnlich früh blühen. Dazu gehören die Zaubernuss-Arten, der Nacktblütige Jasmin, der Winter-Schneeball oder der seltsame, mit Kirschen und Zwetschgen verwandte Fastnachtsbaum.

Der genaue Zeitablauf der jährlichen Vegetationsentwicklung ab Frühjahr unterscheidet die verschiedenen rheinischen Klimazonen somit recht überzeugend und lässt entweder eine besondere Klimagunst oder auch klimatisch vergleichsweise benachteiligte Lagen unterscheiden. So markiert das Einsetzen der Apfelblüte den Beginn des Vollfrühlings viel zuverlässiger als die astronomisch festgesetzten Kalenderdaten. In den Bucht- oder Beckenlagen des Mittelrheingebietes ist mit dem Einsetzen der Apfelblüte allgemein vor dem 30. April zu rechnen (vgl. Abb. S. 34). Dieser vergleichsweise doch recht frühe Beginn der Baumblüte ist gleichzeitig ein Hinweis auf die nur relativ kurze Vegetationsruhe in diesem Teilräumen. In Richtung der Höhengebiete von Taunus, Hunsrück, Eifel oder Westerwald verspätet sich der Frühlingseinzug gegenüber dem Talzug zum Teil erheblich – je 100 m Höhenlage um durchschnittlich eine Woche. Der Entwicklungsrückstand der Pflanzenwelt auf den Hunsrückhöhen kann gegenüber den klimatisch begünstigten Tieflagen im Mittelrheinischen Becken daher sogar mehr als drei Wochen betragen. Die Hauptvegetationsperiode in den Niederungsgebieten dauert im Mittelrheingebiet meist mehr als 170 Tage, während sie auf den Schiefergebirgshochflächen oberhalb 500 m nur noch 130 Tage beträgt und damit rund einen Monat kürzer ist.

Der Mittelrhein – ein landschaftlicher Überblick

Das Mittelrheingebiet und seine gesamte landschaftliche Umrahmung teilt man nach geographischen und geologischen Gesichtspunkten in eine Anzahl von Kleinlandschaften mit jeweils besonderem Gepräge und Erlebniswert ein, die wir nachfolgend kurz vorstellen.

Oberes Mittelrheintal

Die eindrucksvolle und seit 2002 als solche dekorierte UNESCO-Welterbelandschaft des rund 60 km langen Rheincanyons zwischen Bingen und Koblenz wird in der eher sachlich-nüchternen Ausdrucksweise der Geologen lediglich als Schwächezone in der Erdkruste beschrieben. Sie lässt sich nach ihren kennzeichnenden Raumgefügen in sechs kleinere Teilabschnitte gliedern (vgl. Abb. S. 28):

- **Binger Talpforte – der Eingang ins Mittelrheintal**
Am Rochusberg bei Bingen trifft der Rhein auf das Rheinische Schiefergebirge, welches er in dem hier beginnenden, insgesamt etwa 125 km langen Mittelrheintal durchquert. Dessen erster Abschnitt reicht bis Trechtingshausen. Zunächst verengt sich das Tal bei Rüdesheim und Bingen kontinuierlich – die Hänge werden sichtlich steiler. Nur wenig unterhalb der Nahemündung westlich von Bingen (bei Rhein-km 529,1) knickt der Flusslauf eigenartigerweise nahezu rechtwinklig nach Norden ab. Nun durchbricht er in einem eng eingeschnittenen Tal in beinahe geradlinigem Verlauf die hoch aufragenden, immerhin aus bemerkenswert hartem Quarzit aufgebauten Höhenzüge von Hunsrück und Taunus. Linksrheinisch fällt das Gelände vom 617 m hohen Franzosenkopf im Binger Wald in weniger als 2,5 km Luftlinie immerhin um mehr

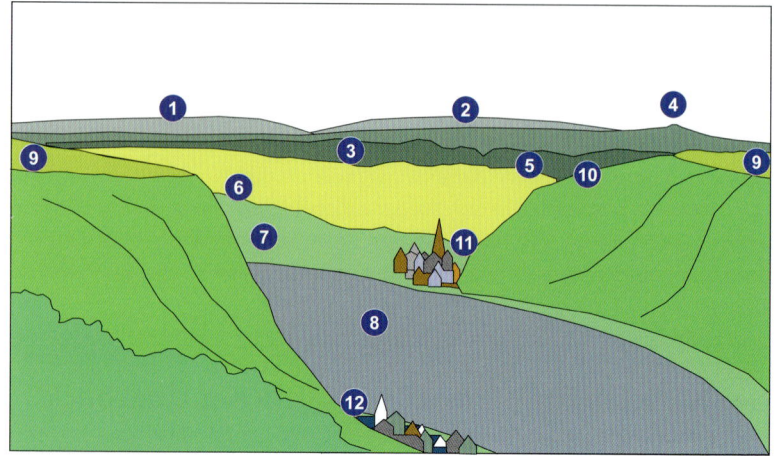

Landschaftselemente in der Umrahmung des Mittelrheinbeckens: 1 Westerwald (Montabaurer Höhe), 2 Hunsrück (Koblenzer Stadtwald), 3 Pellenz und Maifeld, 4 Karmelenberg bei Ochtendung, 5 Andernach-Koblenzer Terrassenhöhen, 6 Neuwieder Becken, 7 Niederterrassenflur, 8 Andernach-Leutesdorfer Talpforte, 9 Hauptterrassenflur über dem Unteren Mittelrheintal, 10 Krahnenberg, 11 Andernach, 12 Leutesdorf

als 500 m bis zum Rheinufer ab – außerhalb der Alpen gibt es in Deutschland sonst tatsächlich keine vergleichbar großen Reliefunterschiede. Auch rechtsrheinisch beträgt die Höhendifferenz immerhin etwa 450 m. Mit dem Eintritt in das Engtal unterhalb der Nahemündung verändert der Rhein seinen Charakter vom breiten, trägen Tieflandstrom der Oberrheinebene zum stark strömenden Mittelgebirgsfluss. Wo die harten Quarzitfelsen zwischen Hunsrück und Taunus unterhalb von Bingen das Rheintal queren, befanden sich bis zu ihrer Sprengung die für die Schifffahrt extrem gefährlichen und daher gefürchteten Riffe des Binger Loches.

• Bacharacher Tal: Burgen, Inseln, Rebfluren

Bei Trechtingshausen trifft der Rhein nach der Passage eines Riegels aus hartem Taunusquarzit auf die deutlich weicheren Hunsrückschiefer. Folglich weitet sich das Tal hier etwas, da das Gestein dem Fluss erwartungsgemäß weniger Widerstandskraft bietet. Das Bacharacher Tal erstreckt sich in nordwestlicher Richtung mit sanften Biegungen über eine Länge von ca. 15 km und bietet Raum für die hübschen historischen Städtchen Lorch, Bacharach, Kaub und Oberwesel. Etwa 150 m über dem Flussniveau schließen sich beiderseits des Engtals die eiszeitlichen Hochterrassen als nahezu ebene Flächen an – sie sind durch zahlreiche zulaufende Bäche in eine dichte Folge von Geländeriedeln zertalt. Der Weinbau erstreckt sich linksrheinisch vom Haupttal bis weit in die Seitentäler. In diesem Rheinabschnitt befinden sich mehrere große Inseln. Bei Lorch mündet mit der Wisper der einzige größere Seitenbach in das Obere Mittelrheintal.

• St. Goarer Engtal – mit Deutschlands berühmtestem Felsen

Besonders auffallend ist der Eintritt des Rheintals in das St. Goarer Engtal. Nördlich von Oberwesel zwingen harte Sandsteine den Rhein in eine etwas andere Fließrichtung. Zugleich verengt sich das Tal erheblich. Zwischen Oberwesel und Bad Salzig windet sich der Fluss in engen Biegungen durch das Gebirge, wobei die Abflussrichtung mehrmals zwischen NO und NW wechselt. Die bekannteste Rheinbiegung umläuft die 132 m hohe Loreley, deren imposantes Felsmassiv so nur vom Fluss geformt wurde. Der bei Bingen-Gaulsheim immerhin noch mehr als 1 km breite Strom weist hier nur noch eine Breite von gerade 130 m auf, aber zugleich ist sein Bett an dieser Stelle mit über 20 m am tiefsten. Auch in diesem Flussabschnitt überragt das Engtal ein breites, durch zahlreiche Seitenbäche stark gegliedertes Hochtal. Die typischen Landschaftselemente dieses Talabschnitts zeigt Abb. S. 29.

• Bopparder Rheinschlingen – extrem gegensätzlich

Der Talcharakter des Oberen Mittelrheins ändert sich gänzlich im Abschnitt zwischen Bad Salzig und Rhens. Bedingt durch Störungen im Gesteinsuntergrund (vgl. Abb. S. 61) und einem mehrfachen Wechsel von weichen und harten Gesteinsabfolgen hat der Rhein hier zwei weite und gegenläufige Schlingen in die Landschaft gegraben. Den betont steilen Prallhängen stehen dabei sanfte Gleithänge gegenüber, auf denen die Ortschaften Filsen, Osterspai, Spay, Brey und Rhens liegen. An den gering geneigten Hängen wird traditionell Obstanbau betrieben. Nördlich Boppard wendet sich im Bereich der Bopparder Schlingen die Fließrichtung des Mittelrheins sogar nach Osten, so dass es hier mit dem berühmten Bopparder Hamm den einzigen geschlossene Südhang im Haupttal auf der linken Talseite gibt – in den anderen Talabschnitten beschränken sich linksrheinisch die Weinbauflächen auf die südexponierten Hänge der Seitentäler.

• Lahnsteiner Pforte – der Ausgang nach Norden

Nördlich von Rhens und Braubach verengt sich das Tal erneut mit dem Auftreffen des Flusses auf widerstandsfähige Quarzite nochmals erheblich und bildet eine Talpforte mit besonders eindrucksvollen Felsbildungen am Koppelstein bei Lahnstein. Anschließend weitet es sich im Bereich der Lahnmündung wieder deutlich auf. Während der linksrheinische Hang bis zur Moselmündung nach wie vor sehr steil bleibt, treten die weniger geneigten rechtsrheinischen Hänge trichterförmig vom Flusslauf zurück und schaffen Raum für die Siedlungsflächen von Lahnstein und den südlichen rechtsrheinischen Koblenzer Vororten. Das Stadtgebiet von Koblenz mit der Moselmündung zählt bereits zum Naturraum des Mittelrheinischen Beckens, in das sich die Lahnsteiner Pforte schließlich erweitert.

Einbruchbecken mitten im Gebirge

Das Mittelrheinische Becken zwischen dem Oberen und Unteren Rhein-Engtal ist eine im Kartenbild recht auffällige, ungefähr rechteckig umrissene und in sich geschlossene Landschaft innerhalb des Rheinischen Schiefergebirges – nach geomorphologischen Kriterien eine geradezu typhaft entwickelte intramontane Beckenbildung (Abb. S. 29). Sie ist auf beiden Seiten des Rheins entwickelt, beginnt unmittelbar nördlich der Lahnmündung bzw. der von Kühkopf (382 m) und Licherkopf (319 m) flankierten Enge und reicht bis zur Andernacher Talpforte, an der sich das canyonartige und hier noch einmal besonders schroffe Engtal anschließt. An der Umrahmung dieser Beckenlandschaft sind bemerkenswerterweise alle vier Schiefergebirgsteile (Taunus, Hunsrück, Westerwald und Eifel) beteiligt.

Der tiefste Beckenteil befindet sich im NO unmittelbar vor der klar ausgeprägten Flanke des Westerwaldes. Daher ist der heutige Strom innerhalb der Beckenlandschaft auch weit nach Osten verlagert. Die von SW nach NO verlaufende Beckenlängsachse misst etwas mehr als 30 km, während die kürzere und SO/NW-ausgerichtete Querachse nur etwa 15 km lang ist. Nicht allein die tiefere Lage, sondern auch die völlig andere Nutzung der weithin offenen Kulturlandschaft heben das Becken vom ungleich waldreicheren Schiefergebirge deutlich ab – ein Bildeindruck, den natürlich auch Satellitenaufnahmen aus dem erdnahen Weltraum klar vor Augen führen.

Geologisch gesehen ist das gesamte Becken ein Senkungsfeld im Schnittpunkt zweier Großstrukturen des Rheinischen Schiefergebirges. Es ist seit der mittleren Tertiärzeit um etwa 350 m eingebrochen. Sein tektonisch komplizierter Mosaikaufbau mit Brüchen, Schollen, Spalten und sonstigen Störungen tritt jedoch nirgendwo offen zu Tage, ist aber durch Bohrungen recht gut bekannt. Die Bewegungen der einzelnen „Scherben" dauern immer noch an – die Mittelrheinische Beckenlandschaft gehört tatsächlich zu den erdbebenaktivsten Bereichen Mitteleuropas. Fast überall bilden jüngere, meist vulkanische und industriell genutzte Lockermaterialien die heutige Bedeckung. In bemerkenswerter Unkenntnis dieses vulkanisch geprägten Untergrundes hat eine rheinland-pfälzische Landesbehörde den Bau des Kernkraftwerkes Mülheim-Kärlich für unbedenklich erklärt. Tatsächlich steht der (längst stillgelegte) Reaktor auf einem Vulkanschlot, wie Bonner Geologen nachwiesen. Die unebenen, auf Höhenlagen zwischen 60 und über 300 m verteilten Flächen des Mittelrheinischen Beckens geben einen zusätzlichen Hinweis auf zahlreiche und zudem unregelmäßige Zerklüftungen im tieferen Untergrund. Mehrere Kleinlandschaften lassen sich hier unterscheiden:

• Koblenz-Andernacher Hügelland

Nach der Höhenstufung kann man linksrheinisch eine Hauptterrassenflur (170–200 m) mit einer Folge kleinerer Rücken und Riedeln ausmachen, die bei der Koblenzer Karthause beginnt und sich bei 3–5 km Breite über eine Länge von fast 20 km bis zum Krahnenberg bei Andernach erstreckt. Zur Rheinniederung fällt die Terrassenkante meist mit sanfter Neigung ab. Eine landschaftlich recht auffallende Unterbrechung ist allerdings das ungewöhnlich steil eingetiefte Moseltal, das in seinem untersten Abschnitt dieses Terrassenband kurz vor der Mündung quert. Auch die Nette, die zwischen Weißenthurm und Andernach in den Rhein mündet, hat ihr Tal in diese Leiste tief eingekerbt.

• Maifeld

Südlich der Nette schließt sich in 200–300 m das bemerkenswert uneinheitliche und landwirtschaftlich intensiv genutzte Nieder- und Obermaifeld mit seinen Senken und Hügelgruppen an. Diese vermitteln einerseits zum Westrand des Mittelrheinischen Beckens, andererseits zu den hochgelegenen Terrassenrändern der Mosel. Landschaftlich herausragend ist der 379 m hohe Karmelenberg, der ein bewaldetes, etwa 10 km langes und 3 km breites Plateau auf 300 m ü. NN beherrscht.

• Pellenz

Nördlich der Nette mit ihrem engen Mäandertal erstreckt sich auf der Linie Andernach – Mayen die alte, auch in ihrem natürlichen Relief recht abwechslungsreich gestaltete Kulturlandschaft Pellenz (80–250 m). Sie ist von mehreren, bis zu 300 m hohen quartärzeitlichen Vulkanbauten des Osteifeler Vulkanfeldes durchsetzt und weist dazwischen Senken und kleinere Höhenrücken auf.

• Neuwieder Becken

Eine klare, auch im Gelände deutlich erkennbare Abgrenzung zeigt die Neuwieder Rheintalweitung (60–70 m), das Neuwieder Becken im engeren Sinn.

Es nimmt den tiefsten Teil der Mittelrheinischen Beckenlandschaft ein. Seine Tiefenlage verdankt es erdgeschichtlich jungen bis jüngsten Einbrüchen und Senkungen, seine beachtliche Weite dagegen der erosiven Ausräumung durch den Rhein. In der bis zu 7 km breiten und rund 20 km langen, bohnenförmig geschwungenen Talweitung zwischen der Moselmündung und der Andernacher Talpforte schwingt der Rheinstrom ohne die Einengung der Gebirgsflanken in weiten Mäanderbögen hin und her. In diesem Abschnitt weist er mit Niederwerth, Graswerth, Urmitzer Werth, und Weißenthurmer Werth mehrere lang gestreckte Inselkörper auf. Hier und da zeichnen sich im Gelände auch noch ältere Stromrinnen ab. Nach Osten wird die Neuwieder Talweitung von einer mit sanften Hängen abgesetzten, allerdings nicht durchgängigen Stufe begrenzt, die ihrerseits von Saynbach, Aubach und Wied stärker zerkerbt wurde. Sie beginnt direkt nördlich der Lahnmündung mit den scharf profilierten und steilhängigen Ehrenbreitsteiner Randterrassen, setzt sich nach Norden in die nur relativ schmale Hüllenberger Randterrasse fort und schließt mit dem relativ sanften Wollendorf-Gladenbacher Beckenhang ab. Nördlich vom Neuwieder Becken ändert sich der Landschaftscharakter mit der Andernach-Leutesdorfer Talpforte total (Abb. S. 230).

Das Untere Engtal: freie Sicht auf die Randhöhen

Das obere und das untere Engtal des Mittelrheins beginnen in Stromrichtung jeweils an einer recht schmalen Durchbruchstelle, an der das Schiefergebirge mit seinen hochragenden Steilhängen bis unmittelbar an die Uferflanken des Rheins heranzieht: Die Binger und die Andernacher Talpforte sind sich daher in ihrer betonten landschaftlichen durchaus ähnlich. Völlig anders stellen sich dagegen stromabwärts die jeweiligen Gebirgsaustritte des Flusses aus dem Engtalbereich dar: Hier weitet sich das Durchbruchstal eher unauffällig zu einem schmalen und eher spitzwinkligen Trichter, nämlich im Bereich der Lahnmündung zur Mittelrheinischen Beckenlandschaft bzw. mit dem Godesberger Rheintaltrichter zur Niederrheinischen Tieflandbucht.

Abgesehen von solchen Ähnlichkeiten in der Gestaltung der Talein- und -ausgänge sind die trennenden Merkmale zwischen Oberem und Unterem Mittelrheintal zahlreicher als die Gemeinsamkeiten. Einerseits ist der untere Engtalabschnitt zwischen Eifel und Westerwald mit wenig mehr als 30 km nur knapp halb so lang wie das Durchbruchstal zwischen Hunsrück und Taunus. Andererseits zeigt er in vielen Kennzeichen eine abweichende landschaftliche Gestaltung. Während das obere Engtal deutlich gewunden ist und in seinen wenigen, aber recht ausgeprägten Flussschlingen wie bei Boppard mehrfach die Richtung wechselt, erstreckt sich das untere Mittelrheintal zwischen Neuwieder Becken und Siebengebirge auffallend geradlinig nach NW. Der Blick reicht daher nicht nur durch kurze Talabschnitte, sondern ungleich weiter geradeaus. Von markanten Aussichtspunkten, beispielsweise der Ruine Hammerstein südlich von Rheinbrohl oder den Höhen bei Burg Rheineck oberhalb von Bad Breisig, erfasst er nahezu die gesamte untere Talstrecke. Zudem sind in diesem Talabschnitt jeweils auch die rückwärtigen Höhen von Westerwald und Eifel zumindest als Kulisse wahrzunehmen.

Während das obere Mittelrheintal ziemlich eng und tief in den Schiefergebirgsblock eingeschnitten ist, liegt der Taleinschnitt auf der gesamten unteren Engtalstrecke höchstens 125–145 m über einem etwas geräumigeren Talbodenniveau. Die Seitenerosion des fließenden Wassers erreicht hier außerdem kaum noch die Talhänge, so dass sich fallweise ausgedehntere Hangverschüttungen aus Verwitterungsschutt und Lehm aufbauen konnten. Ferner findet sich nur im Unteren Mittelrheintal ein ununterbrochen durchlaufender Talboden, der in der heutigen Kulturlandschaft längst zum wichtigen Siedlungs- und Verkehrsträger geworden ist. Zwei Talabschnitte lassen sich hier unterscheiden:

• Andernacher Talpforte

Den Wiedereintritt des Rheins in seine untere Engtalstrecke flankieren linksrheinisch der 209 m hohe Krahnenberg unmittelbar nördlich von Andernach und die genau gegenüber liegende Hüllenberger Höhe (215 m) bei Leutesdorf. Den darauf folgenden und fast gerade gestreckten Talabschnitt bezeichnet man als Andernacher Talpforte. Rechtsrheinisch ist der Taleingang gegenüber der linken Rheinseite bemerkenswerterweise infolge einer jüngeren seitlichen Verschiebung (Andernacher Sprung) um etwa 500 m nach S versetzt. Während die beiderseitigen Schienenstränge auf dem schmalen Ufer Raum finden, wurden für die Fernstraßen B9 (linksrheinisch) und B42 (rechtsrheinisch) jeweils etwas gewaltsame und landschaftlich nicht besonders elegante technische Lösungen gefunden. Die linksrheinische Talschulter setzt sich über ein breites und auffälliges Terrassenband in die Rheineifel fort. Die rechtsseitige Talflanke geht dagegen in den bemerkenswert siedlungsarmen, weil recht steilhängigen Rhein-Wied-Höhenrücken über, der seinerseits Bestandteil des Niederwesterwaldes ist.

• Linz-Hönninger Talweitung

Bereits beim rechtsrheinischen Leutesdorf und noch deutlicher beim linksrheinischen Namedy zeigt sich ein besonders kennzeichnendes landschaftliches Gestaltungselement des Unteren Mittelrheins: Der Talboden weist hier mit seinen Niederterrassenfluren mehrere unsymmetrische Verbreiterungen zu Talweitungen auf halbmondförmigem Grundriss auf. Sie begleiten den

Strom in der Art von Gleithängen abwechselnd auf dem rechten und linken Ufer, wobei das Gegenufer als Prallhang jeweils fast den Talhang berührt. Bei Rheinbrohl beginnt das Talweitungssystem von Bad Hönningen, gefolgt von breiten Talböden zwischen Bad Breisig und Remagen (= Goldene Meile), ferner zwischen Erpel und Unkel sowie bei Bad Honnef. Dazwischen lässt der Talverlauf am Hammerstein und bei Unkel deutlich in den Blick tretende Talverengungen erkennen. Entsprechend dieser Abfolge mit erweiterten und wieder verengten Talbodenpartien kann man also das gesamte Untere Mittelrheintal in die Andernacher Pforte (5 km Länge) mit ihren besonders steilen Hängen, die Linz-Hönninger Talweitung (16 km Länge) und die Bad Honnefer Bucht (6 km) gliedern. Die so bezeichnete Goldene Meile als Teil der Linz-Hönninger Talweitung könnte man in ihrer landschaftlichen Auffälligkeit durchaus als kleines intramontanes Becken auffassen – ebenso wie das Mittelrheinbecken oder die gesamte Kölner Bucht. Immerhin ist ihr Talboden auf der Höhe von Linz fast 3 km breit; während er sich an der wiederum fast pfortenartig wirkenden Talenge von Unkel auf nur ungefähr 1 km verschmälert. Die aus landwirtschaftlichen Gründen so bezeichnete Goldene Meile ist exakt so lang wie eine alte geographische oder römische Landmeile, nämlich 7,5 km. Ihr Name ist bereits aus dem Jahre 1628 belegt und geht wohl darauf zurück, dass der Landstrich zwischen Ahr und Rheinufer mit seinen nährstoffreichen Schwemm- und Auenböden schon immer eine recht fruchtbare Stromebene darstellte. An der Aufschüttung der Goldenen Meile, der mithin größten Talweitung im unteren Engtalbereich, ist nämlich ablesbar nicht nur die Aufschotterung durch den Rheinstrom beteiligt, sondern auch der breite Schwemmkegel der unteren Ahr. Sie hat den Rheinstrom in ihrem Mündungsbereich völlig auf die östliche Gebirgsseite (Westerwaldseite) abgedrängt. Der wuchtige Basaltstock der Erpeler Ley, der auf der rechten Rheinseite das spitzwinklige Ende der Goldenen Meile markiert, ist der einzige Prallhang des unteren Mittelrheintals. Allerdings bewirkte auch er eine nur geringfügige nordwestliche Versetzung des Strombettes. Auch nach dem Verlassen des Schiefergebirges behält der Mittelrhein seine nahezu geradlinige Abflussrichtung nach NW noch auf einige Entfernung bei. Erst weiter in der Niederrheinischen Bucht nördlich von Bonn holt der Fluss zu größeren Mäanderbögen aus. Die Gründe für den insgesamt recht geraden Verlauf bei der Querung des Schiefergebirges sind sicherlich in der geologischen Geschichte der Talentstehung zu suchen. Es fällt in diesem Zusammenhang bei Betrachtung des Kartenbildes allerdings auf, dass die innerhalb des Schiefergebirges entspringenden Nebenflusse wie Lahn, Mosel, Wied, Ahr oder Sieg zum Teil längere Mäanderstrecken eingeschaltet haben, obwohl sie ungefähr in der Streichrichtung des Gebirges abfließen.

Buchtzipfel in Höhenlage

Das gesamte untere Mittelrheingebiet wirkt in Gestalt und Formenbestand insgesamt wesentlich weiträumiger und lichter als das obere Engtal. Dieser Unterschied findet seine Erklärung im Werdegang beider Talabschnitte. Während im oberen Mittelrheintal die jeweils ältesten Anlagen des Rheintals landschaftsbestimmend und die jüngeren Terrassen dem eigentlichen Engtaleinschnitt nur als saumartig schmale Bänder angefügt sind, vergrößert sich die den Fluss begleitende Terrassenflur des Plateautals im unteren Mittelrheintal zunehmend auf eine weite und geräumige Ebene. Die Hauptterrassenstufen sind hier nämlich als tieferes Stockwerk dem höheren Gebirgsrahmen von Eifel und Westerwald eingefügt und werden dadurch gewissermaßen zu einem Vorraum der Niederrheinischen Bucht, die vom Tiefland zipfelartig in den Gebirgsrahmen hineinragt. Ihre Spitze reicht bis zur Andernacher Pforte. Bei Linz ist sie schon über 8 km breit, und zwischen Siebengebirge und den nördlichen Eifelrumpfflächen misst sie bereits annähernd 15 km Breite. Vom meist über 300 m hohen Grundgebirge hebt sie sich durch ihre Höhenlage um 180–270 m deutlich ab. Rechtsrheinisch ist die Gebirgsbucht nur zwischen Bad Hönningen und Rheinbreitbach (= Linzer Terrassenfläche) deutlicher entwickelt. Linksrheinisch lässt sie sich von Andernach bis über Bonn hinaus gut zu verfolgen, lediglich unterbrochen von den tief eingeschnittenen Quertälern von Vinxtbach, Brohlbach und Ahr.

Für „Seitensprünge" aus dem Rheintal in die nicht minder erlebniswerten direkt angrenzenden Nachbarlandschaften bietet sich eine Anzahl von Fernwanderwegen an, die nach den Kriterien des deutschen Wanderverbandes geplant wurden und zertifizierte Qualitäts- bzw. Premiumwanderwege darstellen. Von Süd nach Nord sind es:

Soonwaldsteig
2009 eröffnet, 83 km lang, führt von Bingen durch den Naturpark Soonwald-Nahe bis nach Kirn

Saar-Hunsrück-Steig
2015 nach erheblicher Erweiterung eröffnet, mit 410 km Gesamtlänge der längste der Premiumwanderwege in der Großregion, beginnt in Boppard und führt bis Trier bzw. Perl; zu diesem Fernwanderweg ist eine Anzahl (insgesamt 111) von 6–20 km langen „Traumschleifen" mit unterschiedlichen Themenschwerpunkten (beispielsweise Stille/Entschleunigung, Kultur/Tech-

nik, Natur/Abenteuer u.a.) eingerichtet, von denen einige als „Deutschlands schönster Wanderweg" ausgezeichnet wurden.

Lahnsteig
projektiert, aber noch nicht umgesetzt

Moselsteig
2014 eröffnet, 365 km lang, führt vom Deutschen Eck in Koblenz bis Perl an der Obermosel

Wiedweg
früher Wied-Wanderweg genannt, führt nach gründlicher Überarbeitung der Streckenführung (2008) über 106 km von der Wiedmündung am Schlosspark Neuwied im ersten Teil durch den Naturpark Rhein-Westerwald bis zur Wied-quelle bei Linden; er berührt das neu eingerichtete und über 200 ha große Naturschutzgebiet „Bachauen Oberes Wiedtal".

Westerwald-Steig
eröffnet 2008, 235 km lang, beginnt in Bad Hönningen und führt bis Herborn an der Dill, wo er auf den Rothaarsteig trifft

AhrSteig
eröffnet 2012, rund 108 km lang. Beginnt in Sinzig und führt bis zur Ahrquelle in Blankenheim, wo er auf den EifelSteig trifft. Die Route ist zweigeteilt – die Verbindung schaffen der schon länger bestehende Ahrtalweg sowie der äußerst beliebte Rotweinwanderweg (vgl. NaTour 15).

Natursteig Sieg
eröffnet 2011, führt vom Siegburger Stadtteil Wolsdorf über 200 km vorerst bis zum Bahnhof Mudersbach, soll bis zur Siegquelle am Ederkopf verlängert werden.

Traumpfade
Die Rhein-Eifel-Mosel-Touristik hat in den letzten Jahren im hier behandelten Gebiet mehrere erlebnisreiche Wanderpfade auf ausgesuchten Wegen eingerichtet und markiert, die allesamt nach den Standards des Deutschen Wanderinstituts zertifiziert sind. In der Regel handelt es sich dabei um Rundwanderungen, die in einem Rhein- oder Nebentalort beginnen und auf eine mit interessanten Inhalten bestückte Route locken. Details sind im Internet unter www.traumpfade.de zu erfahren.

Ein wenig Mittelrhein-Hydrographie

Der Rhein misst von seinen zahlreichen alpinen Quellen im Bereich des St. Gotthard-Massiv bis zur Mündung bei Hoek van Holland heute rund 1.233 km Länge. Viele andere Angaben selbst in offiziellen Behördenpapieren und Lexika benennen dagegen 1.323 km. Erst 2010 ließ sich dieser höhere Wert als simpler und immer wieder unkritisch übernommener Zahlendreher korrigieren. Unterdessen hat sogar die Internationale Zentralkommission für die Rheinschifffahrt (CCR) in Straßburg die korrekte Angabe übernommen. Wie lang der Rhein tatsächlich ist, lässt sich heute durch minutiöses Verknüpfen genauer topographischer Daten des Geographischen Informationssystems (GIS) zuverlässig ermitteln. Wie lange er schon als einziger nennenswerter Fluss die Alpen zur Nordsee entwässert, ist dagegen weitaus schwieriger zu beantworten. Bislang ging man von einem frühesten Rheinvorläufer im obersten Tertiär mit einem geologischen Alter von wenig mehr als 2 Mio. Jahren aus. Neuere Ergebnisse von Fossilfunden am Westrand des Mainzer Beckens legen dagegen die Annahme nahe, dass der früheste Rhein das schon länger vorhandene Fließwassersystem des Oberrheingrabens mit demjenigen der Niederrheinischen Bucht erstmals vor mehr als 5 Mio. Jahren verknüpfte. Die erste durchgängige Flussrinne wäre demnach bereits für das obere Miozän bzw. frühe Pliozän anzunehmen. Ebenso wie das Bild der Tallandschaft vom oberen, eher felsig geprägten Engtal über das weite Mittelrheinische Becken zum erneut engen unteren Durch-

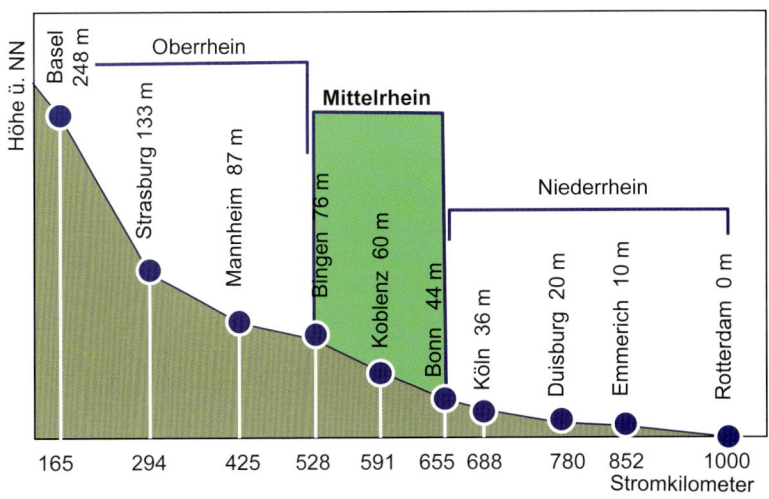

Stetig geht es bergab: Rheingefälle zwischen Basel und Nordsee

bruchstal und bis zum Übergang in das Niederrheingebiet ständig wechselt, verändert sich auch der Rheinstrom selbst. In Abhängigkeit von der Talsohlenbreite schwanken die Abmessungen des Strombettes erheblich. Außerdem ändert sich selbst auf kürzere Entfernung ständig das Gefälle des Rheinwasserspiegels. Ferner wechselt der Strom in seinem heutigen Bett häufig die Seiten und bildet Prall- sowie Gleithänge aus, wobei die Prallhänge überwiegend rechtsrheinisch liegen. Diese Eigenart erklärte der baltische Naturforscher Karl Ernst von Baer (1792–1876) erstmals zutreffend mit der Coriolis-Kraft: Durch die Erdrotation erfahren die sich in (ungefährer) Nord-Süd-Richtung bewegenden Körper und damit auch das Rheinwasser eine deutliche und messbare Beschleunigung in östlicher Richtung. Hier findet folglich auch ein stärkerer Uferabtrag statt. Übrigens: Wo sich der Rhein etwas stärker in die Kurve legt, liegt sein Wasserspiegel auf der Prallhangseite ungefähr 30 cm höher als gegenüber.

Die Wasserführung, die naturgemäß stärkeren jahreszeitlichen Schwankungen unterworfen ist, bestimmt die durchschnittliche Breite des Strombettes, aber genauso das Abflussverhalten und die Sedimentfracht – so wie schon vor Jahrhunderttausenden in der Frühzeit der geologischen Talgeschichte. Das gesamte Einzugsgebiet des Rheins ist (heute) rund 185 000 km^2 groß – also etwa so viel wie zwei Drittel der Fläche von Deutschland. Wenn er bei Lahnstein das Mittelrheinische Becken erreicht, hat er immerhin das Oberflächenwasser aus einer Fläche von insgesamt 105.100 km^2 aufgenommen und damit rund 56% seines Einzugsgebietes entwässert. Nachdem er noch Lahn (Einzugsgebiet 5.925 km^2) und Mosel (Einzugsgebiet 28.105 km^2) aufgenommen hat, liegt dieser Anteil bereits bei rund 75%.

Donauwasser im Rhein?

Für den Fall, dass Sie in einem der einladenden Gastronomiebetriebe in vielen Orten am Mittelrhein direkt am Rheinufer gerade vor einem erfrischenden Getränk sitzen und versonnen auf den Strom blicken, sind vielleicht die folgenden Fakten und Zahlen interessant: Da der Rhein bekanntermaßen in die Nordsee mündet und die Donau nach üblicher Darstellung nach etwas mehr als 2.850 km das Schwarze Meer erreicht, könnte man zu der leichtfertigen Einschätzung gelangen, dass beide Flüsse überhaupt nicht miteinander zusammenhängen. Diese Notierung ist nach den hydrographischen Daten allerdings sehr vorschnell.

Nördlich vom Obersee (Überlinger See) und Untersee (Zeller See) am Ausfluss des Bodensees rücken die Flussgebiete von Rhein und der fast geradlinig antiparallel zum Hochrhein fließenden Donau stellenweise bemerkenswert nahe zusammen – die Europäische Hauptwasserscheide zwischen Nordsee und Mittel- bzw. Schwarzmeer verläuft hier in einem ungewöhnlich schmalen Streifen mit jeweils nur etwa 10 km Entfernung zum flankierenden Rhein bzw. zur Donau. Wegen der besonderen Gesteinsverhältnisse in der westlichen Schwäbischen Alb kommt es in diesem Gebiet zu einer zumindest europaweit, wenn nicht sogar weltweit einzigartigen hydrographischen Erscheinung: An durchschnittlich etwa 155 Tagen im Jahr und je nach Witterungsverlauf sogar noch mehr (oder auch weniger) versickert die noch junge Donau rund 26 km unterhalb ihrer angeblichen Quelle im Schlosspark von Donaueschingen nahe bei Tuttlingen auf etwa 600 m Länge komplett in so genannten Schwinden. Das hier noch recht schmale Flussbett liegt dann tatsächlich vollständig trocken. Rund 20 km weiter flussabwärts bei Fridingen ist das Flussbett ähnlich undicht und lässt die junge Donau auch hier zeitweilig einfach im Untergrund versinken.

Kaum zu glauben: Im Rhein fließt auch eine Menge Wasser der jungen Donau. Donau-Versickerung bei Immendingen

Die Fachsprache verwendet für dieses eigenartige Phänomen die Bezeichnungen „Donauversickerung" oder „Donauschwinden". In Süddeutschland nennt man das einzigartige Naturphänomen konsequenterweise „Donauversinkung": Das Donauwasser verteilt sich nämlich nicht einfach versickernd irgendwie im Boden wie übliches Niederschlagswasser, sondern fließt durch

Schlucklöcher und -spalten relativ rasch unterirdisch ab. Die genauen Versickerungsstellen sind ziemlich exakt lokalisierbar: Einerseits hört man es hier stellenweise heftig glucksen und gurgeln, und zudem sind verdächtige Ansammlungen von allerhand Getreibsel aus dem Fließwassertransport ein zuverlässiger Indikator.

Der Grund für das zeitweilige komplette Verschwinden der jungen Donau sind die Besonderheiten der lokalen Geologie: Im Donautal bei Immendingen hat sich in der Kalktafel der Schwäbischen Alb in jüngerer Zeit ein ausgedehntes Karsthohlraumsystem entwickelt. Das im Donau-Oberflächenwasser enthaltene Kohlenstoffdioxid (CO_2) löst in der Tiefe als aggressive Kohlensäure (H_2CO_3) das anstehende Kalkgestein ($CaCO_3$) auf und öffnet auf diese Weise weitreichende und offenbar kompliziert gestaltete Hohlräume.

Nachdem im Jahre 1874 bei Immendingen erstmals eine vollständige sommerliche Versinkung der Donau dokumentiert wurde, hat der Karlsruher Geologe Adolf Knop 1877 den vermuteten Zusammenhang zwischen Donauversickerung und der südlich davon gelegenen Aachquelle (Aachtopf) experimentell nachgewiesen: Er schüttete 10 kg des giftgrünen Farbstoffes Natriumfluorescein, dazu 20 t Kochsalz und auch noch rund 1 t Petroleum in die versickernde Donau und fand dann zu seiner besonderen Freude diesen Mix 60 Stunden später als verräterisch grün leuchtendes, übel riechendes Salzwasser in der Aachquelle wieder. Aus Umweltschutzgründen dürfte ein solches Experiment heute nicht mehr stattfinden. Aber es war aufschlussreich: Nach knapp 3 Tagen kommt das versickernde Donauwasser nach mühsamer Passage durch ein stark verzweigtes Gang-, Höhlen- und Kluftsystem in der 174 m tiefer und knapp 12 km weiter südlich gelegenen Aachquelle (Aachtopf) bei der Ortschaft Aach wieder zum Vorschein. Für den etwas längeren Weg vom weiter flussabwärts gelegenen Fridingen (18,5 km Distanz zur Aachquelle) braucht das Sink- bzw. Sickerwasser durch das Karstspaltengefüge in der Tiefe dagegen etwa 8 Tage. Es umgeht damit unterirdisch wirksam die oberirdisch im Kartenbild verzeichnete Europäische Hauptwasserscheide.

Der Aachtopf ist übrigens Deutschlands stärkste Quelle – sie schüttet im Frühjahr bis 24,8 m^3/s, im Herbst dagegen manchmal nur 1,3 m^3/s. Aus dem Aachtopf läuft das Donauwasser als Radolfzeller Aach ab und mündet nach 32 km windungsreichem Lauf bei Radolfzell in den Zeller See am Beginn des Hochrheins. Zeitweilig wird die junge Donau somit faktisch zum Nebenfluss des Rheins. Da sich die Kalklösungsprozesse im Untergrund fortsetzen, könnte die vorerst nur zeitweilige, wenngleich größere Teile des Jahres umfassende Versickerung der jungen Donau zum Rhein auch dauerhaft werden. Die Schwarzwaldbäche Brigach und Breg wären dann ständige Quellbäche des Rheinsystems.

Die Wasserführung des Rheins

Im langjährigen Durchschnitt betragen die durchschnittliche Abflussmenge am Pegel Koblenz (Rhein-km 591,5) 1.700 m³/s, der mittlere Hochwasserabfluss 4.200 m³/s und der mittlere Niedrigwasserabfluss 750 m³/s. Nachdem der Rhein mit der Mosel seinen größten und wasserreichsten Nebenfluss aufgenommen hat, steigern sich die mittlere Abflussmenge am Pegel Andernach

In vielen Rheinorten sind die Hochwasserstände des Rheins jahrgenau dokumentiert: Hochwassermarken am Rheintor in Linz.

(Rhein-km 613,8) auf rund 2.000 m³/s und der mittlere Hochwasserabfluss auf 5.500 m³/s. Der mittlere Niedrigwasserabfluss liegt vor dem Eintritt in das untere Engtal bei 1.000 m³/s. Bezogen auf die mittlere Abflussmenge durchfließt jedes Jahr etwa die anderthalbfache Wasserfüllung des Bodensees das Koblenz-Neuwieder Becken.

Das Abflussverhalten des Rheins gilt insgesamt als recht ausgeglichen. In seinem auf die Mittelgebirgsregion entfallenden Einzugsgebiet häuft sich die Niederschlagstätigkeit in der ersten Jahreshälfte. Im alpinen Einzugsbereich wandert die Schneegrenze dagegen erst im Sommer allmählich bergaufwärts und gibt dann größere Schmelzwassermengen frei. Die zeitlich nacheinander auftretenden Zuströme aus Mittelgebirge und Alpen überlagern sich daher zu einer recht harmonischen Ganglinie der jährlichen Abflussmengen.

Jährlicher Abfluss und Wasserstandsschwankungen des Rheins stehen im gesamten Mittelrheingebiet somit in einem recht ausbalancierten Verhältnis zueinander. Das Mengenverhältnis zwischen minimalem Niedrigwasser und maximalem Hochwasser beträgt hier etwa 1:18 (Oberrhein: 1:16, Niederrhein 1:20). Das etwaige Sommerhochwasser der Monate Juni und Juli geht allein auf die Schneeschmelze in den Alpen zurück. Die größeren Zuflüsse (Neckar, Nahe, Main) bringen dagegen größere Wasserstände vor allem während der ausgeprägten Niederschlagsperioden im Frühjahr und im (Spät-)Herbst. Nur ausnahmsweise überlagern sich Niederschlagsspitzen im Sommer und die aus den Alpen kommende Schmelzwasserflutwelle zu Rekordwasserständen. Die daraus berechneten Abflussmengen beruhen auf langjährigen Beobachtungsreihen und Durchschnittswerten. In einzelnen Jahren können die tatsächlichen Abflüsse davon jedoch deutlich abweichen. Im besonders niederschlagsreichen Jahr 1994 lag der mittlere Abfluss am Pegel Andernach mit 2.530 m³/s um fast 25 % höher als im Durchschnitt. Darin stecken anteilig die gewaltigen Wassermengen des katastrophalen Hochwassers vom Jahreswechsel 1993/94, das sich 13 Monate später mit fast gleicher Scheitelhöhe wiederholte. Während am Pegel Koblenz der mittlere Wasserstand 266 cm und am Pegel Andernach 318 cm beträgt, lagen die Hochwasserstände von 1993 bei 949 cm bzw. 1.051 cm und für 1995 bei 921 cm bzw. 1.025 cm. Hochwasser sind an Rhein und Mosel keine Seltenheit und auch kein neuerliches Phänomen, wie die vielerorts angebrachten Hochwassermarken belegen. Respektable Maximalhochwasser ereigneten sich beispielsweise in den Jahren 1824, 1825, 1844, 1845, 1918, 1920, 1925, 1926, 1982 und 1983. Historische Höchstmarken erreichte der Rhein schon in den Jahren 1342 und 1658. Im Jahre 1342 soll das Hochwasser sogar im Mainzer Dom nach einem zeitgenössischen Bericht „einem Manne bis zum Gürtel gereicht" haben. Auch im Kreuzgang des Bonner Münsters findet sich an einer Treppenstufe eine Markierung von 1784 für einen Hochwasserstand, der damals allerdings von einem gefährlich Eisstau auf dem Rhein mitbedingt wurde und die gesamte Bonner Altstadt meterhoch unter Wasser gehen ließ. Überall in den Rhein- und Moselanliegerorten kann man an vielen Gebäuden mit zeitgenauen Hochwassermarken gleichsam die Visitenkarten von Vater Rhein sehen, wenn er alle paar Jahre besonders heftig aus dem Bett steigt. Die beachtlichen Zeitreihen der Hochwasserereignisse am Rhein müssten den Klimakatastrophen-Theoretikern eigentlich sehr zu denken geben.

Niederschlags- und Wasserführungskapriolen im Rhein sind durchaus kein modernes Phänomen.

Die Fließgeschwindigkeit des Wassers erreicht, verursacht von der beträchtlichen Einengung des Stromes auf eine stellenweise weniger als 200 m breite Fließrinne, selbst bei Mittelwasser Spitzenwerte um etwa 1,6 m/s, während sowohl der Ober- als auch der Niederrhein bei gleicher Wasserführung deutlich behäbiger mit etwa 1,2–1,3 m/s abfließen. Bei Hochwasser schießen die Rheinfluten im Mittelrheingebiet sogar mit Fließgeschwindigkeiten um 2,5 m/s dahin. Bei dieser Fließgeschwindigkeit werden im Wasser sogar Felsblöcke bewegt, und selbst bei 2 m/s immerhin noch kopfgroße Gerölle und bei 1,2 m/s Kiese bis Hühnereigröße. Im Rumpf vor Anker liegender bzw. am Ufer vertäuter Schiffe kann man nächtens die Geräusche der sich bewegenden Geschiebe im Fluss hören. Beim Übergang in den Niederrhein transportiert der Rhein pro Jahr etwa 4 Mio. t Schlamm- und Schwebteilchen. Übrigens: Die üblichen Fließgeschwindigkeiten im Rhein darf man nicht unterschätzen, wie viele jüngere tödlich ausgegangene Badeausflüge in den freien Strom leider häufig belegen. Selbst geübte Schwimmer haben hier kaum eine Chance.

Strecken und Gefälle

Beim Eintritt in die Binger Talpforte bei Rhein-km 530,7 liegt die Stromsohle des Rheins auf ungefähr 80 m NN. Am Übergang des oberen Durchbruchstals in das Mittelrheinische Becken hat sie sich bereits auf etwa 59 m abgesenkt. Im Vergleich zum relativ geringen Durchschnittsgefälle des Oberrheins (etwa 0,09–0,18 ‰) weist der obere Mittelrhein überraschenderweise ein deutlich stärkeres Gefälle von rund 0,26 ‰ auf. Mit dem Gefälle des Talgrundes ist konsequenterweise auch die Wasseroberfläche des Stromes geneigt – auf seiner etwa 60 km langen Fließstrecke zwischen Bingen und Koblenz um angenähert 20 m. Das sind je Rheinkilometer im Durchschnitt etwa 33 cm oder 0,33 ‰. Die das Flussbett querenden Auskolkungen und Felsriegel bedingen abschnittweise allerdings messbare Abweichungen von diesem Gesamtbild. Eine natürliche und bis in den Rheingau rückwirkende Stauhaltung verursachte beispielsweise das den Rhein querende Quarzitriff bei Bingen, in dem der Schifffahrt lange Zeit ein nur wenige Meter schmaler Durchlass (= Binger Loch) zur Verfügung stand, ehe der erneute Stromausbau um 1974 auch hier eine etwas elegantere technische Lösung fand. Im Wilden Gefähr oberhalb von Kaub lagen ebenfalls mehrere Felsriegel im Strombett. Davon sind nach der Freiräumung der Fahrrinne nur noch die ufernahen Hungersteine zu sehen.

Wenn der Rhein bei Stromkilometer 583,8 (linkrheinisch gegenüber von Oberlahnstein) das Koblenzer Stadtgebiet erreicht und es bei Rhein-km 598,4 gegenüber von Bendorf wieder verlässt, hat sich der Wasserspiegel um etwa 4,8 m gesenkt. Innerhalb des Neuwieder Stadtgebiets (rechtsrheinisch Rhein-km 600,0/Mündung Saynbach bei Rhein-km 612,5 nördlich Stadtteil Fahr) senkt sich der Wasserspiegel um 4,1 m. (vgl. Abb. S. 47).

Bei Rhein-km 584 tritt der Mittelrhein in die breite Koblenz-Neuwieder Beckenlandschaft ein und verlässt sie wieder an der Andernacher Talpforte bei Rhein-km 614. Hier beträgt das Gefälle des Rheinstroms bei einer Fallhöhe von insgesamt 6,8 m durchschnittlich 0,24 ‰. Innerhalb des Beckens verändert es sich eigenartigerweise abschnittsweise. Im südlichen Beckenteil liegt es beispielsweise bei rund 0,2 ‰ (= 20 cm Fallhöhe je Kilometer Flussstrecke), verflacht sich dann jedoch auf rund 0,1 ‰ vor der Südspitze von Niederwerth. Anschließend verstärkt es sich bis zum Urmitzer Werth wieder auf 0,33 ‰, um vor der Andernacher Pforte erneut auf 0,16 ‰ abzunehmen. In diesem stetigen Wechsel drückt sich der noch etwas unausgeglichene Charakter der Stromrinne aus, die gerade im erdgeschichtlich jungen und nach wie vor bewegten Senkungsgebiet der Beckenlandschaft häufige Veränderungen der Tiefen- und Breitenabmessungen erwarten lässt.

Auf der rund 30 km langen Fließstrecke durch die Beckenlandschaft ermöglicht die breitere Talsohle dem Strom eine größere Ausdehnung als in den Engtalabschnitten. Bei mittlerem Wasserstand beträgt die Breite des Strombettes hier im Durchschnitt 435 m. Sie wechselt auf der Stromstrecke jedoch ziemlich rasch und bewegt sich zwischen 240 m (bei Rheinkilometer 586) und 718 m (bei Rhein-km 594,3). Diese besonders breite Stelle liegt unmittelbar vor der Stromspaltung durch die beiden Rheininseln Niederwerth und Graswerth, die zusammen 4,5 km lang sind. Rechnet man die Inselkörper als Bestandteile des Strombettes ein, so nimmt der Rhein mit seinen drei Armen bei Rhein-km 596,5 die stattliche Breite von 1.160 m ein.

Der linksseitig am Niederwerth vorbei streichende Stromarm ist etwa 300 m breit; der rechtsseitige Arm bringt es dagegen nur auf etwa 100 m. Nahe bei Rhein-km 600 soll im Jahre 55 v. Chr. Cäsars Übergang über den Rhein stattgefunden haben. Etwa 4 bzw. 7 km unterhalb von Niederwerth und Graswerth folgen nochmals zwei Rheininseln. Der kleine, nur knapp 1 km lange Urmitzer

Werth und der nahezu doppelt so lange Weißenthurmer Werth bewirken zwar eine Verbreiterung des Strombettes auf über 500 m, gleichzeitig aber auch eine Einengung des linksseitig an den Inselkörpern vorbei geführten Hauptstromarms. Insgesamt liegen unter Einbeziehung der kleinen Ketsch vor dem Graswerth und des Oberwerths (1851 durch einen Damm vom Rhein abgetrennt und seither fester Bestandteil der Koblenzer Neustadt) sechs Rheininseln im Stromabschnitt des Mittelrheinischen Beckens. Ursprünglich waren es stromab außer Niederwerth noch drei weitere, nämlich Hopfenwerth, Lützelwerth und Langenwerth. Deren längst verlandete uferseitige Stromarme erkennt man heute nur noch als wassergefüllte Mulden oder Rinnen bei Hochwasserständen. Alle Inseln, die übrigens reine Schotterkörper sind und keine Felskerne aufweisen wie auch im Fall der Rheingauinseln, tragen wesentlich zum abwechslungsreichen Erscheinungsbild der Flusslandschaft bei, die sich in den meisten Inselbereichen einen hohen Natürlichkeitsgrad bewahrt hat. In vorgeschichtlicher Zeit war das Neuwieder Becken mit einer ungleich reicheren Inselwelt bestückt. Große Teile der Neuwieder Stadtgründung liegen übrigens auf einer ehemaligen Rheininsel, deren Konturen sich in der Reliefgestaltung heute jedoch nur undeutlich abzeichnen.

Jetzt wird es wieder eng

Im Durchschnitt ist der Strom in seinem unteren Engtal etwa 300 m breit. Die schmalste Stelle auf dem Abschnitt zwischen Andernach und Linz misst nur knapp 230 m (Rhein-km 614,3) bei etwa 400 m Breite für die gesamte Talsohle einschließlich ihrer Niederterrassenleiste. Nur oberhalb von Linz verringert sich die Strombreite auf etwa 250 m, weil der auffallend breite und massige Schwemmkegel der Ahr die Fließrinne regelrecht zusammenschnürt. Heute besitzt die Ahr einen durch Uferbauten und Deckwerk festgelegten Mündungsbereich bei Rhein-km 629,3. Bis etwa 1.850 mündete sie dagegen mit drei verschiedenen Armen, die zudem mit jedem größeren Hochwasser ihre Lage wechselten. Sie hatten das Strombett des Rheins im Laufe der Zeit auf weniger als die Hälfte verschmälert, so dass 1851 im Zusammenhang mit dem Schifffahrtsstraßenausbau des Mittelrheins zunächst einmal eine breite Fahrrinne ausgebaggert werden musste. Später wurde hier das Strombett auf etwa 200 m verbreitert. Die aktuelle Breite der sicheren Fahrrinne für die Berufsschifffahrt kann man an der Betonnung ablesen: Grüne Tonnen markieren die Fahrwassergrenze vor dem linken Rheinufer, rote vor dem rechten. Die Tonnenfarbe richtet sich also nicht nach der Fließrichtung (rechte Seite = grün, links = rot), sondern ist nach internationaler Übereinkunft nach der Fahrtrichtung vom Meer kommend festgelegt.

Die breiteste Stelle im obersten Abschnitt des Unteren Mittelrheintals liegt beim Hammersteiner Werth, einer rund 1,4 km langen Rheininsel. Hier beträgt die Entfernung von Ufer zu Ufer fast 1.000 m. Die Breite des ungeteilten Stroms übersteigt jedoch kaum das Durchschnittsmaß um 300 m. Der Krummenwerth bei Andernach-Namedy (heute Namedyer Werth genannt) ist durch Strombaumaßnahmen seit 1857 mit dem linksseitigen Ufer verbunden. Ursprünglich hatte man geplant, an dieser Stelle einen größeren Frachthafen anzulegen. Heute stellt die erhaltene Inselaue (Naturschutzgebiet) einen der schönsten Auenwaldreste im unteren Talbereich dar. Von Andernach bis Linz fällt der Rheinwasserspiegel um exakt 3,70 m – das Gefälle beträgt mithin rund 0,23 ‰.

Regel für Pegel

Um die Abflussvorgänge im Rhein genauer verfolgen zu können, wurden schon lange vor dem Ausbau des Stroms zur Großschifffahrtsstraße an mehreren Stellen zur Beobachtung der wechselnden Wasserstände spezielle Pegel eingerichtet. Die Pegel von Andernach und Linz hat man bereits 1816 angebracht; sie waren damals noch im alten Längenmaß rheinische Fuß (= ca. 30 cm) eingeteilt. Erst 1872 erfolgte überall die Umstellung der Pegelmaße auf die inzwischen verbindlich eingeführte Maßeinheit Meter. Den Koblenzer Pegel gibt es seit 1817 – er wurde neben dem 1609 gebauten, steinernen Kranhaus errichtet, das bis heute die Bezeichnung Pegelhaus trägt.

Anfangs wählte man den Pegelnullpunkt an den verschiedenen Messstellen unterschiedlich, meist in der Nähe des ungefähren Mittelwassers. Dann einigte man sich 1849 auf einen gemeinsamen Richtwert am Pegel Köln mit Neufestlegung 1885. Wenn jedoch der Wasserspiegel in Niedrigwasserperioden tiefer absank, ergaben sich eventuell Minuswerte in der Ablesung. Um solche Nachteile auszugleichen, wurden die Pegel später tiefer gelegt. Seit 1908 verwendet man als Bezugs- und Berechnungs-

Früher waren die Pegelmesslatten in Rheinische Fuß eingeteilt (rechts), heute misst man in metrischen Angaben.

linie für die Fahrrinnentiefe den so genannten Gleichwertigen Wasserstand. Da sich die Sohlentiefe des Rheins ständig verändert, muss auch der Gleichwertige Wasserstand (GlW) von Zeit zu Zeit angepasst und korrigiert werden (zuletzt 2003).

Zeitweilig bleibt der Rhein nicht in seinem angestammten Flussbett.

Pegelnull ist nach allen Festlegungen zu keiner Zeit mit der Stromsohle identisch. Selbst wenn der Wasserstand am Pegel auf die Nullmarke abfallen sollte, führt die Stromrinne noch so viel Wasser, wie der GlW-Wert angibt. Um die tatsächliche Wassertiefe in Zeiten von Hochwassern oder anderen extremen Wasserständen zu bestimmen, muss die Pegelablesung dem GlW-Wert zugerechnet werden. Selbst bei extremen Niedrigwasserständen hätte man zu keiner Zeit (beinahe) trockenen Fußes durch den Rhein waten können. Dies war also auch beim jüngsten Rekordniedrigwasser im September 2003 (Wasserstand am Pegel Bonn am 29.09.2003, 05:00 h: 89 cm; bisheriger Tiefststand bei 91 cm im Sommer 1947) nicht möglich.

Gesteine und Gerölle

Der Rhein durchfließt in seinem Strombett bis heute mächtige Packlagen aus Lockermassen, die er in langen Zeiten aufgeschottert hat. Da die Stromsohle nur ausnahmsweise über dem anstehenden blanken Devongestein verläuft, ist das heutige Flussbett fast überall mit einer Mischung aus älteren und jüngeren Geschieben und Geröllen angefüllt, die der Strom auf seinem langen Weg irgendwo abgerissen oder aufgelesen und verschleppt hat. Eine genauere

In seinen Schotterfluren führt der Rhein Gestein gänzlich verschiedener Herkünfte zusammen.

Inspektion der Rheingerölle bei Niedrigwasser verspricht daher interessante Einblicke in die Geologie der Landschaftsräume, die der Rhein seit Jahrzehntausenden durchfließt.

Vor allem während der sommerlichen Niedrigwasserzeiten fallen größere Uferpartien trocken, so dass man hier leicht einen Überblick über die aktuelle Geschiebefracht des Stroms gewinnen kann. Ansonsten bieten auch Niederterrassen-Aufschlüsse, in denen Rheinsedimente für die Bauwirtschaft abgebaggert werden, einen guten Überblick der äußerst bunten Materialmischungen, die sich in der früheren Flussaue zusammengefunden haben. Tatsächlich spiegeln sie die flickenteppichartige geologische Zusammensetzung des gesamten riesigen Einzugsgebietes des Rheins wider.

Erwartungsgemäß dominieren in den Kiesen und Schottern die unterdevonischen Sandsteine und Quarzite des Rheinischen Schiefergebirges, das die unmittelbare landschaftliche Nachbarschaft des Stromtals darstellt. Mit etwas Glück kann man in oder auf den weitgehend gerundeten Stücken die Abdrücke fossiler Tiere aus dem Devon finden. Überwiegend sind es wohl die Schalen der damals sehr häufigen Brachiopoden oder die münzähnlichen Reste von Stängelgliedern der Crinoiden, die man sich in etwa als festgewachsene Seesterne auf einem langen Stiel vorzustellen hat. Seltener finden sich in den Ablagerungen auch die harten, verkieselten Stammstücke baumgroßer, unterdevonischer Meeresalgen der Gattung *Prototaxites*. Lange Transportstrecken überstehen wegen ihrer beachtlichen Härte auch die blauschwarzen Kieselschiefer (Lydite), die gewöhnlich aus unterkarbonischen Gesteinsschichten des Lahngebietes stammen, aber auch aus den Vogesen oder dem Schwarzwald herangeführt sein könnten. Sogar silurische Kieselschiefer aus dem Frankenwald können über den Main bis in den Mittelrhein gelangen. Sie sind immer dann recht eindeutig zu bestimmen, wenn sie auf Spaltflächen die eigenartigen und oft laubsägeblattförmigen Graptolithen enthalten – die Reste kleiner, ursprünglich frei im Meer umher treibender Tierkolonien, über deren genauere Biologie bisher wenig bekannt ist. Zu den relativ häufigen, aber nicht immer besonders gut erkennbaren Fossilien unter den Rheingeröllen gehören verkieselte Stamm- und Aststücke, die oft bräunliche oder rötliche Verfärbungen aufweisen. In günstigen Fällen sind die Stücke tatsächlich so gut erhalten, dass man an Dünnschliffen noch Einzelheiten der Holzstruktur untersuchen kann. Aus solchen Beobachtungen ist bekannt, dass diese Kieselhölzer allesamt Nacktsamer aus der früheren Verwandtschaft unserer heutigen Nadelbäume sind. Als Fossilien waren sie, bevor sie der Erosion und dem Fließwassertransport anheimfielen, in Gesteinsschichten des Oberkarbons und des Rotliegenden (überwiegend aus dem Schwarzwald und den Vogesen) eingebettet. Noch aus dem Erdaltertum stammende Vulkangesteine, die dunkelgrünen

Diabase aus dem Spessart oder Odenwald, sind ebenfalls immer wieder in Aufsammlungen vertreten. Helle, weißliche Milchquarzgerölle kommen dagegen wieder überwiegend aus dem Rheinischen Schiefergebirge selbst oder aus Gesteinskonglomeraten des oberrheinischen Buntsandsteins. Sie sind meist außerordentlich widerstandsfähig und überstehen sogar mehrere Einbettungen. Eigenartigerweise ist ihr Mengenanteil in den älteren Flussterrassen des Rheins deutlich höher als in den jüngeren Terrassenkörpern.

Das typenreiche, steinerne Inventar der Rheinschotter ist damit aber noch längst nicht erschöpft. Neben Dutzenden verschiedener, mitunter nur sehr schwer einzuordnender Gesteine wurden in den Ablagerungen des Mittel- und südlichen Niederrheingebietes mehrfach auch Gerölle mit Achaten, kleinen Amethystdrusen, Jaspis oder anderen Halbedelsteinen gefunden, die nach ihrer Beschaffenheit allesamt aus dem Saar-Nahe-Raum stammen. In den Juraschichten Süddeutschlands kommen lagenweise schön und auffällig gefärbte silikatische Gesteine vor, die man als Hornsteine oder Karneole bezeichnet. Auch sie sind als gerundete Scherben gelegentlich in den Terrassenschottern enthalten. Schließlich ist noch darauf hinzuweisen, dass (nicht nur) die jüngeren Flussterrassen (Niederterrassen) gelegentlich auch fossile Hartteile (Knochen, Zähne, Geweihe, Gehörne) größerer Säugetiere enthalten, die beeindruckende Zeugnisse der eiszeitlichen Tierwelt unseres Raumes sind. Diese und die bei Ariendorf abgebauten Mittelterrassensande sind für die Archäologie der Region ausgesprochen ergiebige Fundstätten.

Alle zunächst sicher beliebig erscheinenden Materialaufsammlungen am Rheinufer bieten somit sicherlich einen unerwartet überraschenden und recht respektablen Katalog an Gesteins- und Fossilherkünften aus dem gesamten Flussgebiet. Sie sind ebenso wie das Anstehende der Talwände und der rückwärtigen Schiefergebirgshöhen sozusagen erlebbare Erdgeschichte zum Anfassen.

Zur Erdgeschichte des Mittelrheintals

Vor allem aus dem Blickwinkel der Geowissenschaften stellt sich der Durchbruch des Rheins durch das Rheinische Schiefergebirge zwischen der Binger Talpforte und dem Siebengebirge bei Bonn als eine höchst bemerkenswerte Naturerscheinung dar. Insofern liefert eine kurze Skizze zur Erdgeschichte des Mittelrhein-Talzuges eine wichtige Verständnisbasis für die hier erlebbare Landschaft. Sie orientiert sich an Aufbau und Abfolge der Gesteinsschichten, die an den Talflanken zu Tage treten und natürlich für die angrenzenden Rahmenlandschaften von Belang sind (Abb. S. 61).

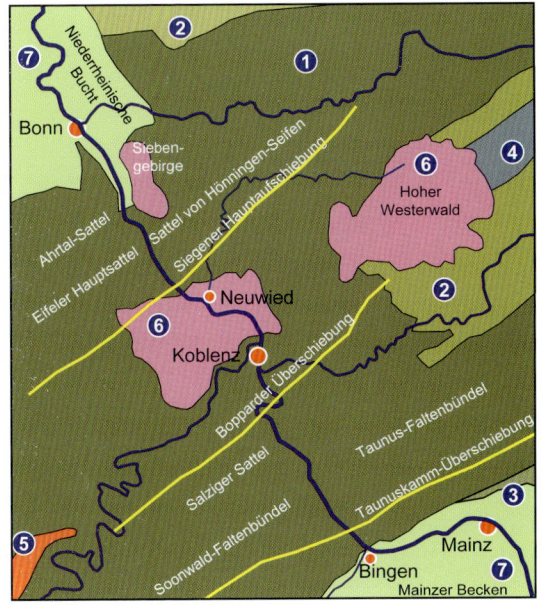

Vereinfachte Übersicht zur Geologie des Mittelrheingebietes: 1 Unterdevon, 2 Mittel- und Oberdevon, 3 metamorphe Gesteine am Taunusrand, 4 Karbon, 5 Rotliegendes (Wittlicher Senke), 6 Tertiär- und quartärzeitliche Vulkanite, 7 quartärzeitliche Talfüllung

Die Höhen des Rheinischen Schiefergebirges, welche die Flusstäler von Mittelrhein, Lahn und Mosel flankieren, bestehen aus zwei getrennten Gebirgsstockwerken. Die untere Etage ist das Grundgebirge – der über rund 200 Mio. Jahre hinweg durch Verwitterung und Abtragung eingeebnete Rumpf des ursprünglich wirklich als Bergland aufragenden Rheinischen Schiefergebirges. Großenteils ist dieser Gebirgssockel aus unterdevonischen Tonschiefern, Sand- und Siltsteinen aufgebaut und umfasst eine rund 400 Millionen Jahre alte Gesteinsfolge. Könnte man alle Schichtglieder übereinander stapeln, ergäbe sich eine viele Kilometer mächtige Folge. Das obere Gebirgsstockwerk (auch als Deckgebirge bezeichnet) umfasst dagegen die meist nur vergleichsweise geringmächtigen Ablagerungen der Tertiär- und der Quartär-Zeit. In diese Zeitstellung gehören vor allem nördlich von Lahn und Mosel die ausgedehnte Decken bildenden Förderprodukte mehrerer vulkanischer Ausbruchzyklen.

Schichtarchiv aus dem Unterdevon

Vordevonische Gesteine, die das tiefere Unterlager des Rheinischen Schiefergebirges bilden, treten in der Nähe des Rheintals nicht zu Tage. Eine Ausnahme sind die rund 430 Mio. Jahre alten Keratophyre der Krausaue bei Rüdesheim

Die Schichtfolgen der Aufschlüsse mögen fallweise monoton erscheinen, aber für den Geologen enthalten sie dennoch interessante Botschaften.

und Bingen. Ausgedehntere Vorkommen vordevonischer Schichten finden sich erst weiter östlich im Rheingau am Taunusrand sowie im Gebiet des unteren Nahetals an der Südrand-Störung des Hunsrücks. Die heute sichtbaren (= aufgeschlossenen) Gesteinsfolgen des Grundgebirges gehören demnach sämtlich in das Erdaltertum (Paläozoikum), genauer in das Unterdevon. Dessen Beginn setzt man heute mit etwa 417 Mio. Jahren vor der Gegenwart an. Nach Abfolge, Lagerungsverhältnissen und Fossilinhalt gliedert man sie – benannt nach den Orten besonders typischer Ausbildung bzw. der Erstbeschreibung – von unten nach oben in die drei Stufen Gedinne, Siegen und Ems. Die gesamte unterdevonische Schichtenfolge, die heute in Gestalt der Schieferfelsen zwischen den Rebfluren ansteht, wurde entweder als küstennahe Wattablagerung oder in tieferen Beckenräumen eines ausgedehnten Meeres abgesetzt, das einmal den größten Teil Mitteleuropas bedeckte. Zur Entstehungszeit der Ablagerungen befand sich der Bereich des heutigen Mittelrheingebietes – fast nicht vorstellbar – tatsächlich noch auf etwa 30° südlich des Äquators. Erst die anhaltende und großräumige Drift der Kontinentalmassen, vom genialen Marburger Astronomen und Meteorologen Alfred Wegener (1880–1930) im Jahre 1912 erstmals auf der Jahreshauptversammlung der Geologischen Vereinigung in Frankfurt vorgestellt und für die anwesenden Geowissenschaftler völlig schockierend, hat unser Gebiet im Laufe vieler Millionen Jahre Erdgeschichte in die heutige Position gebracht.

Flüsse eines weiter nördlich im heutigen Nordseeraum gelegenen Urkontinents schwemmten im Unterdevon große Mengen Sand und Schlamm ein. Auch südlich des Unterdevonmeeres nimmt man ein kontinentales Liefergebiet für flusstransportierte Tonschlämme bzw. Verwitterungssande an. Aus den sandigen Sedimenten ist der äußerst verwitterungsbeständige Taunusquarzit entstanden. Allein im Unterdevon nahm das damalige Meeresgebiet eine Schichtfolge von annähernd 10.000 m Mächtigkeit auf. Allerdings wies es nicht von Anfang an diese Tiefe auf. Vielmehr zog es durch stetige Absenkung seiner Beckenteile eine enorme Sedimentzufuhr aus den Nachbarräumen an sich und sammelte somit erst nach und nach eine beachtliche Materialfülle an.

Falten, Mulden, Schichtpakete

Anfangs lagen die über rund 20 Mio. Jahre im Unterdevon angesammelten, aufgestapelten und noch während der Devonzeit zu Gestein verfestigten Sedimentfolgen völlig flach übereinander wie die Seiten eines zugeschlagenen, auf einem Schreibtisch liegenden Buches. Die an den Talflanken des Mittelrheins heute frei liegenden Schiefergebirgsschichten im oberen und unteren Engtal zeigen jedoch, dass die Gesteinspakete eher nebeneinander und wie weggekippte Bücher im Regal angeordnet sind. Während der in der Karbonzeit vor etwa 340 Mio. Jahre einsetzenden variskischen Gebirgsbildung haben nämlich beträchtliche seitlich angreifende Kräfte innerhalb der Erdkruste die ursprünglich horizontal abgesetzten Schichten zu einem Gebirge aufgefaltet, dabei einzelne Schichtpartien steil aufgerichtet, fallweise sogar übereinander geschoben und dadurch den gesamten früheren Sedimentationsraum eingeengt. Zum besseren Verständnis kann man diesen Vorgang nachstellen: Wenn Sie eine Tischdecke mit den Händen durch seitlichen Schub in Faltenfolgen zwingen, haben Sie ein perfektes Modell einer Faltengebirgsbildung vor Augen. Die aus der Faltung folgenden Verbiegungen im Gestein kann man in den Gesteinsprofilen des Mittelrheintals an vielen Stellen direkt beobachten (beispielsweise an der berühmten Spitznack-Falte südlich der Loreley) und aus den unterschiedlichen Neigungswinkeln zumindest die ursprüngliche Lage von Umbiegungen rekonstruieren.

Nun sind die unterdevonischen Gesteine bei der Auffaltung zum Schiefergebirge nicht einfach nur verbogen worden. Vielmehr haben die Kräfte der Erdkruste bei diesen Gesteinsbewegungen einzelne Schichtpakete auch auf andere verschleppt und auf diese Weise großräumige Auf- bzw. Überschiebungen (beispielsweise an der Bopparder Rheinschleife oder nördlich des Mittelrheinischen Beckens) geschaffen. Aus der Summe dieser Umgestaltungen ergibt sich somit ein häufig genug unübersichtlicher Gebirgsbau, obwohl die Gesteinsfolgen an den Talwänden des Mittelrheins bei der Vorbeifahrt auf Straße, Schiene oder Strom relativ monoton und wunderbar geordnet erscheinen. Wenn man die Sandsteine, Quarzite und Tonschiefer als Werksteine in einer der rheinischen Höhenburgen oder einer mittelalterlichen Stadtbefestigung findet, kann man deren genaue Herkunft aus einem bestimmten Schichtverband meist nicht zuverlässig bestimmen, sondern nur vermuten, dass sie aus nahe gelegenen früheren Steinbrüchen stammen.

Die insgesamt rund 125 km lange Talfurche des Mittelrheins von Bingen bis Bonn ist ein einzigartiger Querschnitt durch den komplizierten Faltenbau des Rheinischen Schiefergebirgsblocks. Das gesamte Gesteinsprofil des Mittelrheintals, beiderseits des Stroms fast ununterbrochen entwickelt, gilt deswegen als eine der längsten und vollständigsten Aufschlussserien durch ein europäisches Faltengebirge. Eine vergleichbare, wenn auch nur auf bestimmte Abschnitte beschränkte Einsichtnahme in die in Teilbereichen außerordentlich komplexe unterdevonische Schichtenfolge war während der Bauzeit der ICE-Trasse in Westerwald und Taunus (Bauzeit 1995–2002) möglich.

Von Bingen bis Trechtingshausen

Mit der kurzen Vorstellung der am Talprofil des Mittelrheins wesentlich beteiligten Gesteinsserien starten wir an der Binger Talpforte und folgen dabei der erstmals von den Bonner Geologen Wilhelm Meyer und Johannes Stets vorbildlich erarbeiteten Gesamtsicht. Glücklicherweise treten die Unterdevongesteine in Fließrichtung des Mittelrheins ungefähr in der Chronologie ihrer Entstehung zu Tage, d.h. in der stratigraphischen Tabelle (Abb. S. 65). von unten nach oben. Im Talabschnitt zwischen Bingen und Trechtingshausen stellt sich die Tektonik und Schichtenfolge der Talwände bzw. Gebirgsanschnitte übrigens ungleich komplizierter dar als im gesamten folgenden Oberen Mittelrheintal.

Nördlich der Binger Talpforte sind die ältesten unterdevonischen Schichtglieder am Mittelrhein die in mehreren steil stehenden Partien angeschnittenen bunten Schiefer der Gedinne-Stufe. Sie bauen beispielsweise die Basis des Rochusberges und der Burg Klopp auf und stehen auch im berühmten Nahe-Durchbruch in mehreren eingeschuppten Paketen an. Zwischen Bingen und Assmannshausen kommt es zu einem markanten Wechsel: Hier bauen die steil gestellten und sehr harten, aber jüngeren Taunusquarzite der Siegen-Stufe unter anderem den Niederwald auf. Linksrheinisch sind in der Talflanke

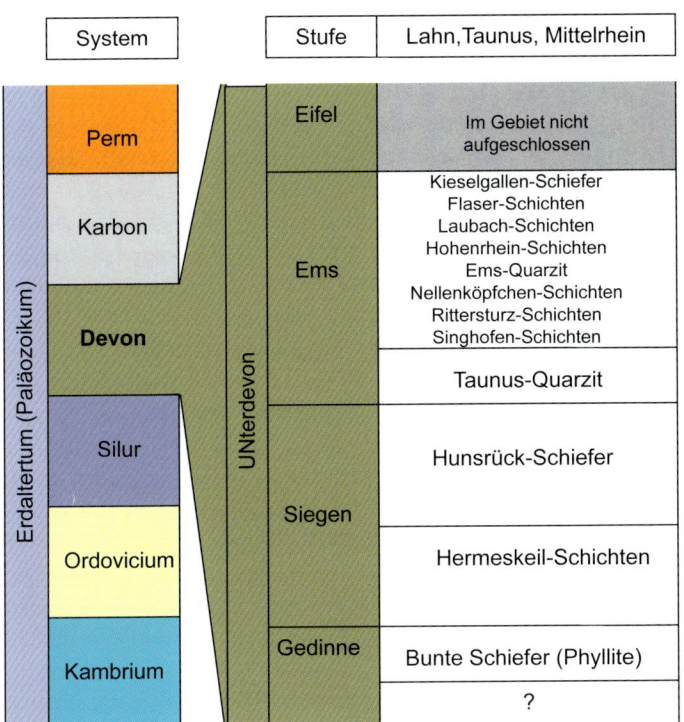

System		Stufe	Lahn, Taunus, Mittelrhein
	Perm	Eifel	Im Gebiet nicht aufgeschlossen
	Karbon	Ems	Kieselgallen-Schiefer Flaser-Schichten Laubach-Schichten Hohenrhein-Schichten Ems-Quarzit Nellenköpfchen-Schichten Rittersturz-Schichten Singhofen-Schichten
	Devon		Taunus-Quarzit
	Silur	Siegen	Hunsrück-Schiefer
	Ordovicium		Hermeskeil-Schichten
	Kambrium	Gedinne	Bunte Schiefer (Phyllite)
			?

Erdaltertum (Paläozoikum) — *UNterdevon*

Stratigraphische Übersicht zur Geologie des Mittelrheingebietes

mehrere steile Quarzitklippen zu sehen. Rechtsrheinisch fallen auf den nach Südwesten exponierten Hängen die kaum bewachsenen Quarzitschuttfächer auf, die man hier Rosseln nennt. Sie sind während der Eiszeiten durch Frostsprengung entstanden.

Unmittelbar bei Bingen überrascht das Gesteinsprofil mit einer Besonderheit: In Höhe des Binger Bahnhofs tauchen bei mittlerem und niedrigem Wasserstand des Rheins einige Felsen aus dem Eruptivgestein Keratophyr auf (= Krausaue), das schon in vordevonischer Zeit vor der Faltung des Rheinischen Schiefergebirges als Gesteinsschmelze aus der Tiefe aufgestiegen ist. Ein weiteres Keratophyrvorkommen befindet sich am westlichen Ausgang von Rüdesheim. Bei Assmannshausen zieht wiederum eine Folge Bunter Schiefer (Gedinne) über den Rhein und baut die Nordflanke des rechtsrheinisch einmündenden Eichbachtales auf. Sie bilden auch die Steillagenweinberge südlich des Bodentales, das gegenüber von Trechtingshausen einmündet. Nach oben werden sie von einer mächtigen Platte aus Taunusquarzit (Siegen-Stufe) abgeschlossen. Diese biegt am Bacharacher Kopf nördlich von Assmannshausen nahezu senkrecht nach unten um und schließt sich somit der fast senkrechten Schichtlagerung in diesem Talabschnitt an.

Die am Mittelrhein insgesamt über 1.000 m mächtigen Taunusquarzite bilden den markanten Höhenrücken des Soonwaldes (Binger Wald) bzw. rechtsrheinisch des Rheingaugebirges. Die Höhen ragen durchweg um etwa 100 m über das Flächenniveau von Hunsrück und Taunus auf. Im Franzosenkopf oberhalb von Trechtingshausen erreichen sie 618 m NN. Auf der Taunusseite setzen sie zunächst etwas niedriger an, steigen aber weiter östlich ebenfalls auf über 600 m an (Kalte Herberge bei Kiedrich: 619 m, Hohe Wurzel bei Wiesbaden: 614 m). Offensichtlich besteht der betont harte Taunusquarzit also nicht aus einer einheitlichen Gesteinsplatte, sondern aus mehreren Sandkörpern unterschiedlicher Mächtigkeit, wie sie das Unterdevonmeer hier zusammengeschwemmt hat.

Im Bereich des Bodentales bei Trechtingshausen werden die Taunusquarzite überlagert von einer nicht allzu mächtigen Lage, die hauptsächlich aus grauroten Quarziten und Sandsteinen besteht. Nach einem Ort im Hunsrück bezeichnet man sie als Hermeskeil-Schichten. Sie gehören dem Unter-Siegen an. Anhand ihrer rötlichen Färbung sind sie recht gut von den eher grauen Taunusquarziten zu unterscheiden, die etwas jünger sind und das mittlere und obere Siegen darstellen.

An seinem Nordende ist der Taunusquarzit (Siegen) bei der Gebirgsbildung entlang einer flach nach SO geneigten Verwerfungsfläche auf die jüngeren Hunsrück-Schiefer (Unterems) aufgeschoben worden. Diese als Taunuskamm-Überschiebung bekannte Struktur quert das Obere Mittelrheintal südlich vom Lorcher Werth: Burg Sooneck zwischen Trechtingshausen und Niederheimbach fußt noch auf der nördlichsten Klippe aus Taunusquarzit, der hier in einem großen und die Landschaftsästhetik gewaltig störenden Steinbruch abgebaut wird, und befindet sich demnach unmittelbar über der Überschiebungsfläche.

Von Trechtingshausen bis Boppard

Während der Südrand des Rheinischen Schiefergebirges im Großraum Bingen mit seinen markanten Wechseln von Quarziten und Schiefern sowie mit mehreren Überschiebungen geologisch außerordentlich komplex und abwechslungsreich aufgebaut ist, erscheint der Gebirgsbau bis zur nächsten größeren Überschiebungslinie bei Boppard trotz seiner anerkannten landschaftlichen Großartigkeit relativ monoton. Überwiegend stehen hier recht einheitlich aussehende Tonschieferfolgen an. Grobkörnige Schichtglieder wie Sand- oder

Siltsteine sind nur selten eingeschaltet. Die Tonschiefer sind stark geschiefert und dadurch unter der Wirkung der Faltung an unzähligen Scherflächen in dünne, gut spaltbare Blätter zerlegt. Bis etwa auf die Höhe von Braubach fallen diese Schieferungsflächen jeweils einheitlich nach SO ein. Die Schieferung ist übrigens nicht identisch mit der ursprünglichen Sedimentschichtung. Die wirkliche Gesteinsschichtung wird in den Tonschieferserien daher nur selten deutlich.

Die über den Siegen-Schichten (Hermeskeil-Schichten, Taunusquarzit) liegenden, den oberen Teil des Unterdevons bildenden Gesteinsfolgen (vgl. Abb. S. 65). nannte man der früher üblichen Schreibweise folgend ursprünglich „Coblenz-Stufe". Später ersetzte man diese Benennung durch die Bezeichnung „Ems-Stufe" oder einfach Ems, benannt nach dem Kurort Bad Ems an der unteren Lahn. Überwiegend gehören seine Schiefergesteine dem ins Unterems gestellten Hunsrückschiefer an. Der Hunsrückschiefer datiert teilweise bereits in die Siegen-Stufe als küstenferne Ausbildung (Fazies) des zeitgleich entstandenen Taunusquarzits, im Talabschnitt zwischen dem ersten auffälligeren Mittelrheinknick nördlich von Oberwesel bis etwa Hirzenbach auch dem oberen Ems. Insgesamt weisen sie eine Schichtmächtigkeit von mehreren 1.000 m auf. Sie stammen demnach aus einem relativ tieferen Beckenbereich des Unterdevonmeeres, dessen extrem feinkörnige Ablagerungen man in der Region vielfach auch als Dachschiefer abbaut. Fast überall im Mittelrheingebiet prägt der lokal gewonnene Hunsrückschiefer die Dächer und Giebelverkleidungen und somit das Erscheinungsbild der Siedlungen. In der Umgebung von Kaub sind auf beiden Talhängen die Abraumhalden der früheren Dachschiefergruben sichtbar.

Der bemerkenswert feinkörnige Hunsrückschiefer ist im Allgemeinen recht arm an Fossilien, doch sind diese – wenn vorhanden – fast immer geradezu vorzüglich erhalten. Als eine der weltweit ganz wenigen Gesteinsschichten dieser Zeitstellung lassen sie fallweise sogar feinste organismische Strukturen und gelegentlich selbst die Weichteilumrisse der eingebetteten Tiere (mehrheitlich Schlangensterne und Seelilien) erkennen. Fossilien aus dem Dachschieferbergbau bei Bundenbach und Gemünd im Hunsrück sind deswegen weltweit die Glanzstücke vieler paläontologischer Sammlungen.

Zwischen dem Rheintalknick nördlich von Oberwesel und Hirzenbach sind im zentralen Teil der schon zur Ems-Stufe gehörenden Tonschieferfolgen in einer durch mehrere Überschiebungen recht kompliziert und unübersichtlich aufgebauten Mulde jüngere Unterdevonschichten eingefaltet, die sich im Aspekt allerdings nur wenig von den Ems-Schiefern (Hunsrückschiefern) unterscheiden. Diese als Maisborn-Gründelbacher Mulde bezeichnete Struktur vertieft sich nach NO zur Lahn-Mulde, wo sie auch mittel- und oberdevonische

Sedimente aufweist. An den Talflanken des Oberen Mittelrheins enthalten die Unterems-Schichten stellenweise Tuffit-Lagen von mehreren Dezimetern Schichtmächtigkeit, die aus vulkanischen Aschen hervorgingen. Für diese Schichtglieder, die man im anstehenden Gestein unter anderem an den vielen körnigen Feldspateinsprengseln erkennen kann, wählte man die Bezeichnung Porphyroide. Die gesamte Schichtenfolge mit solchen Porphyroiden fasst man nach einem Ort im Taunus als Singhofen-Gruppe zusammen. Sie lassen sich von unten nach oben in die Spitznack-, Seelbach-, Wellmich- und in die Bendorf-Schichten gliedern. Die Singhofen-Schichten bauen unter anderem auch den berühmten Loreley-Felsen auf. Auch südlich davon ziehen mehrere Porphyroid-Bänder bis zum Rhein herunter.

Nördlich der Maisborn-Gründelbacher Mulde mit ihren kennzeichnenden Singhofen-Porphyroiden stehen bei Kamp-Bornhofen die ältesten Partien aus Hunsrückschiefer an. Sie gehören hier anteilig sogar noch in die Siegen-Stufe und sind Bestandteil des so genannten Salziger Sattels. Dessen Hunsrückschiefer sind nördlich von Bornhofen auf deutlich jüngere, aber noch dem Unterems angehörende Schichten aufgeschoben worden. Abgelöst wird das Unterems erst im Bereich der großen Bopparder Rheinschleife, die in einer bemerkenswerten Störungszone des Schiefergebirges angelegt ist.

Zwischen Rheinschleife und Mittelrheinbecken

Die markante Bopparder Überschiebungszone besteht bei genauem Hinsehen aus zwei Störungen. In der südlichen Störungsfläche wurde Unterems-Gestein auf den zum Oberems gehörenden Emsquarzit geschoben – er tritt beispielsweise in den Klippen des Sabelsberges südwestlich von Boppard zu Tage. In dichtem Abstand folgt die zweite Überschiebung, die den Emsquarzit auf den noch jüngeren Kieselgallenschiefer mit seinen faustgroßen Kieselsäureknollen (= Kieselgallen) schob. Kieselgallenschiefer sind die jüngsten Schichtglieder des Oberems und damit des gesamten Unterdevons. Sie bilden den Kern einer sehr tief reichenden Mulde, die als Mosel-Mulde das gesamte Rheinische Schiefergebirge durchzieht und vom Trierer Raum nordöstlich bis zur Dill-Mulde reicht. Ihre Achse quert das Mittelrheintal zwischen Braubach und der Lahnmündung. Exakt innerhalb dieser Mulde wurden wesentlich später das Mosel- und das untere Lahn-Tal angelegt. Der geologisch Interessierte kann hier mehrere ungewöhnliche Spezialstrukturen beobachten: Nördlich von Braubach finden sich beispielsweise südostvergente Falten mit kurzen, nach NW geneigten und langen, nach NO geneigten Faltenschenkeln – besonders gut erkennbar im Bereich von Rittersturz und Ehrenbreitstein bei Koblenz.

Die Gesteine der Mosel-Mulde umfassen eine recht bunte Folge von Schicht-gliedern, die man von unten nach oben nach ihrem steigenden Sandgehalt, nach dem Quarzanteil und nach der Fossilführung gliedert. Auf die Schich-ten der Singhofener Gruppe folgen im Hangenden die zur Vallendar-Gruppe gestellten Rittersturz-Schichten des oberen Unterems, die man am Namen gebenden Aufschluss südlich von Koblenz, aber auch am Unterlauf der Mosel sehen kann. Sie bilden einzelne Gesteinspartien im Winkel zwischen unterer Lahn und dem Ostrand des Mittelrheinischen Beckens. Überlagert werden sie von den Nellenköpfchen-Schichten, die im Bereich der Lahnmündung in einer schmalen Schuppe im Stadtgebiet von Niederlahnstein auftreten und auch direkt gegenüber dem Mündungsbereich in der Rheinflanke des Huns-rücks anstehen. Damit enden die Schichtfolgen des Unterems innerhalb des Unterdevons (vgl. Tabelle).

Mit dem Beginn der Oberems-Zeit, die das Unterdevon abschließt, vertiefte sich das Meeresbecken, in dem alle bisher erwähnten Schichtglieder abge-setzt wurden. Jetzt wurden nämlich die sandigen Sedimente hauptsächlich von Osten her eingeschwemmt. Sie verkieselten und bilden die heute als Ems-Quarzit bekannten und besonders verwitterungsfesten Einheiten. Dieser Quarzit als unterstes Schichtglied der Oberems-Stufe besteht aus fast reinem Quarz und tritt im Raum Koblenz in mehreren Zügen zu Tage. Er baut den markanten Höhenrücken des Koblenzer Stadtwaldes mit dem 382 m hohen Kühkopf auf, aber auch dessen rechtsrheinische Fortsetzung, die Horchhei-mer Höhe nördlich der Lahn. Etwas weiter nördlich bildet er auch die über 500 m hoch aufragende Montabaurer Höhe. Mit Flaserschiefer, Laubach- und Hohenrhein-Schichten im Hangenden des Ems-Quarzits schließt das Oberems im Mitterheingebiet ab.

Vom Becken zur Bucht

Die ältesten Gesteine des unteren Gebirgsstockwerks in der Umrahmung des Mittelrheinischen Beckens nördlich des Sayntals, das seinerseits in einer grö-ßeren Schichtstörung verläuft, gehören wiederum der Siegen-Stufe aus dem tieferen Unterdevon an. Sie treten hier in der schon vom Oberen Mittelrheintal als großräumige Verpackung der jüngeren Moselmulden-Füllung bekannten Ausprägung (Fazies) der überwiegend dunklen und sehr feinkörnigen Huns-rückschiefer auf. Im Unteren Mittelrheingebiet zwischen Eifel und Westerwald treten sie dagegen überwiegend in Gestalt der sandigen Normalfazies auf. Im Umkreis der Andernacher Talpforte sind sie rund 5.000 m mächtig und weisen bei Bonn immer noch etwa 3.000 m Schichtmächtigkeit auf. Der Wechsel vom Untersiegen in der Normalfazies zur Hunsrückschiefer-Fazies erfolgt entlang einer bezeichnenden Großstörung, die nördlich der Andernacher Talpforte zwischen Namedy und Leutesdorf von SW nach NE quer über das Untere Mittelrheintal zieht. Hier sind die markanten Hunsrückschiefer (Unter-Siegen) während der Auffaltung und Gebirgsbildung steil auf die der sandig-tonigen Ausbildung des Mittel-Siegen aufgeschoben worden. Älteres Gestein wurde hier um mindestens 3 km auf die nur wenig jüngeren Schichtglieder verschleppt. Die mächtigen Tonschieferfolgen im Hangenden dieser als Siegener Hauptauf- oder -überschiebung bezeichneten Störungsfläche werden ihrerseits in verschiedene Schichtpakete untergliedert. Ausgehend von den Mayener Schichten im Überschiebungsbereich kann man übereinander folgend die Leutesdorfer, Augusthenthaler, Rüscheider und Isenburger Schichten ausgliedern. Sie bilden von N nach S fortschreitend den Untergrund in der Umrahmung des Neuwieder Beckens. Entlang des tief eingefurchten und landschaftlich besonders erlebniswerten Sayntals werden sie wiederum von höherem Unterdevon (= Ems-Schichten) abgelöst.

Die im Unteren Mittelrheintal nördlich der Siegener Hauptaufschiebung zwischen Osteifel und Niederwesterwald aufgeschlossenen Gesteine der Siegen-Stufe bilden ein ausgedehntes Faltenbündel. Es setzt sich – auch im Talprofil erkennbar – aus zwei Großsätteln zusammen, nämlich dem Ahrtal-Sattel und dem Sattel von Hönningen-Seifen (linksrheinisch Eifeler Hauptsattel). Die Faltenachse des Ahrtal-Sattels, der im mittleren Ahrtal an vielen Stellen in eindrucksvollen Einzelfalten aufgeschlossen ist, kreuzt etwa zwischen Linz und Kasbach das untere Engtal. Nach SW taucht die Faltenachse allmählich ab. Ihre genaue rechtsrheinische Fortsetzung nach NO ist noch nicht genügend bekannt. Ein auf der Nordflanke des Ahrtal-Sattels liegender kleinerer Faltensattel ist jedoch auf etwa 2 km bei Erpel und Unkel (als Stuxlei) hervorragend und geradezu lehrbuchreif aufgeschlossen: Unmittelbar südlich der steilen Straße von Unkel nach Bruchhausen liegt eine stark nach NW überkippte Falte, deren nördlicher Faltenschenkel fast senkrecht steht, während ihr südlicher Schenkel unter flachem Winkel einfällt und über 400 m in südlicher Richtung zu verfolgen ist. Auf der Vorbeifahrt auf der B 42 berührt man diese sehr klar aufgebaute Faltenstruktur mit ihren vielen kleinen Formelementen, aus denen man den genaueren Bewegungsablauf bei der Auffaltung der Schichten rekonstruieren kann.

Im Talabschnitt zwischen Linz und Bad Hönningen finden sich weitere Steilhänge und Felspartien, an denen man leicht die Einfallswinkel der Siegener Schichten nachmessen kann. Die hier anstehenden Gesteinsschichten gehören einer großräumigen Faltenmulde zwischen den beiden oben erwähnten Großsätteln an und sind ihrerseits in kleinere, zum Teil unübersichtliche Spezialfalten gelegt worden. Da der Faltenspiegel im unteren Mittelrheintal in südlicher Richtung allmählich ansteigt, tritt jetzt nicht mehr wie bei Unkel das Ober-Siegen, sondern zunehmend älteres Mittel-Siegen zu Tage. Zunächst ist der Faltenverlauf noch sehr unruhig. Weiter stromaufwärts sind die Faltenachsen etwas weitständiger angeordnet, und die Faltenschenkel fallen hier unter deutlich kleineren Winkeln ein.

Südlich von Bad Hönningen quert die Achse des bemerkenswerten Eifeler Hauptsattels das Rheintal. Er ist eine der größten und ausgedehntesten Gebirgsstrukturen im nördlichen Rheinischen Schiefergebirge. In seinem Sattelkern treten die ältesten Bestandteile der Siegener Schichten (= Unter-Siegen) zu Tage; im mittleren Wiedtal bei Waldbreitbach streichen sie allmählich aus. Weiter rheinaufwärts stehen wieder die jüngeren Schichtglieder des Mittel-Siegen an. Auch sie wurden, wie der Rheintalabschnitt zwischen Rheinbrohl und Leutesdorf eindrucksvoll belegt, in mehrere kleine Falten gelegt. Besonders am Hammerstein, im Aspekt des Unteren Mittelrheintals ohnehin eine der landschaftlich auffälligsten Erscheinungen, zeigt sich, wie die Gebirgsauffaltung zum Teil sehr kompliziert ineinander greifende Formungen mit Klüftungen, Blattverschiebungen, Faltungsvorschüben und anderen tektonischen Formen hervorgebracht hat.

Spuren früheren Lebens

Im Rheinprofil zwischen dem Neuwieder Becken und dem Siebengebirge sind aus mehreren in der Fachwelt berühmt gewordenen Aufschlüssen der devonischen Schichtfolgen zahlreiche Fossilien geborgen worden. Aus deren Auftreten und Verteilung lassen sich interessante Hinweise auf die Umweltbedingungen zur Sedimentationszeit der Gesteine gewinnen. Im Unter-Siegen war das Gebiet des mittelrheinischen Raums beispielsweise ein flaches Küsten- und Wattengebiet, in dem sich zeitweise auch stärkere Süßwassereinflüsse bemerkbar machten. Von großem wissenschaftlichem Interesse sind beispielsweise die Funde gut erhaltener Pflanzenreste aus den Tonschiefern des Unter-Siegen. Sie liefern wichtige Belege für Aussehen und Entwicklung der weltweit ersten Landpflanzen. Deren Beginn markieren einfache, überwiegend noch im Wasser lebende Farnpflanzen. Primitive Nacktfarne wie die aus einfachen Gabelsprossen bestehenden Arten *Taeniocrada decheniana* oder *Zosterophyllum rhenanum* wurden beispielsweise in der Nähe von Bad Breisig gefunden. Im folgenden Mittel-Siegen war der mittelrheinische Raum dagegen eher ein Hochseegebiet. Die fossile Fauna aus den entsprechenden Schichten spiegelt dies deutlich wider: Sie besteht jetzt überwiegend aus großschaligen Brachiopoden, Muscheln, Trilobiten und Seelilien (Crinoiden). Die charakteristischen Reste der Stängelglieder von Crinoiden, in der Region oft als Bonifatiuspfennige bezeichnet, gehören zu den besonders häufigen tierischen Fossilien des Unterdevons im Mittelrheingebiet. Praktisch findet man sie überall dort, wo unterdevonische Sandsteine vermauert wurden, die man im Gebiet oft einfach als Bruchsteine bezeichnet. Berühmte, aber heute leider nicht mehr zugängliche Fossilfundpunkte sind Menzenberg bei Bad Honnef oder die Kaskade bei Unkel. Zu den frühen Bearbeitern der mittelrheinischen Fossilfauna gehörte unter anderem auch der vielseitige Neuwieder Lehrer und Naturforscher Philipp Wirtgen (1806–1870), einer der Mitbegründer des bis heute bestehenden Naturhistorischen Vereins der Rheinlande und Westfalens.

Wie aus Höhen Tiefen werden

Auch nach der Auffaltung der devonischen Meeresablagerungen zu einem sicherlich recht hoch aufragenden Gebirge stieg der gesamte Rheinische Schiefergebirgsraum weiterhin langsam auf, wurde dabei aber durch Abtragung allmählich eingeebnet. Über rund 200 Mio. Jahre der weiteren Erdgeschichte war der größte Teil des Schiefergebirges rechts und links des heutigen Mittelrheintals daher kein Sedimentationsraum. Deshalb fehlen hier alle in anderen Regionen Deutschlands und auch im westlichen Teil der Eifel (Trias-Dreiecke) so landschaftswirksamen Schichtglieder des Erdmittelalters (Mesozoikum). Während der Tertiärzeit nahm der in seinen Ursachen immer noch nicht recht verstandene, aber wohl auf Plattenbewegungen innerhalb der Erdkruste zurückgehende Gebirgsaufstieg der Schiefergebirgsregion zeitweilig beachtliche Ausmaße an. Im schon weitgehend abgetragenen Gebirgsrumpf entstanden nun zahlreiche Brüche und Senken. In dieser Zeit, beginnend vor rund 35 Mio. Jahren, brachen an randlichen Verwerfungen die für das heutige Landschaftsbild so markanten intramontanen Senken wie das Limburger und das Mittelrheinische Becken ein – Zwischenstücke eines großräumigen Störungssystems, auf das auch Oberrheingraben, Wetterau und Niederrheinische Bucht zurückgehen.

Diese tertiärzeitlichen Bewegungen in der Erdkruste haben nun innerhalb des Rheinischen Schiefergebirges einen besonders lebhaften Vulkanismus frei gesetzt, nachdem vereinzelt schon im zeitlichen Umfeld der variskischen Gebirgsbildung einzelne Eruptionszyklen auftraten (vgl. die vordevonischen Keratophyre an der Binger Talpforte oder die heute verfestigten Aschelagen der Singhofen-Schichten).

Erze und Bergbau

Bei der Auffaltung des Schiefergebirges vor etwa 280 Mio. Jahren, aber auch während späterer Krustenbewegungen, stiegen aus der Tiefe der Erdkruste mehrfach heiße Lösungen von Mineralen auf und kristallisierten nach Abkühlung in Spalten als Erze aus. Auf diese Weise entstanden zahlreiche bauwürdige Erzgänge, die in vielen Orten beispielsweise des unteren Lahngebietes oder im Umkreis des Wiedtales eine bemerkenswerte Bergbautradition begründeten. Im Raum Bad Ems, Braubach und St. Goar hat man an mehreren Stellen vor allem Blei-Zink-Silber-Erze abgebaut. Goethe zog es seinerzeit unter anderem wegen der besonderen Mineralien-Vorkommen häufiger an die Lahn. Von den verschiedenen Erzgängen ist der Ems-Braubacher-Gangzug sicherlich der wichtigste. Er zieht von Arzbach ungefähr 16 km nach SW bis Braubach. Seine Erze wurden von den ehemaligen Gruben Silberkaute bei Arzbach, Pfingstwiese, Mercur und Neue Hoffnung bei Bad Ems, Bergmannstrost bei Nievern, Friedrichssegen etwa 6 km östlich von Lahnstein sowie Königsstieler Stollen und Rosenberg bei Braubach gefördert. Seit der Römerzeit ging hier nachweislich der Bergbau um. Bereits zur Zeit des Ersten Weltkriegs wurden erste Betriebe stillgelegt, die letzte Grube schloss 1963. Bei Mineraliensammlern stehen die früher gefundenen Kristallstufen immer noch hoch im Kurs. Besonders berühmt sind beispielsweise die Emser Tönnchen aus grünem bzw. bräunlichem Pyromorphit, deren eigenartig tonnenförmige Gestalt durch Zwillingsbildungen und Durchwachsungen zu Stande kam. Kupfer in spannenlangen „Bäumchen" (Bergmannstrost), prächtige Stufen von Cerussit (Friedrichssegen) gehören zu den weiteren bekannten Funden, die heute in allen großen Fachmuseen (u.a. Berlin, Bonn und London) zu bewundern sind. Insgesamt hat man aus diesem Gebiet 17 Erze und Gangarten sowie fast 100 Sekundärmineralien nachgewiesen. Vielfach wurden die lokal abgebauten Erzvorkommen auch gleich an Ort und Stelle verhüttet. Einen ausgezeichneten Überblick über die Mineralvorkommen des Lahngebietes bietet das 1996 in einem Steigerhaus der ehemaligen Emser Bleihütte eingerichtete Emser Bergbaumuseum. Auch im Bergbau- und Stadtmuseum von Weilburg, einst Mittelpunkt des Bergbaus im Gebiet von Lahn und Dill, sind neben wunderschönen Kristallstufen zahlreiche eindrucksvolle Exponate zum Erz-, Dachschiefer-, Phosphorit- und Tonabbau der Region zu sehen.

Weitere bedeutende rheinnahe Bergbauregionen, in denen Erze gefördert wurden, ist der Wiedische Erzbezirk im Niederwesterwald, wo sich bis heute zahlreiche montanhistorisch interessante Relikte (darunter auch Anlagenreste zur Holzkohleherstellung für die Erzverhüttung vor Ort) finden. Eines der ältesten mitteleuropäischen Erzbergwerke befindet sich in der Nähe von Rheinbreitbach am unteren Mittelrhein. Auch das südliche Siebengebirge weist eine viele Jahrhunderte überspannende montanhistorische Tradition auf.

Eine bis heute fortdauernde bergbauliche Tradition begründeten die mächtigen Tonablagerungen besonders im Westerwald, seit Jahrhunderten buchstäblich die Grundlage der bemerkenswerten und nicht nur regional bedeutsamen Kultur- und Wirtschaftslandschaft Kannenbäckerland im südwestlichen Westerwald sowie in der Umrahmung der Niederrheinischen Bucht. Sie verdanken ihre Entstehung letztlich den jüngeren Gebirgshebungen und gingen aus der Verwitterung, Abtragung und Einschwemmung umgewandelter devonischer Ausgangsmaterialien in räumlich begrenzten Sedimentfallen hervor.

Aus Feuer und Wasser

Die mit den Hebungen einhergehende Unruhe im Gesteinsuntergrund leitete in der mittleren Tertiärzeit ein für die Region besonders wichtiges Kapitel in der Erdgeschichte des rheinischen Großraumes ein. Jetzt entstand im hier vorgestellten Gebiet nämlich das obere Gebirgsstockwerk, das neben eingeschwemmten oder angewehten Lockersedimenten vor allem aus vulkanischen Gesteinen (Vulkaniten) besteht (vgl. Abb. S. 61).

Mit dem Anheben des Schiefergebirgsrumpfes stiegen erstmals vor allem im mittleren Tertiär und später noch einmal im jüngeren Quartär aus dem oberen Erdmantel aus etwa 100 km Tiefe Gesteinsschmelzen (Magmen) zur Oberfläche auf. Zunächst nur in der Hocheifel und wenig später auch im Westerwald setzte damit eine lebhafte Vulkantätigkeit ein, die überwiegend Basalte förderte. In dieser Phase entstanden in der Hocheifel die Vulkanberge des Hohe-Acht-Berglandes, im zeitlichen Abstand von einigen Jahrmillionen das an den nördlichen Talausgang des Mittelrheins grenzende Siebengebirge oder der breite Gürtel der Westerwälder Vulkanberge zwischen Montabaur und Westerburg – drei räumlich getrennte, aber noch in Sichtweite zueinander

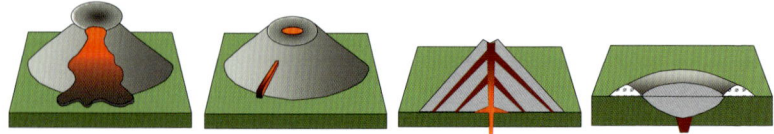

Vulkantypen in den Vulkanfeldern links und rechts des Unteren Mittelrheintals, von links:
– **Asche- oder Schlackenkegel mit Lavastrom**
– **Schlackenkegel mit seitlichem Lavagang**
– **Schichtvulkan**
– **Maar mit Tuffring**

über das Rheinische Schiefergebirge verteilte Vulkanfelder des älteren (tertiärzeitlichen) Vulkanismus. Das Siebengebirgs-Vulkanfeld, dessen Eruptionen vor etwa 25 Mio. Jahren begannen und nach etwa 7 Mio. Jahren endeten, ist für das Untere Mittelrheintal die bedeutendste, weil landschaftswirksamste Struktur (vgl. NaTour 19). Seine Ausbruchpunkte umfassen nicht nur die rund 40 Vulkankuppen des engeren Siebengebirges an der Nordostecke des Westerwaldes, sondern auch die zu eigenartigen Reihen angeordneten Basaltberge der Linzer Höhe, die bis zur mittleren Wied reichen, sowie ihre linksrheinische Entsprechung mit dem Tertiärkuppenland der Gemeinde Wachtberg und den südlich daran anschließenden Vulkanbergen. Dieses eindrucksvolle Vulkanfeld endet mit der markanten Landskron am unteren Ausgang des Ahrtals (Abb. unten).

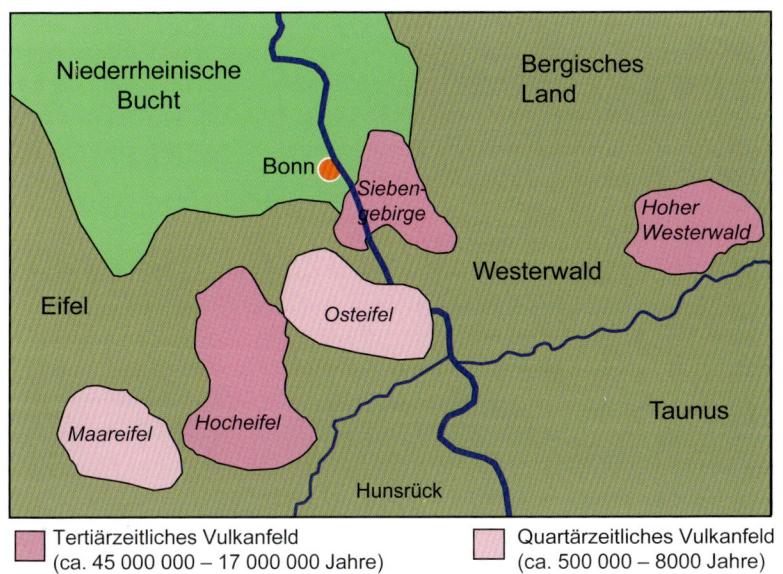

Niederrheinische Bucht

Bergisches Land

Bonn

Siebengebirge

Hoher Westerwald

Westerwald

Eifel

Osteifel

Taunus

Maareifel

Hocheifel

Hunsrück

Tertiärzeitliches Vulkanfeld
(ca. 45 000 000 – 17 000 000 Jahre)

Quartärzeitliches Vulkanfeld
(ca. 500 000 – 8000 Jahre)

Vulkanfelder im Unteren Mittelrheingebiet

Der jüngere Vulkanismus

Die an die Tertiärzeit vor etwa 2 Mio. Jahren anschließende Epoche der Erdgeschichte bezeichnet man gemeinhin als Quartär oder Eiszeitalter. In seinem jüngeren Abschnitt verstärkte sich das Anheben des Schiefergebirgsrumpfes erneut und immerhin so heftig, dass Rhein, Mosel und Lahn sich mit ihren

Nebenflüssen erneut tief einschneiden mussten. Während dieser starken Hebungsphase stellte sich im unteren Mittelrheingebiet wiederum ein recht lebhafter Vulkanismus ein. Im Umkreis des heutigen Laacher Sees entstand eine der jüngsten Vulkanlandschaften Europas mit etwa 120 Einzelvulkanen, die man auch als Osteifeler Vulkanfeld bezeichnet. Dieses junge, quartärzeitliche Vulkanfeld entwickelte sich über einen Zeitraum von über 500.000 Jahren und durchsiebte mit seinen zahlreichen Ausbruchspunkten das Land wie mit Schrotschüssen. Seine Eckpunkte bilden im Norden die Basaltvulkane Teufelsburg bei Oberheckenbach und Leilenkopf bei Niederlützingen, im Osten die Hohe Buche bei Brohl, im Süden der Beuelskopf bei Winningen über dem nördlichen Moselufer und im Westen der Hochsimmer bei Ettringen. Aber auch außerhalb dieses umrissenen Areals finden sich vereinzelt quartärzeitliche Vulkane. Ihre Fundpunkte liegen beispielsweise westlich von Virneburg, bei Mertloch und Düngenheim. Hierher gehören auch der bemerkenswerte Rodderberg oberhalb von Bonn-Mehlem (vgl. NaTour 18) und auf der rechten Rheinseite zwei Ausbruchspunkte bei Höhr-Grenzhausen und Caan. Die beiden letztgenannten Vulkane sind übrigens die ältesten Vertreter des Osteifeler Vulkanfeldes – der jüngere Eifelvulkanismus begann damit eigentlich auf der heutigen Westerwaldseite des Schiefergebirges.

Kuppenreiche Nachbarschaft: Das Untere Mittelrheintal flankieren landschaftlich bedeutsame Vulkanfelder.

Die starke Hebung, die den Osteifeler Vulkanismus auslöste, begann vor etwa 800.000 Jahren und hat Teile der Eifel inzwischen immerhin um mehr als 200 m aufsteigen lassen. Diese Bewegungen vollziehen sich zum Teil bruchlos, an Verwerfungen fallweise aber auch ruckartig. Solche plötzlichen Versetzungen äußern sich üblicherweise in Erdbeben, die besonders häufig in der Niederrheinischen Bucht auftreten, aber nicht selten auch im Mittelrheinischen Becken sowie in einer Bruchzone, die das gesamte Rheinische Schiefergebirge im Gebiet des Rheintals durchzieht. Im Internet kann man die jeweils aktuelle und hinsichtlich ihrer Häufigkeit sicherlich überraschende Bebenstatistik der Region verfolgen; sie wird im Netz von der Erdbebenwarte der Universität zu Köln betreut. Die Aufstiegsbewegung geht auch gegenwärtig noch weiter. Teile der Eifel wachsen dadurch um Millimeterbeträge im Jahr in die Höhe und damit übrigens rascher als im langfristigen Mittel während der Auffaltung am Ende des Erdaltertums oder während des jüngeren Tertiärs.

Aschen, Laven und Tuffe

Auf der heutigen Eifelseite begann der quartärzeitliche Vulkanismus im Gebiet von Rieden, Weibern und Bell mit der Förderung heller phonolithischer Tuffe und Laven sowie dunkler basaltischer Aschen. Als Laven bezeichnet man aus aufgestiegenen Gesteinsschmelzen nach Abkühlung und Erstarrung entstandene Festgesteine. Die durch Gasexplosionen aus Vulkanschloten ausgeworfenen Lockermassen bilden dagegen die Aschen. Tuffe waren ursprünglich ebenfalls Lockermaterialien, wurden aber nach dem Absetzen aus glühenden Staubwolken durch eindringendes Niederschlagswasser zu Ignimbriten verfestigt. Die zum Teil verlassenen Steinbrüche zwischen Rieden und Weibern vermitteln einen großartigen Eindruck von der Mächtigkeit der hier abgebauten Tuffdecke. Vor der Eruption sammelte sich das aus der Tiefe aufgestiegene, geschmolzene Gestein (Magma) in unterirdischen Kammern nahe der Oberfläche an. Solche von Schmelzen erfüllten Hohlräume nennt man Herde. Durch den Ausstoß der Aschen und Tuffe wurden die einzelnen Herde entleert, so dass die dünne Erdkruste darüber stellenweise als breite Senke einbrach. So entstand der Riedener Kessel, der insofern eine klassische Caldera-Struktur (nach dem spanischen Wort für Kessel) darstellt. In dieser ersten Eruptionsphase wurden jedoch nicht nur phonolithische Tuffe gefördert. Vielmehr drangen im Gebiet zwischen Rieden, Engeln und dem oberen Brohltal an verschiedenen Stellen auch phonolithische Laven an die Oberfläche und erstarrten hier zu rundlichen Phonolithkuppen. Eine besonders markante Phonolithkuppe trägt heute die Burgruine Olbrück, ein weiterer die Landschaft der Kempenicher Hochfläche prägender Phonolithberg ist der Engelner Kopf, an dessen Fuß sich die Endhaltestelle des beliebten Vulkan-Express aus dem Brohltal befindet. Die Abb. S. 74 und 75 zeigen die verschiedenen im Mittelrheingebiet vertretenen Vulkantypen und Lagen sowie ungefähre Ausdehnung der jeweiligen Vulkanfelder.

In einer zweiten Eruptionsphase fördert die quartärzeitliche Vulkantätigkeit im Osteifeler Vulkanfeld vor allem basaltische (bzw. basanitische) Aschen, Schlacken und Laven. Zeitlich überlagern sich dieser Basalt- und der oben dargestellte Phonolith-Vulkanismus. An mehreren Stellen liegen die Basaltaschen sogar unter den Phonolithtuffen – klar zu erkennen beispielsweise in einer alten Tuffgrube am Südwestfuß des Hochsteins westlich der Straße Ettringen-Bell. Ein besonders markantes Beispiel aus diesem Abschnitt des vulkanischen Geschehens ist der aus dem Mittelrheinbecken erkennbare Hochsimmer bei Mayen bzw. Ettringen, der mit 587 m höchste Berg der Osteifel. Sein Basalt-Schlackenkegel wurde durch ausfließende Lava nach Süden geöffnet, so dass nur ein hufeisenförmiger Ringwall erhalten blieb. Dieser Lavastrom ergoss sich in das Bachtal eines Vorläufers der heutigen Nette, so dass der Wasserlauf gezwungen war, sich ein neues Bett einzutiefen. Dessen Sohle liegt heute rund 80 m unter dem ursprünglichen Niveau. Auch daran ist abzulesen, dass der Hochsimmer ein relativ alter Vulkan ist.

Erheblich jünger ist der benachbarte Ettringer Bellerberg. Sein halbmondförmiger, fast kahler Schlackenwall bildet mit dem gegenüber liegenden und bewaldeten Kottenheimer Büden die Reste eines großen Ringwalls, den Lavaströme nach Norden und Süden durchbrochen haben. Die Stirn des südlichen, 2 km langen Stroms steht südlich von Mayen 8–10 m über der Talsohle der Nette an, die damals schon tiefer eingeschnitten war als zur Erstarrungszeit der Hochsimmer-Lava.

Die Ettringer und Mayener Lava, gesteinskundlich genauer als Leuzit-Tephrit zu bezeichnen, setzte während ihres Austritts die darin gelösten Gase frei und erhielt deswegen bei der Erstarrung eine eigenartig schaumig-poröse Struktur. Schon seit vorgeschichtlicher Zeit ist sie wegen ihrer sehr guten Bearbeitbarkeit und sonstigen Materialeigenschaften ein äußerst geschätzter Werkstein und praktisch seit Jahrtausenden ein Exportschlager der gesamten Region. Mahlsteine aus Osteifeler Basaltlava hat man unter anderem in Südengland gefunden. In den Dörfern rund um den Laacher See und auch in vielen Orten des weiteren Mittelrheingebietes kann man die Vulkangesteine der Region übrigens im aufgehenden Mauerwerk sehen. Auch die Abteikirche Maria Laach ist nicht nur ein bedeutsames baugeschichtliches Denkmal staufisch-salischer Hochromanik, sondern mit ihren vielen verschiedenen Werksteinen gleichzeitig ein beachtliches Monument der regionalen Erdgeschichte.

Im Gebiet von Mendig direkt südlich des Laacher Sees liegen mehrere Basaltlavaströme übereinander. Davon besteht der obere ebenso wie die Mayener

Lava aus schaumig-porösem Basalt (Tephrit), der ebenfalls sehr gut zu bearbeiten ist. Weitere ausgedehnte Lavaströme finden sich im Raum Plaidt und Saffig sowie zwischen Andernach und Nickenich. Viele Basaltschlackenkegel sind inzwischen durch Abbau zur Gewinnung von Baustoffen abgetragen worden. Eine Häufung solcher Schlackenkegel stellt die Gruppe der Wannen- und Eiterköpfe zwischen Ochtendung und Plaidt dar, die als Fundort einer Schädelkalotte des Neanderthalers berühmt wurden. Auch sie sind bis auf wenige Reste dem Abbau zum Opfer gefallen.

Finale am Ende der Eiszeit

Vor etwa 200.000 Jahren hatte sich im Raum Wehr wiederum ein Herd mit relativ leichten, nichtbasaltischen Magmen gebildet. In mehreren Schüben wurden daraus aus verschiedenen Schloten phonolithische Bimsmassen ausgeschleudert. Bims ist ein durch Gaseinschlüsse schaumiges und rasch erstarrtes Gestein. Wegen seines geringen spezifischen Gewichtes schwimmt es auf dem Wasser und wird bei Vulkanausbrüchen meist in etwa nussgroßen Körnern ausgeworfen. Nach den Eruptionen brach die Kruste über dem entleerten Herd als große, ovale Senke ein. Nach dem spanischen Wort für Becken (bzw. Kessel) bezeichnet man auch sie als Caldera. So entstand der in nordsüdlicher Richtung gestreckte Wehrer Kessel. Die Wehrer Bimsvulkane waren etwa vor 200.000–100.000 Jahren aktiv. Schließlich entstand gegen Ende der letzten Kaltzeit relativ hoch in der Erdkruste noch einmal ein phonolithischer Vulkanherd, der offenbar unter besonders hohem Gasdruck stand. Nach anfänglich noch schwächeren Eruptionen im Gebiet um Mendig öffnete sich im Nordteil des heutigen Laacher Beckens ein Schlot, aus dem innerhalb kurzer Zeit gewaltige Bimsmassen ausgeschleudert wurden. Sie überschütteten das gesamte Neuwieder Becken und weite Bereiche der Osteifel sowie des Westerwaldes mit einer mehrere Meter mächtigen Bimsdecke. Neben größeren und kleineren Bimsbrocken drangen aus dem Schlot auch glühende Wolken feiner Aschen auf und wälzten sich mit Geschwindigkeiten von weit mehr als 100 km/h durch die benachbarten Täler nach Norden und Südosten: Im angrenzenden Brohltal und in einem Nebental der Nette häuften sie sich, bei der Abkühlung verfestigt, zu mächtigen hellen Tuffmassen bis 60 m hoch über dem ursprünglichen Talgrund an. Im Rheinland bezeichnet man diese Aschentuffe auch als Trass. Bereits die Römer haben dieses außerordentlich feinkörnige Vulkangestein im Brohltal für Bauzwecke abgebaut. In die Abbauwände eingegrabene Höhlen dienen bis heute als Lagerräume für landwirtschaftliche Geräte.

Durch die sehr rasche Entleerung des Herdes – man geht heute davon aus, dass diese gewaltige Eruption von Aschen und Bims insgesamt nur wenige

Tage angedauert hat – brach auch hier die dünne, überdeckende Erdkruste in einer 2×3 km weiten Caldera ein und ließ so den Laacher Kessel entstehen. Da bei der Eruption ein heißer Gasstrom viele Kilometer hoch bis in die Stratosphäre aufstieg, löste er – wie man bei jüngeren Vulkanausbrüchen weltweit beobachtet hat – heftige Gewitter mit ergiebigen Regengüssen aus. Somit gelangten größere Mengen von Niederschlagswasser in den noch offenen Schlot und kamen hier unmittelbar mit dem noch sehr heißen Gestein in Kontakt. Das wiederum führte zu außerordentlich heftigen Wasserdampfexplosionen. Diese sprengten Material aus den Schlotwänden heraus und schleuderten es in raschen Stößen radial nach außen. In den zuvor aufgeschichteten Lockermassen haben diese heftigen Eruptionsstöße dünenartige Strukturen hinterlassen, die man eindrucksvoll in der großen Abbauwand nördlich des Wingertsberges sehen kann. Diese über 40 m hohe Abbauwand ist als Geotop (vgl. S. 25) geschützt. Anschauliche Erklärungstafeln erläutern diesen einzigartigen Aufschluss, der unterdessen weltweit das besondere Interesse der Vulkanologen gefunden hat (vgl. S. 225).

In der unmittelbaren Umgebung des Laacher Kessels hinterließen die jüngsten Eruptionen die viele Meter mächtige Decke aus so genanntem Grauen Laacher Bims. Er besteht hauptsächlich aus Fragmenten des devonischen Untergrundes und eignet sich deshalb weniger als Baustoff. Die voran gegangenen Förderprodukte des Laacher See-Vulkans, der Weiße Bims, bildet dagegen seit dem ausgehenden 19. Jahrhundert einen wertvollen Rohstoff, aus dem vor allem Leichtbausteine gefertigt werden.

Ob der rheinische und speziell der Eifeler Vulkanismus mit der Eruption des Laacher See-Vulkans und des noch etwas jüngeren Ulmener Maares seinen endgültigen Abschluss gefunden hat oder nur in ein ruhigeres Intermezzo eingetreten ist, lässt sich kaum entscheiden. Immerhin zeigt die Region mit ihren relativ häufigen Erdbeben nach wie vor eine beachtliche tektonische Unruhe, die letztlich auch den Vulkanismus auslöste, sowie eine Reihe von subvulkanischen Erscheinungen. Dazu gehören als Besonderheit des Gebietes die zahlreichen Mineralquellen und Gasaustritte. Viele der bekannten Quellen befinden sich im Kern von Sattelstrukturen oder folgen markanten Verwerfungslinien in der Tiefe. Einige von ihnen waren bereits zur Römerzeit bekannt und wurden entsprechend genutzt; so schließt bezeichnenderweise die alte römische Reichsgrenze (= niedergermanischer Limes) den gesamten damals bekannten mittelrheinischen Quellbezirk ein. Bedeutende Mineral- bzw. Thermalquellen der Region finden sich im unteren Lahntal (Bad Ems), im Oberen und Unteren Mittelrheintal (Rhens, Brohl, Bad Hönningen, Sinzig, Bad Honnef, Bad Godesberg) sowie im Ahrtal (Bad Bodendorf, Bad Neuenahr).

Zeitmarke und Forschungslandschaft

Die besonders feinen phonolithischen Aschen der imposanten Laacher Bimseruption vor rund 13.000 Jahren wurden mit Luftströmungen über weite Teile Europas von Südskandinavien bis zum Westalpenbogen verbreitet und finden sich vielerorts als milli- bis zentimeterdicke Lagen in Hochmoor- oder Seenablagerungen. Daher ließ sich das genauere Alter der Eruptionen einerseits mit Hilfe der Pollenanalyse, aber auch über die in den einbettenden Pflanzenresten enthaltenen radioaktiven Kohlenstoffatome bestimmen. Für solche Restmessungen an Radiokohlenstoff (^{14}C) stehen auch Pflanzenreste zur Verfügung, die man direkt unter der Bimsdecke bzw. unter dem Brohltal-Trass gefunden hat. Danach hat die Laacher Bimskatastrophe etwa 13.000 Jahre vor der Gegenwart (die genaueste verfügbare Datierung geht von einem Ausbruchszeitraum von 12.900 Jahren vor heute aus) stattgefunden und mit ihren gewaltigen Materialschüttungen einen Zeithorizont aus der ausgehenden Späteiszeit überdeckt, den die Archäologen nach einem dänischen Fundplatz als Alleröd bezeichnen. Die Überdeckung mit vulkanischem Lockermaterial schützte die vorvulkanische Erdoberfläche vor Verwitterung und Abtragung. Daher sind hier einzigartige Dokumente aus der Zeit unmittelbar vor dem Ausbruchgeschehen dokumentiert – beispielsweise auch Laufspuren von Bär und Birkhuhn bei Mertloch. Der späteiszeitliche Mensch war wohl nicht unmittelbar Zeuge des gewaltigen Ausbruchs des Laacher See-Vulkans. Vermutlich hatten die im Gebiet siedelnden und durch zahlreiche Spuren nachgewiesenen Jägergruppen die Region rechtzeitig verlassen, als sich vielleicht durch Erdbeben oder andere Anzeichen die Katastrophe ankündigte. In nur einem Fall ist bislang direkt unter dem überdeckenden Laacher Bims bei Andernach ein menschliches Skelett gefunden worden.

Entstehung und Aufbau des Laacher Kessels und der umliegenden Berge hat schon vor über 200 Jahren das gebildete Europa lebhaft interessiert. Auch im berühmten Lehrstreit zwischen den Anhängern einer ausschließlich nichtvulkanischen („neptunistischen") Entstehung von Gesteinen im Wasser und den „Plutonisten", die in diesen Landschaftsformen tatsächlich erloschene Vulkane sahen, wurde intensiv über den Laacher See diskutiert. Das zeigen unter anderem Goethes Bemerkungen gegenüber dem Kölner Kunstsammler Sulpiz Boisserée vom 2.8.1815: „…ich kann nicht aus meinem Neptunismus heraus. Das ist mir am auffallendsten gewesen am Laacher See und zu Mennig … Da ist mir nun alles so allmählich erschienen, das Loch mit seinen gelinden Hügeln und Buchenhainen; und warum sollte denn das Wasser nicht auch löcherige Steine machen können, wie die Bimssteine und die Menniger Steine?" Hier irrte Goethe allerdings heftig. Unsere heutige detaillierte Kenntnis des Osteifeler

Vulkangebietes ist hauptsächlich mit den grundlegenden Arbeiten u.a. von Wilhelm Ahrens, Reinhard Brauns, Josef Frechen, Wilhelm Meyer und Hans-Ulrich Schmincke verknüpft. Auch aus der Abtei Maria Laach kamen wertvolle Beiträge zur vulkanologischen Erforschung von L. Dressel SJ, Th. Wolf SJ und M. Hopmann OSB.

Aus dem Werdegang des Rheintals

Mittelrhein und Mosel durchfurchten schon lange vor dem Beginn der historischen Zeit das beiderseits aufragende Rheinische Schiefergebirge. Auch die Lahn hat zwischen Westerwald und Taunus eine mindestens ebenso tiefe Kluft geöffnet wie die Mosel zwischen Hunsrück und Eifel. Was sich also in den Talflanken des heutigen Landschaftsbildes als felsenfest und unverrückbar präsentiert, hat in jedem Fall eine lange und phasenreiche Entstehungsgeschichte hinter sich, die mindestens nach Jahrmillionen und Jahrhunderttausenden zählt. Entwicklung und Ausformung des steilwandigen Rhein-Engtals zwischen Bingen, Koblenz und Bonn beschäftigt die Geowissenschaften schon seit langem. Jedoch können sie dafür und für die Entstehung der Nebentäler erst seit rund 100 Jahren eine zutreffende Erklärung anbieten.

Das tief in den Faltenrumpf von Taunus, Hunsrück, Eifel und Westerwald eingeschnittene Mittelrheintal gilt selbst in internationalen Lehrbüchern der Geologie und Geomorphologie als Musterbeispiel für ein antezedentes Flusstal innerhalb des westeuropäischen Riftsystems (vgl. Abb. S. 22) – der fließende Strom ist in solchen Fällen erdgeschichtlich deutlich älter als seine heutige Eintalung. Der entstehende Urrhein fand nämlich noch kein fertiges Tal vor, sondern hat sich seine eindrucksvolle Tallandschaft durch unablässiges Benagen des Gesteinsuntergrundes erst allmähliche selbst geschaffen. Das Schiefergebirge war bei dieser Landschaftsarchitektur ebenfalls beteiligt: Erdkrustenbewegungen beulten den Gebirgsrumpf aus dem Erdaltertum langsam, aber um nennenswerte Beträge immer weiter auf. Diese Aufwärtsbewegungen sind nach moderner Einschätzung im Zusammenhang mit großräumigen plattentektonischen Bewegungen im kontinentalen Maßstab zu sehen – genauer mit der Kollision der Afrikanischen und der Europäischen Kontinentalplatte. Diese Gebirgshebung in erdgeschichtlich ferner Vergangenheit zwang den Fluss zu ständiger Erosionsarbeit und Ausformung des jungen Tals. Wenn sich der Gebirgsblock rascher hob, konnte der Fluss die zuvor geschaffene Rinne nicht mehr verlassen und musste sich nunmehr geradezu zwanghaft immer tiefer einschneiden, so wie in einer Steinsägerei das Werkstück gegen ein in konstanter Position umlaufendes Stahlseil geführt wird.

Im Gegensatz zum Mittelrheintal sind der Oberrheingraben sowie die Mittelrheinische und die Niederrheinische Bucht in der Tertiärzeit großräumig angelegte Senkungsgebiete, in denen das aus dem Erdaltertum stammende Schollenmosaik einbrach. Hier konnte der Rhein überwiegend Sedimentschüttungen zusammentragen. Die Gelände formenden Vorgänge im Ober-, Mittel- und Niederrheingebiet sind demnach völlig unterschiedlich verlaufen. Landhebung und Taleintiefung durch Ausräumung im Gebirgsabschnitt stehen Absenkungen und Aufschüttungen in den Vorlandbereichen des Mittelgebirges entgegen.

Es begann im Tertiär

Seit etwa 20 Millionen Jahren (= Miozän im oberen Tertiär) ist im Gebiet des heutigen Mittelrheins ein Fließwassersystem nachweisbar. In dieser Zeit querte ein breiter, aus dem Oberrheingraben kommender Strom den heutigen Schiefergebirgsblock in Richtung Nordseebecken und bewegte sich dabei in einer mindestens 10 km breiten, aber noch recht flachen Fließrinne. Der heutige Alpenrhein und der Hochrhein gehörten noch nicht dazu – sie entwässerten über einen Vorläufer der heutigen Donau ins Schwarzmeergebiet.

Während dieses Szenarios im ausgehenden Tertiär war der heutige Schiefergebirgsraum allerdings noch eine weite Tiefebene knapp über dem damaligen Meeresspiegelniveau. Die breite Senke, in der sich allmählich die erste Talanlage entwickelte, ist vermutlich durch Störungen und Verwerfungen im Untergrund vorgezeichnet. Sie verbindet nämlich die ungefähr gleichaltrigen Bruchzonen der großräumigen Senkungsfelder des Oberrheingrabens mit der Niederrheinischen Bucht. Während sich das Schiefergebirge tektonisch bedingt mit Millimeterbeträgen im Jahrhundert stetig hob, musste der Fluss jeweils Schritt halten und sich immer tiefer in den Untergrund einschneiden. Seine Reliefarbeit hatte sichtliche Folgen – aus der einmal angelegten und zunehmend eingetieften Fließrinne gab es jetzt kein seitliches Ausbrechen mehr. Erstaunlicherweise zeichnet sich diese früheste Talanlage im heutigen Landschaftsbild des Mittelrheingebietes immer noch ab: Die Trogflächen des frühesten (miozänen) Urrheintals (Trogtals, vgl. Abb. S. 30) liegen um mehr als 300 m über der jetzigen Talsohle und setzen daher bei etwa 360 m ü. NN an. Erst bei etwa 400 m gehen sie allmählich über kaum auffallende Geländestufen zu den ursprünglichen Rumpfflächen des Schiefergebirges über. Schon im breiten Trogtal lassen sich älteste Schotterterrassen (= Kieseloolith-Terrassen oder Höhenterrassen) mit ihrem charakteristisch hohen Anteil an Quarzgeschieben unterscheiden.

Auch die Eiszeiten steuern bei

Der größte Teil des Quartärs (das man in der Fachwissenschaft neuerdings auch als jüngsten Abschnitt des Tertiärs auffasst) ist in der Erdgeschichte das Zeitalter der Eis- oder Kaltzeiten (Pleistozän). Im Mittelgebirgsraum kam es zwar nirgendwo zu Vergletscherungen wie in den Alpen oder in der norddeutschen Tiefebene, wohl aber waren viele mittelbare Eis- und Kälteeffekte wirksam.

Im großen Einzugsbereich des damaligen Urrheins bedingte die massive Frostschuttbildung während der Kaltzeiten einer starken Sedimentbefrachtung des Stroms. Umgekehrt blieb der solchermaßen gesteigerte Materialtransport im fließenden Wasser nicht ohne Folgen für Fließrinne und Uferbereiche. Zu Tal strömendes Geröll bearbeitete die anstehenden Felsufer wie mit Hammerschlägen, so dass auch hier Kanten weggeschliffen wurden oder sich größere Blöcke aus den Schichtverbänden lösten. Solange diese Seitenerosion anhielt, verbreiterte sich das Tal. Wenn jedoch die Transportkraft des fließenden Wassers bei niedrigeren Wasserständen nachließ und dann zur Weiterbeförderung des Talschotters nicht mehr ausreichte, kam es zur Materialaufschüttung – die Talsohle erhöhte sich damit zeitweise sogar wieder. Die Aufschotterung konnte jeweils so lange fortdauern, bis sich die durchschnittliche Wasserführung des Flusses durch einen erneuten Klimawechsel wieder veränderte und eine wirksame Tiefenerosion in Gang setzte. Zwei unterschiedliche Ursachen haben demnach das Mittelrheintal in erdgeschichtlich langen Zeiten allmählich herausmodelliert – das Zusammengehen von Erdkrustenbewegungen und die Folgen des eiszeitlichen Wechselklimas für die Wasserführung des Stroms. Ähnlich verlief auch die Reliefbelebung und Ausräumung der Nebentäler.

Da es während der letzten 2,7 Millionen Jahre mehrere Eiszeiten und dazwischen jahrtausendelange Warmzeiten mit bemerkenswert günstigem Klima und höheren Durchschnittstemperaturen als heute gab, erfolgte die Aushobelung und Eintiefung der Talzüge nicht gleichförmig, sondern rhythmisch in mehreren Schüben. Die einzelnen Episoden der Talgeschichte sind daher an den in verschiedenen Höhen gelegenen Talterrassenstufen ablesbar, die man auch an ihrer Schotterführung und an ihrem Mineralgehalt unterscheiden kann.

Eintalung auf hoher Ebene

Mit den ersten Eiszeiten im Quartär (Pleistozän) entstand das im oberen Mittelrheintal 3–5 km breite Plateau-Tal des Rheins mit seiner (stellenweise) in mehrere Stufen gegliederten Hauptterrasse, die den heutigen Hochtalboden bildet. Davon sind jedoch nur die beiden jüngsten Stufen besonders landschaftswirksam und lassen sich somit als Hauptterrasse schlechthin bezeichnen. Von allen hochgelegenen Aussichtspunkten entlang des Mittelrheins ist die fast tellerebene, in Stromrichtung leicht geneigte Hauptterrassenflur in der Landschaft sehr gut zu erkennen. Vom oberen bis zum unteren Engtal wechselt allerdings ihre durchschnittliche Breite und damit auch ihr Anteil am heutigen Landschaftsbild.

So erreicht das aus den beiderseitigen jüngsten Hauptterrassen gebildete Talniveau im Neuwieder Becken annähernd 13 km Breite. An der Andernacher Talpforte verschmälert es sich wieder auf etwa 2 km, ist aber im unteren Mittelrheinabschnitt bereits durchschnittlich 3–4 km breit. Ab Linz holt das linksrheinische Hauptterrassenband ziemlich weit in westliche Richtung aus und ragt als breiter Keil Dutzende von Kilometern in die Niederrheinische Bucht.

Entwicklung mit Kanten

Vor rund 700.000 Jahren und vielleicht auch schon deutlich früher war die Ausformung des Plateautals im Wesentlichen abgeschlossen. Während der nun anschließenden beiden Kaltzeiten (nach der neuesten Datierung von 2004: Elster-Eiszeit: ca. 490.000–420.000 Jahre vor heute; Holstein-Warmzeit: 420.000–380.000 Jahre, Saale-Eiszeit: 380.000–130.000 Jahre) wurde das Engtal mit maximaler Geschwindigkeit eingetieft, heute ablesbar an der unvermittelt steil ansetzenden Kante, mit der Hochtalboden in den heutigen Engtal-Canyon abbricht. Die Eintiefung umfasst rund 100 m – das entspricht einer jährlichen Erosionsrate von etwa 0,125 mm, was gewiss ein realistischer Wert ist. Von den in dieser Zeit auch mehrfach erfolgten Aufschotterungen sind im Mittelrheintal meist nur kleinere Talbodenreste (Talhangterrassen, Mittelterrassen) geblieben. Deren oberste Stufe wählte man übrigens als bevorzugten Standort der meisten mittelrheinischen Höhenburgen.

In der ausklingenden letzten Kaltzeit (Weichsel-Eiszeit: 115.000– ca.15.000 Jahre vor heute) nahm die Eintiefung des Engtals wieder deutlich ab. Folglich rückt die jüngste Talbodenterrasse (= ältere Niederterrasse) auch viel stärker an die untere Mittelterrasse heran. Der vertikale Abstand zwischen beiden Terrassenstufen beträgt meist nur noch etwa 25 m. Eine noch tiefere und jüngere Stufe der Niederterrasse, in älteren Talbeschreibungen auch noch als Inselterrasse ausgegliedert, ist nur noch um wenige Meter in die jüngeren Talbodenaufschotterungen eingetieft. Die mehrstufige mittelrheinische Terrassentreppe, die in schöner Vollständigkeit beispielsweise in der Umgebung von Boppard oder in der Linz-Remagener Terrassenbucht zu beobachten ist, findet ihren derzeitigen Abschluss mit dem Hochflutbett des Rheins, das er nur bei Spitzenhochwassern verlässt und dann auch auf die Niederterrasse übergreift.

Die Hebungen dauern an

Durch die auch gegenwärtig weiterhin andauernde Hebung des Rheinischen Schiefergebirges hat sich der Rhein besonders im Oberen Mittelrheintal durch die jüngsten Schotterauflagerungen bis auf die Felssohle eingeschnitten. An vielen Stellen ragen hier Schieferklippen aus dem Wasser auf, so etwa zwischen Oberwesel und St. Goar, am Geißrücken und im Tauberwerth oder im Bereich der Insel mit der malerischen Pfalz bei Kaub. Auch der lange Zeit für die Rheinschifffahrt so gefährliche Riegel aus Taunusquarzit am Binger Loch, in den man in mehreren Arbeitsschritten eine heute 120 m breite Schifffahrtsrinne gesprengt hat, ist ein Ergebnis dieser Prozesse.

Innerhalb der Mittelrheinstrecke hat der oben skizzierte Gang der Gebirgshebung und der damit parallel verlaufenden eintiefenden Talentwicklung nicht überall gleichförmig stattgefunden. So zeigt sich beispielsweise das geologisch junge Alter der fortwährenden Absenkung des Neuwieder Beckens mit seiner komplexen Untergrundstruktur vor allem am Verlauf der Hauptterrasse. Sie liegt im Beckenbereich gegenüber den gleichen Terrassenstücken im oberen und unteren Mittelrheingebiet um fast 50 m tiefer. Selbst nach der Ausbildung des Hauptterrassenniveaus hat es in diesem Bereich also weitere Absenkungen gegeben. Die untere Höhenterrasse, die der Hauptterrasse in den übrigen Talabschnitten weitgehend parallel verläuft, ist im inneren Neuwieder Becken sogar um fast 200 m eingebrochen und liegt damit an manchen Stellen sogar unter dem Niveau des Plateautales.

Talgestalt und Siedlungsformen

Der Terrassenbau des Hoch- und Engtals des Mittelrheins hatte natürlich für die Standortwahl der Siedlungen enorme Bedeutung. Lage und Gestalt der einzelnen Siedlungen im oberen und unteren Engtal folgten fast immer der Form und Ausdehnung der vorhandenen Terrassenflächen. Je nach Breite und Höhe der einzelnen Terrassenglieder sind dabei verschiedene Möglichkeiten der Ansiedlung verwirklicht worden: Im einfachsten und häufigsten Fall liegt die Siedlung auf einer breiten Niederterrassenstufe wie bei der Koblenzer und Neuwieder Altstadt, was allerdings bei Spitzenhochwassern Probleme mit sich bringt. Der Grundrissgestaltung der Ortslage sind nur dann kaum Beschränkungen auferlegt, solange die Terrassenfläche eine genügende Ausdehnung besitzt. Zumindest die höhere Stufe der Niederterrasse bleibt weitgehend hochwasserfrei und leistet damit einen wirksamen Schutz vor Überschwemmungen.

Im unteren Mittelrheingebiet rückt die Niederterrassenbesiedlung auch in den spitzen Winkel der halbmondförmigen Talweitungen vor den Gleithängen, wobei dann der Siedlungsraum zwar naturgemäß kleiner ausfällt, dafür aber gewisse strategische Vorteile bietet. Rheinbrohl, Remagen oder Erpel sind solche Talorte im Buchtwinkel. Bezeichnenderweise liegen alle linksrheinisch gelegenen römerzeitlichen Gründungen wie Bingen (Bingium), Oberwesel (Vosavia), Boppard (Bodobrica), Koblenz (Confluentes), Andernach (Antunnacum), Breisig (Brisiacum), Sinzig (Sentiacum) oder Remagen (Rigomagus) allesamt auf der höheren Stufe der Niederterrasse und somit in recht günstiger Positionierung.

Bei allen anderen Siedlungen, die nicht auf einer genügend geräumigen Niederterrassenflur unterzubringen waren, nimmt die Geländegestalt starken Einfluss auf die Siedlungsgrundrisse. Bei den wenigen Beispielen, die etwa vor Talverengungen (meist in neuerer Zeit) entstanden, handelt es sich durchweg um lang gestreckte, einstraßige Ortschaften, die den schmalen Saum der jüngeren Flussterrassen ausnutzen. Beispiele sind Kapellen-Stolzenfels, Hammerstein sowie Rolandseck. Der sich bald einstellende Platzmangel ließ manche Orte auch in die einmündenden Seitentäler hineinwachsen. Typische Nebentalsiedlungen sind Braubach, Vallendar oder Linz – mit einer dem Strom zugewendeten Schmalseite und einem Straßensystem, das sich über mehrere Terrassenstufen senkrecht zur Fließrichtung bzw. Haupttalorientierung aufbaut. Im Gegensatz zum Mittelrheinischen (Neuwieder) Becken gibt es im Unteren Mittelrheintal keine reinen Mittelterrassensiedlungen, da dieses Terrassenglied hier nur sehr lückenhaft und zudem zu kleinflächig entwickelt ist. Als einzigartige Besonderheit verzeichnet die mittelrheinische Siedlungsgeographie dagegen eine Inselsiedlung: Die Ortschaft Niederwerth in der Mittelrheinischen Beckenlandschaft ist der einzige Inselort im gesamten Rheingebiet zwischen Bingen und Bonn. Vor der Festlegung des Rheinstrombettes durch Uferverbau und Befestigungswerke gab es im Mittelrheintal noch einige weitere Inselsiedlungen. Das Rheinstädtchen Unkel liegt beispielsweise auf einer ehemaligen Flussinsel, die allerdings in historischer Zeit nicht mehr bestand.

Hinweis

Im folgenden NaTouren-Teil sind die einzelnen Erlebnisrouten und Wander-vorschläge von Süd nach Nord angeordnet. Innerhalb der Touren orientieren sich die Wegebeschreibungen ebenfalls an der Fließrichtung des Rheins und folgen dem Strom im Tal oder auf der Höhe.

![Blick vom Rochusberg auf Bingen und die Nahemündung]

Vom Rochusberg aus gesehen liegt die Binger Talpforte geradezu zu Füßen.

NaTour 1 – Bingen und die Nahemündung

Auf Goethes Spur zum Rochusberg

Der markante, 217 m hohe Rochusberg bei Bingen erhebt sich an der Stelle, wo der Rhein auf das Rheinische Schiefergebirge trifft. Er liegt damit exakt im Schnittpunkt gänzlich unterschiedlicher Naturräume: Die Nördliche Oberrheinebene, das Rheinhessische Tafel- und Hügelland, der Rheingau, das Untere Naheland, der Hunsrück, der Taunus und das Mittelrheintal stoßen hier nahezu punktgenau aufeinander. Ein Rundgang über den frei stehenden Rochusberg erlaubt faszinierende Ausblicke in alle Himmelsrichtungen.

Gehen Sie vom Bahnhof Bingen oder vom Schiffsanleger zunächst in Richtung Burg Klopp, die das Bild der Stadtmitte beherrscht, dann durch die Altstadt mit ihren hochgiebeligen Häusern links an der Burg vorbei und weiter auf die Höhe (242 m) zum Kaiser-Wilhelm-Turm. Genau 116 Stufen höher bietet seine Aussichtsplattform eine optimale Rundumsicht. Durch den Höhenpark Rochusberg folgen wir dem Fahrweg zum St. Wendelinhof, zur berühmten neugotischen, 1893–95 aus dem Rotliegend-Sandstein der Region errichteten St. Rochuskapelle (Treffpunkt der Brautleute, Goetheverehrer und Pilger) bis zum Kempter Eck.

Der Hl. Rochus kam in Bingen vor allem anlässlich von Krankheitswellen zu besonderen Ehren – zuerst im Pestjahr 1666 und dann wieder 1813 während einer Typhusepidemie, die zum Neubau der Rochuskapelle Anlass gab. Am 16. August des Folgejahres feierte man auf dem Berg zum ersten Mal das Rochusfest, zu dem Johann Wolfgang von Goethe (1749–1832) eigens aus der Kur in Wiesbaden herbeieilte. Dieses Erlebnis hat ihn offenbar nachhaltig beeindruckt; seine Eindrücke beschrieb er ausführlich

Der Aussichtsturm auf dem Rochusberg bietet einen großartigen Blick auf die umliegende Region.

in der noch im gleichen Jahr 1814 erschienenen Schrift „Sankt Rochus-Fest zu Bingen". Außerdem stiftete er der Kapelle unter dem besonderen Eindruck des Erlebten sogar ein Gemälde. Der darauf als Rompilger dargestellte Rochus soll die Gesichtszüge des jungen Goethe aufweisen.

Besondere Erlebnisinhalte

Pflanzenwelt mit vielen Extras

Schon beim Aufstieg zum Rochusberg fallen rechts und links des Weges schon ab Spätfrühjahr, aber vor allem in der sommerlichen Blühsaison etliche Pflanzenarten auf, die man sonst in der üblichen Erlebnislandschaft kaum antrifft. Durchweg handelt es sich um Arten, die an trockenen und expositionsbedingt warmen Standorten besonders konkurrenzkräftig sind und daher das Bild der Pflanzenwelt prägen. Fachleute ordnen sie verschiedenen, sonst im Rheinland sehr seltenen Pflanzengesellschaften zu. Zusammen bezeichnet man diese interessanten Artenkonsortien wegen ihrer besonderen Standortvorlieben als Xerotherm-Vegetation (vom griechischen *xeros* = trocken, *thermos* = Wärme). Erwähnenswerte Arten sind Graslilie, Flügelginster, Mannstreu und Diptam (vgl. Textkasten), aber auch verschiedene Strauchgehölze wie Felsenbirne und Felsen-Kirsche.

INFO

Diptam

Im Mittelrheingebiet hat die vor allem in Südeuropa und im südlichen Eurasien beheimatete attraktive Pflanze nur wenige Vorkommen – auf den sonnendurchglühten Schieferfelsen im unteren Engtal findet sich ihr nordwestlichster Verbreitungspunkt. Diptam (*Dictamnus albus*) gehört zu den Rautengewächsen (Rutaceae) und ist daher ein enger Verwandter auch sämtlicher *Citrus*-Arten. Das lässt sich sofort mit der Nase wahrnehmen:

Der streng geschützte Diptam ist eine der vielen botanischen Raritäten am Aufweg zum Rochusberg.

Die bis 1 m hohe Pflanze verströmt einen starken zitronenähnlich aromatischen Duft – die verursachenden ätherischen Öle sitzen in großen Drüsenhaaren und in Ölbehältern, welche die eschenähnlichen und glänzenden Blätter durchscheinend punktiert erscheinen lassen. Beim Abstreifen der Öle ist jedoch Vorsicht geboten: Sie enthalten Furanocumarine, die phototoxisch wirken und auf den betroffenen Hautstellen bei längerer Sonnenexposition Probleme verursachen.

Der Diptam ist eine betont sonnenhungrige Art. Er wächst gerne an Säumen und Gebüschen oder in sehr lichten Trockenwäldern. Wegen des Rückgangs der Niederwaldwirtschaft auch im Mittelrheingebiet sind viele seiner Vorkommen gefährdet, da die Art an vollschattigen Standorten nicht bestehen kann. Die hübschen Blüten tragen purpurne Strichmarken, die den Blütenbesuchern (Bienen, Hummeln) den Weg zu den Nektarvorräten am Blütenboden weisen. Die kräftigen Staubblätter sind bemerkenswerterweise nach oben gekrümmt und bieten den Blütengästen somit eine gut funktionierende Sitzstange. Die kapselartige Frucht explodiert bei der Reife ziemlich heftig und streut die Samen im weiten Umkreis aus.

Der Diptam ist eine gefährdete und daher auch besonders geschützte Art: Anschauen immer, ausgraben nie! Für den eigenen Garten gibt es Container-Pflanzen aus dem Garten-Center.

Der Inselrhein zu Füßen

Wenige Schritte weiter am Ende des Rochusberg-Höhenrückens beim Goethepunkt müssen Sie unbedingt die buchstäblich überragende Aussicht genießen. Hier bietet sich nämlich ein grandioser und einzigartiger Blick auf den Inselrhein, den rechtsrheinischen Rheingau und das linksrheinische Rheinhessen. Bei guter Sicht kann man in der Ferne sogar die von Hochbauten dominierte Skyline von Frankfurt („Mainhattan") erkennen.

Ungefähr an der Mainmündung beginnt mit dem Mainzer Rheinknie naturräumlich ein recht bemerkenswerter Oberrheinabschnitt, der rund 30 km lange Rheingauer Rhein oder Inselrhein. Die außerordentlich harten und deswegen weitgehend verwitterungsbeständigen Quarzitrücken des Taunus ragen nördlich von Mainz wie eine Wand auf und zwingen den Rhein gleichsam in eine hangparallel ungefähr ost-westlich verlaufende Abflussrichtung. Zwischen den lössbedeckten Rheingauer Rebhängen am rechtsrheinischen Taunusfuß und dem linksrheinischen rheinhessischen Hügelland des Mainzer Beckens ist die Talaue nicht mehr so breit wie im übrigen Oberrheingraben, und deswegen sind dem Rhein hier auch keine weiträumig ausgreifenden Mäanderschlingen möglich. Dafür tritt ein anderes flusslandschaftliches Gestaltungselement in den Vordergrund: Wie kein anderer Rheinabschnitt ist die Fließstrecke zwischen Mainz und Bingen mit zahlreichen Sandinseln durchsetzt. Bei klarer Sicht ist die gesamte Inselkette zu erkennen: Sie umfasst

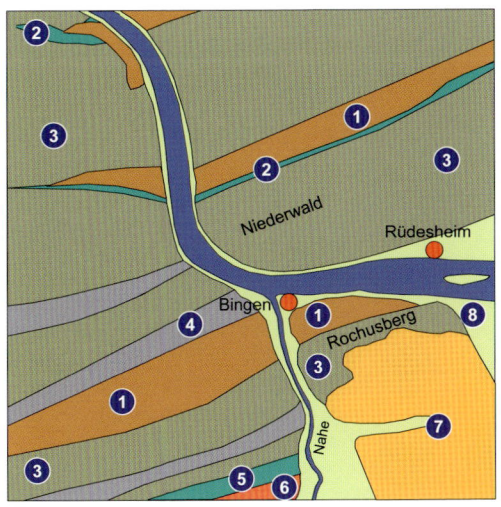

Geologie im Bereich der Binger Talpforte;
Gedinne:
1 Bunte Schiefer;
Siegen: 2 Hermeskeil-Schichten, 3 Taunusquarzit;
Ems: 4 Hunsrückschiefer, 5 Metamorphe Devonschiefer;
Rotliegendes:
6 Sandsteine;
Tertiär/Quartär:
8 jüngere Talfüllung

(von West nach Ost) Rüdesheimer Aue, Ilmen-Aue, Fulder Aue, Winkeler Aue, Mariannen-Aue, Eltviller Aue, Rettbergsaue, Petersaue, Sändcheninsel und Kisselwörth. Die bei Rheinkilometer 528 bei Niedrigwasser aus dem Strom aufragende kleine, aber sehr harte Kraus-Aue besteht aus Quarzkeratophyr und gehört einer rund 450 Mio. Jahre alten frühen vulkanischen Phase innerhalb des Ordoviziums an. Die recht unspektakulären Felsen stellen mithin die ältesten im Gebiet auftretenden Gesteine dar.

Mäuseturm und Talpforte

Nach Norden geht der freie Blick über das Mündungsgebiet der Nahe in den als Binger Talpforte bezeichneten und bei Rheinkilometer 530 beginnenden Mittelrhein. Hier setzt auch die UNESCO-Welterbestätte an. Der Rhein erledigte

hier das immer noch nicht so recht verstandene Problem, aus der hangparallelen Ablaufrichtung vor dem Taunus unvermittelt eine Rechtswendung durch das Rheinische Schiefergebirge zu nehmen – umso erstaunlicher, weil hier am Beginn des Rheindurchbruchstales vom Binger Wald bis zum Niederwald oberhalb Rüdesheim ein bemerkenswert widerstandsfähiger Quarzitriegel aus Taunusquarzit im Weg liegt. Auch der Rochusberg selbst besteht aus diesem Taunusquarzit. Seine Schichten fallen nach NW ein und sind überkippt. Das Stadtgebiet von Bingen und die Nahemündung liegen dagegen auf den Bunten Schiefern des Gedinne, der ältesten (tiefsten) Stufe des Unterdevons (zur Stratigraphie vgl. Abb. S. 65).

Orchideen am Beginn des Oberen Mittelrheintals? Kein Problem: Die Bocks-Riemenzunge ist eine der besonders schmucken, aber nicht unbedingt wohlriechenden Arten.

Das Binger Loch

Vom Rochusberg, aber etwas besser noch von der Ruine Ehrenfels über dem rechten Rheinufer, zeigt sich auch die bemerkenswerteste Engstelle im Rheinstrom. Das berühmt-berüchtigte Binger Loch bei Rheinkilometer 530,7 erforderte vielerlei wasserbauliche Maßnahmen, denn für die Schifffahrt war dieses aus Taunusquarzit bestehende Rheinriff neben weiteren 85 Stromklippen bis St. Goar eine äußerst kritische Stelle. Im Mittelalter konnten die Schiffe diesen Bereich nicht passieren. Erst in preußischer Zeit hat man durch Sprengung eine Passage (= Binger Loch) geschaffen, bis 1832 mit 23 m Breite, bis 1894 mit 30 m. Bis 1974 wurde dieser Bereich auf 120 m verbreitert. Zusätzlich wurde mehrere Grundschwellen eingebaut und ein ungefähr 1 km langes Leitwerk errichtet. Heute führt der gesamte Schiffsverkehr rechtsseitig bei den ehemaligen Lochsteinen vorbei.

Die Eingriffe am Binger Loch hatten mehrere bemerkenswerte Konsequenzen. Das Gefälle des Rheins und seine Strömungsgeschwindigkeiten nehmen unterhalb dieser Stelle beträchtlich zu – ablesbar an den nördlich von Bingen im Strom liegenden Markierungstonnen: Sie zeigen nämlich jeweils deutliche Bugwellen. Die größere Abflussgeschwindigkeit des Rheins ließ im weiten Bereich den Grundwasserspiegel absinken. In Mainz begannen die rund 20 000 Eichenpfähle, auf denen die Domfundamente ruhen, zu faulen und mussten bereits 1909–1928 durch ein neues steinernes Fundament ersetzt werden.

Das Binger Loch zu Füßen des Rochusberges bei Niedrigwasser

Zur Rochuskapelle zurückgekehrt, folgen wir den Spuren Goethes und nehmen den Fußweg hinab zum Rhein. Vorbei an der prächtigen Villa Sachsen und einem längst aufgelassenen Steinbruch, in dem Taunusquarzit abgebaut wurde, erreicht man den Goethestein.

„Ausgestiegen bemerkten wir sogleich, mit geologischer Vorliebe, am Fuße des Hügels wundersame Felsen. Der Naturforscher wird vom heiligen Pfade zurückgehalten. Glücklicherweise ist ein Hammer bei der Hand. Da findet er ein Konglomerat der größten Aufmerksamkeit würdig. Hierbei handelt es sich um eine Brekzie, ein" – so schrieb Goethe 1814 weiter – „im Augenblicke des Werdens zertrümmertes Quarzgestein, die Trümmer scharfkantig, durch

Die begeisterte schon Goethe bei seinem Besuch des Rochusberges: Brekzie am Aufweg zum Rochusberg.

Quarzmasse wieder verbunden". Heute versteht man das Material indessen eher als Verwerfungsbrekzie, deren Bestandteile nachträglich von Quarzlösungen verkittet wurde.

Von hier aus kann man nun wunderbar am Südhang des Rochusberges durch die Weinberge bis zu seiner steilen Westflanke wandern. Dort hat sich die Nahe in einem engen Taldurchbruch

Scharfer Mauerpfeffer – ein Spezialist für trockenwarme Standorte

ihren Weg zum Rhein gebahnt. Die steile Flanke des Scharlachkopfes, des Westhanges des Rochusberges, zeigt noch kleinterrassierte Rebhänge als Reste der historischen Weinbergslandschaft. Die brach liegenden Weinbergsterrassen werden regelmäßig in mühsamer Handarbeit gemäht, um die besonders artenreiche Flora und Fauna des Scharlachkopfes zu erhalten. Der Rückweg (Rochusstraße) biegt (jetzt mit dem R des Rheinhöhenwegs markiert) scharf um und führt zurück zum Ausgangspunkt in die Binger Altstadt.

Seltsame Nahe-Mündung

Im Mittelpunkt dieser kleinen Rundwanderung steht, neben einer fantastischen Aussicht über die Landschaft im Übergang vom Ober- zum Mittelrhein, die bereits Goethe sehr genossen hat, eine zunächst banal erscheinende geologische Frage: Warum mündet die Nahe ausgerechnet bei Bingen in den Rhein?

Die Lösung dieses Problems führt uns mitten in die interessante Talgeschichte von Nahe und Rhein, wenn wir – vielleicht nicht gerade anlässlich des vielbesuchten Rochusfestes (Mitte August) – auf Goethes Spuren in die

Beachtliche Genügsamkeit: Kleinfarnen wie der Mauerraute und dem Braunen Streifenfarn genügt eine schmale Fuge.

Höhe gehen. „Wunderbar hat sich der Rhein zwischen den engen Tälern einen Weg gebahnt. Kaum begreift man auf den ersten Blick, warum er hier lieber zwischen die Felswände von Schiefer sich drängte, als sich in die flachere Gegend nach Kreuznach hin ergoß." Die Frage, die der gelehrte Weltreisende Georg Forster (1754–1794) in seinen 1791 erschienen *Ansichten vom Niederrhein* stellte, beschäftigt auch den heutigen Betrachter, vor allem vom hochgelegenen Aussichtspunkt Kaiser-Wilhelm-Turm.

Hätte der Rhein über Rüdesheim und Bingen hinaus seine bei Wiesbaden-Biebrich eingeschlagene Fließrichtung entlang des Rheingaugebirges beibehalten, hätte er tatsächlich nur die viel weicheren Gesteine des Rotliegenden und des Tertiärs durchschneiden müssen. So wählte er jedoch den ungleich schwierigeren Weg durch das devonische Schiefergebirge. An der Binger Talpforte beträgt seine Erosionsleistung über 500 m – der Quarzitrücken des Franzosenkopfes im Binger Wald ist 618 m hoch, die Stromsohle des Rheins liegt bei Bingen heute auf etwa 75 m.

Im oberen Tertiär (Pliozän) floss der Rhein noch geradlinig von Worms nach Bingen, wie sich an seinen alten Schotterbetten nachweisen lässt. Erst gegen Ende des Tertiärs senkte sich im Raum Wiesbaden vor dem aufsteigenden Taunus ein Graben ein, der den Flusslauf an sich zog. Schon im mittleren Tertiär begann zudem die Niederrheinische Bucht abzusinken. Sie schuf damit die Erosionsbasis für den Urrhein, der sich vom heutigen Bonner über das Koblenzer Gebiet langsam nach rückwärts in das aufsteigende Schiefergebirge einschnitt. Bei Bingen erreichte diese erste Talanlage schließlich den Südrand des Schiefergebirges und gewann damit den Anschluss an die heutige Oberrheinlandschaft, deren Flusssystem erstmals im obersten Tertiär in die bereits fertig eingekerbte Abflussrinne zur Nordsee eindringen konnte. So entstand der Rhein in seiner heutigen Länge, aber mit zweimaligem Knick vor dem Südrand des Schiefergebirges.

Die Nahe nimmt bei Bingen nun ebenfalls einen recht paradox erscheinenden Weg. Aus Richtung Bad Kreuznach kommend, hat sie sich in die relativ weichen Schichten permischer und tertiärzeitlicher Ab-

Dieser Kleinfarn heißt zwar Nördlicher Streifenfarn, ist aber eher eine südliche Art.

Blick auf den Inselrhein südlich des Rochusberges; links die architektonisch ebenso wie kulturhistorisch bemerkenswerte Rochuskapelle

lagerungen eingearbeitet. Hätte sie diesen bequemen Verlauf fortgesetzt, würde sie heute bei Geisenheim münden. Tatsächlich hat sie in den harten, hoch aufragenden Schichten des Taunusquarzits zwischen Rupertsberg und Rochusberg eine 150 m tiefe und 200 m lange Schlucht eingefräst. Dieses in der Regionalgeologie berühmte Problem des Nahedurchbruchs ist folgendermaßen aufzulösen: Ursprünglich floss sie wohl tatsächlich südöstlich des Rochusberges zum Rheingau, traf aber im Rochusberggebiet auf ein sich (vermutlich auf einer alten Verwerfung) rückwärts einschneidendes anderes Nebental des Rheins, an das sie sich während der letzten Kaltzeit anschließen konnte (Abb. S. 93).

Mit der Stadt Bingen ist eine der herausragenden Frauengestalten des hohen Mittelalters verbunden: Hildegard von Bingen (1098–1179) war nicht nur eine geschickte Äbtissin, sondern auch eine versierte Naturkundlerin, deren naturwissenschaftliche und medizinische Schriften auch heute noch in hohem Ansehen stehen. Von ihrer Klostergründung auf dem Rupertsberg über dem linken Naheufer haben sich leider keine nennenswerten Spuren erhalten.

Tourenprofil: Rundwanderung

Anfahrt/Ausgangspunkt: DB-Bahnhof Bingen bzw. Bingerbrück an der Linie (RE5 bzw. MRB26) Koblenz–Mainz, oder A61, Abfahrt Bingen bzw. B9 bis zum Stadtzentrum; die Parkmöglichkeiten sind beschränkt.

Wegverlauf: Bingen – Burg Klopp – Rochusberg – Bingen (Details im Lauftext)

Zielpunkt: Identisch mit dem -Einstieg

Empfohlene Karte: UNESCO-Welterbe Oberes Mittelrheintal 1 : 25 000, Blatt Rüdesheim/Bingen

Einkehr: Überall im Zielgebiet

Strecke: 10.667 m

tiefster Punkt: 81,3 m ü. NN

höchster Punkt: 226,2 m ü. NN

Summe Steigungen: 165 m

Summe Gefälle: 165 m

maximale Steigung: 10,2 %

maximales Gefälle: 10,9 %

Alternativstrecke: 8.818 m

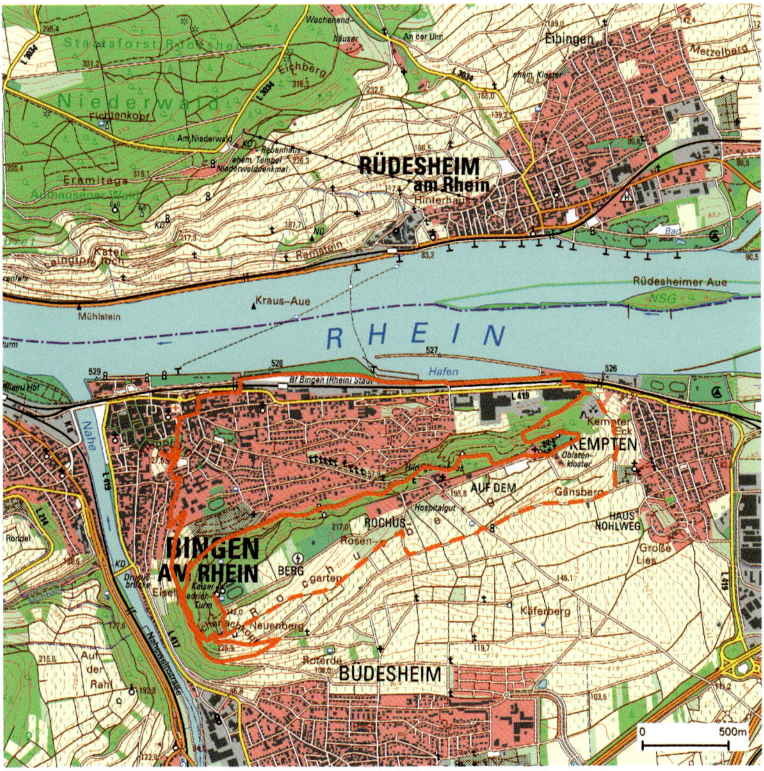

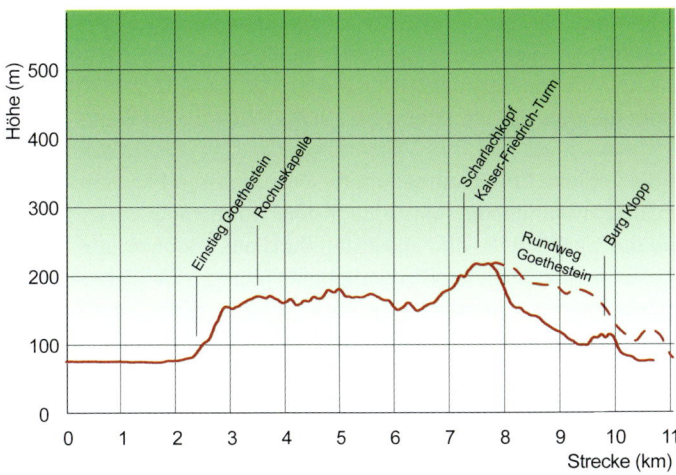

© GeoBasis-DE / LVermGeoRP 2016 dl-de/by-2-0, http://www.lvermgeo.rlp.de und
Hessische Verwaltung für Bodenmanagement und Geoinformation [Daten bearbeitet]

Der Weg zum Niederwalddenkmal führt durch weite Rebfluren mit der Leitrebe Rheingauer Riesling.

NaTour 2 – Vom Oberrhein zum Niederwald

Zwischen Rüdesheim und Assmannshausen

Diese Streckenwanderung führt Sie auf aussichts- und genussreicher Höhe mit prächtigen Blicken auf einen besonders spannenden Abschnitt des Rheinlaufs durch sonnige Rebhänge. Sie beginnt am letzten Teilstück des Oberrheins, berührt den hochgelegenen Niederwald und endet am südlichsten Abschnitt des oberen Mittelrheins im UNESCO-Welterbegebiet.

Wenn Sie die Vorliebe für die aufgepfropfte Drosselgassen-Fröhlichkeit und den hier häufig anbrandenden Massentourismus nur bedingt teilen sollten, können Sie das vielbesuchte und ansonsten durchaus erlebniswerte Rüdesheim gleichsam rechts liegen lassen: Vom Bahnhof führt der Wanderweg durch die Oberstraße im Bogen um die Brömserburg, eine kurmainzische Zollburg aus dem 12. Jahrhundert, die heute das sehenswerte Rheingauer Weinmuseum mit vielen Schaustücken zur regionalen Weinkultur von der Römerzeit bis fast in die Gegenwart beherbergt. Am Feldtor findet sich der Weghinweis

Ehrenfels/Assmannshausen. Folgen Sie dem recht steilen Aufweg (örtlicher Wanderweg Nr. 7), der mehrere asphaltierte Weinbergstraßen quert und in Sichtweite zur Seilbahn und teilweise über Treppen bis zum Niederwald-denkmal bei rund 300 m NN führt. Auf der Höhe trifft er auf den markierten Rheinsteig, der Sie an der Südostecke des Taunus entlang sehr bequem und genussreich bis hinunter nach Assmannshausen bringt.

Besondere Erlebnisinhalte

Historie hautnah

Abseits der gelegentlich ziemlich überfüllten Touristenschneisen bietet Rüdes-heim eine Vielzahl kulturhistorischer Zeugnisse. Vier Talburgen sicherten früher den Ort. Drei davon sind heute noch zu erleben, allen voran die Nieder- oder Brömserburg, dann benachbart die Ober- oder Boosenburg und schließlich mitten im Ort der quadratische Turmstumpf der Vorderburg. Der Adlerturm am Rheinufer ist ein Rest der Stadtbefestigung. Bemerkenswert sind mehrere ansehnliche Fachwerkhöfe. Etwas oberhalb, im Ortsteil Eibingen, befinden sich die Überbleibsel der Abtei St. Hildegardis (1165 durch Hildegard von Bingen gegründet; das noch weiter oben in der Rebflur gelegene Kloster St. Hilde-gardis stammt aus dem Jahre 1904).

Ein Touristenmagnet ersten Ranges ist – vor allem wegen der überwältigenden Aussicht – immer noch das auch aus der Talperspektive unübersehbare Niederwalddenkmal am Abbruch der Taunushöhen zum Oberen Engtal. Nach der Reichsgründung 1871 schrieb man einen Wettbewerb für eine dem Zeitgeschmack entsprechende Gedenkstätte aus, den der Dresdner Bildhauer Johannes Schilling (1828–1910) gewann. Seine 10,5 m hohe und mit 32 t deutlich übergewichtige Germania auf über 20 m hohem Sockel mit allerhand martialischen Spruchtafeln reckt reichlich gedankenverloren die aus heutiger Sicht längst anachronistisch

Gewiss eindrucksvoll, aber auch reichlich empathisch: Niederwald-denkmal oberhalb Rüdesheim

Die eigenartige Nahemündung zwischen Bingen (links) und Bingerbrück (rechts) ist ein noch weitgehend unverstandenes Naturphänomen.

gewordene Kaiserkrone in Richtung Rhein. Wie wohltuend, dass der eherne Koloss den Blick auf die Landschaft von der Aussichtsplattform nicht weiter beeinträchtigt – man kann der Germania einfach den Rücken zukehren. Bereits drei Jahrzehnte vor der Einweihung des Denkmals (1883) betonte der bedeutende Schweizer Kulturhistoriker Jakob Burckhardt (1818–1897) nach einem Besuch dieses Ortes, dass der landschaftliche Ausblick „an poetischem wie an malerischem Wert dem Herrlichsten und Prachtvollsten gleicht, das er je gesehen habe". Weit streift der Blick nahezu ungehindert über das rheinhessische Hügelland bis zum fast 40 km entfernten Donnersberg im Pfälzer Wald, über den Inselrhein vor dem Rheingau, die geomorphologisch so eigenartige Nahemündung (vgl. NaTour 1) und die nicht minder bemerkenswerte Binger Talpforte, mit der sich Rhein durch das devonische Schiefergebirge begibt.
Nach 1764 ließ der Reichsgraf von Ostein rund um sein Jagdschloss Niederwald große Teile des Waldes, in dem übrigens auch mehrere Grabhügelfelder liegen, in einen verspielten englischen Landschaftspark umwandeln. Dessen Gestaltungsansätze sind heute allerdings nur noch bedingt erkennbar. Geblieben sind aus dieser Zeit die Reste mehrerer Kunstbauten, darunter die Zauberhöhle, ein Rittersaal oder die Eremitage. Das Naturschutzgebiet Niederwald

umfasst einen (seit etwa 1920 nicht mehr genutzten) Eichenschälwald, indem man etwa alle 15 Jahre die Stämme abholzte und deren gerbstofffreie Rinde für das Gerbergewerbe gewann. Informationstafeln im Landschaftspark informieren über diese besondere Form der Niederwaldbewirtschaftung. Im Gebiet kommt das sonst im Schiefergebirge recht seltene Haselhuhn vor.

Quarzite legen sich quer

Ziemlich steil aufgerichtet wie nur leicht gekippte Bücher im Regal ziehen vom Hunsrück her über das heutige Rheintal die dem Unterdevon (Siegen-Stufe) zugeordneten und bemerkenswert harten Taunusquarzite herüber in den rechtsrheinischen Schiefergebirgsflügel. Mit einem Fernglas kann man einzelne dieser Felsrippen, die auch das berüchtigte Binger Loch bilden (vgl. NaTour 1), auf der gegenüber liegenden Rheinseite gut erkennen. Sie bauen ferner den gesamten langen Höhenzug des Rheingaugebirges auf. Dessen Südwestecke nimmt der Landschaftspark Niederwald ein. In den Kaltzeiten durch Frosteinwirkung zersprengte Quarzitblöcke bilden im rheinseitigen Hang direkt über dem Binger Loch eine große, hier (wie auch bei vergleichbaren Erscheinungen auf der Hunsrückseite) als Rossel bezeichnete und bis heute nicht bewachsene Hangschutthalde. Direkt oberhalb des etwas gewöhnungs-

Die bemerkenswert verwitterungsbeständigen Taunusquarzite beherrschen an vielen Aufschlüssen des Gebietes das Bild.

Rosseln nennt man im Gebiet die eiszeitlich entstandenen und bis heute weitgehend vegetationsfreien Gesteinsschutthalden aus harten Quarziten.

bedürftigen Niederwalddenkmals steht eine geringmächtige Schicht an, in der man fossile Spuren unterdevonischer Meerestiere, vor allem Spiriferiden (Brachiopoden) und Tentakuliten findet.

Wenn man auf dem Wanderweg die markante Ruine Ehrenfels passiert hat, fällt der Blick in der beginnenden Talenge auf die früher zu Recht gefürchtete und lange Zeit unpassierbare Stromschnelle des Binger Lochs (Quarzitriff). Zuvor mussten die Schiffsladungen von Assmannshausen auf dem Landweg nach Rüdesheim transportiert werden. Seit etlichen Jahren ist dieses früher extrem gefährliche Schifffahrtshindernis durch allerhand Strombaumaßnahmen weitgehend beseitigt (vgl. NaTour 1).

Artenreiche Pflanzenwelt

Einen fast 2 km langen und 300–600 m breiten Geländestreifen oberhalb der Rebfluren zwischen Niederwalddenkmal und Jagdschloss Niederwald hat man schon 1930 als Naturschutzgebiet ausgewiesen, weil hier zahlreiche wärmeliebende Pflanzengesellschaften vorkommen. Der Pflanzenfreund wird in den buschigen, zum Teil nur sehr niedrigwüchsigen und krüppeligen Ge-

Vom Niederwalddenkmal reicht der Blick weit über den noch dem Oberrhein zugerechneten Inselrhein zwischen Wiesbaden und Rüdesheim.

hölzbeständen mit Trauben-Eiche, Elsbeere, Mehlbeere, Dreilappigem Ahorn, Weichsel-Kirsche und Felsenbirne seltene Reliktarten wie Hirschwurz, Schmalblättriges Lungenkraut, Gelber Günsel, Blauer Lattich, Forsters Hainsimse oder Blutroten Storchschnabel entdecken. Sehr selten kommen hier, obwohl der Kalkuntergrund fehlt, auch heimische Orchideen wie Bocks-Riemenzunge oder Purpur-Knabenkraut vor. In der Nähe des Denkmals ist der Eichen-Zungenporling nachgewiesen – ein ansehnlicher Hutpilz, von dem man in Deutschland weniger als ein Dutzend Fundorte kennt.

Dominierende Rebsorte in den Weinbergen unterhalb des Niederwalddenkmals ist der Weiße Riesling, den man hier auch Rheinriesling oder Rheingauer Riesling nennt. Man erkennt diese traditionelle Rebsorte an den mittelgroßen, deutlich fünflappigen Blättern. Oberhalb Assmannshausen baut man dagegen häufiger den Blauen Spätburgunder an. Außerhalb der Lesezeit erkennt man diese Rebsorte an den nur undeutlich gebuchteten Blättern. Bis Lorchhausen (Landesgrenze Hessen/Rheinland-Pfalz) reicht das Anbaugebiet Rheingau – die Assmannshauser Rotweine sind demnach keine Gewächse aus dem Anbaugebiet Mittelrhein, obwohl sie geographisch an den Mittelrheinhängen reifen.

Haben Sie eine Mauereidechse gesehen?

Entsprechend den betont wärmeliebenden Pflanzengesellschaften findet sich auf den besonnten rheinseitigen Hängen innerhalb und unterhalb des Niederwaldes auch eine entsprechende Fauna. Unter den Insekten ist besonders gut bekannt die Hautflügler-, Käfer- und Schmetterlingsfauna, die mit etlichen bestandsbedrohten Arten vertreten ist. Hier brütet beispielsweise die hauptsächlich mediterran verbreitete Zippammer, und in den stillen Niederwaldbereichen kommt vereinzelt das extrem scheue Haselhuhn vor.

Äußerst nachteilig hat sich für das Landschaftsbild und vor allem für die schützenswerten Lebensgemeinschaften die seinerzeit rigorose Rebflurbereinigung ausgewirkt, die – aus wirtschaftlich gewiss einsichtigen Gründen – die unübersichtliche Anzahl der Einzellagen drastisch verringerte, aber äußerst wertvolle Lebensraumstrukturen vernichtete.

INFO

Das besondere Artporträt

Segelfalter

Wo in gewissen Mengen Schlehen (*Prunus spinosa*) wachsen, ist im Mittelrheingebiet eigentlich auch immer mit dem Auftreten des ansonsten leider stark rückläufigen Segelfalters (*Iphiclides podalirius*) zu rechnen – seine Raupe ernährt sich nämlich hauptsächlich von den Blättern dieser heimischen Strauchart, aber auch an verwandten Vertretern der Rosengewächse wie Zwetschge sowie (eigenartigerweise nur) am Eingriffeligen Weißdorn. Im Oberen Mittelrheintal ist dagegen fast ausschließlich

die Stein-Weichsel (= Felsen-Kirsche) die bevorzugte Raupenfutterpflanze. Die eher blassgelben Falter sind mit ihren schwarzen Vorderflügelstreifen absolut unverkennbar. Ähnlich wie beim Schwalbenschwanz verlängern sich die Hinterflügel in einen besonders langen Fortsatz unterhalb von drei blauschwarzen halbmondförmigen Flügelflecken.

In klimatisch begünstigten Gebieten – so auch im gesamten Mittelrheintal – fliegen in der Saison meist zwei Generationen, die eine im Frühjahr und eine folgende im Hochsommer. Die Falter

Der bundesweit sehr seltene Segelfalter besucht im Mittelrheingebiet gelegentlich auch Gartenpflanzen.

versammeln sich übrigens gerne mengenweise im Gebiet von Bergkuppen und führen dort ihre eindrucksvollen Balzflüge auf. Die grünliche Raupe ist an den Futterpflanzen wegen ihrer bemerkenswerten Blattähnlichkeit kaum zu entdecken. Die Verpuppung dieser interessanten und unbedingt schützenswerten Art (Rote Liste!) erfolgt meist im Geäst eines Strauches. Puppen, aus denen noch im gleichen Jahr ein Falter schlüpft, sind gewöhnlich grün, während überwinternde Puppen eher bräunlich erscheinen.

Erweiterungsprogramm

Wenn Sie Assmannshausen erreicht und sich dort mit einem kräftigenden Spätburgunder erfrischt haben, könnten Sie die Strecken- zur Rundwanderung vervollständigen und zum Ausgangspunkt nach Rüdesheim zurückgehen. Die Assmannshausener Sesselbahn erleichtert die Entscheidung zur Höhenrückkehr, denn sie trägt Sie bequem bis zum Jagdschloss Niederwald hoch. Von hier geht es über den Rheinhöhenverbindungsweg durch den Niederwald zum Denkmal zurück und von dort über den bereits beschriebenen Weg hinab

Nur wenige Lebensrauminseln verblieben in der vereinheitlichten Rebflur am Übergang zum Mittelrhein.

zum Ausgangspunkt. Für diese zusätzliche Wegstrecke sind etwa 5 km anzusetzen. Alternativ kann man von Assmannshausen auch mit der DB-RegioBahn nach Rüdesheim zurückfahren.

Tourenprofil: Rundwanderung

Anfahrt/Ausgangspunkt: DB-Bahnhof Rüdesheim der Linie Wiesbaden–Koblenz (RE8) oder DB-Bahnhof Bingen an der Linie Koblenz–Mainz (RE5, MRB26und übersetzen mit der Rheinfähre; per Auto über die B42, Parkmöglichkeiten am Rheinufer; Rüdesheim ist Station aller im Gebiet verkehrenden Personenschifffahrtslinien.

Wegverlauf: Rüdesheim (Zentrum) – Brömserburg – Wanderweg Nr. 7 – Niederwalddenkmal – Assmannshausen (und ggf. auf gleicher Route zurück)

Zielpunkt: Assmannshausen (DB-Bahnhof)

Empfohlene Karte: UNESCO-Welterbe Oberes Mittelrheintal 1 : 25 000, Blatt Rüdesheim/Bingen; RheinWandern 1 : 25 000 Blatt Süd

Einkehr: am Start- und Zielort sowie am Niederwalddenkmal

Strecke: 10.021 m

tiefster Punkt: 91,4 m ü. NN

höchster Punkt: 324,6 m ü. NN

Summe Steigungen: 243 m

Summe Gefälle: 243 m

maximale Steigung: 13,1 %

maximales Gefälle: 8.8 %

Alternativstrecke: 6.889 m

Seilbahnstrecke: 875 m

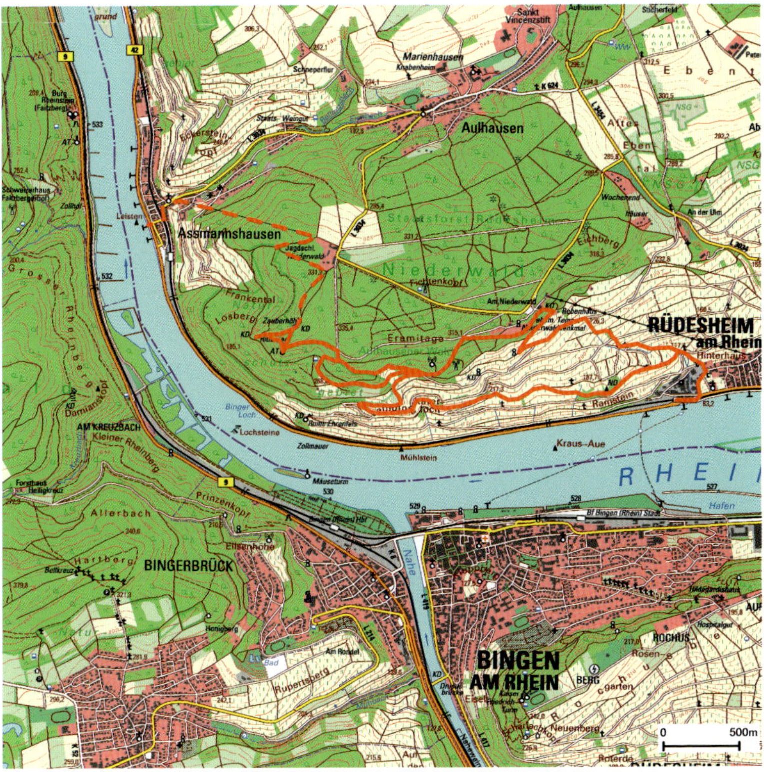

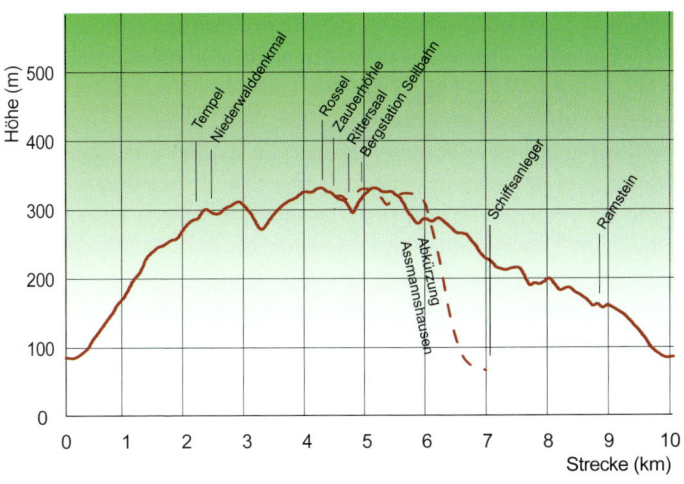

© Hessische Verwaltung für Bodenmanagement und Geoinformation und GeoBasis-DE / LVermGeoRP 2016 dl-de/by-2-0, http://www.lvermgeo.rlp.de [Daten bearbeitet]

![Der Blick von der Höhe auf Bacharach zeigt Rheinromantik pur.]

Der Blick von der Höhe auf Bacharach zeigt Rheinromantik pur.

 # NaTour 3 – Zwischen Reben und Ruinen

Rundweg über die Hunsrückhöhen bei Bacharach

Diese von den üblichen Wanderempfehlungen der regionalen Touristik-branche deutlich abweichende Route führt von dem idyllischen Städtchen Bacharach mit seiner eindrucksvollen Stadtmauer über teilweise schmale und steile Wege nordwärts zu einer der letzten und deswegen besonders erlebniswerten Heideflächen im Mittelrheintal. Sie bietet Ihnen eine abwechs-lungsreiche Landschaft mit imposanten Ausblicken auf den Bacharacher Tal-abschnitt des oberen Mittelrheins – und vor allem die Begegnung mit einer überraschend artenreichen Pflanzenwelt. Damit stellt sie den eigentlichen Erlebnisschwerpunkt dieses NaTouren-Vorschlags dar.

In einer häufig zu hörenden Namenserklärung schwingt sicherlich ein wenig weinselige Poesie mit: Gerne leitet man nämlich Bacharach von *bacchi ara* (= Altar des Bacchus) ab, weil man einen vorgelagerten, beim Ausbau des Mittelrheins zur durchgängigen Schifffahrtsstraße Mitte des 19. Jahrhunderts enorm störenden und deswegen weggesprengten Rheinfelsen als des Weingottes persönlichen Altar deutete. Der Ortsname ist aber wohl keltischen Ursprungs. Der „Bacharacher" galt lange Zeit als das edelste Rebgewächs des Mittelrheins. Böse Zungen behaupten indessen, dass der hervorragende Ruf eher auf die Rheingauer Rieslinge zurückgehe, die man wegen des seinerzeit unpassierbaren Binger Loches (vgl. NaTour 1) auf dem Landweg nach Bacharach brachte und erst hier auf Schiffe verlud.

Trotz Feuer und Franzosen, die in längst vergangenen Zeiten gleich mehrfach im Ort wüteten, ist Bacharach immer noch einer der malerischsten und besonders erlebniswerten Orte am oberen Mittelrhein.

Gestein treibt Blüten

Vom DB-Bahnhof sind es nur wenige Schritte zum historischen Posthof (Oberstraße 45), einem der bekanntesten und prächtigsten mittelalterlichen Höfe am Mittelrhein. Sein Name erinnert an die Zeit, in der in dem ursprünglich als Pfarrhof errichteten Gebäude die Thurn- und Taxis'sche Poststation untergebracht war. Hier nahmen zahlreiche bedeutende Personen der Zeitgeschichte Quartier.

Überall im Ort und auch schon gleich neben dem Posthof beeindrucken die alten, aus Hunsrückschiefer errichteten Mauern mit ihrem artenreichen Bewuchs. In den bröseligen Mauerfugen hat sich das Zimbelkraut eingenistet, das angeblich erst von den heimkehrenden Kreuzrittern aus dem Mittelmeergebiet ins Rheinland gebracht wur-

Das Mauer-Glaskraut, ein römerzeitlicher Import, ist auf den Felsstandorten des Mittelrheintals häufig anzutreffen.

de. Vielfach blüht hier auch die Rundblättrige Glockenblume, während am Mauerfuß der ebenfalls aus dem Mittelmeerraum stammende Hornfrüchtige Sauerklee anzutreffen ist.

Unser weiterer Weg führt rechts an der Peterskirche vorbei durch die Blücherstraße und vorbei am Altkölnschen Hof. Vor dem Alten Haus, einem der schönsten der erhaltenen Fachwerkhäuser (mit Jahreszahl 1568) biegen wir nach links ab. Wenn es schon bald so aussieht, als gehe es nicht mehr weiter, dann führt der Weg unverhofft nach rechts und dann wieder direkt nach links in Richtung Hang. Ein „Reilsche" – so nennt man in diesem Teil des Mittelrheingebietes seit der Zeit der Zugehörigkeit zum napoleonischen Frankreich und angelehnt an das französische *rueille* die oft beklemmend schmalen Fußwege zwischen den Häusern – führt hier über den Münzbach. Der Bach ist nach der kurpfälzischen Münzprägeanstalt benannt, die hier 50 m weiter abwärts am rechten Ufer steht und von 1356–1508 die Gulden und Heller des kurrheinischen Münzvereins prägte. Die permanent hohe Luftfeuchte in der Häuserschlucht bietet dem Zerbrechlichen Blasenfarn zusagende Lebensbedingungen an den Mauern oberhalb des Bachlaufs.

Nach dem Verlassen des namenlosen Reilchens, des sicherlich engsten Gässchens von Bacharach, biegt der Weg nach rechts ab in die Rosenstraße, um bald auf einen der historischen Dorfbrunnen zu treffen. Das Gemälde am benachbarten Haus zeigt Bacharach, wie Matthäus Merian (1593–1650) den Ort im Jahre 1626 zeichnete. Die über der Stadt thronende Burg Stahleck und die zu dieser Zeit noch unzerstörte Wernerkapelle sind ebenso zu erkennen wie die Stadtmauer mit ihren zahlreichen Türmen, an der entlang der erste Abschnitt der Wanderung verlaufen wird. Am restaurierten Stadtbrunnen in der Rosenstraße zweigt unser Weg nach links ab. Wir folgen ihm aufwärts in die Weinberge nördlich von Bacharach.

Artenreiche Weinbergsflora

Unterhalb der Weinberge nördlich des Steeger Tales überrascht eine artenreiche Flur mit Ruprechtskraut, Großer Fetthenne, Rainkohl, Kompass-Lattich, Kleinem Storchschnabel, Gewöhnlicher und Rauer Gänsedistel, Weg-Rauke, Mäuseschwanz-Federschwingel, Weicher Trespe sowie auf Mauern Silber-Fingerkraut und Weißer Fetthenne. In den Weinbergen findet sich der Raue Hahnenfuß als große Besonderheit der Weinbergsflora des Gebietes. Weitere

Auf den ersten Blick könnte man die häufige Wegwarte mit dem Blauen Lattich verwechseln – auf den zweiten aber nicht mehr.

charakteristische Arten der Weinbergsflora sind Rundblättriger Storchschnabel und Acker-Klettenkerbel, dazu Reiherschnabel und Weg-Malve.

Vor der Abzweigung zum prächtig restaurierten Postenturm steht am Wegrand die außergewöhnliche Osterluzei. Aufgrund ihrer ausdauernden Kriechsprosse ist diese Pflanzenart in der Lage, besonders ausgedehnte Bestände zu bilden. Mit dieser Eigenschaft war die Pflanze in früheren Jahrhunderten, als die Weinberge zur Beseitigung der Begleitvegetation noch mit dem Karst gehackt wurden, ein gefürchtetes Unkraut. Heute ist die bereits im frühen Mittelalter als Heilpflanze zur Geburtsbegleitung und zur Wundbehandlung in Burg- und Klostergärten kultivierte, ursprünglich aus der Mittelmeerregion stammende Art aus den Weinbergen verschwunden und nur noch auf Brachflächen, an Wegrändern sowie auf den Uferbefestigungen des Rheines zu finden – letztgenannte sind am Mittelrhein ihre bedeutendsten verbliebenen Wuchsorte.

INFO

Das besondere Artporträt

Blauer Lattich

Kaum zu glauben, dass diese attraktive, bis etwa 50 cm hoch werdende Art eine direkte Verwandte des gewöhnlichen Kopfsalates (*Lactuca sativa*) aus der großen Familie der Korbblütengewächse ist. Der Blaue Lattich (*Lactuca perennis*) kommt als große Seltenheit in trockenen Felsfluren und flachgründigen Trockenrasen vor, findet sich hier und da aber auch in Weinbergsbrachen und gelegentlich sogar an Mauern. Im Oberen Mittelrheintal – etwa im Gebiet der Loreley – hat er seine nordwestlichsten Fundpunkte. Außerhalb der Blütezeit (Mai-Juni) fällt die Pflanze mit ihren graugrünen, schmalzipfligen Blättern kaum auf. Wenn sich aber bei sonnigem Wetter die wunderschönen hellblauen Blütenköpfe schon am frühen Vormittag öffnen und bis spätnachmittags in Betrieb bleiben, sind sie ein unübersehbarer Akzent ihres Standortes, zumal meist mehrere Blütenköpfe zu einer sparrigen Schirmrispe angeordnet sind. Eventuell könnte man diese Art mit der ebenfalls verwandten Wegwarte verwechseln, aber die ist in der Gesamterscheinung viel robuster und schließt ihre kurzlebigen Blütenköpfe schon wieder am frühen Nachmittag.

Der Blaue Lattich ist eine der seltenen Leitarten des Oberen Mittelrheintals.

Rundblick vom Postenturm

Nun beginnt der Orionsteig, benannt nach einem kleinen, zu den Bläulingen gehörenden Schmetterling, welcher im Mittelrheintal lange Zeit als verschollen galt, bevor er hier glücklicherweise vor wenigen Jahren wiederentdeckt wurde.

Der ursprünglich dreiseitig ummauerte und begehbare Postenturm erlaubt uns von oben einen wunderbaren Ausblick auf die Stadt und die umgebende burgenreiche Landschaft: Das Stadtbild beherrscht Burg Stahleck, einst der südlichste Vorposten des Erzbistums Köln und im 12. Jahrhundert die erste größere Burganlage nördlich von Bingen. Nur gut 1 km südlich liegt oberhalb von Rheindiebach Burg Fürstenberg, die schon im 13. Jahrhundert von den Kölner Erzbischöfen errichtet wurde. Sie repräsentiert als typische Hangburg ein Stück unverfälschtes Mittelalter. Noch etwas weiter südlich ragt Burg Sooneck auf – sie fußt gerade noch auf der nördlichsten Quarzitklippe, mit der Taunusquarzit auf den Hunsrück-Schiefer aufgeschoben wurde; die Überschiebungslinie quert das Rheintal beim Lorcher Werth. Sooneck bietet dank der behutsamen Restaurierung im 19. Jahrhundert ein relativ authentisches Bild einer mittelalterlichen rheinischen Burganlage. Auf der gegenüber liegenden Rheinseite fällt bei Lorch der um 1300 errichtete burgartige

Meist sind die Anstiege einfacher zu bewältigen.

Wachtturm Nollig auf, der eigentlich keine komplette Höhenburg, sondern als ein der Stadtbefestigung in der Höhe vorgelagerter Turm zur Bewachung der als Hafen genutzten Wispermündung diente.

Im Innern des Postenturmes und an seinem Mauerfuß wächst in großen Mengen das Mauer-Glaskraut, eine charakteristische Pflanze der historischen Siedlungen im Mittelrheintal, die offenbar schon mit den Römern aus der Mittelmeerregion ins Gebiet gelangte. Die getrockneten Blätter nutzte man einst zum Reinigen von Gläsern. Daher stammt der Name der Pflanze. Sie gehört zur Familie der Brennnesselgewächse, auch wenn sie im Gegensatz zu ihren bekannteren Verwandten keine Brennhaare besitzt.

Auf der Hauptterrasse angekommen: Eine verdiente Schnaufpause mit fantastischer Aussicht

Der Weg führt nun vom Postenturm weiter entlang der Stadtmauer zur Ruine des Spitzenturms, des höchstgelegenen Punktes im nördlichen Abschnitt der ab 1344 errichteten Stadtmauer. Hier blühen in großer Zahl Natternkopf und Edel-Schafgarbe. Hinzu kommen Färber-Waid, Färber-Hundskamille und Wermut als verwilderte Nutzpflanzen.

Der nun folgende Anstieg entlang der Stadtmauer ist sehr steil. Zwar erleichtern die in den Hang gehauenen Stufen den Aufstieg, doch vermittelt dieser Abschnitt unserer NaTour einen nachhaltigen Eindruck von den Mühen, welche die Bearbeitung der Weinberge in diesen steilen Hanglagen immer noch mit sich bringt.

Auf dem ersten Querweg angelangt, gehen Sie etwa 200 m talwärts zurück, bevor der Orionsteig über die zweite hangseitige Mauertreppe erneut als schmaler Serpentinenpfad hangaufwärts führt. Hier fallen auf Brachen und Felsanschnitten große Bestände von Wermut auf, dazu Färber-Waid, Weiße Fetthenne, Edel-Schafgarbe und Wimper-Perlgras. Bald passiert man eine stattliche Felsen-Kirsche. An den bodennahen, von der rückstrahlenden Wärme des Schieferbodens mikroklimatisch besonders begünstigten Zweigen dieser Sträucher leben (neben der im Gebiet häufigen Schlehe) die Raupen

Blutroter Storchschnabel – eine der kennzeichnenden wärmeliebenden Arten im Mittelrheintal

Der attraktive Acker-Wachtelweizen trägt seinen Namen eher zu Unrecht. Er ist nämlich in unserem Gebiet eher eine Art der Halbtrockenrasen.

des Segelfalters. Diesen eleganten Tagfalter kann man während seiner Flugzeit im Mai und (in Jahren mit günstiger Witterung) im August regelmäßig am Orionsteig beobachten. Die Männchen patrouillieren dann auf der Suche nach paarungsbereiten Weibchen an der Kante des Taleinschnittes.

Die Böden in diesem Hangabschnitt sind extrem trocken und steinig. Hier finden sich recht zahlreich einjährige Arten wie Sprossende Felsennelke, Silber-Fingerkraut und Hasen-Klee, welche die Zeit der größten Sommerhitze als Samen überdauern und erst im Herbst, wenn es wieder kühler und feuchter wird, mit einer neuen Generation das Leben fortsetzen. In den eher lückigen Beständen wachsen zahlreiche buntblütige zweijährige Arten wie Mehlige Königskerze und die an ihren großen, hängenden Blütenköpfen erkennbare Nickende Distel. In den brachliegenden Weinbergen fallen wärmeliebende Saumarten wie Dürrwurz, Bunte Kronwicke, Rapunzel-Glockenblume und Dost auf.

Flora auf Felsen

Nun treten immer mehr die Felsen des Gebietes in den Vordergrund. Sie bestehen hier weithin aus den steil nach Südost einfallenden Hunsrückschiefern aus den oberen Siegen-Schichten des Unterdevons. Charakteristische Bewohner sind der eher unscheinbare Derbe Schaf-Schwingel, der hübsche Aufrechte Ziest mit seinen cremefarbenen, mit feinen purpurfarbenen Strichen als Leitplanken für die Insektenbesucher gezierten Blüten und der markante Blut-Storchschnabel mit seinen leuchtend roten Blüten – allesamt typische und die Zierde der Bacharacher Felsen bildende Arten. Weitere attraktive Spezies der felsigen Standorte sind Blauer Lattich, Hügel-Klee, Großer Ehrenpreis und das seltene Ungarische Habichtskraut, dessen kleine gelbe Blütenköpfchen dicht gedrängt am Ende eines langen, nur im oberen Abschnitt verzweigten Schaftes stehen. Am nächsten Weg angekommen steht man direkt an der Basis einer imposanten Felsformation, die mit ihrer glatten, dunklen Oberfläche

Aufrechter Ziest – eine kennzeichnende, aber nicht allzu häufige Art trockenwarmer Felsstandorte im Mittelrheingebiet

bei Sonnenschein weithin sichtbar glänzt. In den Magerrasen an ihrem Fuß bilden Berg-Sandglöckchen, Kleines Habichtskraut, Felsen-Fetthenne, Kugel-Lauch und Kartäuser-Nelke bunte Farbkleckse. Am Felsen selbst wächst an unzugänglichen Stellen die Echte Hauswurz als eine der Charakterpflanzen des Mittelrheintals. Hier ist auch die Purpur-Fetthenne zu finden. Sie ist die Raupenfutterpflanze des Orion-Falters oder Fetthennen-Bläulings, der hier während seiner Flugzeit von Mai bis Juni (in manchen Jahren auch nochmals in zweiter Generation im Hochsommer) regelmäßig zu beobachten ist.

Die Felswand mit ihren zahlreichen Galerien und Gesimsen ist ein Refugium der seltenen Zippammer, der etwa sperlingsgroße Vogel mit dem schwarz-weiß gestreiften Kopf sitzt gerne an exponierten Stellen, um mit seinem charakteristischen Ziepen das Revier abzugrenzen.

Bläulinge gehören zu den bedrohten Arten.

Es lohnt sich ein Abstecher rheinwärts bis zum Wendehammer des Wirtschaft-weges. Den Wegrand zieren Bestände des attraktiven Acker-Wachtelweizens. Neben dem hübschen Äußeren mit den violett gefärbten Hochblättern, wel-che die Anlockung der blütenbesuchenden Insekten übernehmen, und den großen, gelb und violett gefärbten Blüten ist die Fortpflanzungsweise dieser halbparasitisch lebenden einjährigen Pflanze besonders interessant. Die Sa-men ähneln in Form, Größe, Gewicht und offenbar auch Geruch den Puppen von Ameisen so sehr, dass sie von den Arbeiterinnen der Ameisenvölker als eigener Nachwuchs interpretiert und auf den Beutezügen mitgenommen werden. Auf diese Weise verbreitet sich die attraktive Pflanze. War der Acker-Wachtelweizen in früheren Zeiten ein gefürchteter Schädling in Getreidefel-dern, so findet sich die Art heute nur noch in wertvollen, naturnahen Trocken-biotopen – die moderne, intensive Landwirtschaft hat sie leider aus dem Namen gebenden Lebensraum vertrieben.

Am Wendehammer angelangt, bietet sich ein imposanter Blick auf den Rhein und die Stadt Bacharach. Auf der gegenüberliegenden Seite des Steeger Tals fällt die Ruine der Ende des 13. Jahrhunderts begonnenen, aus Rotliegend-Sandstein errichteten Wernerkapelle in den Blick – ein geradezu zierliches, über einem einzigartigen Grundriss errichtetes Juwel der Hochgotik im Mittel-rheintal. Durch das Steeger Tal, auf dessen steilen Nordflanken die Rebflurbe-reinigung ausgedehnte Weinanbauflächen geschaffen hat, zog einst Marschall Gerhard Leberecht Blücher (1742–1819) nach einer legendären Rheinüber-gang in der Neujahrsnacht 1813/14 mit seinen Truppen Richtung Westen, um beim belgischen Waterloo dem napoleonischen Spuk ein Ende zu bereiten.

Rund 90 m hoch über Bacharach thront die nach Wiederaufbau heute als Jugendherberge genutzte Burg Stahleck. Als einzigartige Besonderheit unter den rheinischen Höhenburgen weist sie bis heute einen wassergefüllten Gra-ben vor ihrer hunsrückseitigen Schildmauer auf. Von diesem Aussichtspunkt ist übrigens gut zu erkennen, dass die Burg als Eckbastion in die Stadtbefesti-gung integriert war – eine wehrtechnische Besonderheit, welche die enorme Bedeutung Bacharachs im Hochmittelalter verdeutlicht: Nur wenige andere Städte konnten es sich leisten, ein so großes Gebiet mit einer Wehrmauer zu umfrieden.

Mittelrheinische Felstrockenwälder

Unmittelbar am Wendehammer beginnen die Felstrockenwälder mit Trauben-Eiche, Felsen-Ahorn, Felsen-Kirsche und Speierling, der hier mit krüppeligem Wuchs einen Primärstandort besiedelt. Zurück zum Orionsteig setzt sich dieser hangaufwärts fort. Der Weg ist hier identisch mit dem gut ausgeschilderten

Die Felsen und Felsschuttfluren können nur besondere Spezialisten besiedeln: Schüttere Vegetation mit Schild-Ampfer und wenigen anderen Arten.

Rheinburgenweg. Nachdem Sie den nächsten Wirtschaftsweg erreicht haben, ist der steile Anstieg gemeistert; die weitere Route setzt sich nun nach links in einem sanft ansteigenden Wiesenweg fort, beiderseits begleitet von verbuschten Brachen. Am Wegrand wachsen hier typische Wiesenarten wie Zypressen-Wolfsmilch, Wiesen-Schafgarbe und Kleiner Wiesenknopf. Auch einige Exemplare von Felsen-Ahorn und Felsen-Kirsche säumen den Weg. Im zeitigen Frühjahr, zur Blütezeit der Schlehe, ist dieser Abschnitt besonders attraktiv.

Auf der Verebnungsfläche angelangt, verlässt man den Rheinsteig und biegt nach rechts auf den asphaltierten Wirtschaftsweg ein, um nach etwa 60 m erneut nach links in einen sanft ansteigenden, ebenfalls asphaltierten Weg abzubiegen, der durch einen Wegweiser mit einem Esel markiert ist. Die nun zu passierende Aufeinanderfolge mehrerer Verebnungsflächen, von relativ sanften Hängen unterbrochen, ist das Ergebnis der Landschaftsformung in der Phase der ältesten Eiszeit im frühen Quartär vor etwa 2 Mio. Jahren (vgl. S. 30). Der abwechslungsreiche Wegabschnitt bietet immer wieder andersartige Ausblicke auf das Rheintal und die Hochflächen beiderseits des Rheines.

Am Wegrand wächst stellenweise in großen Herden der Gold-Kälberkropf, ein charakteristischer Doldenblütler der wärmeren Lagen des Mittelrheintals, der unter anderem an seinem angenehm orangenartigen Geruch erkennbar ist.

Nach mehreren Windungen trifft der Weg erneut auf Weinberge, welche hier von schönen Trockenmauern mit abwechslungsreicher Vegetation begrenzt sind. An der ersten spitzwinkligen Wegkreuzung im Weinbergshang kehrt man erneut nach rechts, um die eiszeitlich geprägte Terrassenlandschaft zu verlassen und auf das nochmals höher auf etwa 300 m über dem Meeresspiegel gelegene Niveau des tertiärzeitlichen Urrheines emporzusteigen. Nun ändert sich schlagartig das Pflanzenkleid: Waren bisher Wärme- und Basenzeiger vorherrschend, so treten nun zunehmend Säure- und Magerkeitszeiger in den Vordergrund.

Heide in Höhenlage

Die Hangschultern im Randbereich der tertiärzeitlichen Hochebene wurden über Jahrhunderte von Wanderschafherden beweidet. Diese Form der Landnutzung ließ sie an Nährstoffen verarmen. Nur besonders genügsame Pflanzen finden hier einen Lebensraum, geschützt vor der Konkurrenz anspruchsvoller

Heidelandschaften sind – weil Lebensräume aus Menschenhand – nur durch gezielten Pflegeaufwand zu erhalten: Vierbeinige Landschaftspfleger im Einsatz.

Arten. Die nach dem Bacharacher Höhen-Vorort benannte Henschhäuser Heide gehört zu den größten und bedeutendsten Resten dieses ehemals weit verbreiteten Lebensraum- und Nutzungstyps.

Von weitem erkennbar ist der Wandel der Standortbedingungen am Auftreten des säuretoleranten Besenginsters, der in den tieferen Hanglagen völlig fehlt. Sehr viel interessanter sind die zahlreichen Gräser und Kräuter, die in den noch nicht verbuschten Bereichen vorkommen: Steppen-Lieschgras und Flügelginster sind die Kennarten des hier siedelnden Glanzlieschgras-Schafschwingelrasens, der charakteristischen Pflanzengesellschaft der Magerrasen an den Rheintal-Hangschultern. Zusätzlich wachsen hier Derber Schwingel, Feld-Hainsimse, Heide-Nelke, Echtes Labkraut, Knöllchen-Steinbrech, Knolliger Hahnenfuß, Zypressen-Wolfsmilch, Kriechende Hauhechel, Kleine Bibernelle und Gewöhnlicher Hornklee. In Bestandslücken gedeihen Mauer-Felsenblümchen, Hügel-Vergissmeinnicht und – nur im Frühjahr sicher erkennbar – der Nelken-Schmielenhafer.

Kurz vor Erreichen des Plateaus zweigt der Weg nach links ab und führt nach weiteren 60 m in westlicher Richtung als schütter bewachsener Grasweg in einen Bereich mit einem Wechsel aus Äckern, Heidefragmenten und verbuschten Brachen, der schließlich auf die ausgedehnten Heiden am Oberhang der Mönchsrinne trifft.

Extensiv genutzte Flächen der Kulturlandschaft sind wahre Artenparadiese.

Nun bietet sich ein weiter Blick auf die allseits von Gehölzen umsäumten Magerrasen. Auch wenn die karge Vegetation auf den ersten Blick eher eintönig wirkt, so zeigt sie bei genauer Betrachtung doch ihre ganze Pracht. Neben Derbem Schwingel, Rot-Schwingel und Rotem Straußgras treten als charakteristische Gräser Steppen-Lieschgras, Trift-Hafer und Zierliches Schillergras auf. Auch das

Eine der ziemlich seltenen Singvogelarten im Oberen Mittelrheintal ist die eher unauffällige Zaunammer.

Borstgras kommt vor, wenn auch in geringer Anzahl. Das Erscheinungsbild des Glanzlieschgras-Schafschwingelrasens prägen allerdings gelb blühende Arten, darunter Flügelginster, Heide-Ginster, Zypressen-Wolfsmilch, Gewöhnlicher Hornklee, Gewöhnliches Sonnenröschen, Zypressen-Wolfsmilch, Kleines Habichtskraut, Gewöhnliches Ferkelkraut, Echtes Labkraut, Kleiner Klee und Geflecktes Johanniskraut. Begleitet werden sie von Gewöhnlichem Kreuzblümchen, Heide-Nelke, Feld-Thymian, Knöllchen-Steinbrech, Rundblättriger Glockenblume, Gamander-Ehrenpreis, Niederem Labkraut und Salbei-Gamander. Kleinflächig sind etwas besser basenversorgte Standorte eingesprengt, auf denen Aufrechte Trespe, Frühlings-Fingerkraut und Feld-Mannstreu zu finden sind. In Lücken wachsen Kleiner Sauerampfer, Silber-Fingerkraut, Feld-Klee, Hasen-Klee und Bauernsenf. Sehr selten in der Henschhäuser Heide, aber umso bemerkenswerter sind die Vorkommen der beiden gefährdeten Klee-Arten Gestreifter Klee sowie Blassgelber Klee. Überaus beeindruckend ist übrigens die Geräuschkulisse der Henschhäuser Heide im Sommer, wenn die Heuschrecken in großer Anzahl in den Magerrasen zirpen.

Von nun an geht's bergab

Die weitere Route führt Sie nun diagonal hangabwärts über die Heidefläche zu dem nächst tiefer gelegenen Wirtschaftsweg und folgt diesem ein kurzes Stück talaufwärts, bevor sie kurz vor Erreichen des Talgrundes der Mönchsrinne umschwenkt und dem bachparallelen Weg talabwärts folgt. Nahe am Bach gibt es einen Feuchtwiesenbereich mit Wald-Simse, Hirsen-Segge, Knäuel-Binse,

Sumpf-Kratzdistel, Sumpf-Vergissmeinnicht, Brennendem Hahnenfuß, Echtem Baldrian, Sumpf-Labkraut, Herbst-Zeitlose, Großem Wiesenknopf, Kuckucks-Lichtnelke und Bergwiesen-Frauenmantel.

Nach kurzer Strecke tritt der Weg in einen bodensauren Eichenwald ein, in dem unter dem Schirm aus Trauben-Eichen Bodensäurezeiger wie Salbei-Gamander, Wald-Habichtskraut und Wald-Ehrenpreis auffallen. Betont schattentolerante Arten wie Ruprechtskraut, Spring-Schaumkraut und Mauerlattich säumen den Weg. Am Bach setzen sich zunächst die verbrachten Feuchtwiesen fort.

Talwärts werden die Böden durch überlagernden Lösslehm basenreicher und besser wasserversorgt. Hier werden die Säurezeiger von anspruchsvollen Arten abgelöst, Hainbuche und Hasel gewinnen in den ehemals als Niederwälder bewirtschafteten Beständen an Bedeutung. Im Unterwuchs kommen nun Einblütiges Perlgras, Zwiebeltragende Zahnwurz, Wald-Ziest und Wurmfarn vor. An lichten Stellen wachsen eher seltenere Arten wie Akelei, Armblütige Gänsekresse und Rauhaariges Veilchen.

Nach etwa 300 m quert der talwärts führende Waldweg den Bachlauf der Mönchsrinne. Im feuchten Talgrund wächst das heimische Große Springkraut, nach den bei Berührung explodierenden reifen Früchten auch Rühr-mich-

Trockenwarme Standorte erscheinen auf den ersten Blick ziemlich monochrom, sind aber wider Erwarten fast immer außerordentlich artenreich.

nicht-an genannt. Mit der Annäherung an die Weinbergslagen treten wiederum Wärmezeiger auf, so zum Beispiel die Stinkende Nieswurz, die ihre leuchtend grünen Blüten bereits im tiefsten Winter entfaltet. Auch die Berg-Johannisbeere mit ihren kleinen, aufrecht stehenden Blüten- und Fruchtständen ist hier zu finden.

Am Ausgang des Waldes liegt oberhalb des Weges die riesige Abraumhalde des aufgelassenen Schieferstollens am Mönchsholzkopf. Zahlreiche Trupps des Schild-Ampfers besiedeln diesen Extremlebensraum. Die Art ist im Mittelrheintal ein Relikt der Eiszeit; sie kam damals aus dem Alpenraum auf der Flucht vor den Gletschern ins Gebiet. Als weitere typische Gesteinshaldensiedler wachsen hier der seltene Schmalblättrige Hohlzahn, ferner Klebriges Greiskraut sowie die Felsen-Fetthenne.

Auf dem weiteren Weg abwärts ins Steeger Tal folgt man immer der Geländemulde der Mönchsrinne und überquert dabei wiederholt den Bach. In Waldstücken und am Fuß der Weinbergsmauern ist in der artenreichen Vegetation häufig die Akelei zu finden. Man passiert noch mehrere kleine Felsanschnitte, an denen sich gut die Struktur des hier überall anstehenden Hunsrückschiefers ganz aus der Nähe betrachten lässt. Die Schichtung des Gesteins steht hier nahezu senkrecht.

Schließlich erreichen wir das Steeger Tal und folgen der Landesstraße rheinwärts zurück nach Bacharach. Auf Mauern wächst als verwilderte Zierpflanze die Kaukasische Fetthenne. In den Weinbergen ist neben dem Rundblättrigen Storchschnabel wiederum der Raue Hahnenfuß, die besondere Charakterpflanze der Bacharacher Weinberge, anzutreffen.

Auf dem Rückweg nach Bacharach sollte man den Abstecher durch den Malerwinkel nicht auslassen. Vor dem Holzturm mit dem hunsrückseitigen Stadttor (Steeger Tor) biegt man rechts von der Hauptstraße ab und folgt dem Lauf des Münzbaches. Im Stadtinnern führt der Weg an malerischen Fachwerkhäusern mit nicht minder hübschen Gärten vorbei. Goldlack, Zimbelkraut, Mauer-Glaskraut und Mauerraute wachsen oft sehr üppig in, an und auf den alten Mauern. Stellenweise kommen die eher atlantisch verbreitete Spornblume sowie das Filzige Hornkraut als dekorative Gartenflüchtlinge hinzu.

Zurück im Zentrum laden zahlreiche Weinstuben zur regenerativen Erfrischung ein. Nach der abwechslungsreichen, stellenweise zugegebenermaßen anstrengenden Tour genießt man den Riesling von der Weinlage Bacharacher Posten gewiss mit besonderer Ehrfurcht vor der Leistung der Winzer, die sich gerne als die „Helden der Steillage" bezeichnen.

Bacharacher Werth

Bei Rheinkilometer 543,5 beginnt die ungefähr 25 ha große Rheininsel mit einem Felskern aus Hunsrückschiefern. Nur wenig nördlich liegen die aus dem gleichen Material bestehenden Klippenreste der Diebssteine. Neben der als Ummantelung sehr schön ausgebildeten Weichholzaue ist die eigentliche Besonderheit dieser Rheininsel der Weinbau: Tatsächlich baut man hier auf den sandigen Böden der Inselaue mit beachtlichem Erfolg Riesling an. An wenigen Terminen im Sommer kann man das auf der Insel gelegene Weingut besuchen.

Burg Stahleck

Zwischen der Pfarrkirche St. Peter und der Tourist-Info an der Oberstraße beginnt der Stahleckweg und führt vorbei an der sehenswerten Ruine der Wernerkapelle und dann durch einen felsigen Waldweg bis zur ansehnlichen Burg, die 1689 zerstört und um 1850 fast vollständig eingeebnet wurde. Erst nach 1925 hat man sie mit viel Stilsicherheit wieder neu errichtet. Der eindrucksvolle runde Bergfried wurde erst 1967 rekonstruiert. Nunmehr bietet das als Jugendherberge genutzte Ensemble wieder einen höchst erfreulichen An- und zudem einen beeindruckenden Ausblick.
Westlich der Burg weist an der Straße (K 24) zum Ortsteil Neurath auf Schild ein für die Region bemerkenswertes Bodendenkmal hin: Es handelt sich um ein Stück einer im Fels angelegten römischen Straße. Selbst die Wagenspuren sind hier noch zu sehen …

Ruine Stahlberg

Westlich des Ortsteils Steeg befindet sich hoch über dem Tal in Spornlage als zweite Bacharacher Höhenburg die immer noch eindrucksvolle Ruine Stahlberg, die um 1220 erbaut wurde und einst den Zugang von den Hunsrückhöhen in das Rheintal absicherte. Seit 1912 befindet sie sich im Eigentum des Rheinischen Vereins für Denkmalpflege und Landschaftsschutz (Köln), der sich erfolgreich um die Bewahrung des Bacharacher Ortsbildes mit seiner nahezu vollständig erhaltenen Stadtbefestigung bemüht hat. Im gesicherten Burggelände wird man zwischen dem Mauerwerk und auf den Felssimsen viele der Pflanzenarten wiederentdecken, die uns schon auf der oben beschriebenen Höhenwanderung begegnet sind.

Tourenprofil: Rundwanderung

Anfahrt/Ausgangspunkt: DB-Bahnhof Bacharach an der Linie (MRB26) Koblenz–Mainz; per Auto über die B9, Parkmöglichkeiten am Rheinufer; Bacharach ist Station aller im Gebiet verkehrenden Personenschifffahrtslinien.

Wegverlauf: Bacharach-Ortsmitte – Posthof – Weinberge nördlich des Steeger Tals – Postenturm – Orionsteig – Henschhäuser Heide – Mönchsholzkopf – Holzturm (Bacharach)

Zielpunkt: NaTour-Einstieg im Ortszentrum von Bacharach

Empfohlene Karte: UNESCO-Welterbe Oberes Mittelrheintal 1:25 000, Blatt Rüdesheim/Bingen; RheinWandern 1:25 000 Blatt Süd

Einkehr: am Start- und Zielort

Strecke: 5.767 m

tiefster Punkt: 89 m ü. NN

höchster Punkt: 305,1 m ü. NN

Summe Steigungen: 216 m

Summe Gefälle: 216 m

maximale Steigung: 19,1 %

maximales Gefälle: 10,3 %

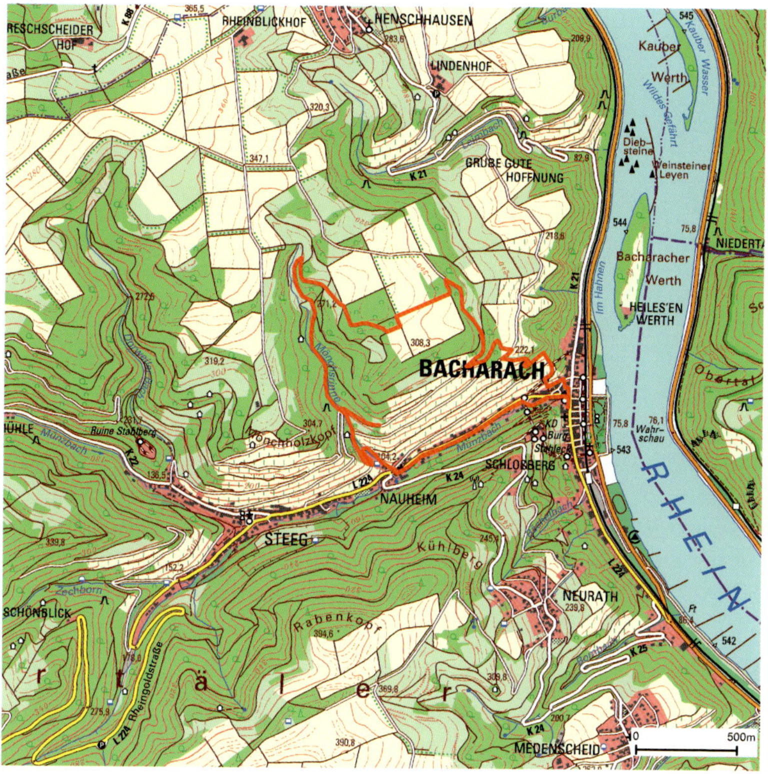

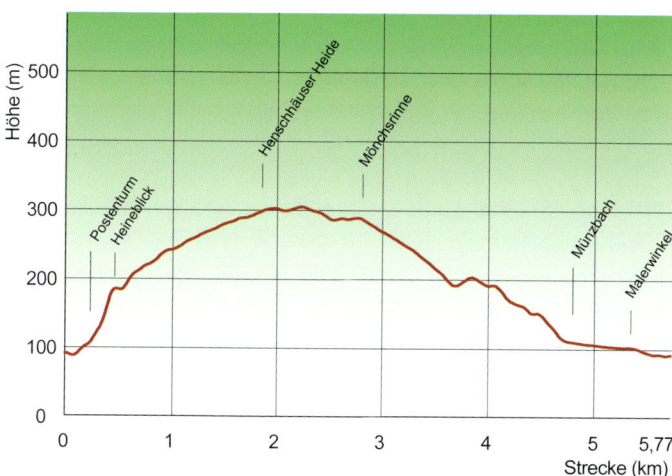

© GeoBasis-DE / LVermGeoRP 2016 dl-de/by-2-0, http://www.lvermgeo.rlp.de und
Hessische Verwaltung für Bodenmanagement und Geoinformation [Daten bearbeitet]

Gerade aus der Talperspektive ein durchaus imposanter Anblick: Der berühmte Loreley-Felsen

NaTour 4 – Auf Deutschlands berühmtestem Felsen

Eindrücke von der Loreley

Es könnte durchaus sein, dass die etwas geballte und zeitweilig auch lautstarke touristische Infrastruktur rund um die Loreley des naturgenießenden Wanderers Geschmack nur sehr bedingt trifft. Aber mit etwas selektiver Wahrnehmung sollten Sie das Plateau dennoch ansteuern und vor allem die überaus prächtige Sicht auf das hier leicht geschlängelte Engtal des Rheins genießen.

Zwischen Kaub und St. Goarshausen gibt es fast keine die rechte Talflanke des Mittelrheins querenden Bachtäler, die man für einen Auf- oder Abstieg nutzen könnte. Wer sich in diesem Abschnitt auf dem Rheinsteig bewegt, sieht sich daher erbarmungslos einem ziemlich wilden und über 20 km langen Zickzackband der Wegeführung ausgeliefert. Statt einer Streckenwanderung, die erklärte Enthusiasten natürlich nach wie vor wählen können, empfehlen wir hier eine physisch deutlich moderatere Variante, die uns per Auto aus der

Talebene auf die hier bei 260 m NN liegende Hauptterrasse des rheinseitigen Taunus führt.

Ein spezieller Fels

Kein anderer Ort lässt die Herzen der Romantiker höher schlagen als die Loreley. Die rund 130 m über den Rhein aufragende Loreley versetzt die Taltouristen auch heute noch in helles Entzücken, gleich von welcher Richtung sie den markanten Fels auch ansteuern. Vor der Loreley bekommen alle stromabwärts fahrenden Ausflugsschiffe Schlagseite, weil sich nicht nur die zahlreichen Japaner alle auf der Steuerbordseite einfinden. Lässt sich der Namensbestandteil -ley noch problemlos vom rheinischen Lei oder Ley = Schieferfelsen (häufiger Familienname: Leyendecker) ableiten, ist die Deutung von Lore- schon deutlich schwieriger. Manche Sprachforscher sehen hier das mittelhochdeutsche Wort lur = Elf oder luren = lauern, womit das legendäre undinengleiche und

womöglich ungemein heftige Blondgeschöpf hinreichend motiviert wäre. Andere versuchen die Ableitung von lören = lärmen, womit der Bezug zum Rauschen der Stromschnellen, heute wohl eher zu den fetzigen Rockkonzerten in der Freilichtbühne oder den Verkehrsgeräuschen auf beiden Rheinufern hergestellt wäre. Den Dichtern der Hochromantik verdanken wir das Bild von der männermordenden Megäre – Clemens Brentano (1778–1842) siedelte sie mit der Ballade „Zu Bacharach am Rheine" etwas weiter südlich an und griff den Stoff 1801 in seinem Roman „Godwi oder

Auf dem Loreley-Plateau bewegt man sich abschnittweise auf den Schichtköpfen uralter Gesteine aus dem Unterdevon.

Das steinerne Bild der Mutter" erneut auf. Ausgerechnet der kritische Intellektuelle Heinrich Heine (1797–1856) lieferte in seinem „Buch der Lieder" die Vorlage für des württembergischen Musikpädagogen Friedrich Silcher (1789–1860) unsterbliche Vertonung, die fast alle Passagiere der hier verkehrenden Ausflugsschiffe ertragen müssen. Trotz des zugegeben heftigen Rummels und Getümmels um den 132 hohen Schieferfelsen gehört ein Rundgang um die Loreley zu den absoluten Höhepunkten einer Mittelrheinreise. Auch wenn man sicherlich vergeblich nach der Undine Ausschau hält (vielleicht stakst sie ja heute – die blonde Mähne frisierend und das Smartphone am Ohr – in knallengen Jeans und auf Highheels herum …), so wird man doch belohnt durch eine faszinierende Natur und Landschaft im Zentrum des UNESCO-Welterbegebietes, die allerdings erklärungsbedürftig sind.

Übrigens: Wenn man sich auf der Besucherterrasse der Loreley bewegt, fällt ein Problem auf, das man so aus der Talperspektive kaum oder zumindest weniger wahrnimmt – die enorme Verlärmung durch den rechts- wie linksrheinischen Bahnbetrieb: Über 1000 Züge auf den ufernahen Schienensträngen strapazieren täglich selbst in der Höhe die Ohren. Eine Lösung dieses Problems ist nicht in Sicht.

Der Dreiburgenblick vom Loreley-Plateau bietet eine einzigartige Sicht in das Zentrum des Oberen Mittelrheintals.

Erkennbare Enge

Das Plateau der Loreley gehört der jüngeren rheinischen Hauptterrasse an und repräsentiert den letzten, recht breit angelegten Talboden des Rheins vor der Eintiefung des Engtals. Er misst hier ungefähr 1 km Breite (vgl. Abb. S. 30). Ähnlich wie schon beim weiter südlich gelegenen Roßstein nördlich Oberwesel (bei Rheinkilometer 550,8) zwängen die widerstandsfähigen Gesteinsschichten hier den Strom auf etwa ein Viertel (nämlich rund 160 m) seiner sonstigen Breite zusammen. Die engsten Stellen liegen zwischen Rheinkilometer 552,5 und 554. Ein durchlaufender Talboden konnte sich von Natur aus nicht entwickeln – die Bundesstraße vor der Loreley verläuft auf einer Aufschüttung, und die Bahnlinie ist schon seit ihrer Anlage (1856–1862) in zwei Tunnelröhren verlegt worden. Anordnung und Bezeichnung der verschiedenen Landschaftselemente zeigt die Abbildung S. 30. Der steil aufragende Fels, dessen Schichtbänder mit bis zu 30° nach Südosten einfallen, besteht überwiegend aus den Singhofener Schichten des oberen Unterems (vgl. Schichtabelle S. 65). In deren Tonschiefer sind lagenweise Tuffite eingeschaltet, die aus paläozoischen Vulkanaschen hervorgingen. Südlich der Loreley ziehen mehrere dieser Schichten bis zum Rhein herunter. Die Gesteine des Loreley-Felsens sind überwiegend feinkörnige – und wie eine ergiebig fossilführende Schicht mit Brachiopoden und Muscheln an der Basis klar unterstreicht – marine Sedimente im ehemaligen Einflussbereich eines Flussdeltas, als das Gebiet des Rheinischen Schiefergebirges vor Urzeiten tatsächlich noch ungefähr in äquatorialen Breiten lag. In ihrer Zusammensetzung schwanken die Schichten lagenweise zwischen Tonschiefern und Quarziten: Dezimeterdicke Lagen sandiger Sedimente wechseln unperiodisch mit millimeterdünnen tonigen Schichten ab. Die genaue Schichtgliederung ist trotz intensiver Forschung immer noch strittig. Die komplexen Lagerungsverhältnisse sind aber vom Loreley-Plateau aus so nicht erkennbar (vgl. Hinweis unten).

Exponierter Lebensraum

Die schmalen, feinerdearmen und außerordentlich trockenen Felsbänder und Gesimse an den Steilflanken der Loreley tragen eine durchweg schüttere, aber aus bemerkenswerten Arten bestehende Gehölzvegetation, deren Artengefüge zur Gesellschaft des Flaumeichengebüschs gehört, obwohl die Namen gebende Art so weit nördlich nicht mehr vorkommt. Neben strauchig wachsender Trauben-Eiche findet man hier vor allem Felsenbirne, Stein-Weichsel, Felsen-Zwergmispel, Schlehe, Wein-Rose, Französischen oder Dreilapp-Ahorn, Elsbeere, Roten Hartriegel sowie eine Anzahl verwilderter Ziergehölze wie

Goldregen und Flieder. Die Krautschicht ist unter anderem durch mehrere Fetthennen-Arten, Hauswurz, Steinkraut, Brillenschötchen, Sonnenröschen sowie Purpurroter Steinsame vertreten.

Die Felsfauna der Loreley entspricht somit in wesentlichen Zügen den Artengemeinschaften anderer sonnenexponierter und lückig bewachsener Talfelsen. Ne-

Und noch eine Überraschung: Auch der seltene Milzfarn kommt im Loreley-Gebiet vor.

ben Zaun- und Mauereidechse lebt hier die harmlose Glatt- oder Schlingnatter. Unter den Schnecken fallen erwartungsgemäß besonders die wärmeliebenden, trockenheitstoleranten Arten aus den Familien der Schließmundschnecken, Blindschnecken und Bodenschnecken auf. An unzugänglicher Stelle horsten Turm- und Baumfalke.

INFO

Das besondere Artporträt

Burgen-Ahorn

Von den vier in Mitteleuropa wildwachsend vorkommenden Ahorn-Arten ist der im Rheinland meist so bezeichnete Burgen-Ahorn, in wissenschaftlichen Floren dagegen eher als Französischer Ahorn oder Felsen-Ahorn geführte kleine Baum sicherlich die interessanteste Art: Sein wissenschaftlicher Name *Acer monspessulanum* ist abgeleitet vom antiken (lateinischen) Namen für die südfranzösische Stadt Montpellier. In Südfrankreich hat er einen ausgeprägten Verbreitungsschwerpunkt. Im Mittelrheingebiet wächst er allerdings weit vorgeschoben an seiner Arealgrenze; hier liegen seine nördlichsten und über-

Der Burgen-Ahorn ist die Kennart der wärmeliebenden Felsgebüsche im Oberen Mittelrheintal.

dies vom mediterranen Hauptverbreitungsgebiet gänzlich isolierten Vorkommen in Deutschland. Auch an der Talkante der Loreley kann man ihn in mehreren stattlichen Exemplaren bewundern. Die Art ist unverkennbar: Die lang gestielten und relativ kleinflächigen Blätter sind im Unterschied zu seinen häufigen sonstigen heimischen Verwandten regelmäßig und vor allem gleichgroß dreilappig, weshalb man die Art fallweise auch Dreilapp-Ahorn nennt. Die wie bei allen Arten der Gattung flugfähigen Doppelfrüchte sind parallel nach unten gerichtet. Im Herbst kann der Burgen-Ahorn mitunter kräftige gelbliche bis rötliche Töne annehmen.

Was es noch zu sehen gibt

Besucherzentrum Loreley

Das anlässlich der Expo 2000 dezentral eingerichtete Besucherzentrum (www.loreley-besucherzentrum.de) bietet eine thematisch gegliederte Ausstellung zur Geologie der Loreley, zur Pflanzen- und Tierwelt am Berg, zur Weinregion Mittelrhein, zur Schifffahrt und zum Tourismus in der Region. Auch dem anhaltenden Mythos Mittelrhein ist ein eigener Ausstellungsbereich gewidmet. Geöffnet März–Okt täglich 10–18 h, Nov–Feb Fr–So 11–16 h.

Blick von der berühmten Spitznack-Falte südlich der Loreley

Ganz andere Loreley-Ansichten

Der Blick vom vorderen Rand der Besucherplattform rheinauf- und rheinabwärts in den hier besonders engen Talcanyon ist zugegebenermaßen
eindrucksvoll und so leicht nicht zu übertreffen. Aber: Von der eigentlichen
Loreley sieht man von hier aus aber nicht besonders viel. Die besondere
Geologie des Felsens erschließt sich nämlich deutlich besser von der gegenüber liegenden linken Rheinseite – entweder vom Parkplatz eines kleinen
Restaurants direkt gegenüber oder vom nachdrücklich zu empfehlenden Aussichtspunkt Loreleyblick „Maria Ruh" am westlichen Ortsende von Urbar – am

besten unter Einsatz eines guten Fernglases. Von hier aus
klar erkennbar sind die relativ
flach nach Südosten (nach
rechts) einfallenden und stellenweise getreppten Schichtglieder. Lagenweise (vor allem
im unteren Drittel der Loreley-
Flanke) werden sie von der
steil nach SO einfallenden
Schieferung durchschnitten.
Schichtgrenzen in den ehemaligen Meeresböden und
deren spätere Schieferung als
Folge von Deckenschub und
Auffaltung sind nämlich nicht
dasselbe.
Den kleinen Ort Urbar erreicht
man von der B9 abbiegend
in Oberwesel auf die über
die Höhe führende und mit
prächtigen Aussichten beloh-
nende Rheingoldstraße.

**Die Spitznack-Falte gilt als einer der heraus-
ragenden Geotope im Oberen Mittelrheintal.**

Spitznack-Felsentreppe

Wer die komplexe Geologie des Loreley-Gebietes hautnah erleben will, wird
vor dem Rückweg noch einen Abstecher zum Spitznack einplanen. Der Weg
führt durch die Weinberge von Bornich zur Siedlung Leiselfeld inmitten von
traumhaften Wiesen. Hier hat man die Wahl zwischen den beiden Aussichts-

Der Aussichtspunkt „Kanzel" bietet eine überragende Sicht auf den Rhein-Canyon im Bereich der Loreley.

punkten „Kanzel" und „Spitznack-Pavillon". Beide sind, im Abstand von nur 400 m gelegen, so faszinierend, dass man wohl besser auf keinen von ihnen verzichtet. Die Wegstrecke und die Ausblicke von der Kanzel zum Spitznack-Pavillon sind so reichhaltig an Eindrücken, dass man für den Umweg mehr als entlohnt wird.

Unter Geologen ist übrigens immer noch nicht abschließend geklärt, ob die den Spitznack bzw. seine markante Felstreppe aufbauenden Gesteine eine eigene Einheit innerhalb der Singhofen-Schichtgruppe darstellen. Überaus eindrucksvoll ist diese Felsszenerie auch ohne geologischen Fachdisput allemal. Die Spitznack-Schichten bestehen aus dezimeterdicken quarzreichen Lagen, die ton- und glimmerreiche Lagen voneinander trennen. In der markanten Falte ist der Scheitel aufgeschlossen. Die durch einen kurzen steilen und einen langen flacheren Faltenschenkel ausgezeichneten Lagerungsverhältnisse legen die Annahme nahe, dass auch hier der Schub von SO nach NW höhere Gesteinspakete über tiefere (ältere) hinweg bewegte.

Die Tunnelportale der Bahnstrecken im Bereich der Loreley hat man einfühlsam an der romantisch empfundenen Burgenarchitektur orientiert.

Tourenprofil: Rundwanderung

Anfahrt/Ausgangspunkt: Von Norden: südlich von Sankt Goarshausen von der B42 links der Ausschilderung zur Loreley folgen; von Süden: in Kaub von der B42 rechts der Loreley-Burgen-Straße (L339) Richtung Bornich und dann wieder der Ausschilderung folgen; gebührenpflichtiger Großparkplatz beim Loreley-Besucherzentrum

Strecke/Profil: Vom Besucherzentrum führt ein barrierefreier Weg in wenigen Minuten zum Loreley-Plateau.

Wegverlauf: Betont sportliche Naturen können – abweichend von der Kartenskizze – auch den vom Parkplatz zu Füßen der Loreley über das Nordportal des Loreleytunnels über 400 Treppenstufen in die Höhe führenden Weg wählen. Dieser steile Aufstieg ist allerdings völlig ungesichert und erfordert eine gewisse Trittsicherheit. Er folgt dem ehemaligen Eselspfad zur Erschließung der Weinberge. Rückweg über den gleichen Pfad.

Zielpunkt: identisch mit NaTour-Einstieg

Empfohlene Karte: UNESCO-Welterbe Oberes Mittelrheintal 1 : 25 000, Blatt Rüdesheim/Bingen; RheinWandern 1 : 25 000 Blatt Süd

Einkehr: Loreley-Gipfel

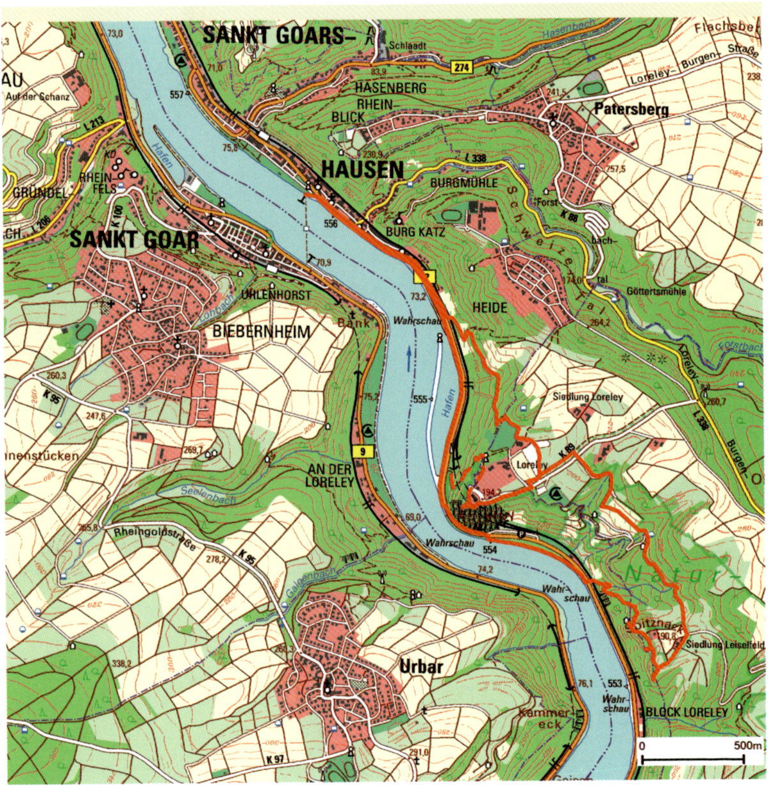

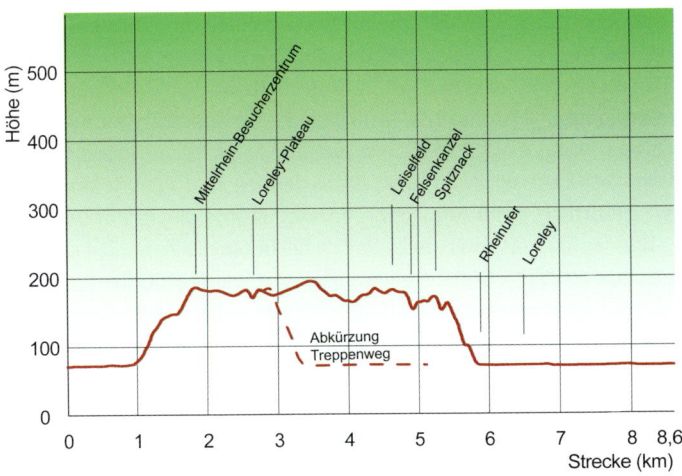

© GeoBasis-DE / LVermGeoRP 2016 dl-de/by-2-0, http://www.lvermgeo.rlp.de
[Daten bearbeitet]

Oberwesel von seiner einladendsten Seite

NaTour 5 – Im Herzen der Welterbelandschaft

Von Oberwesel nach St. Goar

Vom Kauber Werth bei Rheinkilometer 545 bis nördlich von Oberwesel zum Tauberwerth bei Rheinkilometer 551 durchfließt der Rhein bei wenig wechselnder Breite ein auffallend gerades, fast genau nach Norden ausgerichtetes Teilstück seines oberen Engtals. Unterhalb von Oberwesel, auf der Höhe des markanten Ochsenturms, verengt sich der Rheincanyon nach der nächsten Biegung auf etwa 250 m, um nur 500 m weiter nördlich wieder fast die doppelte Breite einzunehmen. Außerdem ist sein Talverlauf ab hier bis St. Goar mehrfach gebogen – eine Vorwegnahme der großräumigen Bopparder Rheinschlingen. Am Loreley-Felsen bei Rheinkilometer 554 erreicht die Talbreite ihre absolut engste Stelle und nimmt wahrhaftig Canyonnatur an. Hier war auf dem kaum vorhandenen Talboden daher auch kein Platz, um die Schienenstränge der Bahn aufzunehmen – folglich hat man für die Gleiskörper beim Ausbau der Rheinstrecken im vorletzten Jahrhundert aufwendige Tunnel angelegt. Die versperren dem Rheintalreisenden per Bahn zwar die Aussicht auf die grandiose Talflucht, sind aber ein Segen für das Landschaftsbild.

Aus der Höhenperspektive im engtalbegleitenden Abschnitt des RheinBurgenWegs zwischen Oberwesel und St. Goar ist die drangvolle Enge des Mittelrhein-Canyons so eindrucksvoll wie kaum an anderer Stelle zu erleben. Dieser NaTouren-Vorschlag lädt Sie daher zu einem besonderen Landschaftsgenuss ein. Er bietet Ihnen zudem den nach oft vernommener Einschätzung mit Abstand besten Blick auf die markante Engstelle am Loreley-Felsen.

Gehen Sie vom Ausgangspunkt DB-Bahnhof Richtung Nordwesten durch das historische Oberwesel (Liebfrauenstraße und Koblenzer Straße) bis zur Einmündung des Niederbachtals; auf der Höhe des Ochsenturmes bzw. der beiden nördlichsten Türme der Stadtbefestigung folgen Sie der Wegmarkierung für den RheinBurgenWeg.

Beim Sieben-Jungfrauen-Blick stellt sich eine wichtige Wegentscheidung: Der weitere Verlauf des RheinBurgenWegs erreicht nach etwa 1,6 km den Oelsberg-Klettersteig. Dieser ist zwar nicht ganz so anspruchsvoll wie der Klettersteig am Bopparder Hamm (vgl. S. 170), erfordert aber neben bergtauglichem Schuhwerk auf jeden Fall Schwindelfreiheit und Trittsicherheit. Mit Kindern sollte man diesen Steig vorsichtshalber nicht gehen. Wer sich den exponierten Klettersteig nicht zutraut, geht nach links Richtung Günderodehaus bzw. Skulpturenpark. Dieser unproblematische Alternativweg erreicht nördlich vom Oelsbergsteig wieder den RheinBurgenWeg.

Besondere Erlebnisinhalte

Vor dem Start zu dieser Höhenwanderung empfiehlt sich ein Rundgang durch das historische Oberwesel, das bereits zur Römerzeit bestand – zwei Meilensteine aus der Region benennen ausdrücklich die Militärstation Vosavia. Erst spät in der Neuzeit wird aus dem daraus abgeleiteten Wesel aus Gründen der besseren Unterscheidbarkeit von der gleichnamigen niederrheinischen Stadt der heutige Ortsname Oberwesel.

Oberwesel besitzt eine der am besten erhaltenen Stadtbefestigungen im Rheinland, mit fast komplett erhaltenem Mauerring und immerhin 16 von einst 21 Türmen bzw. Toren. Den reichlich rüde vorgegangenen Verkehrsplanern von Straße und Schiene ist im späten 19. Jahrhundert einige Substanz zum Opfer gefallen, wie man im Blick zurück vom hier empfohlenen Wegverlauf unschwer erkennen kann.

Schönburg

In der rund 6 km langen geradlinigen Talflucht zwischen dem Kauber Werth und Oberwesel ist die auf einem Mittelterrassen-Felssporn aus Hunsrückschiefer (vgl. Abb. S. 65) errichtete Schönburg ein Blickfang ersten Ranges. Ihr vielteiliges Gefüge aus verschiedenen (seit dem 19. Jahrhundert wieder errichteten) Baukörpern mit drei Bergfrieden und mehreren Wohnbereichen weist sie als typische Ganerbenburg aus, die sich früher mehrere Zweige der Besitzerfamilien teilten. Einzigartig unter den rheinischen Höhenburgen ist die imposante, Hoher Mantel genannte Schildmauer.

Das alte Mauerwerk in der Altstadt von Oberwesel und von Teilen der Schönburg weist einen interessanten Pflanzenbestand auf, der in seinem Artengefüge dem der Festung Rheinfels (vgl. NaTour 6, S. 150) gleicht und deswegen hier nicht gesondert behandelt wird.

Ein Aufstieg zur Schönburg, die auf 180 m NN fußt, lohnt sich eigentlich nicht. Die Anlage wird heute als Jugendherberge sowie als Hotel genutzt. Außer dem Innenhof ist hier nichts zu besichtigen.

Die imposante Schildmauer der Schönburg oberhalb Oberwesel birgt biologisch keine besonderen Überraschungen.

Bemerkenswert schmale Kronblätter kennzeichnen die blühende Felsenbirne.

Pfarrgarten St. Martin

Im Jahre 1806 ließ der damalige Oberweseler Pfarrer Berschens hinter dem katholischen Pfarrhaus am Damscheider Weg vier Rasenflächen auf dem Grundriss eines Kreuzgangs anlegen – in rechteckigem Umriss mit zwei sich kreuzenden Wegen, die jeweils von niedrigen Buchshecken eingefasst waren. Dieses Grundmuster fand sich früher generell bei den Kloster- und später auch bei den Bauerngärten. Die Kreuzform des Wegesystems erschloss nicht nur äußerst praktisch die Pflanzbeete, sondern hatte auch symbolischen Wert: Man war sich so ziemlich sicher, böse Geister aus dem Garten fernzuhalten. Im Jahre 2009 hat man die Anlage ebenso gründlich wie gefühlvoll saniert und in einen Rundweg einbezogen, zu dem auch der erlebniswerte Stadtmauergarten gehört. Dieser bietet eine großartige Aussicht über die Stadt und das Rheintal. Diese Gärten sind ständig zugänglich. Sie sind Bestandteil der *Route der Welterbegärten* mit mehreren Anlagen zwischen Rüdesheim und Koblenz.

Die Sieben Jungfrauen

Beim Ochsenturm, dem nordöstlichen Eckpunkt der Oberweseler Stadtbefestigung Rheinkilometer 550,6) knickt der Rhein aus einer rund 6 km langen Geradeausstrecke plötzlich scharf nach NO um. Hier ragen bei niedriger Wasserführung relativ ufernah – und aus der Perspektive des Weges bei entsprechendem Pegelstand klar erkennbar – einige Felsklippen aus unterdevonischen Singhofen-Schichten (vgl. Abb. S. 65) auf, die dem Schiffsverkehr früher ebenso zum Verhängnis wurden wie die die dem Vernehmen nach besonders hübschen, aber wohl doch etwas zickigen Töchter aus den Schönburger Familien ihren zahlreichen Verehrern. Sie hatten ihre Freier bösartig hinters Licht geführt und mussten, weil sie es zu arg getrieben hatten, irgendwann einmal fliehen. Vater Rhein hatte allerdings kein Erbarmen mit ihnen und ließ die unbarmherzigen Damen zu sieben Felsklippen erstarren. Bei einer jüngeren Fahrrinnenregulierung im Rhein wurden einige dieser Klippen weggeräumt. Vermutlich hat dabei niemand bedacht, dass die Sieben Jungfrauen der Legende nach nur dann aus ihrer steinernen Starre zu erlösen sind, wenn man aus dem Gestein eine Kapelle erbaut …

Günderodehaus

Wer bei der oben erwähnten Wegalternative nicht den RheinBurgenWeg zum Oelsbergsteig, sondern die deutlich softere, aber gefahrlose Route gewählt hat, findet bald einen Hinweis auf das Günderodehaus – ein durchaus sympathischer Gastronomiebetrieb an der Hangkante, die sich der Topographie perfekt einpasst, als sei das alles schon immer so gewesen. Das Ganze ist allerdings ein klassischer Fake: Der aus dem Hunsrück stammende Filmregisseur Edgar Reitz hat das (vorerst?) letzte seiner zahlreichen Heimat-Epen in diesem Raum angesiedelt, dazu aus dem Hunsrückort Seibersbach ein baufälliges Fachwerkhaus abtragen und hier erneut aufrichten lassen. Außerdem schuf er die moderne, aber unhistorische Legende, hier habe vor über 200 Jahren die frühromantische Rheingauer Dichterin Caroline von Günterode (1780–1806) gelebt. Seit 2005 ist das Günderodehaus eine Filmkult-Wallfahrtsstätte. Allerdings: Der Blick auf Oberwesel und das Obere Mittelrheintal ist umwerfend schön.

Komplexe Geologie

Der Rheintalabschnitt von Bacharach/Kaub verläuft in den Schichtgliedern des unterdevonischen Hunsrückschiefers. Beim Oberweseler Ochsenturm quert eine Aufschiebung das Rheintal – hier sind bei der Auffaltung des Rheinischen Schiefergebirges Gesteinsschichten des älteren Hunsrückschiefer auf jüngeres Unterems (Singhofen-Schichten) geschoben worden, sicher kaum vorstellbar, aber wahr. Diese Aufschiebung ist vermutlich auch die Ursache dafür, dass der Rhein hier unvermittelt in die Richtung des Grundgebirgsstreichens umbiegt. Bis St. Goar sind im Geländebefund zwei weitere Aufschiebungen

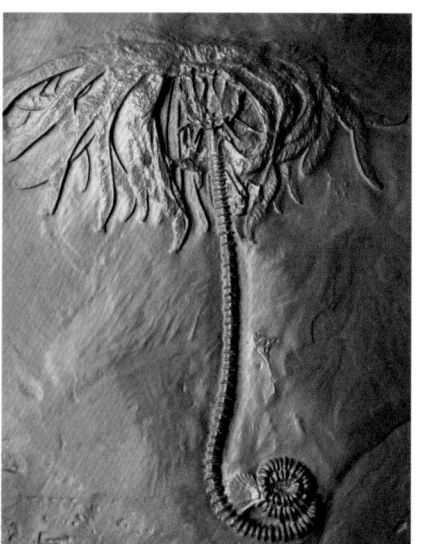

von Hunsrückschiefer und Singhofen-Schichten zu verzeichnen. Dieser stete Wechsel bildet sich im heutigen Kartenbild an den sonst kaum erklärbaren Flussbiegungen südlich und nördlich der Loreley ab.

Im Gebiet südlich von Oberwesel hat man früher Dachschiefer abgebaut und in dem extrem feinkörnigen Material prächtigst erhaltene Fossilien gefunden wie den Haarstern Acanthocrinus rex (Höhe 25 cm). Der Abguss befindet sich in einer Privatsammlung; das seinerzeit in Berlin aufbewahrte Original ist leider verschollen.

An der Rheinschlingenstrecke nördlich von Oberwesel wird es auch für die Berufsschifffahrt eng und unübersichtlich. Daher hat man hier am Rheinufer mehrere Wahrschau-Stationen eingerichtet, mit denen der Schiffsverkehr gleichsam per Ampel geregelt wird.

Einzigartiger Loreley-Blick

Wenn man auf dem Loreley-Felsen, ein unschlagbarer Topos des gesamten Oberen Mittelrheintals steht (vgl. NaTour 4), sieht man vom zugegebenermaßen eindrucksvollen Felsen selbst nicht allzu viel. Dieses Bild stellt sich von der linken Rheinseite nun völlig anders dar: Im weiteren Wegeverlauf nach Norden berührt der RheinBurgenWeg auf der Höhe der Ortschaft Urbar den Aussichtspunkt „Maria Ruh" direkt gegenüber dem jäh aufragenden Loreley-Felsen an der engsten Stelle des Oberen Mittelrheintals. Man erkennt unschwer die nach SO einfallenden Gesteinschichten (Singhofen-Schichten), auf deren Felsbändern sich abschnittweise schütteres Gehölz aus verschiedenen wärmeliebenden Arten angesiedelt hat, die im Zusammenhang mit einem Besuch des Loreley-Plateaus näher vorgestellt werden (NaTour 4).

INFO

Das besondere Artporträt

Schild-Ampfer

Sollte man eine für das Mittelrheingebiet besonders kennzeichnende Pflanzenart benennen, fällt die Auswahl schwer. Zudem verlaufen gerade zwischen Bingen und Bonn nach ihren biogeographischen Herkünften so viele Arealgrenzen höchst unterschiedlicher Arten, dass man es entlang des Rheins mit einem wirklichen Hotspot der Biodiversität zu tun hat. Manche Arten sind hier aber vermutlich nicht von Natur aus zu Hause. Zu oft hat der Mensch seit der Jungsteinzeit in das Verbreitungsbild eingegriffen und bestimmte Arten aus ganz anderen Regionen absichtlich oder eher zufällig verschleppt. Andere stellen interessante Klimarelikte dar.

Der Schild-Ampfer ist eine der besonders kennzeichnenden Arten der mittelrheinischen Felsschuttfluren.

Der im Mittelrheingebiet an den Säumen der Weinberge und auf vergleichbar trocken-warmen Standorten mit Felsschutt wachsende Schild-Ampfer (*Rumex scutatus*) ist eine solche Art, die ihre rheinischen Standorte (alle an der heutigen Nordwestgrenze des Areals in Europa) erreichte und während der zurückliegenden Kaltzeiten aus dem Alpenraum an den Mittelrhein kam. Die ursprünglich wohl nur in den basenreichen Steinschuttfluren der Nord- und Südalpen beheimatete Art wird seit der Römerzeit im gesamten Imperium nördlich der Alpen gerne als Gemüse- und Salatpflanze kultiviert, woher auch ihr anderer Name „Römischer Spinat" stammt. Sie gehörte mit Sicherheit auch zum Pflanzprogramm der früheren Burggärten. Bis heute finden sich viele Vorkommen gerade im Umkreis der Burgen und Burgruinen – offenbar die erfolgreich etablierten Nachfahren von Gartenflüchtigen.

Den Schild-Ampfer erkennt man leicht an seinen relativ kleinen, blaugrünen Blättern. Die Blüten sind – da windbestäubt – eher unauffällig und meist nur wenig dekorativ rötlich bis grünlich gefärbt.

Alte und junge Kulturlandschaft

Zwischen Oberwesel und St. Goar führt der meist an der Talschulter zum Rhein-Canyon verlaufende Wanderweg überall durch sympathische Kulturlandschaft, die – obwohl es meist grün und je nach Saison oft auch recht bunt zugeht – auch hier in jedem Fall Menschenwerk darstellt. Echte Natur im Sinne von Lebensräumen, die vom Menschen und seinen Folgewerken in der Landschaft noch nicht verändert wurden, gibt es auch im Mittelrheingebiet längst nicht mehr. Selbst eine enorm üppig blühende Wiese mit ihrem durchaus faszinierenden Artenreichtum ist ein – in diesem Fall sogar noch recht junges – Kulturlandschaftselement.

Die mit der jüngeren Steinzeit (Beginn der bäuerlichen Wirtschaftsweise) vor rund 6.000 Jahren auch in unserem Gebiet einsetzende Umwandlung der vorgefundenen Naturlandschaft zum Wirtschaftsland, das den Bedürfnissen einer kontinuierlich wachsenden Bevölkerung zu dienen hatte, erfasste in mehreren Schüben nahezu alle Flächen. Selbst der Wald, den man in der Öffentlichkeit noch am ehesten als Restnatur versteht, zeigt in seinem Artengefüge ganz klar die Spuren der lenkenden Eingriffe des Menschen.

Kulturlandschaft ist deswegen aber nicht grundsätzlich schlecht. Mit dem stetigen Wandel der ursprünglichen Natur- zur vielfältig genutzten Kulturlandschaft entstanden völlig neue Lebensraumtypen und damit auch Lebensgemeinschaften mit Artenkonsortien, die es so zuvor in unserem Raum nicht gegeben hat. Der allmähliche Wandel zur vielfältig und kleinteilig, zudem nach

Der Aufweg zur Schönburg oberhalb Oberwesel verspricht beeindruckende Blicke in das Mittelrheintal.

traditionellen Mustern bewirtschafteten Kulturlandschaft wirkte über viele Jahrzehnte und sogar Jahrhunderte hinweg an- und bereichernd. Im Vergleich zum reinen Waldland hat sich das Artenaufkommen in der Kulturlandschaft rund verzehnfacht.

Allerdings sehen wir in der Gegenwart vielfach auch gegenläufige und sicherlich bedauernswerte Prozesse: Die enorme Intensivierung von Forst- und Landwirtschaft oder die Aufgabe früherer Nutzungen nivellieren unaufhaltsam die frühere Vielfalt.

Dem hübschen Kaisermantel begegnet man vor allem in der zweiten Sommerhälfte.

Auf unserer Route ist das beispielhaft erlebbar an der Verbuschung ehemaliger Weinbergterrassen, die einmal klassische Offenlandstandorte mit einem beachtlichen Artenreichtum waren. Der regionale Naturschutz bemüht sich nach Kräften, mit zum Teil brachial erscheinenden Methoden (u.a. Abschleifen von Teilflächen mit Panzerketten sowie geregeltes Abbrennen einzelner Parzellen) die wünschenswerte Offenlandsituation zu konservieren. Je nach Jahreszeit Ihres Besuches in der Region werden Sie also solche gewaltsamen Eingriffe erleben können. Aber: Seien Sie tolerant. Hier sind gewöhnlich erfahrene Fachleute am Werk, und deren Tun hilft der Natur erwiesenermaßen so richtig auf die Sprünge.

Tourenprofil: Streckenwanderung

Anfahrt/Ausgangspunkt: DB-Bahnhof Oberwesel an der Linie Koblenz–Mainz (RE5, MRB26); per Auto über die B42, Parkmöglichkeiten am Rheinufer; Oberwesel ist Station aller im Gebiet verkehrenden Personenschifffahrtslinien.

Wegverlauf: Zunächst durch die malerische Altstadt von Oberwesel, dann auf dem RheinBurgenWeg (oder abschnittweise auf einer Alternativroute, s.u.) auf die Hauptterrasse und auf genussreichem Höhenweg bis zum Abstieg nach St. Goar.

Empfohlene Karte: UNESCO-Welterbe Oberes Mittelrheintal 1:25 000, Blatt Loreley; RheinWandern 1:25 000 Blatt Süd

Einkehr: am Start- und Zielort

Strecke: 8.740 m

tiefster Punkt: 78,3 m ü. NN

höchster Punkt: 260,9 m ü. NN

Summe Steigungen: 200 m

Summe Gefälle: 200 m

maximale Steigung: 12,8 %

maximales Gefälle: 19,4 %

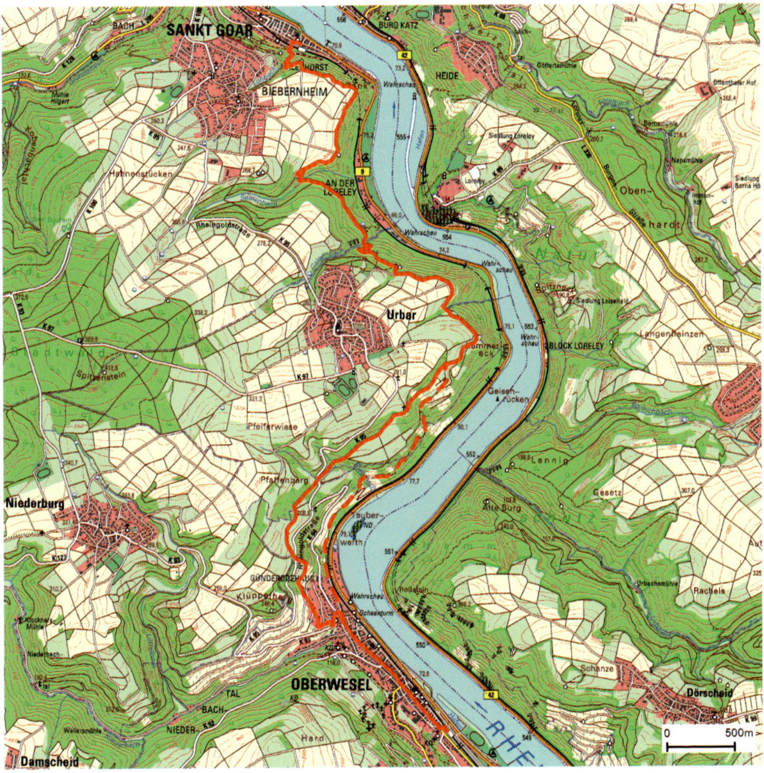

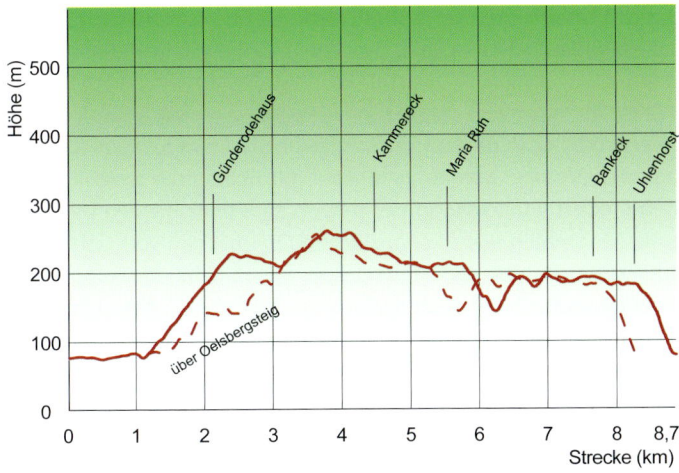

© GeoBasis-DE / LVermGeoRP 2016 dl-de/by-2-0, http://www.lvermgeo.rlp.de
[Daten bearbeitet]

| 149

Der Weg zur Festungsruine Rheinfels führt durch verwunschen erscheinende Gehölze.

NaTour 6 – Ein kurzes Kapitel Burgenbiologie

Kleine Rundtour zur Festung Rheinfels bei St. Goar

Diese relativ kurze, aber inhaltsreiche NaTour lädt Sie zur Erkundung der großartigen Überbleibsel der Festung Rheinfels oberhalb von St. Goar ein – geradezu ein bilderbuchreifes Lehrstück von Artenvielfalt in einem schwierigen Ambiente.

Normalerweise gibt es in unserer Umwelt keine sterilen Freiräume. Sämtliche verfügbaren Biotope werden auf Dauer von ökologisch spezialisierten Organismen erobert. Standorte in der freien Landschaft bleiben da ebenso wenig ausgenommen wie die künstlichen Oberflächen von Gebäuden. Mauerwerk aus Bruch- bzw. Werksteinen, aber auch Dacheindeckungen aus Schiefer oder Dachziegeln erhalten nach einiger Zeit ganz spontan einen interessanten Bewuchs, sofern die Oberflächen nur eine minimale Rauigkeit als Ansiedlungshilfe aufweisen. Trockenheit und anhaltende Erwärmung durch intensive Sonneneinstrahlung sind dabei nicht unbedingt eine wirksame Besiedlungssperre. Anstehendes Gestein wie felsige Abhänge, Gesteinsriegel, Felsbänder und -flanken, ferner auch Blockmeere und Halden aus gröberem Verwitterungsmaterial erscheinen auf den ersten Blick kaum als einladende Biotope, tragen aber dennoch einen bemerkenswerten Bewuchs. Die hier auftretenden Pionierorganismen, die sich selbst auf blankem Gestein mit respektablem Erfolg behaupten, sind grüne Mikroalgen, dazu auch Pilze, ferner Krusten- und Blattflechten, zahlreiche Moose, ein paar Farne und erstaunlich viele verschiedene Blütenpflanzen. Von den allgegenwärtigen Bakterien kann man in diesem Zusammenhang sicherlich absehen, da sie meist nicht sichtbar in Erscheinung treten. Eine Ausnahme sind lediglich die oft dunkelgrauen oder grünschwarzen Beläge von Cyanobakterien (früher Blaualgen genannt), die sich auch auf (gelegentlich) überrieselten Flanken einfinden und in der Naturlandschaft die als Tintenstriche bezeichneten Mikrobenbeläge bilden.

Obwohl die neuzeitlichen Zerstörungen tatsächlich nur etwa ein Drittel der ursprünglichen Anlage übriggelassen haben, ist die schon im Hochmittelalter als Kernburg gegründete Festung Rheinfels oberhalb von St. Goar immer noch die neben Festung Ehrenbreistein (diese wurde teilweise aus Steinen der Ruine Rheinfels errichtet) die größte Befestigungsanlage am Mittelrhein, was man auch unschwer von der nördlichen Flanke des Gründelbachtales bei Werlau erkennen kann. In den 200 Jahren seit der Sprengung durch die Franzosen hat sich die Natur einen beträchtlichen Teil der Ruine Rheinfels wieder zurückgeholt. Schon von weitem erscheint die Burg in einem grünen Gewand. Die genauere Betrachtung aus der Nähe zeigt, dass dieser erste Eindruck nicht trügt: Auf dem Ruinengelände leben mehr verschiedene Pflanzen und Tiere als auf jeder anderen mittelrheinischen Höhenburg. Hier wachsen immerhin über 300 Arten Farn- und Samenpflanzen. Moose und Flechten sind jeweils mit mehr als 100 Arten vertreten. Das weitläufige Areal bietet auch einer reichhaltigen Tierwelt ein Zuhause, von Schmetterlingen, Heuschrecken und Spinnen, Eidechsen, Vögeln bis hin zu zahlreichen Fledermäusen. Viele der Tier- und Pflanzenarten, die auf der strategisch geschickt in Spornlage auf Hunsrückschiefer errichteten Ruine Rheinfels leben, sind in Deutschland selten

Sollte sich einmal mit lautem Gebrumm eine Hornisse ankündigen, ist keine Panik angesagt: Die Tiere sind überhaupt nicht angriffslustig.

oder sogar in ihrem Bestand bedroht. Die Burg bietet ihnen, bedingt durch ihre Größe und den Reichtum an unterschiedlichen Lebensraumelementen, ein wichtiges und unersetzliches Refugium. Für Sie als einer der zahlreichen Besucher bietet sich also die Möglichkeit zu faszinierenden Naturbeobachtungen aus nächster Nähe. Pflanzen und Tiere, die man normalerweise nur hin und wieder auf ausgedehnten Wanderungen zu Gesicht bekommt, zeigen sich hier direkt vor Ihren Augen.

Dieses einzigartige Naturszenario erfordert allerdings eine deutliche Rücksichtnahme auf die Bedürfnisse der hier lebenden seltenen Pflanzen und Tiere: Nur so wird der Besuch der Burg auch zukünftig zu einem Naturerlebnis. Gehen Sie vom Marktplatz (gleich gegenüber dem DB-Bahnhof und der evangelischen Stiftskirche) durch die Fußgängerzone (Heerstraße) oder alternativ durch die Rheinanlagen bis zum Rathaus und wählen Sie die Schlossberg-

Das bleiche Aussehen verrät es sofort: Die Nelken-Sommerwurz ist ein Vollparasit unter den heimischen Blütenpflanzen.

straße links vorbei an der Skulptur des aus Irland stammenden Hl. Goar und an der Katholischen Kirche bis zur Bahnlinie. Unterqueren Sie diese und biegen dann rechts in die Bismarckstraße ein. Schon hier fallen an den alten Mauern bemerkenswerte Pflanzenarten auf, darunter Mauer-Leinkraut, Schwarzstieliger Streifenfarn, Scharfer Mauerpfeffer, Quendel-Sandkraut, Dreifinger-Steinbrech und Mauer-Glaskraut. Folgen Sie am Ende der Bismarckstraße dem Weghinweis „Fußweg Burg Rheinfels". Hinter dem Amtsgericht könnten Sie die links abzweigende Abkürzung an der Jugendherberge vorbei über den Anna-Elisabeth-Weg nehmen oder den etwas weiteren, aber sehr reizvollen Weg durch das Gründelbachtal und über den Hansenweg wählen. Auf diesem Weg lässt man die Jugendherberge oberhalb liegen und folgt geradeaus der Bahnlinie. In den Pflasterfugen finden sich hier Niederliegendes Mastkraut und Kahles Bruchkraut. Nach dem erneuten Queren der Bahnlinie treffen Sie auf einen kleinen Felsanschnitt mit Weißer Fetthenne, Felsen-Fetthenne, Knöllchen-Steinbrech, Zusammengedrücktem Rispengras, Nickendem Leimkraut, Kartäuser-Nelke, Aufrechtem

Ziest und Schild-Ampfer. Am Gebüschrand wachsen Siebenbürger Perlgras, am Wegrand Straußblütiger Sauerampfer.

Nach der Querung der Bahnlinie führt der weitere Weg nur ein kurzes Stück entlang der Bundesstraße. Biegen Sie dann ins Gründelbachtal ab (Hinweis St. Goar/Stadtteil Gründelbach). Man folgt der Talstraße noch ein kurzes Stück, um dann links in den Hansenweg abzubiegen. Benannt ist der Pfad nach dem St. Goarer Hansenorden, einem Verein in der Tradition einer mittelalterlichen Kaufmannsgilde, der maßgeblichen Anteil am Bau des Weges hatte. Der Hansenorden geht vermutlich auf das 13. Jahrhundert zurück, die erste urkundliche Erwähnung 1460 spricht bereits vom „uralten Hansen- und Burschband in der Stadt der Grafen von Katzenelnbogen". Jeder, der in der Stadt Handel treiben wollte, musste in den Orden eintreten.

Der Hansenweg verschwindet zunächst in dichten Wald mit Unterwuchs von Echter Nelkenwurz, Gundermann, Ruprechtskraut, Hecken-Kälberkropf, Silberblättrige Goldnessel, Efeu, Rainkohl, Hain-Rispengras sowie Spring-Schaumkraut. Unter den Gehölzen fällt hier auch die Berg-Johannisbeere auf. Ferner finden sich hier Weiße Hainsimse, Gewöhnlicher Tüpfelfarn, Wald-Habichtskraut und als Wärmezeiger Wolliger Schneeball, Pfirsichblättrige Glockenblume, Schaumkresse, Stinkende Nieswurz und Salbei-Gamander. Bald haben Sie das ausgedehnte Festungsareal erreicht.

Besondere Erlebnisinhalte

Eindrucksvolle Gesamtanlage

Die Außenanlagen der Festung Rheinfels sind frei zugänglich, für die Kernburg ist ein moderates Eintrittsgeld zu entrichten. Die Investition lohnt sich – Sie werden hier eine Fülle interessanter Pflanzenarten live erleben können, insbesondere während der Hauptblühsaison zwischen Mai und Juli. Schon gleich nach dem Überschreiten des engen Halsgrabens überraschen Sie mit der Asiatischen Gänsekresse und dem Goldlack zwei verwilderte Zierpflanzen, die der Ruine einen besonderen Flair verleihen. Zudem zeigen sich Salomonssiegel, Knoblauchsrauke und Echte Nelkenwurz, Schaumkresse, Gewöhnlicher Tüpfelfarn, Felsen-Fetthenne, Kartäuser-Nelke, Blauer Lattich, Kleines Habichtskraut, Nickendes Leimkraut, Silber-Fingerkraut, Wimper-Perlgras, Derber Schaf-Schwingel, Heide-Ginster, Zwergmispel, Aufrechter Ziest, Ausdauernder Knäuel, Wald-Ehrenpreis, Frühlings-Fingerkraut, Dost und Gold-Aster – eine enorm bunte Flur, die in ihrem schönsten Blühaspekt ein Bild ungemein eindrucksvoller Artenfülle bietet.

In den Außenanlagen der Festung können Sie eine üppige Ruderalvegetation aus typischen „Waldunkräutern" erleben, mit Hecken-Kälberkropf, Weißer Taubnessel, Großer Brennnessel, Spring-Schaumkraut, Ruprechtskraut, Echter Nelkenwurz, Gundermann, Wurmfarn, Gewöhnlichem Klettenkerbel und Wiesen-Kerbel. Außerdem finden sich hier als Luftfeuchtezeiger der Zerbrechliche Blasenfarn sowie der Dornige Schildfarn.

Flechten und Moose – am Rande der Existenz

Die nackte Oberfläche der Mauerbruchsteine und Felsen ist der Lebensraum vieler Moose und Flechten, die hier gegenüber Farn- und Blütenpflanzen im Konkurrenzvorteil sind. Die Steinbesiedler sind ausgesprochen genügsam – als Lebensgrundlage stehen ihnen lediglich Sonnenlicht, Regenwasser und die wenigen Mineralien zur Verfügung, die vom Regen aus den Steinen ausgewaschen werden. Dementsprechend langsam ist das Wachstum in diesem Extremlebensraum.

Im Burggelände gibt es Mauern und Felsen, an denen seit Jahrzehnten die gleichen Lebensbedingungen herrschen und sich die Pflanzen ungehindert entwickeln können. Hier hat sich eine außergewöhnliche Vielfalt an Moosen und Flechten eingefunden. Von beiden Verwandtschaftsgruppen leben jeweils über 100 Arten auf dem Burggelände. Einige von ihnen, die leider keine gebräuchlichen deutschen Namen haben, sind absolute Raritäten, die bisher nur an wenigen Stellen in Mitteleuropa beobachtet wurden. So sind von der Blattflechte *Xanthoparmelia tinctina* in Deutschland bisher nur vier Wuchsorte bekannt. Manche Flechten gelten als charakteristische Bewohner von Burgruinen, sie sind selbstverständlich auch auf der Rheinfels zu finden. Hierzu zählen die Krustenflechte *Diploica canescens* und die Gallertflechte *Leptogium gelatinosum*. Einen ungewöhnlichen Wuchsort hat die Krustenflechte *Verrucaria viridula* – sie lebt nämlich auf Taubenkot im Wallgraben der Burg.

Auch unter den Moosen sind einige typische Ruinen-

Gerade die kleinen Bewohner einer Mauerkrone haben es nicht einfach: Laubmoos auf exponiertem Wuchsplatz.

bewohner zu finden. Das gelbbraune *Rhytidium rugosum* und die durch lange Glashaare silbrig erscheinende *Tortula ruralis* mögen beide Kalk, welchen sie aus dem verwitternden Mauermörtel erhalten.

Mauerfarne – Minimalisten der Mauer

Die Mauern der Burg sind ein heißes Pflaster. Die Steine erhitzen sich im Sonnenschein auf Temperaturen von über 50 °C. Doch nicht nur die Hitze, auch die extreme Trockenheit macht die Mauern zu einem unwirtlichen Lebensraum.

Auffallend häufig sind es kleine Farne, die sich in den Fugen ansiedeln und die alten Mauern begrünen. Wie einst die Menschen in der belagerten Burg müssen sie mit dem Nötigsten auskommen und ein Leben auf Sparflamme führen. Hierzu sind sie durch eine besondere Eigenschaft befähigt: Im Gegensatz zu den Samenpflanzen und ihren wasserbedürftigen schattenhungrigen Verwandten können die meisten Mauerfarne bei Wassernotstand in eine Trockenstarre fallen und ihre Lebensaktivitäten nahezu völlig einschränken. In diesem Zustand können sie eine Austrocknung längere Zeit schadensfrei überstehen. Nach dem nächsten Regen nehmen die Farne wieder Wasser auf und kehren ins aktive Leben zurück.

Der Schwarzstielige Streifenfarn gehört zu den erfolgreichen Ritzenbewohnern an der Ruine Rheinfels.

Enge Verwandte sind, auch wenn dies auf den ersten Blick nicht offensichtlich ist, der Braunstielige Streifenfarn und die Mauerraute. Der Erstgenannte lebt am Mittelrhein auch in Felsspalten, die hinsichtlich ihrer Lebensbedingungen ähnlich sind. Die Mauerraute hingegen braucht viel Kalk, welcher den Felsen am Rhein

Nicht besonders auffällig, aber im Mittelrheintal eine botanische Rarität mit vielen lokalen Kleinformen: Brillenschötchen

fehlt. Sie ist daher nur an Mauern zu finden, wo sie ihren Bedarf aus dem verwitternden Mörtel deckt.

Besonders geschätzt war im Mittelalter der ebenfalls an Mauern zu findende Tüpfelfarn. Er besitzt eine geschützt in den Fugen wachsende Sprossachse, aus der die wintergrünen Wedel herauswachsen. Hier speichert die Pflanze Zucker und den auch im Süßholz enthaltenen Stoff Glycyrrhizin, wodurch der Wurzelstock süß schmeckt. Wegen dieser Eigenschaft wurde er zum Süßen von Lebensmitteln gesammelt. Seinem Wohlgeschmack und seiner Heilwirkung verdankt der Tüpfelfarn den mittelalterlichen Namen Engelsüß.

Mauerkronen sind Felsen aus Menschenhand

Die mächtigen Ruinenmauern der Festung Rheinfels tragen einen dichten, bunten Pflanzenschopf. Dieser verleiht den Gemäuern ihren besonderen Charakter und schützt sie, sofern er frei von Gehölzen mit zerstörerischem Wurzelwachstum ist, vor den Einflüssen der Witterung.

Bei näherer Betrachtung zeigt sich die große Artenvielfalt, die sich hier im Lauf der Jahrzehnte angesiedelt hat. Es handelt sich durchweg um Pflanzen, die ursprünglich an den Felsen im Mittelrheintal beheimatet waren. Die Mauern wurden für sie zu Felsen aus Menschenhand. Die Burg, in die sich in den Jahrhunderten die Menschen bei Gefahr zurückziehen konnten, ist heute somit zum Zufluchtsort für selten gewordene Pflanzen geworden. Die in dichten Herden wachsende Zypressen-Wolfsmilch und das polsterbildende Frühlings-Fingerkraut verleihen den Mauern im Frühjahr einen gelben Schleier. Von weitem fallen die dichten, silbrig glänzenden Stauden des Seidigen Feld-Beifuß ins Auge, die in großer Anzahl auf Burg Rheinfels wachsen. Sie besitzen fein geschlitzte Blätter, die mit einer dichten Behaarung versehen sind. Beides schützt die Pflanzen vor der auf den Mauerkronen herrschenden Trockenheit, indem sie die Verdunstung reduzieren.

Auch die weiteren Pflanzen der Mauerkronen können hervorragend mit dem wenigen Wasser haushalten. Die hübsche Gold-Aster kann es sich sogar leisten, ihre Blütenpracht erst im Hochsommer zu entfalten, wenn die meisten Pflanzen schon vertrocknet sind. Die Wurzeln des zarten Gewächses reichen mehrere Meter tief in Spalten des Mauerwerks und versorgen die Aster auch im Hochsommer noch ausreichend mit Wasser.

Besondere Lebenskünstler

Das Zimbelkraut ist ein hervorhebenswerter Lebenskünstler, der mit Vorliebe in den kalkhaltigen Mörtelfugen alter Mauern wächst. Ursprünglich im

Mittelmeerraum beheimatet, wurde das hübsche Kraut spätestens im 17. Jahrhundert als Zierpflanze nach Mitteleuropa eingeführt. Heute nimmt es als Gartenflüchtling einen festen Platz in der Mauervegetation des Mittelrheintals ein und ist an nahezu jedem alten Gebäude zu finden.

Die kleinen hellvioletten Blüten mit dem auffälligen gelben Gaumen zeigen von der Mauer weg und locken von Mai bis September Bienen und Schwebfliegen an, die sie mit dem in ihrem kleinen Sporn angesammelten Nektar verköstigen. Die gelbe Schlundmaske schützt dabei die empfindlichen Blütenorgane vor ungebetenen Besuchern. Sie kann nur von Bienen und Hummeln geöffnet werden, welche sich dann zum Nektar hinabbeugen und die Blüte bestäuben.

Perfekt an seinen Mauerfugenstandort angepasst: Mauer-Leinkraut, ein Zuwanderer aus dem Mittelmeerraum

Nach erfolgter Bestäubung ändert sich das Verhalten des Blütenstiels, er wächst fortan vom Licht weg der Mauer entgegen und dann an ihr entlang. Wird eine Fuge erreicht, schiebt der Fruchtstiel die Fruchtkapsel in eine Ritze, in der die Samen ausfallen und keimen können. Hierdurch sichert sich das Zimbelkraut dauerhaft seinen Wuchsort an der Mauer. Früchte, denen das Erreichen einer Mauerfuge nicht gelingt, lassen ihre Samen fallen, diese werden dann vom Wind verweht und ermöglichen so die Besiedlung weiterer Mauern.

Eine der ältesten Zierpflanzen ist der Goldlack, der im Frühjahr den Mauern der Burg goldgelbe Farbmuster verleiht. Bereits der römische Schriftsteller Columella beschrieb die Pflanze poetisch als das Veilchen, welches sich belaubend von Gold glänzt. Zur Zeit der Kreuzzüge kam der Goldlack aus dem östlichen Mittelmeerraum, wo er beheimatet ist, nach Mitteleuropa – möglicherweise im Gefolge der Kreuzritter. Albertus Magnus nennt die Pflanze das safrangelbe Veilchen, welches die wahren Veilchen im Geruch nachahmt. Diese hübsche Pflanze ist typisch für historische Gemäuer am Mittelrhein – es gibt kaum eine Burg oder Stadtmauer, an der sie nicht zu finden ist. Dabei entfernt sich der Goldlack weiter als die meisten anderen Zierpflanzen von den Burgen und wächst auch an Felsen im Umfeld der Gemäuer. Er fehlt hingegen gewöhnlich an Felsen, auf denen keine Burg thront. Seine Blütenfarbe ist so charakteristisch, dass man exponiert wachsende Pflanzen über den Rhein hinweg mit bloßem Auge erkennen kann.

Die auffälligste Pflanze an der Burg Rheinfels ist die Asiatische Gänsekresse. Im zeitigen Frühjahr überzieht sie die Ruinenmauern mit dichten leuchtend-weißen Blütenkissen. Die beliebte Zierpflanze war ursprünglich in Vorderasien und im östlichen Mittelmeergebiet zu Hause. Von dort wurde sie bereits vor Jahrhunderten an den Mittelrhein gebracht, um Mauern und Steingärten zu schmücken. Sie ist an vielen Wehranlagen aus den Burggärten verwildert und zu einer typischen Pflanze der mittelrheinischen Burgen geworden. Doch nirgends sonst kommt die Asiatische Gänsekresse in solch großer Anzahl vor wie an der Rheinfels.

Wie viele andere Pflanzen aus fremden Ländern, die wir hier finden, so ist auch die Asiatische Gänsekresse ein lebendiges Zeugnis der Burggeschichte. Bereits vor 200 Jahren bemerkte ein Pflanzenkenner, dass vielleicht manche Pflanze, die uns unerwartet an den Ruinen einer alten Burg überrascht, dort von einem kräuterkundigen Mönch oder Burgfräulein angesiedelt worden sei, um den Bewohnern der Burg als Nahrung, Heilmittel oder einfach zur Zierde zu nutzen. Entsprechend den seit der Antike bestehenden kulturellen und wirtschaftlichen Beziehungen stammen die meisten verwilderten Nutz- und Zierpflanzen der Burgen aus dem Mittelmeergebiet oder aus Vorderasien.

Bereits im Mittelalter spielten Zierpflanzen eine wichtige Rolle auf den Burgen, insbesondere solche mit mythologischer Bedeutung. Dennoch wurden in den Gärten vorwiegend Heilpflanzen und essbare Pflanzen kultiviert, so auch das Löwenmäulchen, das es vom Mittelmeer an den Mittelrhein geschafft hat.

Im 16. Jahrhundert, der Zeit der Reformation und der Renaissance, erfolgten gewaltige Umbrüche, die sich noch heute im Pflanzenbild der Rheinfels widerspiegeln. Nun wurden vermehrt Pflanzen aus fernen Ländern an den Rhein gebracht, um mit ihrer Blütenpracht die Gärten der Adligen zu zieren. Die meisten dieser Zierpflanzen stammten aus dem Mittelmeergebiet und aus Vorderasien, manche haben sich hier für immer angesiedelt.

Auch das Große Löwenmäulchen kam zu jener Zeit an den Rhein. Ursprünglich in Südwesteuropa zu Hause, profitierte die wärmeliebende Pflanze vom milden Weinbauklima und wuchs hier prächtig. Schon damals wurde das Löwenmäulchen in verschiedenen Farben und Blütenformen gezüchtet.

Die Wildform der Pflanzen, deren Blüten rot sind und eine gelbe Unterlippe haben, ist aus der Kultur verwildert und hat sich in burgnahen Felsbiotopen eingebürgert. An solchen Stellen ist sie auch auf der Rheinfels über 200 Jahre nach der Zerstörung der Burg noch immer zu finden. Sie wächst hier gemeinsam mit den einheimischen Felspflanzen und ist als Neubürger zu einem festen Bestandteil der Burgvegetation geworden. Die Felsen sind aufgrund der Trockenheit nur so lückig bewachsen, dass das Löwenmäulchen, welches nur wenige Jahre alt werden kann, immer wieder genügend Raum findet, um neue Generationen zu begründen.

Bereits im Mittelalter wurde in den Burg- und Klostergärten die heute nahezu in Vergessenheit geratene Katzenminze kultiviert. Die wie viele andere Heilpflanzen aus Südeuropa und Vorderasien stammende Art diente sowohl der Ernährung als auch zu Heilzwecken. Sie wurde gegen Erkältungen, Blähungen und Krämpfe angewendet. Kaiser Karl der Große empfahl in seiner zu Beginn des 9. Jahrhunderts verfassten Landgüterverordnung *Capitulare de villis* den Anbau in jedem Garten, und Hildegard von Bingen widmete ihr sogar ein eigenes Kapitel.

Ihren Namen verdankt die mit den Minzen verwandte Art der Vorliebe der Katzen für das Kraut, in welchen sie sich „offtmahlen darin herumb waltzen, auch zu zeitten dessen bletter und stengel abbeißen und essen", wie ein Kräuterbuch von 1630 berichtet. Aus den Gärten ist die Katzenminze verwildert. Noch vor 50 Jahren war sie in nahezu jedem Dorf zu finden. Heute ist sie sehr selten geworden und kommt am Mittelrhein fast ausschließlich im Umfeld der Burgen vor. Das Vorkommen auf der Rheinfels beschränkt sich auf den Kernbereich der Burg und erinnert an die Zeit, als die Katzenminze von den Menschen wegen ihrer wertvollen Eigenschaften geschätzt wurde.

Eine eher unscheinbare Pflanze ist die erste, über die vom Mittelrhein berichtet wird: das Mauer-Glaskraut. Der Botaniker Hieronymus Bock kam im 16. Jahrhundert auf einer seiner ausgedehnten Wanderungen auch an den Mittelrhein und sah in Bingen erstmals diese Pflanze. In seinem 1577 erschienenen Kräuterbuch beschreibt er sie unter dem Namen Klein Peterskraut mit der Erläuterung „findet man auff dem Rhein zwischen Bingen und der Statt Coblentz an den mawren wachsen".

Noch heute ist das Mauer-Glaskraut eine typische Pflanze der Schiefermauern im Mittelrheintal, während sie in den angrenzenden Landschaften fehlt.

Das Glaskraut gehört zu den Brennnesselgewächsen und ist eng mit der Brennnessel verwandt. Es besitzt aber keine Brennhaare, so dass die Berührung schmerzfrei ist. Die Blätter und der Stängel werden beim Trocknen durchscheinend und zerbrechlich, woraus sich der Name Glaskraut erklärt – ebenso wie aus der Tatsache, dass die Asche des Krautes früher als Reinigungsmittel für Gläser Verwendung fand. Der im Mittelalter gebräuchliche Name Sankt Peterskraut ist auf die Anwendung zum Heilen der Peter-Mailands-Krankheit, einer Magerkeitserkrankung bei Kindern, zurückzuführen.

Die Heimat des Glaskrautes ist das Mittelmeergebiet. Die Pflanze gelangte bereits durch die Römer an den Mittelrhein.

Das besondere Artporträt

Steinweichsel

Die trocken-warmen und oft auch feinerdearmen Böden der Mittel-rhein-Talhänge beherbergen eine Menge interessanter Arten auch aus der heimischen Gehölzflora: Die Steinweichsel (*Prunus mahaleb*), auch Felsen-Kirsche oder Weichsel-Kirsche genannte Art gehört mit Sicherheit dazu. Der sommergrüne, meist ausladend verzweigte Großstrauch kommt außer im Donaugebiet in Deutschland vor allem im Mittelrheingebiet vor und erreicht hier seine natürliche nördliche Verbreitungsgrenze. Das Haupt-verbreitungsgebiet erstreckt sich von der Iberischen Halbinsel bis zu den Karpaten. Die rheinischen Vorkommen sind also insofern eine hervorhebens-werte Besonderheit.

Die Art ist nicht so ganz einfach zu erkennen: Die oberseits ein wenig glänzenden Laubblätter sind zwischen 3 und 6 cm lang, leicht gezähnt und auch auf der Unterseite nur ganz spärlich behaart. Die weißen Blüten (April–Mai) stehen zu 4–10 in Trauben und duften angenehm. Die Steinfrüchte sind rundlich, etwa 6 mm dick, in der Reife glänzend schwarz und schmecken sehr bitter. In der Region bilden die Blätter die wichtigste Raupennahrung für den seltenen Segelfalter (vgl. NaTour 2).

Das Holz der Steinweichsel ist bemerkenswert hart. Früher fertigte man daraus Pfeifen, zumal es auch einen intensiven Waldmeisterduft aufweist. Der eigenartige Artnamenzusatz leitet sich von der in Westasien verbreiteten Verwendung der gemahlenen Steinkerne als Gewürz her, das regional als mahlab bezeichnet wird.

Die Weichsel-kirsche oder Steinweichsel ist eine der Kennarten der trockenwarmen Felsgebüsche im Mittelrheintal.

Medizin für jedes Leiden

Auf Burg Rheinfels herrschte immer großes Gedränge – hier lebten, arbeiteten und, in Kriegszeiten, kämpften hunderte Menschen. Ihre medizinische Versorgung war eine zentrale Aufgabe, die der Burgherr zu gewährleisten hatte. Die wichtigsten Heilmittel waren dabei heilwirksame Pflanzen. Einige von ihnen wurden sicherlich im Burggarten herangezogen. Viele Heilpflanzen wuchsen jedoch wild im Burgareal und der näheren Umgebung und konnten dort gesammelt werden. In der Apotheke erfolgte die Verarbeitung zu Pillen, Pasten, Küchlein oder Tees. Noch heute findet man viele Heilpflanzen auf dem Burggelände.

Bereits der römische Militärarzt Dioskurides berichtete von der blutstillenden Wirkung der Schafgarbe und nannte sie Soldatenkraut. Da die ätherischen Öle der Pflanze Entzündungen hemmen, kam sie bei der Behandlung von Kampfwunden oft zum Einsatz. Dass das wertvolle Kraut krampflösend ist, war bereits im Mittelalter bekannt.

Auch das Johanniskraut war ein geschätztes Heilmittel. Nach der im Mittelalter populären Signaturenlehre schloss man aus der Ähnlichkeit einer Pflanze mit Organen des Menschen auf die Heilwirkung. Der rote Saft, der aus den Blüten des Krautes fließt, erinnert an Blut, daher wurde er zur Wundheilung eingesetzt. Johanniskrautöl wurde deshalb von den Kreuzrittern mit auf ihre Kreuzzüge genommen. Tatsächlich wirkt das Öl der Pflanze entzündungshemmend und schmerzlindernd.

Ein weiteres Prinzip der mittelalterlichen Heilkunst versuchte, Gleiches mit Gleichem zu vertreiben. So wurde das in allen Teilen giftige Schöllkraut zur Bekämpfung von Vergiftungen empfohlen, ebenso die Rote Zaunrübe. Der botanische Name des Schöllkrautes leitet sich aus der griechischen Bezeichnung für Schwalbe her, da die Pflanze gleichzeitig im Frühjahr mit den Schwalben erscheint und im Spätsommer, wenn diese wegziehen, verwelkt.

Ökologische Sanierung – das Recht der Schwächeren

Die auf der Rheinfels lebenden Pflanzen und Tiere sind im Lauf der Jahrhunderte zu einem festen Bestandteil der Burg geworden. Viele von ihnen sind wie die Mauern, die ihren Lebensraum bilden, Zeugen der Geschichte und bieten einen Zugang zum Leben und Wirken der Menschen in vergangenen Jahrhunderten. Insbesondere die Bestände seltener Arten besitzen aus Naturschutzgründen eine hohe Schutzwürdigkeit.

Der Erhalt der alten Mauern und des Lebensraumes seltener Tiere und Pflanzen sind kein Gegensatz. Neben der Verwitterung sind für die Mauern vor allem Gehölze bedrohlich, die durch das Dickenwachstum ihrer Wurzeln und die Hebelwirkung von Stamm und Krone das Mauergefüge lockern und zerstören können. Bei der Sanierung von Mauern ist daher die Beseitigung von Gehölzen ein wichtiges Ziel. Doch nicht nur die Mauern, auch die meisten der für die Rheinfels besonders bedeutenden Arten leiden unter dem starken Gehölzwuchs. Sie benötigen zum Leben Licht und Wärme, beides wird ihnen durch den Schattenwurf der Bäume und Sträucher genommen. Das Zurücknehmen der Gehölze kommt somit auch Mauereidechse, Goldlack und vielen weiteren Arten zugute.

Auf Burg Rheinfels wird seit Jahren erfolgreich eine ökologische Mauerwerkssanierung praktiziert. Vor jeder Maßnahme erfolgt eine Bestandsaufnahme, um schützenswerte Biotope zu ermitteln. Hohlräume sind baugeschichtliche Zeugnisse und Lebensraum für Fledermäuse und Höhlenbrüter. Sie werden erhalten, soweit dies aus statischen Gründen möglich ist. Steine mit reichhaltigem Bewuchs an Flechten und Moosen erfahren eine besonders vorsichtige Behandlung, um die empfindlichen Lebewesen nicht zu schädigen. Die Kraut- und Grasvegetation der Mauerkronen wird mitsamt der Erde, in der sie wurzelt, abgehoben und geschützt gelagert. Nach der Sicherung des Gemäuers werden die Soden wieder auf die Mauer aufgesetzt. Die Pflanzen verleihen den Mauern ein attraktives Blumenkleid und schützen sie in erheblichem Maße vor dem Einfluss der Witterung und der erneuten Ansiedlung von Gehölzen. Sie sind bautechnisch vorteilhaft und denkmalpflegerisch passend.

Das Sonnenröschen bevorzugt trockenwarme Standorte auf Felsbändern und Mauern.

Auch im Bereich von Burgruinen nicht selten zu sehen: Wiesen-Salbei

Die Mauer lebt

An heißen Tagen kann man an den sonnigsten Mauern und Felsen der Burg die flinke Mauereidechse beobachten, die hier Wärme tankt oder auf die Jagd nach Insekten geht. Die kleine Eidechse misst nur maximal 20 cm, wobei zwei Drittel der Länge auf den Schwanz entfallen. Sie ist ein perfekter Kletterer und kann als einzige heimische Eidechse selbst an senkrechten Mauern hochlaufen. Bei Gefahr versteckt sie sich rasch unter der Vegetation oder in Mauer- und Felsspalten.

Als Mauerbewohner nicht allzu häufig: Hufeisenklee

Spalten in Mauern und Felsen sind für die Mauereidechse von großer Bedeutung. Das Weibchen vergräbt seine Eier in locker mit Erde gefüllte Spalten und lässt sie von der Sonne ausbrüten. Im Winter ziehen sich die Tiere in frostsichere Bereiche der Gesteinslücken zurück, um dort bis zum nächsten Frühjahr in einer Froststarre zu verharren.

Die Mauereidechse ist ein ausgesprochen wärmebedürftiges Tier und kann in Deutschland nur in den trockensten und wärmsten Gebieten leben. Sie ist daher ein typischer Besiedler von Weinbergshängen, da sie ihre Vorliebe für sonnige und trockene Hänge mit der Weinrebe teilt. Die Vorkommen im Mittelrheintal und den angrenzenden Flusstälern von Mosel, Nahe und Lahn sind die größten in der Bundesrepublik. Hier ist die Art noch stellenweise häufig; bundesweit ist die Mauereidechse jedoch aufgrund des Rückgangs geeigneter Lebensräume – insbesondere von reich strukturierten Weinbergslagen mit Trockenmauern – vom Aussterben bedroht.

Der leicht giftige Scharfe Mauerpfeffer macht seinem Namen alle Ehre – er schmeckt wirklich höllisch scharf.

Auch Vögel sind hier zu Hause

In der Ruinenlandschaft der Rheinfels mit ihren mächtigen Mauern finden viele Vögel ideale Lebensbedingungen. Es sind Arten, die früher selten und in Felslandschaften zu Hause waren. Nun dienen ihnen die Gemäuer als neue Brutstätte.

Bereits von weitem sind die gefiederten Bewohner der Burg zu sehen. Mauersegler umkreisen in elegantem Flug die Ruine. Häufig kann man den Turmfalken von seinem Ansitz auf einer exponierten Ruinenmauer abstreichen sehen. Mit lautem Rufen machen die Dohlen auf sich aufmerksam. Der Mauersegler nutzt die Burg nur als Nistplatz, er brütet in Gruppen in Mauerlöchern. Als Nahrung erbeutet der gewandte Flieger täglich tausende von Insekten über den Hängen rund um die Burg. Auch der Turmfalke geht gern in den Hängen im Umfeld der Burg auf Beutefang, er ergreift hauptsächlich Mäuse und andere Kleinsäuger. Seinen Horst baut er auf geschützten Mauersimsen hoch oben in den Ruinengemäuern.

Die Dohle ist einer der Charaktervögel des Mittelrheintals und hier auf jeder Burg und in jedem alten Stadtkern anzutreffen. Wie andere Rabenvögel ist auch die Dohle äußerst gelehrig, weshalb sie in engerer Nachbarschaft mit dem Menschen leben kann. Sie ernährt sich auf der Burg in erheblichem Umfang von den Abfällen, die von den Besuchern zurückgelassen werden. Allerdings verschmäht sie auch Insekten, Würmer, Schnecken und Beeren nicht, die sie in der Umgebung der Burg findet.

Fledermäuse – die Kobolde der Nacht

Die Burg- und Festungsanlage Rheinfels mit ihrem ausgedehnten System an Kasematten, Minen- und Wehrgängen, Türmen, Kellern und Mauern bietet Fledermäusen ganzjährig ein willkommenes Quartier. Mehrere Arten sind hier zu Hause: Langohren, Mausohren, Abendsegler und Zwergfledermäuse.

Aufgrund ihrer nächtlichen Lebensweise galten die interessanten Tiere vielen Menschen früherer Generationen als unheimlich, manche sahen in ihnen gar Boten des Unglücks. Heute wissen wir, dass Vorkommen von Fledermäusen aufgrund der hohen ökologischen Ansprüche ein Zeichen für intakte Lebensräume sind.

Im Sommer gehen die Tiere abends und nachts in den die Burg umgebenden Hangflächen auf die Jagd nach Insekten, die in dieser vielfältigen Landschaft in ausreichenden Mengen vorkommen. Während die meisten Arten ihre Nahrung im Flug erbeuten, verfolgen die Großen Mausohren Laufkäfer auf dem

Im Gebiet der Rheinfels kommen etliche Fledermäuse vor, darunter auch der Große Abendsegler. Mitunter jagt er schon in der beginnenden Dämmerung über dem Rhein.

Boden. In der Morgendämmerung kehren die Fledermäuse zum Schlafen in die Ruine zurück.

Wenn im Herbst die Nahrung knapp wird, ziehen sich die Fledermäuse zum Winterschlaf zurück. Viele Arten überwintern in dem ausgedehnten Gang- und Höhlensystem der Burg oder in den Stollen der aufgelassenen Schiefergruben in den benachbarten Tälern, wo sie sich in Spalten oder geschützte Hohlräume hängen.

Die bemerkenswerteste Fledermaus der Ruine Rheinfels ist das Graue Langohr, welches hier sein größtes Winterquartier in Rheinland-Pfalz hat. Ihren Namen verdankt die mit einer Spannweite von ca. 35 cm zu den größeren Fledermäusen zählende Art ihren riesigen Ohren, die fast die Hälfte der Körperlänge messen.

Übrigens sind alle auf der Burg vorkommenden Fledermäuse mitsamt ihren Quartieren durch das nationale und internationale Naturschutzrecht geschützt.

Was es noch zu sehen gibt

Reuschepark – Lustwandeln zur Erholung und Inspiration

Der Rückweg von der Burg zur Stadt offenbart erneut die enorme Größe und Bedeutung der St. Goarer Stadtbefestigung. Er führt über weite Strecken entlang der so genannten Escarpe, einer etwa 1 km langen Wehrmauer, welche im 18. Jahrhundert zur Sicherung der Festung gegen Bedrohungen aus dem Rheintal nach modernsten wehrtechnischen Gesichtspunkten errichtet wurde. Nach der Kapitulation und Sprengung der Festung am Ende des 18. Jahrhunderts wurde das Gelände oberhalb der Stadt versteigert. Die Wehranlagen wurden teilweise abgebrochen, die Reste verfielen in einen Dornröschenschlaf. Prinz Wilhelm von Preußen erwarb 1843 den Kernbereich der Festung. Die südlich angrenzenden, oberhalb der Stadt entlang führenden Außenanlagen gelangten 1877 in den Besitz der Industriellen- und Künstlerfamilie Reusch.

Clemens Ferdinand Reusch ließ für sich und seine Familie gegenüber der Burgruine die Villa Rheinfels errichten. Auf der Rheinseite des repräsentativen Gebäudes wurde eine großzügige Terrasse angelegt, die einen grandiosen Blick auf Stadt und Fluss gewährte.

Den überwiegenden Teil seines Anwesens mit den Überresten der Escarpe ließ Reusch Ende des 19. Jahrhunderts im Stil eines zeitgenössischen Landschaftsparks umgestalten. Hierzu wurde das steile, zum Rhein hin exponierte Gelände mit einem System von Wegen erschlossen. An markanten Geländepunkten legte man Aussichtstreppchen und -terrassen an. In großem Stil wurden Bäume und Sträucher gepflanzt, um dem Ruinengelände einen naturbetonten, dem Zeitgeist entsprechenden Charakter zu verleihen. Dabei wurden geschickt Sichtachsen zu den herausragenden Objekten der St. Goarer Rheinlandschaft freigehalten. Die Bäume bildeten den Rahmen für ein inszeniertes Bild der Landschaft.

Auf der ebenen Fläche zwischen Wehrmauer und Felshang gab es einen Teich, der mit seiner Wasserfläche die Umgebung spiegelte und eine besondere Atmosphäre der Ruhe schuf. Ein von Reusch selbst ausgeklügeltes Bewässerungssystem versorgte den Park und das Hofgut mit frischem Quellwasser.

Der Landschaftspark der Familie Reusch ist ein bedeutendes Gartendenkmal des späten 19. Jahr-

Blutströpfchen oder Widderchen nennt man diese auffällig gefärbten Kleinschmetterlinge, die gerne die Blüten in Halbtrockenrasen besuchen.

hunderts. Obwohl Teile zwischenzeitlich bebaut wurden, sind noch wesentliche Grundzüge der Parkanlage erkennbar. Unter den Bäumen des Parks finden sich noch einige aus der Gründerzeit, unter ihnen Eiben und Rosskastanien als typische Parkbäume. Auch der Teich und das Bassin sind noch auffindbar, wenn auch nicht mehr in ihrer ursprünglichen Form. Noch immer erzeugt dieser Park mit seinem Nebeneinander von Ruinen, Felsen und baumgeprägter Parklandschaft eine besondere Spannung, in der die gestalterischen Ideen der Familie Reusch fortbestehen.

Der Rückweg der NaTour vermittelt den Hauch der Gartenromantik des 19. Jahrhunderts. Anspruchsvolle Waldarten wie Vielblütige Weißwurz, Wald-Ziest und Aronstab zeigen die günstigen Nährstoffbedingungen an, die in den historischen Parkanlagen herrschen.

Hangseits verdient nochmals die abwechslungsreiche Felsvegetation das Interesse. Neben den Arten, die bereits vom Hansenweg und aus dem Burggelände bekannt sind, fällt insbesondere die markante Turm-Gänsekresse auf, die hier in Felsspalten wächst.

Kurz vor Erreichen der Stadt lohnt sich der kleine Abstecher zum Lohbach-Wasserfall. Hier stürzt der kleine Bach, dessen Name auf die Nutzung seines Wassers durch die St. Goarer Gerbereien hinweist, über eine etwa 10 Meter hohe Felswand in die Tiefe. An den Flanken des schluchtartigen Taleinschnittes wachsen Dorniger Schildfarn und Wald-Schwingel, sie zeigen das besondere Mikroklima des Standortes mit ganzjährig hoher Luftfeuchte an.

Der Park am Schlossberg

Der steile Hang des Schlossberges mit der über ihm thronenden Ruine der Burg und Festung Rheinfels bildet für die Stadt St. Goar eine weltberühmte Kulisse. Die einzigartige Lage zwischen Stadt und Burg veranlasste den wohlhabenden Versicherungsdirektor Bernhard Lindner, nach dem Erwerb des Geländes in den 1870er Jahren den Hang unter der Burg zu einem in die Landschaft eingepassten Park umgestalten zu lassen. Die heute als Jugendherberge genutzte Villa am Fuß des Hanges, das Haus Rheinfels, diente dabei der Familie Lindner als repräsentativer Wohnsitz.

Nach Jahrzehnten des Dornröschenschlafes ließ die Stadt Sankt Goar zu Beginn des 21. Jahrhunderts den Schlossberghang wieder in Anlehnung an den historischen Landschaftspark herrichten. Der Weinberg unter der Burg Rheinfels wurde neu bestockt, das „Tusculum", der an exponierter Stelle zum Verweilen einladende Pavillon, liebevoll restauriert. Seither bietet der sich nach dem historischen Vorbild durch den Landschaftspark schlängelnde Landgräfin-Anna-Elisabeth-Weg wieder eine vom Fahrzeugverkehr ungestörte fußläufige Verbindung zwischen Stadt und Burg. Mit reichhaltigen Informationen zu Park und Landschaft sowie unvergesslichen Ausblicken auf St. Goar und das Mittelrheintal bietet der nach einer früheren Schlossherrin benannte Themenweg die Möglichkeit, die NaTour zur Rheinfels abzukürzen.

Tourenprofil: Rundwanderung

Anfahrt/Ausgangspunkt: DB-Bahnhof St. Goar an der Linie Koblenz–Mainz; per Auto über die B9, Parkmöglichkeiten am Rheinufer; St. Goar ist Station aller im Gebiet verkehrenden Personenschifffahrtslinien.

Wegverlauf: Vom Ausgangspunkt Marktplatz durch die Heerstraße (Fußgängerzone) bis zur Schlossbergstraße, durch den Reusche-Park und entlang der barocken Stadtbefestigung (Eskarpe) zum Bismarckweg bis zur Einmündung des Gründelbachtales, aufwärts über Hansenweg bis zum Festungsgelände, vorbei am Gut Rheinfels (Weiße Villa) und Kreisstraße 100 zum Bismarckweg und zurück zum Ausgangspunkt DB-Bahnhof/Marktplatz

Empfohlene Karte: UNESCO-Welterbe Oberes Mittelrheintal 1 : 25 000, Blatt Loreley; RheinWandern 1 : 25 000 Blatt Süd

Information: Besucherservice 06741 -7753 oder 383; www.burg-rheinfels.de

Einkehr: am Start- und Zielort

Strecke: 3.820 m

tiefster Punkt: 74,6 m ü. NN

höchster Punkt: 154,3 m ü. NN

Summe Steigungen: 80 m

Summe Gefälle: 80 m

maximale Steigung: 9,3 %

maximales Gefälle: 15,6 %

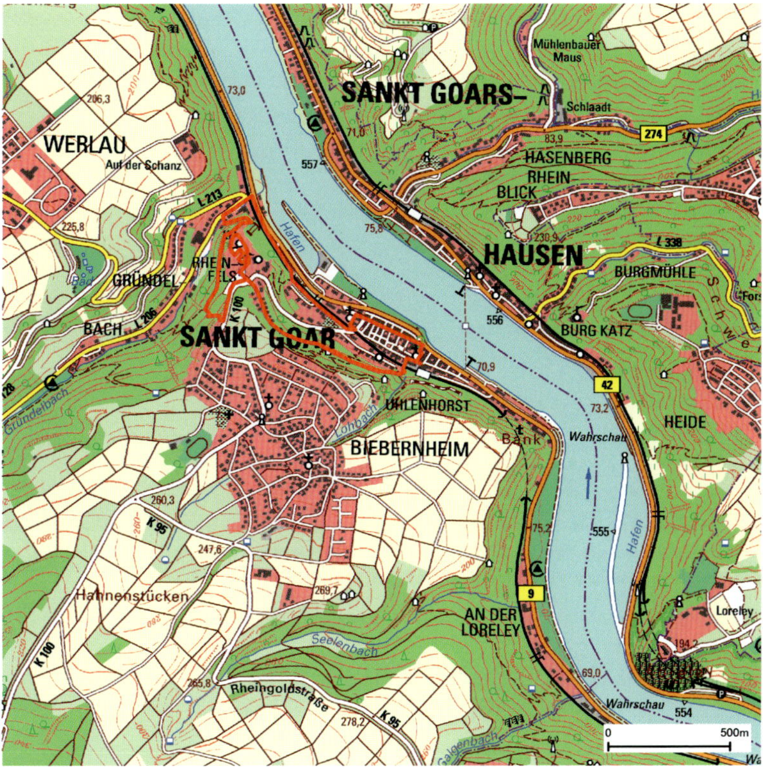

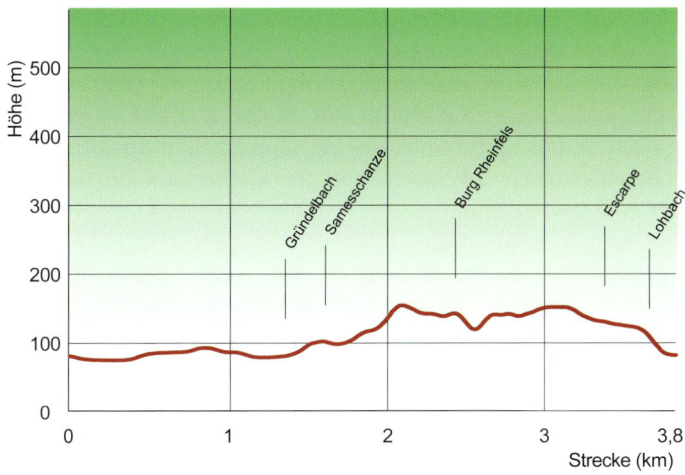

© GeoBasis-DE / LVermGeoRP 2016 dl-de/by-2-0, http://www.lvermgeo.rlp.de
[Daten bearbeitet]

Der mühsame Aufstieg zum Vierseenblick führt auch außerhalb des Kletter-
steigs über blanken Fels, belohnt aber mit fantastischen Talsichten.

NaTour 7 – Der Rhein und seine vier Seen

Über den Bopparder Hamm

„Die genußreichste Art, das engere Rheintal, die Strecke von Mainz bis Bonn zu bereisen, ist unstreitig die Fußwanderung", schwärmte bereits 1849 Karl Baedeker in seinem ersten Reiseführer. Umso mehr gilt diese Erfahrung, wenn man der gelegentlich allzu lautstarken Touristenfröhlichkeit der Talorte entfliehen oder die Landschaft auch einmal außerhalb der Hauptsaison genießen möchte. Lassen wir uns zu diesem Zweck bei Boppard auf die genussreiche Höhe des Hamms treiben. Sein eigenartiger Name leitet sich vom römisch-lateinischen *hamus* = Haken ab.

Im Zentrum dieser NaTour steht der berühmte Vierseenblick des Rheins nördlich von Boppard. „Seenblicke" bezeichnen Aussichtspunkte, an denen durch mehrere Flussbiegungen und begleitende Hangpartien das durchgängige Band des Rheines scheinbar in einzelne Gewässer, eben die „Seen", unterteilt ist. Der Aussichtspunkt mit dem Vierseenblick liegt exakt im Scheitelpunkt der großen Rheinschleife (in der Touristikbranche „Rheingoldbogen" genannt), die ihrerseits ein geologisches Phänomen ersten Ranges darstellt.

Vorschlag A (längere Variante)

Wanderentschlossene biegen unter dem Bahnviadukt ins Mühltal (Mühltalstraße) ein und wählen statt der Fahrstraße den Hangweg unterhalb der Trasse der Hunsrückbahn. Von rechts münden bald zwei kleinere Täler ein, das Grubental und das Schlaningtal. Die dritte Taleinmündung ist das wenig begangene Steinigbachtal mit seinem breiten Fahrweg, der Sie in stetigem Anstieg bis auf Höhe 386,0 (Eingehäng) führt. Mehrere kleine aufgelassene Steinbrüche künden davon, aus welchen Werksteinen man in Boppard früher die Gebäude errichtete. Einer davon führt in der Karte die interessante Bezeichnung Hexentanzplatz. Durch Fichtenforst und Laubmischbestände des Bopparder Stadtwaldes erreichen Sie bald den von rechts kommenden Rheinhöhenweg, folgen ihm bis zur nächsten Weggabelung und gehen rechts zum Bruder-Tönnes-Hügel (420 m), der eine prächtige Rundsicht über die östlichen Hunsrückhöhen und den gegenüber liegenden Taunus bietet. Für den Rückweg wenden wir uns nach Südosten, gehen eine Weile am Rand des Fichtenforstes entlang, vertrauen uns in den Bestand eintauchend dem R des Rheinhöhenweges an und folgen ihm zu den Naturdenkmälern Hedwigseiche und Engelseiche, zwei mächtigen, auch in den Karten verzeichneten Hudebäumen. Von hier geht es mit dem schwarzen R des Rheinhöhenweges durch Laubholzbestände (überwiegend Stiel-Eiche) geradeaus weiter zum Vierseenblick.

Der Bruder-Tönnes-Hügel fällt als nahezu kreisrunde, 5 m hohe Erhebung von etwa 10 m Durchmesser auf – benannt nach einem frommen Eremiten, der hier seine Klause gehabt haben soll. Tatsächlich handelt es sich aber um ein keltisches Fürstengrab aus der älteren Eisenzeit (Hallstattzeit), das man ins erste vorchristliche Jahrtausend datiert. Diese vorgeschichtliche Grabstätte ist eines der bedeutendsten Bodendenkmäler dieser Zeitstellung im gesamten Rheinland. Vermutlich wegen der weitreichenden Sicht hat man gerade diese Stelle für die Errichtung der Grablege ausgewählt. Im näheren und weiteren Umkreis finden sich

Schon im sehr zeitigen Frühjahr blüht in den Weinbergen die Stinkende Nieswurz. Ihre Blüten sind relativ schmucklos, aber dennoch ausgesprochen dekorativ.

weitere kleinere Grabhügel, die man mehrheitlich der so genannten Hunsrück-Eifel-Kultur zuordnet. In den Waldgebieten oberhalb Boppard hat man zudem etliche Siedlungsreste aus römischer Zeit nachgewiesen, vor allem kleinere Gutshöfe oder Villen.

Vorschlag B (kürzere Variante)

Rechts vom Eintrittsgebäude zum Sessellift startet der RheinBurgen-Weg, hier identisch mit dem Rheinhöhenweg (Markierung „R") bzw. dem europäischen Fernwanderweg E8. Vorsicht: Der Weg ist steil und felsig. Nach Regenfällen kann er recht schlüpfrig sein, und straucheln ist in diesem Terrain durchaus nicht ungefährlich. Er erreicht bald hinter der Bergstation des Sesselliftes den Aussichtspunkt Gedeonseck und knapp 250 m weiter den ungleich berühmteren Vierseenblick. Überall unterwegs begegnet man der charakteristischen Tier- und Pflanzenwelt der Trockenhänge des Mittelrheingebietes.

Manchmal recht steil und nicht immer ganz einfach: Auf dem Weg zum Vierseenblick

Vorschlag C (betont sportliche Variante)

Wenn man den Aufweg zum Vierseenblick gar per Sessellift erledigt hat, muss man nicht unbedingt als „Weichei" gelten, denn es bietet sich eventuell eine durchaus heftig herausfordernde Wegvariante an: Vom Vierseenblick läuft man auf dem gelbgrün markierten örtlichen Wanderweg etwa 800 m weiter bis zur Schutzhütte auf der Fesserhöhe, biegt dort scharf rechts auf den RheinBurgenWeg ab und folgt ihm auf weitem Bogen zurück Richtung Boppard. Nach knapp 2 km erreicht man den Mittelrhein-Klettersteig. Jetzt sind Mut und energisches Zupacken angesagt, denn der weitere Weg talabwärts hält elf anspruchsvolle Kletterpassagen mit alpinem Nervenkitzel bereit: Zehn Leitern, 130 stählerne Trittbügel und 180 m Drahtseil ermöglichen die sichere, aber sicher nicht ganz gefahrlose Passage im steilsten Abschnitt des Bopparder Hamms.

Perfekte Illusion: Der Rhein als Seenlandschaft

Der Blick über das Rheintal bei Boppard ist immer ein besonderes Erlebnis: Der Fluss erscheint in seinem tiefen Engtal in vier einzelne Seen (bei Osterspai, Filsen, Boppard und Kamp) eingeteilt zu sein. Genau gegenüber liegt der sanft zum Strom abfallende Gleithang der weit geschwungenen Rheinschleife mit dem Ort Filsen: Der rechtsrheinische Innenbogen der Rheinschleife ist übersät mit Obstbäumen. Deshalb ist ein Ausflug im Frühjahr, zur Zeit der Obstblüte, sogar besonders reizvoll.

Der ausgedehnten Obstlandschaft von Filsen und Osterspai gegenüber auf der linken Rheinseite erhebt sich der rebenbedeckte Bopparder Hamm, eine der berühmtesten Weinbergslagen am Mittelrhein. Der Gegensatz zwischen sanftem Gleit- und schroffem Prallhang akzentuiert die Steilheit der Weinberge. Da sich in der Filsener Rheinschleife die Fließrichtung des Flusses, bedingt durch eine geologische Störung, von NW nach O umkehrt, bildet der Bopparder Hamm den einzigen südexponierten Weinbergshang am linken Flussufer des Mittelrheins.

Von den vier Seen sind an diesem Aufnahmepunkt vorerst nur drei zu sehen.

Die an den Vierseenblick anschließenden Bereiche des Bopparder Stadtwaldes laden zu einem Rundgang ein. Auch wer sich auf dem Rückweg für eine Talfahrt mit dem Sessellift entscheidet, wird zum Abschluss seines Ausfluges mit einem faszinierenden Ausblick auf Boppard und das Rheintal belohnt.

Rheinterrassen – geologisch betrachtet

Der Rundblick vom Bruder-Tönnes-Hügel, vom Vierseenblick sowie vom Gedeonseck führt die unterschiedlichen Talgenerationen des Rheinlaufs vor Augen (vgl. Abb. S. 30). Einzelne Verebnungen bei heute etwa 330 m ü. NN sind die Reste der breiten Spülmulde, in der der Urrhein im ausgehenden Tertiär seine Tieferosion begann. Bei etwa 220 m erstrecken sich die im Gelände ohne weitere Hilfsmittel nicht genau unterscheidbaren Glieder der Hauptterrasse. Gut erkennbar ist beispielsweise die Hauptterrassenflur auf der rechten Rheinseite zwischen Kamp und Osterspai oder linksrheinisch die nur leicht geneigte Ebene hinter dem Bopparder Hamm. Die Hauptterrassenstufen bilden das so genannte Hochtal des Rheins – hier setzte der Fluss vor rund 700.000 Jahren seine Kiese und Schotter ab. Alle jüngeren Terrassenstufen sind Bestandteil des Engtals. Einen ansehnlichen Rest der sonst nur balkonartig schmal entwickelten Mittelterrassen erkennt man östlich von Filsen im Gleithang der großen Rheinschleife. Die obere Niederterrasse trägt – meistenteils hochwasserfrei – die Talortschaften. Die untere Niederterrasse fällt in diesem Talabschnitt praktisch mit dem Hochflutbett des Rheins zusammen.

Wie man den Rhein in Schleifen zwingt

Die genauere geologische Kartierung des oberen Mittelrheintales hat für den Talabschnitt zwischen Boppard und Braubach im komplexen Bau des Rheinischen Schiefergebirges eine einzigartige und recht großräumige Aufschiebungszone nachgewiesen (vgl. Abb. S. 175). Bei genauem Hinsehen besteht die Bopparder Aufschiebungszone sogar aus zwei Störungen: In der südlichen Störungsfläche wurde Unterems-Gestein auf den zum Oberems gehörenden Emsquarzit aufgeschoben – er tritt beispielsweise in den Klippen des Sabelsberges südwestlich von Boppard zu Tage. In dichtem Abstand folgt die zweite Überschiebung, die den Emsquarzit auf die noch jüngeren Kieselgallenschiefer mit seinen oft faustgroßen Kieselsäureknollen (= Kieselgallen) schob; Kieselgallenschiefer sind die jüngsten Schichtglieder des Oberems und damit des Unterdevons überhaupt (vgl. Schichttabelle auf S. 65). Sie bilden den Kern einer tief reichenden Mulde, die als Mosel-Mulde das gesamte Rheinische Schiefergebirge durchzieht und vom Trierer Raum nordöstlich bis in das hessische

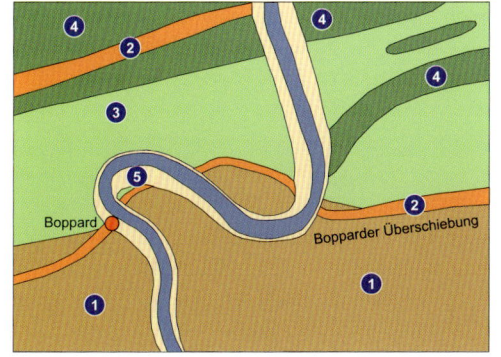

Vereinfachte Skizze zur Geologie im Bereich der Bopparder Talschlingen: 1 Unterems (ungegliedert), 2 Emsquarzit (Oberems), 3 Kieselgallenschiefer, 4 Oberems (ungegliedert), 5 quartäre Talfüllung

Dill-Gebiet reicht. Ihre Achse quert das Mittelrheintal zwischen Braubach und der Lahnmündung. Exakt innerhalb dieser Mulde wurden wesentlich später das Mosel- und das untere Lahn-Tal angelegt. Der geologisch Interessierte kann hier mehrere ungewöhnliche Spezialstrukturen beobachten: Nördlich von Braubach finden sich beispielsweise markante Verbiegungen im Gestein mit kurzen, nach NW geneigten und langen, nach SO gestreckten Faltenschenkeln (= südostvergente Falten) – besonders gut erkennbar wenig rheinabwärts im Bereich von Rittersturz und Ehrenbreitstein bei Koblenz.

Die Gesteine der Mosel-Mulde umfassen eine bunte Folge von Schichtgliedern, die man von unten nach oben nach ihrem steigenden Sandgehalt, nach dem Quarzanteil und nach der Fossilführung gliedert. Auf die Schichten der Singhofener Gruppe folgen im Hangenden die zur Vallendar-Gruppe gestellten Rittersturz-Schichten des oberen Unterems, die man am Namen gebenden Aufschluss südlich von Koblenz, aber auch am Unterlauf der Mosel sehen kann (vgl. Schichttabelle S.). Sie bilden einzelne Gesteinspartien im Winkel zwischen unterer Lahn und dem Ostrand des Mittelrheinischen Beckens. Überlagert werden sie von den Nellenköpfchen-Schichten, die im Bereich der Lahnmündung in einer schmalen Schuppe im Stadtgebiet von Niederlahnstein auftreten und auch direkt gegenüber dem Mündungsbereich in der Rheinflanke des Hunsrücks anstehen. Damit enden die Schichtfolgen des Unterems innerhalb des Unterdevons.

Mit dem Beginn der Oberems-Zeit, die das Unterdevon abschließt, vertiefte sich das Meeresbecken. In diesem Abschnitt wurden die sandigen Sedimente hauptsächlich von Osten her eingeschwemmt. Sie verkieselten und bilden die heute als Ems-Quarzit bekannten und besonders verwitterungsfesten Einheiten. Dieser Quarzit als unterstes Schichtglied der Oberems-Stufe besteht aus fast reinem Quarz und tritt im Raum Koblenz in mehreren Zügen zu Tage.

Fast ist der Weg zum geradezu legendären Vierseenblick oberhalb Boppard geschafft.

Er baut wenig weiter nördlich den markanten Höhenrücken des Koblenzer Stadtwaldes mit dem 382 m hohen Kühkopf oder dessen rechtsrheinische Fortsetzung auf, die Horchheimer Höhe nördlich der Lahn. Noch etwas weiter nördlich bildet er vor allem die über 500 m hoch aufragende Montabaurer Höhe. Mit Flaserschiefer, Laubach- und Hohenrhein-Schichten im Hangenden des Ems-Quarzits schließt das Oberems im Mittelrheingebiet ab.

Spannendes aus der Pflanzenwelt

Im schattigen Steinigbachtal kann man fast alle heimischen Lianen-Arten bewundern, außer der Gemeinen Waldrebe, die besonders dichte Vorhänge bildet, hier und da auch die aus Nordamerika eingeschleppte Jungfernrebe (auch Wilder Wein genannt) sowie den Wild-Hopfen. Im Laubwald findet man Aronstab, Maiglöckchen und Schattenblume sowie eine Anzahl verschiedener Farne, darunter auch den Dornfarn und den Wald-Frauenfarn. Während die Fichtenforste floristisch weitgehend unergiebig sind (von den Blaubeerbeständen in den Saumbereichen abgesehen), bietet der Felsenweg, der unterhalb des Vierseenblicks über den Südgrat des Bopparder Hamms hinabführt, man-

Gigantischer Anblick – die berühmte Rheinschleife bei Boppard. Nirgendwo sonst in seinem Lauf nördlich der Alpen legt sich der Rhein solchermaßen in die Kurve.

cherlei Überraschungen aus der Gruppe der wärmeliebenden Pflanzen: Das seltene Brillenschötchen wächst hier, dazu auch Schild-Ampfer sowie eine für diesen Raum endemische Form der Schleifenblume (vgl. Textkasten). Ferner kommen hier Steinkraut und, stellenweise weit in die Rebfluren hinabreichend, immer wieder schöne Bestände der Stinkenden Nieswurz vor, die bereits sehr zeitig im Frühjahr blüht.

INFO

Das besondere Artporträt

Bopparder Schleifenblume

Es ist schon eine hervorhebenswerte Besonderheit, wenn eine Blütenpflanze im gesamten Mitteleuropa nur ein einziges kleinflächiges Vorkommen an den Hängen des Mittelrheintals besitzt und damit ein Endemit ist: Nur bei Boppard, auf den südexponierten Steinschutthängen der berühmten Weinbergslage Bopparder Hamm finden sich ihre einzigen Wuchsplätze,

Unstrittiger Star unter den Blütenpflanzen am Bopparder Hamm ist der Lokal-Endemit Bopparder Schleifenblume.

die leider durch Verbuschung stark gefährdet sind. Entdeckt hat sie dort der verdienstvolle Bopparder Lehrer Michael Bach (1808–1878) im Jahre 1828. Erstmals genauer beschrieben und benannt wurde sie allerdings erst knapp 20 Jahre später durch den französischen Privatgelehrten Claude T. A. Jordan (1814–1897) unter dem Namen *Iberis boppardensis*. Detailliertere Vergleiche erforderten 1981 die Zuordnung als Unterart der Mittleren Schleifenblume (*Iberis intermedia*), und nach deren aktualisierender Umbenennung 1998 heißt sie nun in den wissenschaftlichen Floren *Iberis linifolia* ssp. *boppardensis*. Das einzige Vorkommen außerhalb des Originalfundortes ist der Botanische Garten der Universität Mainz.

Die Bopparder Schleifenblume – sie gehört zur Familie Kreuzblütengewächse – wird etwa 40–50 cm hoch. Ihre Kronblätter sind hellrosa oder fast weiß. Wie bei allen *Iberis*-Arten sind die nach außen weisenden Kronblätter der Einzelblüten leicht vergrößert; so rufen sie den Eindruck einer viel größeren Gesamtblume (= Pseudanthium) hervor. Zur Reifezeit verlängert sich der zunächst gedrungen traubige Fruchtstand. Seine Schötchen sind um 7 mm lang und an der Basis immer ungeflügelt.

An einigen wenigen Stellen bildet die streng geschützte Bopparder Schleifenblume erfreulich ansehnliche Bestände.

Auch die Tiere sind dabei

Von der durchaus artenreichen Mittelgebirgsfauna wird man vor allem die Vertreter der Vogelwelt wahrnehmen, neben der Turtel- und Ringeltaube den relativ häufigen Mäusebussard, dazu auch Waldlaubsänger, Waldbaumläufer, Buchfink, Nachtigall, Zaun- und Gartengrasmücke oder Heckenbraunelle. Im Winterhalbjahr sind in den Fichtenbeständen Kreuzschnabel und Tannenmeise zu erwarten. Der Eichelhäher ist überall häufig. Seltener tritt auch der Schwarzspecht in Erscheinung. Auf den sonnig warmen Abhängen des Bopparder Hamms sollte man auf Segelfalter und Schwalbenschwanz achten.

Man muss schon sehr genau hinschauen, um die tarnfarbige Rotflügelige Ödlandschrecke überhaupt zu entdecken.

Hin und wieder sieht man im Gebiet auch die schmucke Zauneidechse. Die im Hochzeitskleid besonders prächtigen Männchen könnte man eventuell mit der seltenen Smaragdeidechse verwechseln (vgl. S. 185).

Tourenprofil: Rundwanderung

Anfahrt/Ausgangspunkt: DB-Bahnhof Boppard an der Linie Koblenz–Bingen–Mainz; per Auto von Norden oder Süden über B9 oder A61 bzw. Hunsrückhöhenstraße (B327) bis Abfahrt Boppard, mehrere Parkmöglichkeiten sind ausgeschildert; auch per Schiff erreichbar – Boppard (Eigenwerbung: Die Perle des Mittelrheins) ist natürlich Anlegestelle mehrerer regionaler und überregionaler Linien.

Wegverlauf: Der Weg zum Vierseenblick beginnt am nördlichen Stadtrand von Boppard. Am Ausgang des Mühltales gibt es einen großen Parkplatz. Auch der Bahnhof und der Schiffsanleger sind von hier nicht weit entfernt und bieten somit ideale Startbedingungen.
Angesichts des Sessellifts steht man vor der durchaus schwierigen Wahl, ob man den steilen Hang zu Fuß erklimmt oder sich lieber gleich maschinell in Höhe schweben lässt. Da beide Varianten ihren Reiz haben, ist es möglicherweise am besten, man geht zu Fuß hoch und fährt mit dem Sessellift zurück.

Zielpunkt: Identisch mit NaTour-Einstieg

Empfohlene Karte: UNESCO-Welterbe Oberes Mittelrheintal 1 : 25 000, Blatt Loreley; RheinWandern 1 : 25 000 Blatt Süd

Einkehr: am Start- und Zielort, am Gedeonseck sowie am Vierseenblick

Strecke: 6.790 m

tiefster Punkt: 69,3 m ü. NN

höchster Punkt: 268 m ü. NN

Summe Steigungen: 211 m

Summe Gefälle: 211 m

maximale Steigung: 21,3 %

maximales Gefälle: 11,4 %

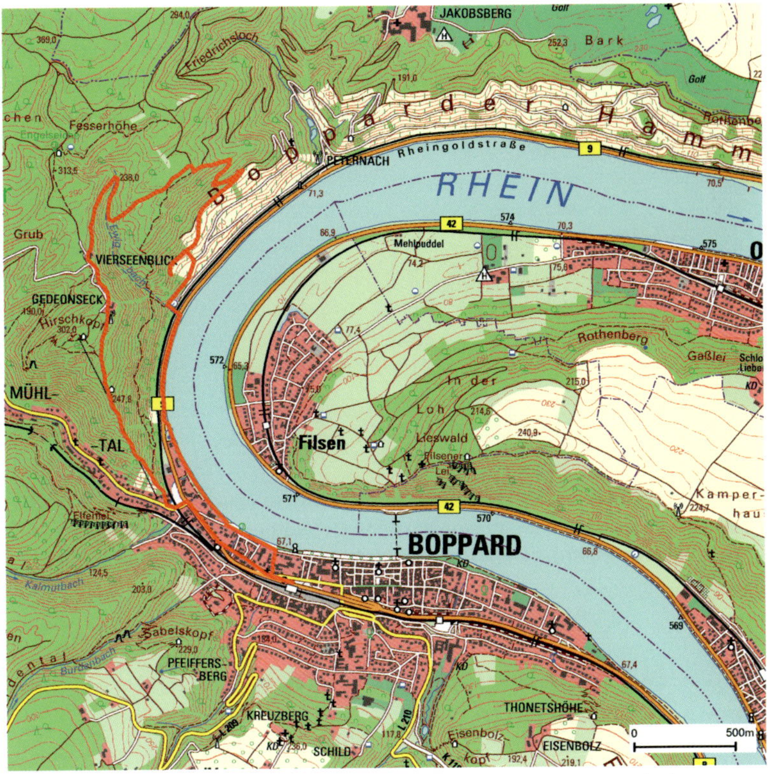

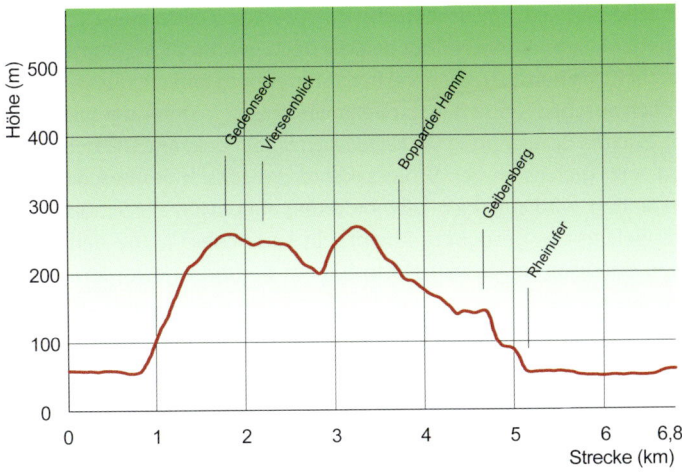

© GeoBasis-DE / LVermGeoRP 2016 dl-de/by-2-0, http://www.lvermgeo.rlp.de
[Daten bearbeitet]

Kamp-Bornhofen mit seinem einzigartigen Doppelburgenensemble (Sterrenberg und Liebenstein), historisch nicht ganz korrekt die Feindlichen Brüder genannt.

NaTour 8 – Im mittelrheinischen Burgenland

Von Bornhofen bis Braubach

Die hier vorgeschlagene Streckenwanderung verknüpft mehrere landschaftliche und kulturgeschichtliche Höhepunkte. Gleich zu Beginn darf man beides genießen: Unsere NaTour beginnt bei berühmten Felsspornburgen im Doppelpack: Die nördlich gelegene Burg Sterrenberg und die nur ca. 150 m weiter südlich anschließende Burg Liebenstein sind auch unter der historisch nicht ganz exakten Bezeichnung *Die Feindlichen Brüder* bekannt. Die berühmte Marksburg setzt gleichsam den Schlussakkord. „Wer frisch umherschaut mit gesunden Sinnen, wird auf einer Fußwanderung am besten alle Schönheiten auffinden, welche das gesegnete Rheintal in so reichem Maße darbietet", schrieb Karl Baedeker im Jahre 1849 in seinem berühmt geworden Rhein-Reiseführer. So ist es.

Burgen im Doppelpack

Beachten Sie in Kamp einen spätgotischen Adelshof (direkt am Rhein), den respektablen Wörther Hof (1519) und den stattlichen Renaissancebau des von der Leyenschen Hofes. Das barocke Franziskanerkloster in Bornhofen, in dessen Kirche ein seit 1289 bekanntes Gnadenbild verehrt wird, bildet mit der berühmten Doppelburganlage Die Feindlichen Brüder eine prägende, malerische Kulisse. Burg Sterrenberg mit dem mächtigen, heute weiß getünchten Bergfried wurde bereits im 11. Jahrhundert als Reichsburg erbaut und kam später zu Kurtrier. Burg Liebenstein, deren siebenstöckiger quadratischer Wohnturm auch heute noch imponiert, wurde um 1248 errichtet und war wohl ursprünglich die Vorburg. Angeblich haben sich die beiden Söhne Heinrich und Konradin des Herren von Sterrenberg wegen einer fatalen Liebschaft unversöhnlich entzweit und schließlich im Duell gegenseitig umgebracht. Von der in der Kreuzfahrerzeit angesiedelten Geschichte gibt es mehrere erheblich abweichende Lesarten.

Stationenreicher Weg

Im traditionsreichen Schiffswallfahrtsort Bornhofen folgen wir hinter der Kirche ein kurzes Stück der Loreley-Burgen-Straße (K103), zweigen aber schon bald nach rechts ab und steigen auf bezeichnetem Weg in mehreren Kehren zur Burg Sterrenberg auf. Die jetzt sicherlich nötige Atempause verschönt eine überaus prächtige Aussicht – hinüber auf die hinter der zweiten imposanten Schildmauer gelegene Burg Liebenstein, hinab auf das silbrig glänzende Band des Rheins, der sich hier gerade anschickt, zur großen Rheintalschleife zwischen Boppard und Spay (vgl. NaTour 7) auszuholen.

Von den beiden Burgen gehen wir zurück zum Fahrweg und mit dem Rheinhöhenweg bzw. Rheinsteig ein Stück talaufwärts, ehe der Rheinsteig vor der nächsten Linkskurve rechts abzweigt und hangaufwärts führt. Wir folgen ihm durch Eichenbestände und Kiefernforst zum Bornhofer Berg (318 m). Wenn es die Zeit erlaubt, gehen wir nach Erreichen der Hochfläche an der ersten Schutzhütte links herunter zum ungefähr 500 m entfernten Aussichtspunkt Wilhelmshöhe vor dem Eichsberg mit seinem überraschenden Vierseenblick – dem rechtsrheinischen Gegenstück zur gleichnamigen Aussichtshöhe oberhalb Boppard (vgl. NaTour 7). Zurück zum Hauptweg führt der der Rheinsteig bei der nächsten Schutzhütte links zum Pfahlsberg (291 m) und einer Anpflanzung der jeweiligen „Bäume des Jahres". Wir biegen indessen mit dem

Obstwiesen oberhalb von Kamp

Rheinhöhenweg („R") rechts ab. Die hier als Wegmarkierung angebrachte gelbe Jakobsmuschel auf blauem Grund verrät, dass der nächste Wegabschnitt identisch ist mit einem der vielen Jakobswege in der Großregion. Bei Höhe 236 zweigt rechts ein Fahrweg zur Domäne Marienberg ab. Wir halten uns weiterhin geradeaus und treffen nach weiteren etwa 1,5 km wieder auf den Rheinsteig. Der hier gewählte Weg quert den Gleithang-Mäanderhals der Bopparder Rheinschleife zwischen Kamp und Osterspai großenteils auf freier Flur. Hier bewegen wir uns übrigens auf einer alten Römerstraße.

Das Wegensemble Rheinsteig, Rheinhöhenweg und Jakobsweg

Ziegen sind in der gezielten Landschaftspflege wichtige Helfer, weil sie Offenlandstandorte bewahren.

gönnt uns auf der weiteren Strecke etliche eindrucksvolle Blicke auf Teil der großen Mäanderschleife des Rheins und umrundet mehrere kleine Talein-mündungen (Heiligenbach-, Wasenbach-, Gründling-, Dinkholdertal) bis zum Mühlbachtal östlich von Braubach. Hier lädt ein breiter Fahrweg zum Aufstieg zur Marksburg ein. Von hier erreichen wir auch nach wenigen Minuten Abstieg das malerische Ortszentrum von Braubach.

INFO

Das besondere Artporträt

Smaragdeidechse

Die Kamper Talhänge beherbergen eines der bedeutendsten mit-telrheinischen Vorkommen der aparten Smaragdeidechse. Die Kopf-Rumpflänge dieser heimischen und bezeichnenderweise (meist) sma-ragdgrünen Eidechse beträgt bis zu 13 cm, der Schwanz kann ungefähr dreimal so lang ausfallen. Damit ist die Smaragdeidechse die größte heimi-sche Eidechsenart. Wunderschön anzusehen sind vor allem die Männchen,

die während der Paarungszeit eine kräftig blaue Kehle zeigen. Im Mittelrheingebiet hat sie ei-nes ihrer isolierten Vorkommen außerhalb ihres hauptsächlich südeuropäischen, von der Bisca-ya bis zum Schwarzen Meer rei-chenden Hauptverbreitungsge-bietes. Zu Linnés Zeiten nannte man sie wissenschaftlich einfach *Lacerta viridis*. Seit den 1990er Jahren gibt es aber Versuche, die westlich verbreitete und damit auch die rheinische Population

Männchen der Smaragdeidechse – im Hochzeitskleid mit der prächtig blauen Kehle völlig unverkennbar

als eigene Art Westliche Smaragdeidechse (*Lacerta bilineata*, abgeleitet von den beiden hellen Streifen auf den Flanken der Weibchen) abzugrenzen, was allerdings nicht unumstritten ist. Wir belassen es daher angesichts der anhaltenden Diskussion um die ganz genaue Systematik dieser interessanten Tiere beim traditionellen Namen *Lacerta viridis*.

Smaragdeidechsen sind eigentlich nicht besonders scheu. Man kann sie in ihrem Lebensraum, der immer ein buntes Mosaik aus Gebüsch, niedrigwüch-siger Vegetation, Gewässerränder und vegetationsfreies Offenland umfasst, relativ leicht beobachten, sofern man sich angepasst und ohne hektischen

Bewegungen verhält. Smaragdeidechsen klettern übrigens sehr gerne und sind deshalb eventuell auch im Geäst von Strauchwerk anzutreffen. Ihre Nahrung besteht aus Großinsekten, Asseln, Landschnecken und manchmal auch den Eiern von bodennah brütenden Kleinvögeln.

Komplexe Verhältnisse

Die große Bopparder Rheinschleife, die so gar nicht in das sonstige Abflussbild des oberen Mittelrheins passt, legt die begründete Annahme nahe, dass hier für den heutigen Talverlauf besondere Verhältnisse im Gesteinsuntergrund ausschlaggebend gewesen sein müssen. Das Wegstück vom Dinkholder Tal bis nach Braubach ermöglicht einige interessante Einblicke in die Geologie der Bopparder Überschiebungszone. Nördlich des Dinkholder Bachtales liegt vermutlich eine sehr flache, deckenartige Überschiebungszone vor. Die hier anstehenden quarzitischen Sandsteine und Tonschiefer, die durchweg sehr flach nach Südosten einfallen und eigenartigerweise keine Fossilien führen, gehören höchstwahrscheinlich der Unterems-Stufe an (vgl. Tabelle auf S. 65). Etwas weiter nördlich (nahe der romanischen Friedhofskapelle St. Martin) trifft man an den Wegflanken mehrfach auf die Kieselgallenschiefer der Oberen Kondel-Unterstufe, welche die jüngsten Gesteine des oberen Unterdevons darstellen. Auf diesen Kieselgallenschiefern fußt auch die Marksburg.

Der extrem schmalblättrige Nordische Streifenfarn trägt seinen Namen eher zu Unrecht: Er ist eine durchaus südeuropäisch verbreitete Art.

2500 Jahre Bergbautradition

Braubach und sein Umland ist altes Bergbaugebiet – bereits das Patrozinium der Pfarrkirche St. Barbara deutet darauf hin. Untertage wurden hier bis 1964 Erze gefördert, vor allem silberführender Bleiglanz neben Zinkblende und Kupferkies. Die bauwürdigen Erzvorkommen im Gebiet um Braubach gehören einem reichhaltigen Gangzug an, dessen Erzgänge sich bis in das Gebiet von

Die Marksburg oberhalb Braubach ist die einzige unzerstört überlieferte Höhenburg des Oberen Mittelrheintals.

Bad Ems an der Lahn ziehen. Die Erze entstanden im Zusammenhang mit der Auffaltung der devonischen Schichtgesteine zum Faltengebirge während der Karbonzeit, als aus der Tiefe heiße, mineralreiche Lösungen aus der Tiefe aufdrangen und in Klüften bzw. Spalten auskristallisierten. Außer Erzen bildeten sich damals auch ausgedehnte Quarz- und Calcit-Vorkommen. Die geförderten Erze wurden in Braubach auch gleich an Ort und Stelle verhüttet. Die gefährlichen Abgase aus den Verhüttungsprozessen hat man über drei 1887 bzw. 1910 auf dem 275 m hohen Pankert errichteten Schornsteine „entsorgt", die bis heute ein auffälliges und weithin sichtbares Wahrzeichen von Braubach sind. Heute ist im östlichen Ortsteil eine große Anlage in Betrieb, die verbrauchte Akkumulatoren auf Blei-Basis bzw. sonstige Altlastmaterialien zerlegt und die Komponenten als Sekundärrohstoffe gewinnt. Die frühere Verhüttung von Bleierzen vor Ort erfolgte im Blick auf die noch nicht genügend erkannten Umweltbelastungen recht unbekümmert und hat im Gebiet um Braubach zu beträchtlichen Schwermetallbelastungen geführt. Teile des Ortes müsste man eigentlich als Sondermülldeponie deklarieren.

Kräutergarten auf der Marksburg

Die Marksburg, auf steilem Felssporn aus Kieselgallenschiefern der oberen Ems-Stufe im jüngsten Unterdevon, wurde nach dem Patron der Markus-kapelle benannt. Sie ist die einzige unzerstört gebliebene Höhenburg des Mittelrheingebietes; erst die Amerikaner veranstalteten im Frühjahr 1945 unnötigerweise artilleristische Zielübungen auf Palas und Bergfried. Inneneinrichtungen und Sammlungen sind ebenso sehenswert wie der nachgestaltete mittelalterliche Kräutergarten.

Der Flächenzuschnitt des Burggeländes erlaubte – und das gilt sicher für die meisten mittelrheinischen Höhenburgen – keine ausgedehnten Gartenflächen. Dennoch ist an der Marksburg der Versuch unternommen worden, einen mittelalterlichen Burggarten zu rekonstruieren. Als Quellen diente dabei vor allem die gartenhistorisch äußerst bedeutende Landgüterverordnung *Capitulare de villis* von 812 aus der Zeit Karls des Großen, die

Der sonst nicht allzu häufig gesehene Muskateller-Salbei gehört zum besonderen geschichtsorientierten Pflanzprogramm der Burggärten auf der Marksburg.

karolingischen Hofgütern den Anbau genau aufgelisteter Nutz-, Würz- und Arzneipflanzen vorschreibt. Dieser Pflanzplan, den man unter anderem auch am Rathaus (Kaiserpfalz) von Aachen bestaunen kann, stimmt in allen wesentlichen Details überein mit dem berühmten Klostergartenplan von St. Gallen (820) bzw. einem Lehrgedicht, dem *Hortulus* des Abtes Walahfried, aus der Abtei Reichenau aus dem Jahre 827. Die zweite wichtige Materialquelle für den Marksburg-Kräutergarten bilden die botanischen Schriften der aus dem oberen Mittelrheingebiet stammenden Äbtissin Hildegard von Bingen (1098–1179). Außerdem kann man vor dem Palas eine Rasenbank mit Rosenhag sehen, wie ihn viele mittelalterliche Tafelbilder darstellen. Die Gartenbereiche sind während der üblichen Burgführungen zugänglich.

Trocken und warm

Vor allem die sonnenexponierten Hanglagen der Taunusseite des Mittelrhein-tals zeigen ein sehr abwechslungsreiches, kleinräumig gegliedertes Lebens-raummosaik, das zahlreiche wärmeliebende und bemerkenswert trockenheits-verträgliche (xerotherme) Pflanzengesellschaften aufweist. Eine längere Stre-ckenwanderung berührt davon erwartungsgemäß eine größere Anzahl, auf der hier beschriebenen Route beispielsweise den bodensauren, xerothermen Traubeneichenwald mit Ni-ckendem Leimkraut, Vielblü-tiger Weißwurz, Traubiger Graslilie, Pfirsichblättriger Glockenblume, Schwalben-wurz und Salbei-Gamander, den Felsahorn-Traubenei-chen-Mischwald mit Einblü-tigem Perlgras, Rauem Veil-chen, Berg-Johannisbeere, Eingriffligem Weißdorn so-wie Wolligem Schneeball, das Felsenbirnengebüsch mit Stein-Weichsel, Hunds-Rose, Besenginster, Behaar-tem Ginster und Wimper-Perlgras, die Storchschna-bel-Diptam-Gesellschaft mit Berberitze, Gold-Aster, Blutrotem Storchschnabel, Diptam, Felsen-Fetthenne, Gewöhnlichem Sonnen-röschen, außerdem den

Eine besonders schmucke Art der mittelrheini-schen Felsfluren ist die seltene Gold-Aster.

Beifuß-Wimperperlgras-Rasen mit Feld-Beifuß, Derbem Schwingel, Weißer Fetthenne, Weißem Labkraut, Flügelginster und selten auch Haar-Federgras oder Blauem Lattich, ferner eine Felsspaltengesellschaft mit Brillenschötchen und Nordischem Streifenfarn sowie dessen Bastard mit anderen Streifen-farn-Arten und Halbtrockenrasen mit Tauben-Skabiose, Bunter Kronwicke, Aufrechter Trespe, Steppen-Lieschgras und mehreren Orchideen (Helm-Kna-benkraut, Purpur-Knabenkraut, Mücken-Händelwurz u.a.), die hier allerdings nicht auf Kalk, sondern auf bodensauren Schieferverwitterungsböden vor-kommen.

Lebensraum in Insellage

Im gesamten oberen Mittelrheintal besetzt die bestandsgefährdete Smaragdeidechse noch mehrere kleine Inselbiotope, unter anderem auch im hier geschilderten Streckenabschnitt. Auch die hier mehrfach nachgewiesene Mauereidechse, die im Unterschied zur vorigen Art vegetationsarme Kleinlebensräume bevorzugt, ist eine bundesweit gefährdete Reptilienart.

Von den besonders auffälligen Schmetterlingen kann man im buntblumigen Offenland mehrere Arten der Widderchen, Bläulinge und andere Tagfalter beobachten, darunter auch Schwalbenschwanz und Segelfalter. Bemerkenswerte, im Gebiet vertretene Wald- bzw. Waldrandbewohner sind Kaisermantel, Braunauge, Waldbrettspiel, Gelbringfalter, Eichenzipfelfalter, Kleiner Eisvogel, Weißer Waldportier, Großer Fuchs und Kleiner Schillerfalter. Im abwechslungsreichen Biotopgefüge der oft sehr unzugänglichen Steilhänge, vor allem auch in aufgelassenen Rebfluren aller Verbuschungsstadien, kommen Rebhuhn, Wachtel, Neuntöter, Nachtigall, Dorngrasmücke und Zippammer vor.

Beachten Sie bei Wanderungen im Gebiet immer, dass auffallende, seltene Pflanzen- und Tierarten auch außerhalb der (wenigen und ohnehin viel zu klein bemessenen) Naturschutzgebiete unserer besonderen Obhut bedürfen!

Das Naturschutzgebiet Koppelstein nördlich von Braubach bietet vielerlei faunistische und floristische Überraschungen.

Zerstören von Vegetation durch Lagern, Zertreten oder Abpflücken ist für die gefährdete Tierwelt ebenso nachteilig wie die blindwütige Verfolgung angeblich gefährlicher Arten der heimischen Reptilien.

Naturschutzgebiet Koppelstein

Von der B42 nimmt man die Ausfahrt Oberlahnstein-Kurzentrum und fährt von dort auf die Rheinhöhe. Am Kurzentrum biegt man rechts ab zum Tennispark, wo Parkmöglichkeit besteht. Dort geht man nach links über den geraden Feldweg immer geradeaus. Am Beginn es Naturschutzgebietes ist eine Informationstafel aufgestellt. Das Gebiet wird von der Gesellschaft für Naturschutz und Ornithologie in Rheinland-Pfalz (GNOR) betreut.

Dieses Gebiet ist von überregionaler Bedeutung, denn hier wurden über 500 Pflanzenarten nachgewiesen. Unter anderem sind in den offenen Halbtrockenrasen bislang fast 20 verschiedene Orchideen-Arten entdeckt worden, darunter (nicht in allen Jahren üppig blühende) große Bestände der Helm-Orchis. Zu den Highlights gehören ferner zwei Ragwurz-Arten, der eigenartigerweise so bezeichnete Hängende Mensch und das Rote Waldvögelein. Weniger auffällig

Die Kuhschelle und die Spinnen-Ragwurz sind die botanischen Highlights des NSG Koppelstein.

sind verschiedene wärmeliebende Moosarten (wie das seltene Lebermoos *Mannia fragrans*) oder der überwiegend mediterran verbreitete Schriftfarn. Auch die Gebietsfauna kann mit eindrucksvollen Zahlen aufwarten: Bisher wurden knapp 1000 Käferarten, fast 500 Schmetterlingsarten und 25 Gerad-flügler (Heuschrecken) nachgewiesen. Die Westliche Smaragdeidechse und weitere fünf Reptilienarten haben hier durchaus individuenreiche Vorkom-men. Allein die Tierwelt umfasst am Koppelstein rund 300 Arten der Roten Liste – wenn das kein Argument für den Naturschutz ist!

Tourenprofil: Streckenwanderung

Anfahrt/Ausgangspunkt: DB-Bahnhof Bahnhof Kamp der Linie Wiesba-den–Koblenz; der Ortsteil Kamp ist Station aller im Gebiet verkehrenden Personenschifffahrtslinien.

Wegverlauf: Bornhofen – Loreley-Burgen-Straße (K103) – Burg Sterrenberg – Bornhofer Berg (318 m) – Aussichtspunkt Wilhelmshöhe – Pfahlsberg (291 m) – Mäanderhals-Gleithang der Bopparder Rheinschleife – Braubach

Zielpunkt: Ortszentrum Braubach (DB-Bahnhof)

Empfohlene Karte: UNESCO-Welterbe Oberes Mittelrheintal 1 : 25 000, Blatt Loreley; RheinWandern 1 : 25 000 Blatt Süd

Information: Besucherservice 02627 – 207, www.marksburg.de

Einkehr: am Start- und Zielort sowie auf den besuchten Höhenburgen

Strecke: 18.300 m

tiefster Punkt: 70,3 m ü. NN

höchster Punkt: 318,4 m ü. NN

Summe Steigungen: 461 m

Summe Gefälle: 469 m

maximale Steigung: 14,5 %

maximales Gefälle: 11,4 %

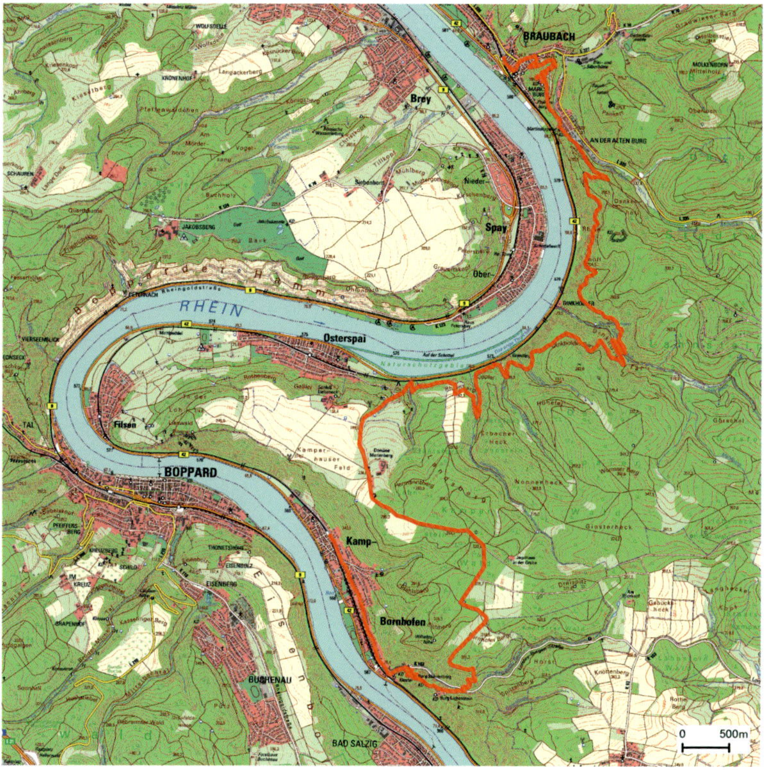

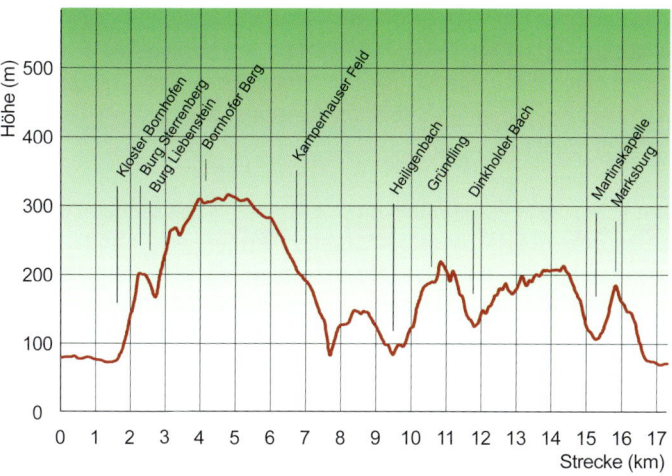

© GeoBasis-DE / LVermGeoRP 2016 dl-de/by-2-0, http://www.lvermgeo.rlp.de
[Daten bearbeitet]

Mengenweise schwemmt der Klammbach auch größere Totholzreste weg.

NaTour 9 – Abenteuer zwischen Lahn und Rhein

Durch die Ruppertsklamm zum Allerheiligenberg

Lust auf ein wenig Alpinismus? Ein bisschen versessen auf Grenzerfahrungen? Man glaubt es kaum: Im sonst eher betont moderaten Übergang vom Oberen Mittelrhein in das Mittelrheinische Becken beschert uns die heimische Natur hier eine geradezu dramatische Inszenierung. Dieser Rundwanderungs-Tourenvorschlag fordert definitiv Ihre Kraftreserven und wird Ihnen den Atem rauben – aber er lohnt sich.

Eine Klamm ist das exakte Gegenteil eines Kastentales mit breitem, lichtem Talboden. Hier geht es tatsächlich buchstäblich extrem beengt und beklemmend zu – und ständig feucht ist es in einem solchen Schattenreich auch noch. Im Gebiet des Mittelrheins gibt es verschiedene Klamm-Täler (beispielsweise rechts und links der Mosel), aber keine stellt solche Herausforderungen an Ausrüstung und Kondition wie die berühmte Ruppertsklamm auf der Westerwaldseite der unteren Lahn. Selbst der Premiumwanderweg Rheinsteig, der eine Passage durch die Klamm vorsieht, schlägt eine etwas moderate und diesen Teil umgehende Teilroute für „wandernde Weicheier" vor. Entdeckt hat dieses zweifellos verwunschene Schaustück des Rheinischen Schiefergebirges der in der Region tätige Eisenbahntelegrafist Theodor Zais (1869–1930) erstaunlicherweise erst um 1910. Bis 1912 hat er die Klamm durch aufwändige Wegesicherung zu einem begehbaren Abenteuer ausgestaltet. Mitten in der Klamm hat man ihm verdientermaßen eine Gedenktafel gewidmet. Zu Recht ist die Ruppertsklamm seit geraumer Zeit Naturschutzgebiet und verdient zweifellos auch den Status eines hervorhebenswertes Geotops.

Aller Anfang ist schwer

Neben dem Klettersteig am Bopparder Hamm oder am Oelsberg bei Oberwesel ist die Ruppertsklamm sicherlich die größte Herausforderung an die Streckenwanderer auf dem Rheinsteig. Abgewetzte Sneaker sind hier absolut nicht angesagt – neben einer gehörigen Portion Trittsicherheit braucht man auf diesem Weg vor allem taugliches Schuhwerk mit ordentlichem Profil. Der steile Aufweg führt über Bohlenstege, morsches Totholz, glitschige Steilstufen, teils auch durch plätschernde Rinnsale und über fast immer schlüpfrige, weil moosbewachsene Abschnitte, die durch dicke Seile als Haltehilfe gesichert sind. Hier muss man fast überall mit extrem wachen Sinnen gehen und gehörig aufpassen.

Kaum hat man sich ein paar Schritte vom Parkplatz an der belebten B260 entfernt, sieht man sich in eine gänz-

Schon von der Lahntalstraße aus zeigt sich die in den Hang eng eingeschnittene Klamm.

Feuersalamander sind im Gebiet nicht selten. Allerdings sind die Tiere überwiegend dämmerungs- bis nachtaktiv.

lich andere und durchaus besänftigende Welt eingetaucht. Beachtlich ruhig ist es hier nämlich, die wohltuende Stille allenfalls unterbrochen vom leisen Plätschern oder Rauschen des Klammbaches und (am frühen Morgen zur Sommerzeit) dem ermunternden Zwitschern der Vögel. Kaum zu glauben, dass man sich mit nur wenigen Schritten so überaus wirksam aus der aufreibenden Hektik des Alltagsgeschehens ausklinken kann.

Die sicherlich enorm beeindruckende Ruppertsklamm ist ein kleiner und heute trotz seiner Steilstufen und Wasserfälle eher unscheinbarer Bach, der aus Quellhorizonten von den angrenzenden Westerwaldhöhen auf kurzem Weg der unteren Lahn zuzielt und hier in jahrhunderttausendelanger unaufhaltsamer Erosionsarbeit das Fundament des Westerwaldes mit seinen Tonschiefern und Sandsteinen tief und beeindruckend durchsägt hat. Die Klamm verläuft in den Hohenrhein-Schichten der Lahnstein-Unterstufe Ober-Ems (Unterdevon; vgl. Schichttabelle S. 65). Die Schichten sind nach der ehemaligen Hohenheimer Hütte am Klammeingang benannt, deren Hochofen man schon 1845 nach Dillingen/Saar verkaufte. In der durch Verbauung gesicherten Felsböschung oberhalb der Straße erkennt man eine Wechselfolge von Sandsteinen und Tonschiefern. Auf den frei liegenden Schichtflächen sind größere Partien von watttypischen Rippelmarken zu sehen – man schaut also direkt auf einen bloß liegenden Meeresboden aus dem Erdaltertum. Außerdem erkennt man hier und da die Grab- und Wühlspuren von Wattbodentieren – ein interessanter Einblick in ein marines Ökosystem, das deutlich über 350 Mio. Jahre alt ist.

Abschnittweise führt der „Wander"weg direkt durch das Bachbett.

Am oberen Ende der Klamm treffen wir auf eine nicht bewirtschaftete Hütte und folgen hier, scharf links (nach Westen) abbiegend, dem mit „L" ge-

kennzeichneten Lahnhöhenweg (auf der Westerwaldseite der Lahn weißes L auf schwarzem Grund, auf der Taunusseite umgekehrt). Er folgt an der oberen Hangkante der Ruppertsklamm. Wo er bei der nächsten Spitzkehre auf den Rheinsteig trifft, könnte man über einige Serpentinen hinunter zum Parkplatz am Klammeinstieg gehen. Wer noch einen weiteren Höhepunkt erleben möchte, folgt dem Lahnhöhenweg weiter nach Westen über die Hänge des kleinen, aber steil eingeschnittenen Michelbachtales. Dieser Weg bringt uns nach knapp 1 km auf den weithin sichtbaren Allerheiligenberg (170 m) mit seinem schmucken Kirchlein.

In niederschlagsarmen Zeiten ist der Klammbach eher ein Rinnsal. Die abgeschwemmten Totholzreste zeigen aber, dass es hier auch ganz anders zugehen kann.

INFO

Das besondere Artporträt

Uhu

Aus vielerlei und meist umweltrelevanten sowie jagdlichen Gründen verschwand um 1960 unsere größte heimische Eule, der Uhu, aus den meisten seiner angestammten Brutgebiete. Angesichts dieser dramatischen Bestandsentwicklung unternahm man um 1980 gezielte Wiedereinbürgerungen aus Nachzuchten. Das aufwendige Projekt erwies sich als bemerkenswert erfolgreich: Heute besetzt der Uhu (auch) im Mittelrheingebiet wieder viele seiner früheren Horststandorte. Diese prächtige Vogelart einmal live zu erleben, gehört

Mit etwas Glück kann man auch den im Bereich der Klamm horstenden Uhu sehen.

zu den besonders erinnerungswürdigen Naturbeobachtungen. Im Umfeld der Ruppertsbergklamm ist eine solche Begegnung möglich: Uhus sind zwar überwiegend dämmerungs- und nachtaktiv, zeigen sich aber mitunter auch am helllichten Tag. Bevorzugte Nistplatzstandorte sind Steilhänge und Felsnischen, die einen freien Anflug ermöglichen. Das lahntalseitige Umfeld der Ruppertsklamm erfüllt diese Voraussetzungen, und tatsächlich gibt es hier seit geraumer Zeit einen erfolgreich besetzten Brutplatz. Man kann ihn – mit etwas Glück – schon von der Bundesstraße durch das Lahntal sehen.

Uhus sind sehr standorttreu. Ein Nest bauen sie nicht – das Weibchen legt die Eier am Boden einer Felsnische oder auf einem Felsband ab. Das Brutgeschäft ist ausschließlich Sache des Weibchens; das Männchen übernimmt aber die Nahrungsversorgung des brütenden Weibchens und der später schlüpfenden Jungvögel. Diese sind in der modernen Zivilisationslandschaft leider immer noch hochgradig gefährdet. Viele werden Verkehrsopfer, andere enden an Starkstromleitungen.

Isolierter Umlaufberg

Der etwas verloren im östlichen Siedlungsgebiet von Niederlahnstein gelegene Allerheiligenberg ist in seiner Lage und Ausformung nur fluss- bzw. talgeschichtlich zu verstehen: Es handelt sich nämlich um einen typischen Umlaufberg. Als sich die Lahn vor Jahrzehntausenden noch nicht auf das Niveau ihrer heutigen Talaue eingefräst hatte, umfloss sie den Allerheiligenberg in einem engen Bogen nördlich und fand erst westlich des Berges in das Gebiet ihres heutigen Bettes zurück. Später durchschnitt sie den Mäanderhals und fließt seit geraumer Zeit ziemlich geradlinig dem Rhein zu.

Auf dem Allerheiligenberg soll ein frommer Eremit bereits im 17. Jahrhundert seine Klause errichtet haben. Daraus gingen wenig später ein Kloster und die im späten 19. Jahrhundert erneuerte Wallfahrtskirche hervor. Die Aussicht vom Allerheiligenberg hält bemerkenswerte Blickpunkte bereit: Schräg gegenüber thront seit 1240 auf dem letzten Taunussporn die nördlichste kurmainzische Burganlage – zweifellos eingerichtet zur Interessenwahrung an den im Lahngebiet überall anzutreffenden und gewinnträchtigen Erzgängen des Emser Gangzuges. Hervorhebenswert ist vor allem die bis 1957 betriebene Grube Friedrichssegen östlich der nächsten großen Lahnschleife, auf deren Halde Mineralienfreunde immer noch spektakuläre Funde bergen. Hier kommen u.a. die berühmten „Emser Tönnchen" vor. Einige verbliebene Gebäude der Grube stehen heute als Industriemonument unter Denkmalschutz.

Auf der anderen Rheinseite trifft der Blick auf die frühere kurtrierische Befestigung Stolzenfels, die nach der Zerstörung 1689 in den Jahren 1839–42 nach Plänen u.a. des bedeutenden Berliner Baumeisters Karl Friedrich Schinkel (1781–1841) antikisierend neu erbaut wurde. Manche Kritiker des neoromantischen Baustils halten dieses zweifellos pittoreske und in das übrige mittelrheinische Burgenszenario

Im Umfeld der Klamm bildet die mit Cyanobakterien kooperierende Hundflechte ansehnliche Bestände.

durchaus passende Objekt für eine typisch preußische Theaterarchitektur.

Vom Allerheiligenberg folgen wir dem Lahn- bzw. Rheinhöhenweg hinunter nach Niederlahnstein bis an Lahnufer. Nahe der Lahnbrücke zwischen Nieder- und Oberlahnstein befindet sich (neben demjenigen in Dausenau weiter lahnaufwärts) ein weiteres historisches „Wirtshaus an der Lahn", ein hübscher Fachwerkbau von 1697. Hier kehrte Johann Wolfgang von Goethe (1749–1832) mit seinen befreundeten Reisegenossen Johann Kaspar Lavater (1741–1801) und Johann Bernhard Basedow (1724–1790) am 18. Juli 1774 anlässlich einer Schifffahrt lahnabwärts ein, um das Mittagessen (angeblich Bohnen mit Speck) einzunehmen. Ein mit „Geistesgruß" betiteltes und nach heutigem Empfinden leicht kryptisches Gedicht, das Goethe hier spontan beim Anblick von Lahneck verfasste, gilt als literarischer Beginn der Rheinromantik.

Vom „Wirtshaus an der Lahn" führt uns der gelb markierte Rheinsteig-Verbindungsweg entlang der B260 nach Osten zum Ausgangspunkt am Klammeinstieg zurück.

Was es noch zu sehen gibt

Aufschluss im Emsquarzit

Etwa 2 km lahnaufwärts vom Parkplatz am Klammeinstieg zweigt rechts eine kleine Straße auf den taunusseitig gelegenen alten Bergwerksort Friedrichssegen ab. Im Ort wählt man rechts die kleine Fahrstraße zurück zum Lahnsteiner Ortsteil Friedland. Die links der Lahn aufgeschlossene steile Felsböschung besteht aus einer sehr schönen Folge hellgrauer Quarzite und quarzitischer Sandsteine mit geringmächtigen Tonschiefereinschaltungen. Diese fast horizontal gelagerte Schichtenfolge zeigt eine Ablagerungssituation, wie sie nur im gezeitenbeeinflussten Watt entstehen konnte. Teilweise sind im Profil auch frühere Wattrinnen (Priele) zu erkennen.

Tourenprofil: Rundwanderung

Anfahrt/Ausgangspunkt: Parkplatz Ruppertsklamm an der B260 (Bäderstraße) von Niederlahnstein nach Bad Ems. Der kleine Parkplatz befindet sich in einem ehemaligen Steinbruch.

Wegverlauf: Parkplatz – Ruppertsklamm – Allerheiligenberg – Niederlahnstein – an der Lahn entlang zurück zum Ausgangspunkt

Zielpunkt: Identisch mit NaTour-Einstieg

Empfohlene Karte: UNESCO-Welterbe Oberes Mittelrheintal 1 : 25 000, Blatt Loreley; RheinWandern 1 : 25 000 Blatt Süd

Einkehr: am Zielort

Strecke: 5.750 m

tiefster Punkt: 71,7 m ü. NN

höchster Punkt: 266,8 m ü. NN

Summe Steigungen: 195 m

Summe Gefälle: 195 m

maximale Steigung: 12,6 %

maximales Gefälle: 10,9 %

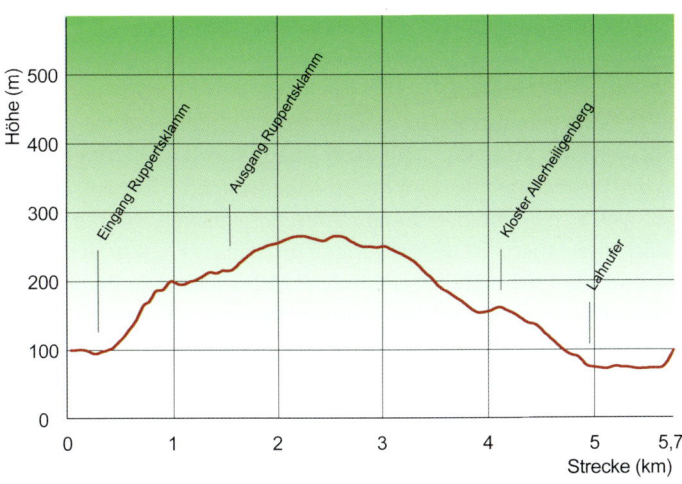

© GeoBasis-DE / LVermGeoRP 2016 dl-de/by-2-0, http://www.lvermgeo.rlp.de
[Daten bearbeitet]

Überaus eindrucksvoll ist der Blick von der Festung Ehrenbreitstein auf den Zusammenfluss von Rhein und Mosel.

NaTour 10 – Im Schnittpunkt von Lahn, Mosel und Rhein

Überblick und Weitsicht von der Festung Ehrenbreitstein

Preußische Militärarchitektur und Naturerleben haben im Allgemeinen so gar nichts miteinander zu tun. Im vorliegenden Fall ist es auch weniger der strikte Militarismus der im Rheinland mentalitätsbedingt bis heute nicht so recht beliebten preußischen Präsenz, sondern eher die einzigartige Topographie der Festung Ehrenbreitstein, errichtet 1817–1828 als eine der größten Festungsanlagen Europas an der Stelle einer älteren kurtrierischen Wehranlage, u.a. aus den Werksteinen der zum Abriss freigegebenen Zisterzienserabtei Heisterbach (vgl. S. 338) und den Sprengresten der Rheinfels (NaTour 6). Für Naturkundlich Interessierte ist die verworrene Festungsarchitektur sicher weniger spannend, aber ihr exponierter Standort ist zweifellos ein dominanter landschaftlicher Blickfang am Zusammenfluss von Rhein und Mosel.

Im gesamten Großraum Koblenz gibt es keinen eindrucksvolleren Blick über große Teile des mittelrheinischen Naturraums als von der ausgedehnten (und militärhistorisch gesehen längst ausgedienten) Terrasse der Festung, die kaum je einmal wirkliche militärische Bedeutung hatte, sondern eher unter dem Stichwort preußische Potenzprotzerei einzuordnen ist. Selbst der seinerzeit berühmte und in den topographischen Karten immer noch eingetragene Goethe-Blick im rechtsrheinischen Koblenzer Stadtteil Karthause bleibt hinter dem Panorama vom Ehrenbreitstein definitiv zurück, zumal er heute durch den üppigen Hangbewuchs leider ziemlich wirksam verstellt ist.

Direkt gegenüber der Festung befindet sich bei Rheinkilometer 592,4 die Moselmündung – hier endet das UNESCO-Welterbe Oberes Mittelrheintal. Meist kann man am unterschiedlichen Partikelgehalt die deswegen unterschiedlich gefärbten Wasserkörper beider Flüsse von oben sehr gut unterscheiden. Sie verlaufen eine Weile parallel nebeneinander und vermischen sich erst durch Verwirbelung allmählich eine geraume Strecke weiter rheinabwärts.

Die kleine Schwester der Maas

Die 544 km lange Mosel (von den Römern *Mosella* = kleine Maas genannt) entspringt in den östlichen Vogesen beim Col de Bussange in 735 m ü. NN, fließt zunächst 278 km lang durch Frankreich, bildet dann auf 36 km die gemeinsame Grenze mit Luxemburg und erreicht nach weiteren 206 km als Grenzfluss zwischen den Schiefergebirgsteilen Eifel und Hunsrück den Rhein. Auch die Mosel durchmisst auf ihrem Lauf zahlreiche weit schwingende Bögen und Schlingen. Von Trier nach Koblenz sind es daher in der Luftlinie zwar nur 90 km, auf der Mosel dagegen wegen der zahlreichen und weit ausholenden Talmäander rund 195 km. Schon vor ihrer Mündung kommt die Mosel dem Rhein mehrfach sehr nahe – auf der Höhe der Bopparder Talschleife auf 9,25 km und im Bereich der Horchheimer Brücke, landseitig gemessen am heute verlandeten Altarm zwischen Oberwerth und der Koblenzer Innenstadt, sogar auf nur 1,75 km. Der Mündungsbereich, der heute auf ungefähr 65 m ü. NN liegt, hat den Römern offenbar besonders zugesagt, denn hier errichteten sie (zunächst übrigens mehr am Mosel- als am Rheinufer) ihre Siedlung *Confluentes*.

Die Moselmündung besteht in ihrer heutigen Form übrigens erst seit 1893: Als man das Deutsche Eck mit dem monströsen Denkmal für Kaiser Wilhelm I. errichtete, wurde der Mündungsbereich ein wenig nordwärts verlegt. Vorher befand sich hier als nordöstlichster Zipfel des Hunsrücks eine „Hundsschwanz" genannte und von Weiden bestandene Halbinsel. Sie wich später einem kleinen Hafenbecken.

Die politische Geschichte der letzten beiden Jahrhunderte hat die Mosel zunächst vor größeren technischen Eingriffen bewahrt. Erst 1956 beschlossen die Anrainerstaaten per Staatsvertrag die Kanalisierung zur Großschifffahrtstraße bis Thionville (Diedenhofen), die ganzjährig für 1500-t-Schiffe (oder Schubeinheiten bis 3500 t) befahrbar sein sollte. Dazu wurden auf der deutschen Moselstrecke im Abstand von je etwa 20 km insgesamt 9 Staustufen mit Fallhöhen um je etwa 6,50 m eingebaut. Die erste hinter der Schleuse Koblenz gelegene Staustufe Lehmen erhöht den Wasserspiegel auf 72,5 m ü. NN, bis Thionville sind insgesamt 83 m zu überwinden. Im Jahre 1964 waren die Regulierungsarbeiten abgeschlossen. Seither ist die Mosel zwar reguliert und bringt für den Massenguttransport nennenswerte Erleichterungen, aber gezähmt ist sie keineswegs, wie die häufigen Hochwasser oder sogar Eisstau-Ereignisse der letzten Jahre zeigten. Ob die Tallandschaft, die seit 1940 unter Landschaftsschutz steht, durch den Ausbau gelitten oder gewonnen hat, beurteilen Anwohner, Wasserwirtschaftler und Ökologen grundverschieden. Der Vergleich mit Aufnahmen vor 1960 stimmt in jedem Fall nachdenklich.

Besondere Erlebnisinhalte

Beeindruckende Kulisse

Bei klarer Sicht zeichnet sich die gesamte westliche Kulisse des Mittelrheinischen Beckens mit den angrenzenden Hunsrück- und Eifelhöhen deutlich ab. Klar erkennbar ist, dass die tertiärzeitlich entstandene Beckenlandschaft wegen ihres recht komplizierten Bruchschollenmosaiks nicht absolut tellereben ist – Pellenz und Maifeld vor dem Eifelostrand besetzen darin höhere Flächenniveaus. Einzelne Schollenteile sind übrigens immer noch in Bewegung, wie sich an den relativ häufigen Erdbeben gerade in diesem Raum ablesen lässt – er führt neben der Niederrheinischen Bucht sogar die Bebenstatistik Deutschlands an. Belebt wird das Relief auch von den Kuppen des Osteifeler Vulkanfeldes: Dessen Südwestecke markiert der kulturhistorisch bedeutsame, etwas isoliert liegende Karmelenberg (372 m) bei Ochtendung in knapp 15 km Entfernung. Weiter nördlich schließen sich die beiden markanten Mayener Vulkanberge Hochstein (562 m) und Hochsimmer (583 m) sowie die hohen Kuppen rund um den Laacher See an, darunter der Krufter Ofen (463 m). Bei klarer Sicht ist auch die Lage der Andernach-Leutesdorfer Talpforte am Ausgang des Mittelrhein-Beckens auszumachen (vgl. S. 224). Eine landschaftlich

Mit der Lahnsteiner Pforte gegenüber Schloss Stolzenfels kündigt sich die Mittelrheinische Bucht an.

sicherlich kaum erträgliche Zutat ist der massige Kühlturm des gescheiterten Kernkraftwerks Mülheim-Kärlich, das nie in Betrieb ging, weil man den Reaktor passenderweise direkt über einem erloschenen Vulkanschlot errichtete. Dem heute längst ausgeräumten Kraftwerk wurde gerichtlich in letzter Instanz der Regelbetrieb untersagt. Dieses zweifellos scheußliche und die Landschaftsästhetik enorm störende Bauwerk wird aber in den nächsten Jahren wieder verschwinden.

Uraltes Fundament

Das Plateau, auf dem man die Festung errichtet hat, liegt auf der hier relativ schmalen jüngeren Hauptterrasse des Rheins in knapp 180 m Höhe. Es wird überwiegend von den Laubach-Schichten der Oberems-Stufe mit ihrer typischen Wechselfolge von Tonschiefern und Feinsandsteinen aufgebaut (vgl. Tabelle S. 65). Während der variszischen Gebirgsbildung sind die Schichten aus ihrer ursprünglich waagerechten Absatzlagerung aufgerichtet worden und fallen nun steil nach Nordwesten ein. Dabei wurden sie sogar überkippt, weshalb die Schichten nach Südosten immer jünger werden. Eine solche Situation ist für das Rheinische Schiefergebirge eher untypisch. Bestimmte Lagen führen reichlich Fossilien, und zwar Schalen von Muscheln und Brachiopoden (Armfüßer). Die Art ihrer Einbettung spricht dafür, dass die Schalenreste bei schweren Sturmlagen durch Wellenaktion im Flachwasser verwirbelt und mehrfach umgelagert wurden. Solche Fossilbetten nennt man daher Tempestite (vom lateinischen *tempestas* = Unwetter). Nördlich der Festung, am heute unzugänglichen Felssporn des Nellenköpfchens, treten die Sand- und Siltsteine des jüngsten Unterems (aus dem Unterdevon, vgl. Tabelle S. 65) zu Tage. Nach Süden schließen

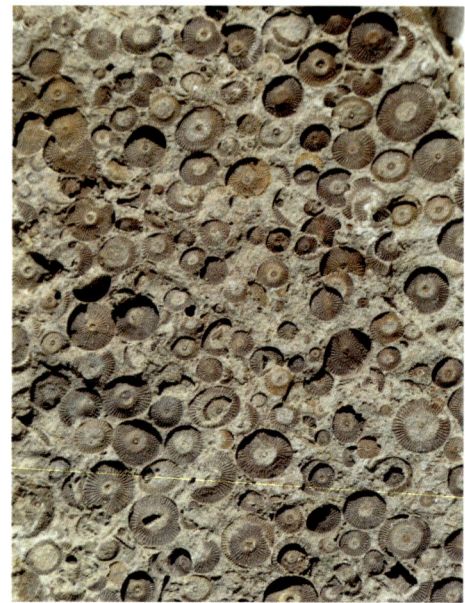

In den devonischen Schiefergesteinen rund um die Festung finden sich lagenweise zahlreiche Fossilien wie die Stängelglieder von Haarsternen (Crinoiden). In der Region nennt man sie Bonifatiuspfennige.

sich Ems-Quarzit und Hohenrhein-Schichten des Oberems an – alle sind in der Talflanke unterhalb der weitläufigen Festungsanlagen sichtbar. Das kleine Tal mit der Zufahrt zur Festung verläuft im Bereich einer Verwerfung, an der wieder Gesteinsschichten des Unterems frei liegen.

INFO

Das besondere Artporträt

Rote Mordwanze

Schwarz-rot erscheint immer als eine leicht verruchte Farbgebung, und sicherlich mag diese kontrastreiche Musterung auch zur wenig schmeichelhaften Namengebung für dieses bildschöne Insekt beigetragen haben. Auch die alternative deutsche Bezeichnung Zornige Raubwanze für *Rhinocoris iracundus* hört sich nicht gerade besonders freundlich an. An warmen und trockenen Stellen erreicht die bis 1,7 cm lange Art im Mittelrheintal die Nordgrenze ihrer Verbreitung in Mitteleuropa und ist hier relativ selten.

Häufiger ist sie dagegen im südlichen Mitteleuropa und stellenweise im Mittelmeergebiet. Wegen ihrer Seltenheit ist sie in Deutschland geschützt.

Die Mordwanze ist eine von zehn bei uns vorkommenden Raubwanzen-Arten. Alle haben einen gestreckten und bemerkenswert beweglichen Kopf. Zwischen den Vorderbeinen verläuft eine geriefte Rinne: Bei Störun-

Die nicht sehr passend so genannten Mordwanzen haben auf den Felsen des Ehrenbreitsteins einen ihrer nördlichen Verbreitungsposten.

gen streicht die Raubwanze mit der Rüsselspitze darüber und erzeugt somit ein vernehmliches Zirpen. Im Unterschied zu ihrer an Pflanzen saugenden Verwandtschaft macht die Mordwanze mit ihren kräftigen Vorderbeinen am Boden und auf Blüten(ständen) Jagd auf andere Insekten, wobei sie auch Opfer wie Bienen oder Hummeln erbeutet, die deutlich größer sind als sie selbst. Durch einen Stich wird die Beute gelähmt und anschließend ausgesaugt.

Vor dem kräftigen Stechrüssel auch dieser Raubwanze sollte man sich unbedingt in Acht nehmen – der Stich ist äußerst schmerzhaft.

Interessantes Mauerblümchen

Die Pflanzenwelt im Festungsbereich und seiner Umgebung bietet relativ wenig Aufregendes. Erwähnenswert sind allerdings die relativ reichen Vorkommen des Goldlacks in den Fugen der rheinseitigen Festungsmauern und der geklüfteten Felsen, die zur Blütezeit im Frühsommer auffallen. Diese Art kommt auch im Bereich verschiedener rheinischer Höhenburgen vor und gilt hier als Burggartenflüchtling (vgl. dazu auch NaTour 6).

In den Mauern des Festungsbauwerks finden sich ansehnliche Bestände des Burggartenflüchtlings Goldlack.

Landesmuseum Koblenz

Der erfolgreiche Archäologe, Denkmalpfleger und Volkskundler Josef Röder gründete das Koblenzer Landesmuseum 1956 unter der Bezeichnung „Staatliche Sammlung für Vorgeschichte und Volkskunde". Seit den 1970er Jahren verlagerte sich der Schwerpunkt der Präsentations- und Sammlungsbereiche auf die regionale Technikgeschichte, u.a. mit den Themenbereichen Bims, Eisenverarbeitung, Zinngießerei, Holzverarbeitung, Weinbau, Sektherstellung und Schnapsbrennerei. Neben Leben und Leistung bedeutender Unternehmer aus dem Koblenzer Raum (August Horch, Georg Michael Pfaff, Michael Thonet, Franz Xaver Wagner u.a.) zeigt das Haus in der festungstechnisch so benannten Contregarde seine bemerkenswerte archäologische Abteilung unter dem Titel „Geborgene Schätze. Archäologie an Mittelrhein und Mosel".

Herausragendes Glanzstück ist die 1997 bei Ochtendung gefundene Schädelkalotte eines Neanderthalers. Auf dem Dach sind die 2011 anlässlich der Bundesgartenschau angelegten Archäologischen Zeitgärten mit drei Themensträngen einen Besuch wert.
Öffnungszeiten:
Apr–Okt täglich 10–18 h;
Nov–März Sa, So und feiertags 10–17 h

Das Mauer-Glaskraut ist im Mittelrheingebiet schon seit der Römerzeit beheimatet.

Rhein-Museum Koblenz

Die bereits 1912 gegründete und heute direkt unterhalb der Festung Ehrenbreitstein gelegene Institution versteht sich als Spezialmuseum für die Kulturgeschichte und die Schifffahrt des Rheins. Schwerpunkte im überaus sehenswerten Sammlungs- und Ausstellungsbereich sind die Ökologie des Gewässers, Geschichte des Fischfangs, die Entwicklung der Rheinschifffahrt vom Einbaum über Segel- und Dampfradboote bis zur modernen Motorfahrt, die Themenfelder Rheinromantik, Rheintourismus und Rheinburgen, das Leben am Rhein (Wirtschaft) sowie Wasserbau, Hochwasser und Eisgang. Das

Museum gibt jährlich einen eigenen Zeitschriftenband „Beiträge zur Rheinkunde" heraus. Geöffnet ist es täglich außer Mo von 10 – 17 h. Träger ist der private Verein Rhein-Museum.
Rhein-Museum
Charlottenstraße 53a
56077 Koblenz
(Ehrenbreitstein)
www.rhein-museum.de

Der Braunstielige Streifenfarn ist an künstlichen Felsstandorten weitaus häufiger als in der Naturlandschaft.

Forum Confluentes

Die 2013 in einem Bauwerk in spektakulärer architektonischer Gestaltung eröffnete Einrichtung inmitten der Koblenzer Altstadt verführt mit der interaktiven Ausstellung *Romanticum* zur vorbereitenden Erkundung des facettenreichen Welterbes Oberer Mittelrhein, eingebettet vor allem in seine Märchen und Mythen und flankiert von der Burgenromantik der Region – eine gänzlich neue und noch recht ungewohnte Art zum R(h)einschauen. Als Besucher/in bewegt man sich auf dem originalgetreu nachgebauten Aussichtsdeck eines traditionellen Rheindampfers der berühmten Weißen Flotte, begegnet im Salon berühmten Rheinreisenden früherer Jahrzehnte und erlebt im Laderaum die wirtschaftliche Vielfalt der Region, vor allem mit dem Schwerpunkt Weinbau. Im Steuerhaus kann man das Schiff virtuell durch das Fahrwasser lenken. Spannende weitere Aktionen runden den erlebnisreichen Besuch ab. Einzigartig ist das Zusatzangebot: Jede Eintrittskarte enthält einen individuellen Code. Darüber kann man an vielen speziell markierten Ausstellungsstücken ausführlichere Zusatzinformationen speichern lassen und mit dem eigenen Code zu Hause auf der zugehörigen Internetseite www.meinromanticum.de abrufen. Die Institution ist ganzjährig täglich geöffnet.
Romanticum im Forum Confluentes
Zentralplatz 1
56068 Koblenz
www.romanticum.de

Tourenprofil: Rundwanderung

Anfahrt/Ausgangspunk: DB-Bahnhof Koblenz der Linie Wiesbaden–Koblenz; per Auto über die A61 (Abfahrt Koblenz) oder über die B42, beschränkte Parkmöglichkeiten am Moselufer; Koblenz ist Station aller im Gebiet verkehrenden Personenschifffahrtslinien.

Strecke/Profil/Wegverlauf: Auffahrt mit der derzeit weltweit modernsten Seilbahn (gebaut anlässlich der Bundesgartenschau 2011) von der Talstation am Konrad-Adenauer-Ufer (Koblenz) bis zur Festungsbergstation. Den Rückweg könnte man von der Festung aus per Sessellift erledigen, der nahe beim erlebniswerten Rhein-Museum unterhalb der Festung endet.

Zielpunkt: Koblenz-Ehrenbreitstein; von dort Rückfahrmöglichkeit per ÖPNV zum DB-Bahnhof Koblenz

Empfohlene Karte: UNESCO-Welterbe Oberes Mittelrheintal 1:25000, Blatt Koblenz; RheinWandern 1:25000 Blatt Nord

Information: Besucherdienst 0261 – 66 75 40 00; www.burgen-rlp.de

Einkehr: am Start- und Zielort

Strecke: 6.998 m

tiefster Punkt: 63,6 m ü. NN

höchster Punkt: 164,4 m ü. NN

Summe Steigungen: 109 m

Summe Gefälle: 109 m

maximale Steigung: 14,0 %

maximales Gefälle: 12,6 %

Alternativstrecke: 7.006 m

Seilbahnstrecke: 917 m

Fährstrecke: 302 m

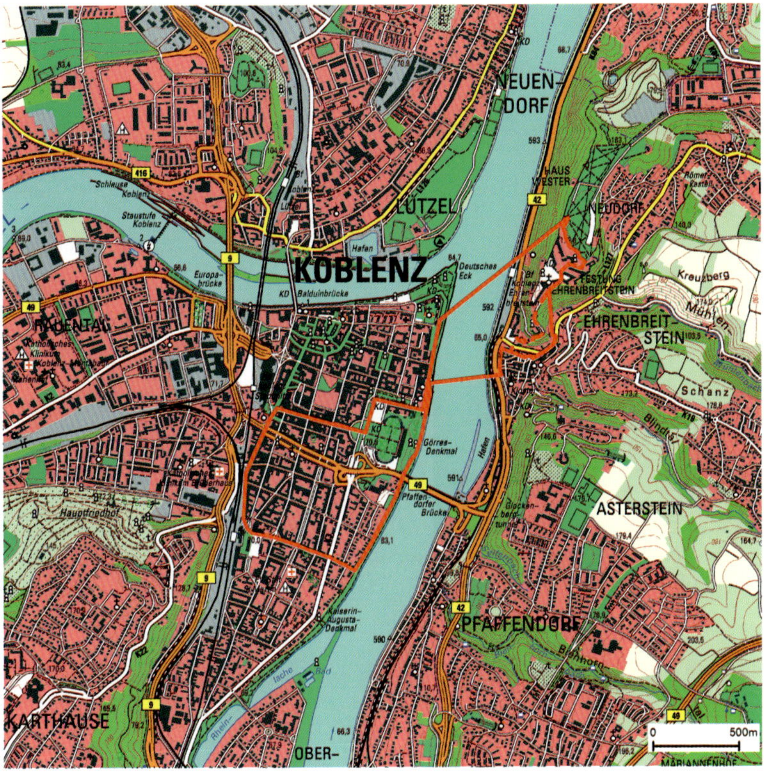

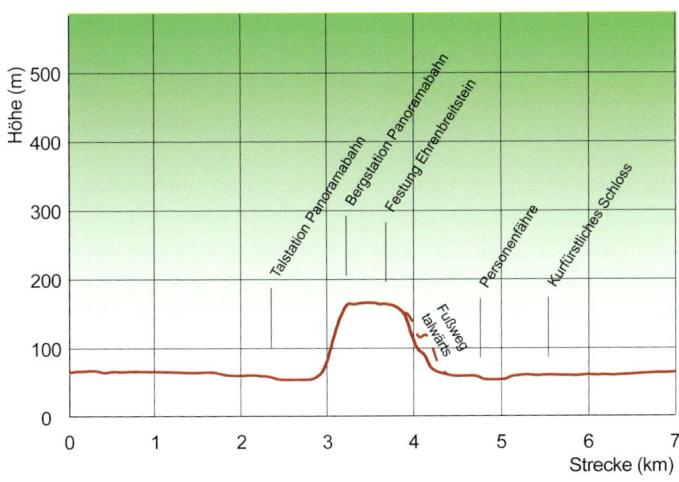

© GeoBasis-DE / LVermGeoRP 2016 dl-de/by-2-0, http://www.lvermgeo.rlp.de
[Daten bearbeitet]

Im Spätfrühjahr schmückt sich die Ruine Altwied mit der hübschen Sand-Schaumkresse.

NaTour 11 – Besuch in der Steinzeit

Von Altwied nach Monrepos

Etwas zurückgesetzt vom nordöstlichen Winkel der weitläufigen Mittelrheinischen Beckenlandschaft (Neuwieder Becken) führt Sie diese Rundwanderung aus dem rheinnahen romantischen Wiedtal auf die Westerwälder Randhöhen von (Neuwied-) Monrepos, wo Sie nicht nur ein landschaftlicher, sondern auch ein besonderer kulturgeschichtlicher Höhepunkt erwartet.

Was die Ahr für die östliche Eifel, ist die Wied für den westlichen Westerwald – eine klare landschaftliche, aber durchaus keine besondere politische Grenzmarke. Dennoch verspricht sie als bemerkenswert eng eingetaltes Fließgewässer, das die angrenzende Höhenflur in windungsreichem Lauf durchschneidet, erlebniswerte und sehr ansprechende Landschaftseindrücke.

Sehenswertes Dorf im Burgbering

Wir beginnen diese Rundwanderung im malerischen Altwied (verwaltungs-technisch übrigens kurioserweise Neuwied-Altwied genannt). Das ansehn-liche Ortsbild mit seinen charakteristischen Fachwerkhäusern beherrscht die imposante Ruine der dreiseitig von der Wied umflossenen Spornburg aus dem frühen 12. Jahrhundert. Deren Felsbasis und auch das aufgehende Mauerwerk der Burgruine bestehen aus den hier im gesamten Umfeld anste-henden rund 390 Millionen Jahre alten Devongesteinen. Zur Burganlage gehört ein den gesamten Ortskern ein-beziehenden Wehrgang. Bis in das 17. Jahrhundert war die Burg der Sitz der Grafen zu Wied, ehe die gesamte Gebietsverwaltung schließ-lich ins neugegründete Neu-wied mit seinem barocken Schloss im Winkel zwischen Wiedmündung und Rhein verlegt wurde. Im Mauer-werk der Burgruine und des Burgberings haben sich au-ßer Moosen und Flechten auch zahlreiche Kleinfarne angesiedelt, beispielsweise der Blasenfarn, der Braun-

Die Umfassungsmauer von Altwied weist viele interessante Pflanzen auf.

stielige Streifenfarn sowie die Mauerraute. Hier gedeiht außerdem ein schöner Bestand von Dreifinger-Steinbrech sowie das für das römerzeitlich heimge-suchte Rheintal kennzeichnende Mauer-Glaskraut, ein Import aus dem Süden. Die Burgruine ist nur an Sonntagen zugänglich. Erwähnens- und sicherlich sehenswert ist auch die spätgotische Pfarrkirche mit ihrem nahezu fensterlo-sen Langchor. Neuwied-Altwied gilt übrigens als eines der schönsten Dörfer in Rheinland-Pfalz.

Bei Neuwied-Segendorf hat man in der Wied eine Raustrecke als Aufstiegshilfe für Wanderfischarten eingerichtet.

Die Wied ist zwar insgesamt 95 km lang, doch sind ihre Quelle und Mündung tatsächlich nur 32 km voneinander entfernt. Sie entspringt in einer baumbestandenen Quellmulde im Bereich der Westerwälder Seenplatte in rund 400 m Höhe und sägt sich auf ihrem windungsreichen Lauf fast 335 m tief in das Westerwälder Schiefergebirge ein. Dessen Gesteine bestehen bei Altwied überwiegend aus den unterdevonischen Siegener Schichten. Hier schneidet der kleine Fluss übrigens eine bedeutende, aber im Gelände nicht besonders auffällige und schon gar nicht klar aufgeschlossene Störlinie des nordöstlichen Schiefergebirges an, die so genannte Siegener Hauptaufschiebung, fallweise auch Überschiebung genannt (vgl. NaTour 14). Man erkennt sie im anstehenden benachbarten Gestein unter anderem am markanten Wechsel der Gesteinsfarbe von Rostbraun nach Schwarzgrau.

Der Felssporn von Altwied mit seinem geradezu bilderbuchreif ausgebildeten Prallhang ist eine der engsten Stellen im gesamten Talzug der Wied. Hier hat man den kleinen Fluss zudem angestaut – das Wehr mit bemerkenswerter Fischtreppe befindet sich vor der schmalen Felsnase. In den breiten, flachen Uferpartien oberhalb des Stauwehrs findet man eine Anzahl von im Gebiet sonst eher seltenen Röhrichtpflanzen, darunter die hübsche Schwanenblume und den früher als Aromalieferant verwendeten Kalmus.

Das besondere Artporträt

Rotes Ordensband

Mit einer Flügelspannweite von bis zu knapp 8 cm ist das Rote Ordensband (*Catocala nupta*) einer der größten heimischen Vertreter der Eulenfalter. Wenn der Falter tagsüber mit bedeckten Hinterflügeln auf Baumrinden ruht, ist er wegen der bestens tarnenden Musterung seiner Vorderflügel selbst bei genauer Nachsuche kaum zu entdecken. Sollte ihn aber ein Fraßfeind, etwa ein Singvogel, dennoch wahrgenommen haben, zieht er seine Vorderflügel blitzschnell zur Seite und zeigt die grellfarbige Musterung der Hinterflügel. Das schockt potenzielle Angreifer so sehr, dass dem Falter genügend Zeit bleibt, um ihm in raschem Zickzackflug zu entkommen. Die Art

Das Rote Ordensband hält sich gerne im Uferbereich auf.

war im Jahre 2015 Schmetterling des Jahres. Außer dem Roten Ordensband kommen in Mitteleuropa noch drei weitere recht ähnliche und zum Teil kleinere Arten vor. Sie sind heute relativ selten und gelten sogar als gefährdet.

Die hier benannte Art ist dämmerungsaktiv und hält sich tagsüber gerne an gehölzbestandenen Ufern fließender oder stehender Gewässer auf, ist manchmal aber auch in Stadtparks oder auf Friedhöfen zu finden. Die Flugzeit erstreckt sich etwa von Juli bis Oktober. Gewöhnlich wird pro Saison nur eine Generation entwickelt. Die Raupen ernähren sich von Weiden- und Pappelblättern. Die Eier überwintern an Zweigen. Die etwa fingerlange Raupe ist unauffällig beigebraun und in ihrem Aktionsbereich kaum zu entdecken.

Durch dunklen Forst zu lichten Höhen

Wir folgen der Wiedtalstraße ein paar Schritte in Richtung Neuwied, gehen rechts über die alte zweibogige Wiedbrücke, dann gleich nach rechts und vertrauen uns dem bekannten Markierungszeichen „R" für den Rheinhöhenweg an, der hier mit einem betont steilen Anstieg durch einen ziemlich düsteren Fichtenbestand den Prallhang der Wied bezwingt. Er führt durch das etwas über 30 ha große Naturschutzgebiet „Auf der Hardt", in dem bilderbuchreife Streuobstwiesen zu erleben sind.

Trotz ihrer auffälligen Färbung gehört die im Gebiet häufige Fuchsalge zu den Grünalgen.

Schon nach etwa 1 km haben wir diese durchaus schweißtreibende Steigung im Wesentlichen geschafft, befinden uns jetzt bereits 200 m über dem Talgrund und treten nun aus dem Wald in freies Gelände hinaus. Schon bei Höhe 309,9, wo wir dem schwarzen „R" nach links folgen, bietet sich bei der Schutzhütte „Lauseiche" eine überaus prächtige Fernsicht auf das untere Wiedtal und die weite Landschaft des Mittelrheinischen (Neuwieder) Beckens – kaum vorstellbar, dass hier die geradezu dramatische Unruhe der Erdkruste in der erdgeschichtlich relativ kurzen Zeit von wenigen Jahrmillionen die devonischen Schiefergesteine gleich um mehrere hundert Meter in die Tiefe versenkte. Das Ergebnis dieser folgenreichen Krustenbewegung ist die heutige weiträumige Beckenlandschaft im landschaftlichen Geviert zwischen Westerwald, Taunus, Hunsrück und Eifel, von Geologen und Geographen auch als intramontanes Tiefland bezeichnet (vgl. NaTour 12).

Wir setzen unseren Weg fort. Zunächst geht es auf der Hochfläche für etwa 400 m wieder durch Wald. Bei der nächsten Weggabelung halten wir uns links und erreichen bald das etwas versteckt zwischen hohen Bäumen liegende 1909 erbaute Prinzessinnenpalais des früheren Schlosses Monrepos. Von diesem ehemaligen Jagdschloss und späteren Sommersitz Monrepos der Fürsten zu Wied ist heute allerdings nichts mehr zu sehen (erbaut ab 1757, wegen nicht aufzuhaltenden Verfalls bei einer Feuerwehrübung 1969 gezielt abgebrannt). Hier wurde übrigens Elisabeth Prinzessin zu Wied (1843–1916) geboren, die als spätere Königin von Rumänien unter dem Pseudonym Carmen Sylva romantische Gedichte und Lieder schrieb. Kurz bevor wir auf der Höhe von Monrepos das Museumsgebäude erreichen, führt der Weg an einem eindrucksvollen nordamerikanischen Riesenmammutbaum (Naturdenkmal) vorbei – eine klare Erinnerung an den bedeutenden Forschungsreisenden Maximilian Prinz zu Wied (1782–1867), der in der Nachfolge Alexander von Humboldts große Teile der Neuen Welt bereiste, nämlich Brasilien 1815–1817 sowie Nordamerika 1832–1834. Von diesen Expeditionen brachte er viele bedeutende Belege mit und veröffentlichte zudem mehrbändige Reiseberichte. Sein Denkmal steht vor dem Schloss in Neuwied.

Im Schloss der Forscher Monrepos

Das wiedische Prinzessinnenpalais beherbergt seit 1988 als Sonderabteilung des Römisch-Germanischen Zentralmuseums Mainz (RGZM) das Museum Monrepos. Zeitweilig war hier auch die bemerkenswert erfolgreiche Forschungsstelle „Altsteinzeit" der Universität zu Köln angesiedelt.

Ursprünglich präsentierte das von dem berühmten Kölner Vorgeschichtler Gerhard Bosinski initiierte, konzipierte und viele Jahre begleitete „Museum für die Archäologie des Eiszeitalters" die Ergebnisse aus mehr als drei Jahrzehnten ergiebiger Forschung mit ihren unterdessen berühmten Grabungsergebnissen aus dem an Fundpunkten

Das ehemalige Prinzessinnen-Palais beherbergt eine bedeutende Forschungseinrichtung mit Museum.

so reichen Mittelrheinischen Becken. Tatsächlich sind aus diesem vergleichsweise kleinen Gebiet rund eine Million Jahre Menschheitsvor- und -frühgeschichte dokumentiert. Hervorhebenswert sind beispielsweise die europaweit einzigartigen eiszeitlichen Kratersiedlungen früher Jägerkulturen oder die unterdessen weltbekannten Funde vom Grabungsplatz Gönnersdorf mit ihren faszinierenden Schieferplatten-Gravuren, die überaus eindrucksvolle Tierdar-

stellungen zeigen (Öffnungszeiten und Führungsanmeldungen unter Tel. 02631 – 72043).

Nach längerer Schließung und Neukonzeption der Ausstellung wurde das Haus Monrepos im Juli 2014 wiedereröffnet. Die neue und im Vergleich zur früheren Ausstellung etwas gewöhnungsbedürftige Präsentation heißt nun „Schloss der Forscher Monrepos. Archäologisches Forschungszentrum und Museum für menschliche Verhaltensevolu-

Zu den Glanzstücken gehören die (zur Verdeutlichung mit Kreide nachgezeichneten) Gönnersdorfer Schiefergravuren aus der jüngeren Altsteinzeit.

tion". Das jetzt angebotene Konzept steht demnach unter dem Leitthema „Menschliches Verhalten" und vollzieht damit (bedauerlicherweise) einen betont radikalen Bruch mit den Themen seiner Vorgängerinstitution. Die neue Ausstellung ist eine medientechnisch kräftig und museumsdidaktisch mit mancherlei Spielereien aufgepeppte Show mit viel Vorder- und mitunter vielleicht doch zu wenig Hintergründigem. Themenstrang ist jetzt die so mit vielen inhaltlichen und zeitlichen Sprüngen dargestellte Evolution menschlicher Sozialbeziehungen – ein komplexer und nicht unbedeutender Spezialaspekt, der in bisherigen archäologisch orientierten Sammlungen („Knochenmuseen") zugegebenermaßen stark vernachlässigt wurde. Mit etlichen erkennbar am Zeitgeschmack orientierten Finessen und museumstechnisch zunächst durchaus beeindruckenden Installationen, die durchweg am heutigen Medienkonsumverhalten unserer Gesellschaft ausgerichtet sind, sowie mengenweise (auch per PC) angebotener Flachware versucht die mit flotten Sprüchen angereicherte neue Ausstellung die sicherlich schwierige Gratwanderung zwischen archäologischem Befund und dessen kulturgeschichtlicher Einordnung. Was lernt man hier? Am Anfang steht die Trivialinformation, dass die frühesten Vorfahren des *Homo sapiens* noch nicht lesen konnten, und am Ende der Präsentation erfährt man nicht gänzlich überraschend, dass der technisch hochgerüstete Mensch (gerade des 21. Jahrhunderts) zu größtmöglicher Brutalität neigt. Wussten wir das eventuell schon vorher? Fazit: Wer die bisherige Darstellung mit den durchweg spektakulären Ergebnissen der Archäologie des mittelrheinischen Spätglazials kannte, wird die neue Installation eventuell nur mit gewissem Stirnrunzeln wahrnehmen. Besucher, die vielerlei technischspielerische Interaktionen mit den Exponaten schätzen, können hier jedoch durchaus Überraschendes erleben und wahrnehmen.

Nach einem etwaigen Museumsbesuch gehen wir auf der Fahrstraße vorbei am Haanhof (mit Wisentherde) abwechselnd durch alten Buchenhochwald und schönen Streuobstwiesen. Die alte Kulturlandschaft zwischen dem seit der Altsteinzeit besiedelten Wiedtal, den landwirtschaftlich genutzten Hängen des Westerwaldes zum Neuwieder Becken und den ausgedehnten Waldflächen der Wiedischen Forste auf dem südlichen Rhein-Wied-Rücken bietet auf vergleichsweise kleinem Raum sehr viel Struktur- und Abwechslungsreichtum. Insofern ist hier auch mit einer recht artenreichen Tierwelt zu rechnen. Im Gebiet kommen außer den üblichen waldbewohnenden Großsäugern wie Fuchs, Wildschwein und Reh beispielsweise auch mehrere Arten aus der Marderverwandtschaft vor, neben Dachs und Iltis etwa Stein- und Baummarder. In der Vogelwelt fallen neben der häufigen Ringeltaube und der Türkentaube viele Kulturfolger wie Rotkehlchen, Singdrossel, Misteldrossel und Zaunkönig auf. In den Streuobstwiesen brütet der Wendehals.

Beim Blick von den Randhöhen auf die Mittelrheinische (Neuwieder) Beckenlandschaft mag es reizvoll sein, sich die gänzlich abweichende Tierwelt der
letzten Kaltzeit vorzustellen, die in diesem Raum vor etwa 12.000 Jahren zu
Ende ging und die im Fundus des Museum Monrepos anhand zahlreicher Kno-
chenfunde detailliert dokumentiert ist – darunter Mammut und Murmeltier,
Wildpferd und Elch oder Rentier und Wolf.
Wo die Fahrstraße (K 110) nach etwa 250 m geradeaus hinunter nach Neuwied-
Segendorf führt, wenden wir uns scharf nach rechts. Nach zwei Kehren trifft
dieser Weg auf den Rheinsteig, dem wir über die Talschulter der Wied nach
Südosten bzw. Osten folgen. Nach etwa 2,5 km leichter Wanderung erreichen
wir wieder den Ausgangspunkt Altwied.

Schlosspark Neuwied

Wenn man schon in der Gegend unterwegs ist, lohnt sich mit Sicherheit ein
Besuch im Neuwieder Schlosspark. Die Anlage erstreckt sich über etwa 1 km
Länge bei ungefähr 100 m Breite zwischen dem Rheinufer und der Wiedmün-

**Als Ergänzung dieser NaTour empfiehlt sich ein Besuch des Neuwieder Schloss-
parks mit seinem prächtigen Baumbestand.**

Die Rheinfront des Schlossparks vermittelt einen Eindruck der ursprünglichen Auenvegetation.

dung nördlich des Schlosses Neuwied, das man als neue Residenz der Fürsten zu Wied um die Mitte des 18. Jahrhunderts vollendete. Graf Friedrich Wilhelm zu Wied ließ hier 1707 einen französischen Barockgarten anlegen. Während der Regierungszeit von Fürst Friedrich Karl zu Wied wurde der Park um 1790 in einen englischen Landschaftsgarten umgewandelt, wie er sich heute präsentiert. Im Jahre 1870 wurde er unter maßgelblicher Beratung durch den Gartendirektor Eduard Petzold des Fürsten Pückler-Muskau erneut umgestaltet. Ein verheerender Sturm bei gleichzeitigem Rheinhochwasser im Frühjahr 1876 entwurzelte fast alle größeren Bäume. Der seinerzeit regierende Fürst Wilhelm zu Wied veranlasste sofort die Neupflanzung zahlreicher Gehölze, die bis heute das Bild dieser bemerkenswerten, rund 24 ha großen Parkanlage prägen. In der Stadt Neuwied ist der öffentlich zugängliche (größere) Teil des Schlossparks nach dem rheinland-pfälzischen Landesgesetz über Naturschutz und Landschaftspflege ein geschützter Landschaftsbestandteil mit hohem Naturpotenzial.

Direkt vor der Nordspitze des Schlossparks mündet die Wied in den Rhein.

Der Gehölzbestand im Park spiegelt immer noch in gewissem Maße die Erfahrungen der Nordamerika-Expedition Maximilian zu Wied (1782–1867). Vor diesem Hintergrund weist der Baumbestand viele nordamerikanische Baumarten auf, darunter beispielsweise Schwarz-Nuss, Robinie, Gelbe Pavie, Rot-Eiche, Weymouth-Kiefer, Hemlock, Riesenmammutbaum und Eschen-Ahorn. Zusätzlich haben aber auch etliche ostasiatische Arten Eingang gefunden, wie ein viel bewunderter Blauglockenbaum, oder die aus Südeuropa stammende Blumen-Esche.

Der Schlosspark ist Bestandteil des bemerkenswerten Neuwieder Hochwasser-Schutzsystems (vgl. S. 52). Stadtseitig flankiert ein Erddeich mit seiner bei 11,2 m (Pegel Neuwied) liegenden Oberkante den Schlosspark – er überragt die bisher bekannten Rekordwasserstände des Rheins um rund 1 m. Der Schlosspark selbst ist bei außergewöhnlichen Rheinhochwassern überflutet. Das Schloss selbst wird bei solchen Ereignissen durch seine eigene hochgelegene Terrasse geschützt.

Tourenprofil: Rundwanderung

Anfahrt/Ausgangspunkt: Aus Richtung Bonn oder Koblenz auf der B42 bis Neuwied, im Neuwieder Stadtteil Heddesdorf abbiegen in die Wiedtal-straße Richtung Waldbreitbach bzw. Neustadt bis Altwied oder über die A3 Abfahrt Neustadt und dann durch das Wiedtal rheinwärts.

Öffentliche Verkehrsmittel: Bahn Köln – Koblenz (rechtsrheinisch) bis DB-Bahnhof Neuwied, dann Regiobus 131 Richtung Waldbreitbach bis Altwied.

Strecke/Profil/Wegverlauf: Altwied – Museum Monrepos – Segendorf – Altwied; steiler Anstieg am Anfang der Wanderung, dann leichte Höhen-wanderung und aussichtsreicher Abstieg zurück ins Wiedtal.

Zielpunkt: Identisch mit NaTour-Einstieg

Empfohlene Karte: WK 1 : 25 000 Naturpark Rhein-Westerwald Blatt 3 (Süd)

Einkehrmöglichkeiten: Altwied, Monrepos

Strecke: 7.319 m

tiefster Punkt: 91 m ü. NN

höchster Punkt: 300,4 m ü. NN

Summe Steigungen: 209 m

Summe Gefälle: 209 m

maximale Steigung: 20,8 %

maximales Gefälle: 7,8 %

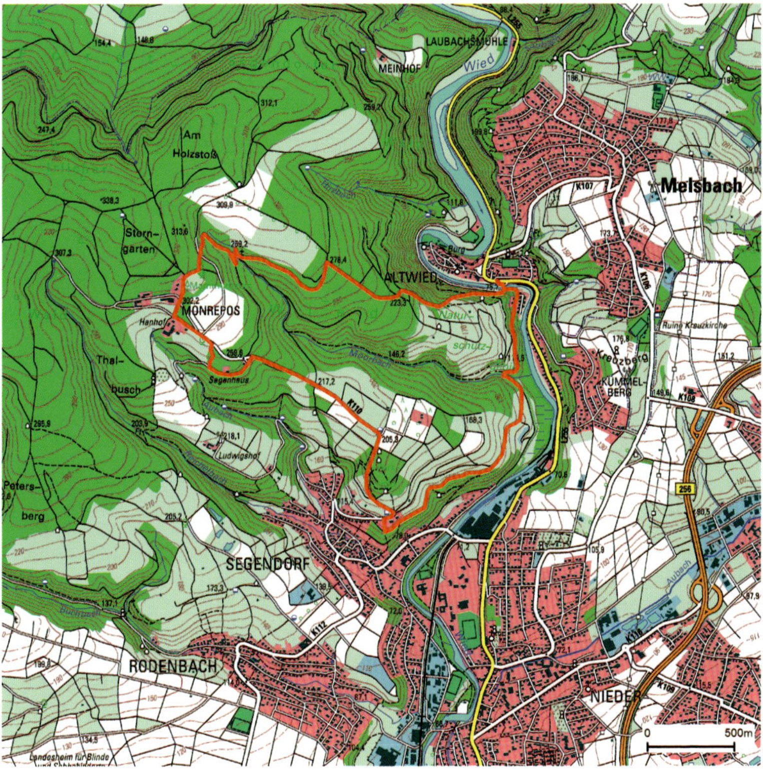

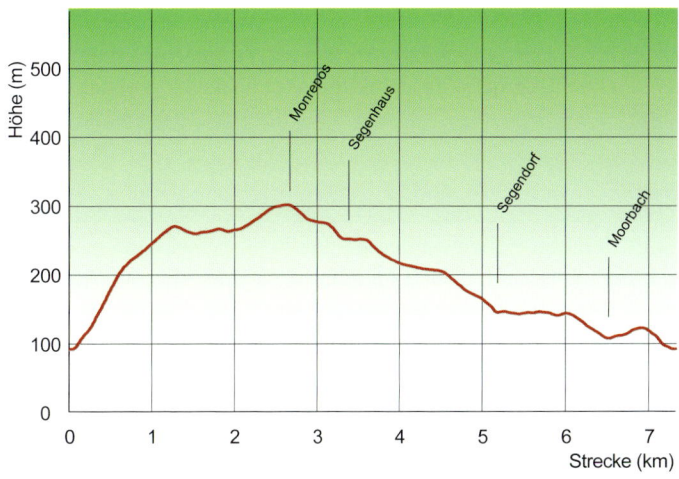

© GeoBasis-DE / LVermGeoRP 2016 dl-de/by-2-0, http://www.lvermgeo.rlp.de
[Daten bearbeitet]

Das Projekt „Essbare Stadt" findet immer noch bundesweit Beachtung.

 # NaTour 12 – Am Rande der Vulkaneifel

Von Andernach bis Brohl

Diese erlebnisreiche Streckenwanderung führt Sie nach einem etwaigen längeren Aufenthalt im Stadtgebiet von Andernach vom Nordende der Altstadt mit einem kurzen, aber steilen Anstieg auf die linksrheinische Hauptterrasse am direkten Übergang des Mittelrheinischen Beckens in das Untere Mittelrheintal.

Besondere Erlebnisinhalte

Vor dem Start zu dieser Höhenwanderung empfiehlt sich ein Aufenthalt mit Rundgang in der interessanten Stadt Andernach, die immerhin auf eine römische Gründung (Antunnacum) zurückgeht.

Essbare Stadt

Mit einem bundesweit stark beachteten und unterdessen mehrfach ausgezeichneten Projekt setzt die Stadtverwaltung Andernach seit dem Jahre 2010 ein neues Konzept der Stadtbegrünung und Lebensraumaufwertung um: Statt der sonst üblichen und eher langweiligen Geranien-Rasen-Rosen-Einheitskultur wachsen beispielsweise im Schlosspark an der 1689 im Pfälzer Erbfolgekrieg zerstörten Burg unter anderem Bohnen, Beeren, allerhand sonstige Gemüse, Kartoffeln, Küchenkräuter und viele weitere Nutzpflanzen. Sogar ein kleiner Weinberg mit Rebsorten zum Direktgenuss ist angelegt. Daneben gibt es ausgedehnte und bemerkenswert artenreiche Wildblumenfluren – das bisher größte Urban Gardening-Projekt in Deutschland. Und das Schönste: Die Andernacher Bürger dürfen die hier ankultivierten Nutzpflanzen kostenlos für den Eigenverzehr ernten. Diese Art der Stadtbegrünung zeigt nicht nur, wie attraktiv Artenvielfalt in Gartenbau bzw. Landwirtschaft (in Fachkreisen Agrobiodiversität genannt) aussehen kann, sondern sie unterstreicht auch, dass man in der Stadt durch multifunktionale Grünflächen interessante Lebensräume schaffen und auch eine erlebniswerte Alternative der Wohnumfeldverbesserung erreichen kann.

Geysir Andernach

Nachdem man im alten Rheinarm zwischen dem Namedyer Werth und dem linken Rheinufer immer wieder Gasblasen aufsteigen sah, brachte man im Jahre 1903 auf der Halbinsel eine Bohrung bis auf etwa 340 m Teufe nieder, um das hier aufquellende Kohlenstoffdioxid technisch zu gewinnen. Das in der Tiefe angetroffene und unter hohem Druck stehende Grundwasser schoss durch das Bohrloch als etwa 40 m hohe Wasserfontäne hoch auf und war viele Jahre lang eine besondere Attraktion des Gebietes. Beim Ausbau der B9 wurde das alte Bohrloch 1967 durch einen Schieber verschlossen. Im Jahre 2001 wurde weiter abseits der Straße eine neue Bohrung niedergebracht, die erwartungsgemäß den Geysir wieder auf etwa 40 m Höhe springen ließ. Der nunmehr geplanten touristischen Nutzung sahen die Naturschutzverbände jedoch nur ungern entgegen. Im Jahre 2005 einigte man sich jedoch auf ein Konzept, das auch die Belange des Naturschutzes auf dem ökologisch sensiblen Namedyer Werth angemessen berücksichtigt.
Das neue Bohrloch ist 350 m tief. Etwa alle 100 Minuten treibt der Druck des ausperlenden Kohlenstoffdioxid-Gases, das aus einer erkaltenden Magmakammer in der Tiefe stammt, das angesammelte Wasser als Fontäne zunächst mit einem Knall und dann heftig zischend in die Höhe – bei Windstille auch schon

Am Andernacher Rheinufer finden sich uralte Exemplare der Silber-Weide.

mal bis zu 60 m hoch. Seit November 2008 ist diese spektakuläre Fontäne als höchster Kaltwassergeysir der Welt offiziell in das Guinness-Buch der Rekorde eingetragen.

Nationaler Geopark Vulkanland Eifel

Der im April 2005 eingerichtete rheinland-pfälzische Geopark thematisiert das erdgeschichtliche Erbe der rund 2.200 km² großen Vulkaneifel zwischen dem Rhein und der belgischen Grenze. Er schließt die drei folgenden regionalen Geoparke zu einer Erlebniseinheit zusammen:

- Vulkanpark im Landkreis Mayen-Koblenz (mit Sitz in Koblenz)
- Vulkanpark Brohltal/Laacher See (mit Sitz in Niederzissen) sowie
- Natur- und Geopark Vulkaneifel (mit Sitz in Daun)

Der Geysir Andernach ist Teil des Vulkanparks im Landkreis Mayen-Koblenz. Besucher können sich im Rahmen eines etwa 3-stündigen Programms im Geysir-Erlebniszentrum in Andernach über den Vulkanismus der Region informieren, mit der MS „Namedy" zum Namedyer Werth fahren und dort eine Eruption des Geysirs miterleben.

Geysir.Info gGmbH
Konrad-Adenauer-Allee 40
56626 Andernach
02632 95 80 080
www.geysir-andernach.de

Bunte Krautsäume begleiten den Weg zur Halbinsel Namedy.

Krahnenberg

Wenn man die Besonderheiten der Andernacher Altstadt erlebt und noch ein wenig Atem für die übrigen Schönheiten der Region hat, folgt man der in großen Teilen erhaltenen Andernacher Stadtbefestigung bis zum Mariendom, biegt in die Krahnenbergstraße ein, unterquert die aufgestelzte B9 und trifft dann auf einen Wanderweg (Markierung „RV"), der mit mäßiger bis abschnittweise stärkerer Steigung auf die Höhe des Krahnenberges führt.
Autofahrer biegen links in die Straße „In der Felster" ab, die im weiten Bogen ebenfalls zu einem geräumigen (Restaurant-)Parkplatz auf den Krahnenberg führt. Direkt unterhalb des Restaurants befindet sich eine Aussichtskanzel, die einen geradezu atemberaubenden Blick in das Mittelrheinische Becken und auf die Andernacher Talpforte bietet.

Deutlich zeichnet sich auf der rechten Rheinseite die tellerebene Hauptterrassenfläche ab.

Ein Becken mitten im Gebirge

Vom Aussichtspunkt ist das gesamte Mittelrheinische Becken zwischen Oberem und Unterem Rhein-Engtal zu überblicken. Es bildet eine im Kartenbild auffällige, ungefähr rechteckige Landschaft innerhalb des Rheinischen Schiefergebirges und stellt nach geomorphologischen Kriterien eine intramontane Beckenbildung zwischen den Senkungsgebieten Oberrheinische Tiefebene und Niederrheinische Bucht dar. Sie ist auf beiden Seiten des Rheins entwickelt, beginnt unmittelbar nördlich der Lahnmündung bzw. der von Kühkopf (382 m) und Licherkopf (319 m) flankierten Enge und reicht bis zur Andernacher Talpforte vor Ihren Augen, an der sich das canyonartige und hier noch einmal besonders schroffe Engtal des Mittelrheins fortsetzt. An der Umrahmung dieser Beckenlandschaft sind somit alle vier rheinflankierenden Schiefergebirgsteile (Taunus, Hunsrück, Westerwald und Eifel) beteiligt und in Sichtweite wahrzunehmen.

Der tiefste Teil befindet sich im NO unmittelbar vor der klar und als dunkle Kulisse vom Krahnenberg aus erkennbaren Westerwaldflanke. Hier ist der heutige Rheinstrom innerhalb der Beckenlandschaft weit nach Osten verlagert. Die von SW nach NO verlaufende Beckenlängsachse misst etwas mehr als 30 km,

Blick vom Krahnenberg in das Mittelrheinische Becken

wohingegen die kürzere und SO/NW-gestreckte Querachse nur etwa 15 km lang ist. Nicht allein die tiefere Lage, sondern auch die völlig andere Nutzung der weithin offenen Kulturlandschaft heben das Becken vom ungleich waldreicheren Schiefergebirge deutlich ab – ein Bildeindruck, den auch Satellitenaufnahmen aus dem erdnahen Weltraum klar vor Augen führen.

Das gesamte Becken ist ein Senkungsfeld im Schnittpunkt zweier Großstrukturen des Rheinischen Schiefergebirges, das seit der mittleren Tertiärzeit (bisher) um etwa 350 m eingebrochen ist. Sein komplizierter Mosaikaufbau mit vielen Brüchen und Spalten tritt jedoch nirgendwo offen zu Tage, ist aber durch Bohruntersuchungen gut bekannt. Die Bewegungen der einzelnen Schollen bzw. Scherben dauern immer noch an – die Mittelrheinische Beckenlandschaft gehört tatsächlich zu den erdbebenaktivsten Bereichen Mitteleuropas. Fast überall bilden jüngere, meist vulkanische und industriell genutzte Lockermaterialien die heutige Bedeckung. Die recht unebenen, auf Höhenlagen zwischen 60 und über 300 m verteilten Flächen geben einen zusätzlichen Hinweis auf zahlreiche und zudem unregelmäßige Zerklüftungen im tieferen Untergrund. Mehrere Kleinlandschaften lassen sich hier unterscheiden: Nach der Höhenstufung kann man linksrheinisch eine Hauptterrassenflur (170–200 m) mit einer Folge kleinerer Rücken und Terrassenresten ausmachen, die bei der

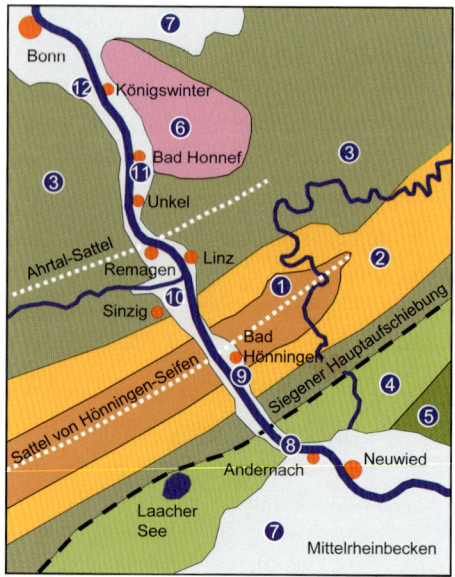

Vereinfachte Skizze zur Geologie des Unteren Mittelrheintals: 1 Unter-Siegen, 2 Mittel-Siegen, 3 Ober-Siegen, 4 Siegener Südfazies (Unter-Ems), 5 jüngere Schichtglieder des Ems, 6 Vulkanfeld Siebengebirge (Tertiär), 7 Quartär; 8 Andernach-Leutesdorfer Talpforte, 9 Hönninger Talweitung, 10 Goldene Meile, 11 Unkel-Honnefer Talweitung, 12 Godesberger Rheintaltrichter

Koblenzer Karthause beginnt und sich bei 3–5 km Breite über eine Länge von fast 20 km als Koblenz-Andernacher Hügelland bis zum Krahnenberg bei Andernach erstreckt. Zur Rheinniederung fällt die Terrassenkante meist mit nur sanfter Neigung ab. Eine landschaftlich recht auffallende Unterbrechung ist das ungewöhnlich steil eingetiefte Moseltal, dessen unterster Abschnitt kurz vor der Mündung dieses Terrassenband quert. Auch die Nette, die zwischen Weißenthurm und Andernach in den Rhein mündet, hat ihr Tal in diese Leiste tief eingekerbt.

Südlich der Nette schließt sich in 200–300 m das bemerkenswert uneinheitliche, landwirtschaftlich intensiv genutzte Nieder- und Obermaifeld mit seinen Senken und Hügelgruppen an. Diese vermitteln einerseits zum Westrand des Mittelrheinischen Beckens, andererseits zu den hochgelegenen Terrassenrändern der Mosel. Landschaftlich herausragend ist der 379 m hohe Karmelenberg, der ein bewaldetes, etwa 10 km langes und 3 km breites Plateau auf 300 m NN beherrscht und als südlichster Ausbruchspunkt des Osteifeler Vulkanfeldes gilt.

Nördlich der Nette mit ihrem engen Mäandertal erstreckt sich auf der Linie Andernach – Mayen die alte, auch in ihrem natürlichen Relief recht abwechslungsreiche Kulturlandschaft Pellenz (80–250 m). Sie ist von mehreren, bis 300 m hohen Vulkanen des Osteifeler Vulkanfeldes durchsetzt und weist dazwischen Senken und kleinere Höhenrücken auf. Ursprünglich war die Zahl der

Vulkankuppen größer. Der Abbau der Lockermaterialien für die unersättliche Baustoffindustrie hat hier allerdings ganze Arbeit geleistet.

Eine klare, auch im Gelände deutlich erkennbare Abgrenzung zeigt die Neuwieder Rheintalweitung (70–60 m), das Neuwieder Becken im engeren Sinn. Es nimmt den tiefsten Teil der Mittelrheinischen Beckenlandschaft ein. Seine Tiefenlage verdankt es erdgeschichtlich jungen bis jüngsten Einbrüchen und Senkungen, seine Weite dagegen der Ausräumung durch den Rhein. In der bis zu 7 km breiten und rund 20 km langen, bohnenförmig geschwungenen Talweitung zwischen der Moselmündung und der Andernacher Talpforte schwingt der Rheinstrom ohne die Einengung der Gebirgsflanken in weiten Mäanderbögen hin und her. In diesem Abschnitt weist er mit Niederwerth, Graswerth, Urmitzer Werth, und Weißenthurmer Werth mehrere lang gestreckte Inselkörper auf. Hier und da zeichnen sich im Gelände auch noch ältere Stromrinnen ab. Nach Osten wird die Neuwieder Talweitung von einer mit sanften Hängen abgesetzten, nicht durchgehenden Stufe begrenzt, die ihrerseits von Saynbach, Aubach und Wied stärker zerkerbt wurde. Sie beginnt direkt nördlich der Lahnmündung mit den scharf profilierten und steilhängigen Ehrenbreitsteiner Randterrassen, setzt sich nach Norden in die nur relativ schmale Hüllenberger Randterrasse fort und schließt mit dem relativ sanften Wollendorf-Gladenbacher Beckenhang ab.

Eine recht unliebsame landschaftliche Dominante des Mittelrheinbeckens nördlich von Koblenz ist der Kühlturm des völlig verplanten RWE-Kernkraftwerkes Mülheim-Kärlich, das unterdessen als eklatantes Beispiel dafür gilt, wie man Gelder in Milliardenhöhe versenkt. Die 1975–1986 in einem bekanntermaßen stark erdbebengefährdeten Gebiet und im mittelbaren Wohnbereich von rund 250.000 Menschen gebaute Anlage musste im September 1988 nach knapp zwei Jahren Probe- und exakt 100 Tagen Regelbetriebszeit aufgrund höchstrichterlicher Entscheidung wegen beachtlicher Unregelmäßigkeiten

Am Rheinufer finden sich überall die Leerschalen der erst vor wenigen Jahren eingewanderten Körbchenmuschel. Möglicherweise gehören sie zwei verschiedenen Arten an.

im Baugenehmigungsverfahren endgültig von Netz genommen werden. Der hässliche Kühlturm soll bis etwa 2020 verschwinden.

Andernacher Talpforte

Den Wiedereintritt des Rheins in seine untere Engtalstrecke, auf deren Beginn Sie gerade herabsehen, flankieren der 209 m hohe Krahnenberg und die gegenüberliegender Hüllenberger Höhe (215 m) bei Leutesdorf. Den darauf folgenden und fast gerade gestreckten Talabschnitt bezeichnet man als Andernacher Talpforte – aus der Höhe und auch aus der Perspektive des Mittelrheinischen Beckens erscheint sie tatsächlich wie ein schmaler, von den angrenzenden steilhängigen Schiefergebirgsflanken eng begrenzter Zugang. Die linksrheinische Talschulter setzt sich über ein breites und auffälliges Terrassenband in die Rheineifel fort. Die rechtsseitige Talflanke geht dagegen in den bemerkenswert siedlungsarmen, weil steilhängigen Rhein-Wied-Höhenrücken über, der seinerseits Bestandteil des Niederwesterwaldes ist (vgl. Abb. 230).

Rechtsrheinisch ist der Taleingang übrigens gegenüber der linken Rheinseite infolge einer seitlichen Verschiebung um etwa 500 m nach S versetzt – diese Struktur nennt man in der regionalen Geologie den Andernacher Sprung. Während die beiderseitigen Schienenstränge noch gerade auf dem schmalen Ufer Raum finden, wurden für die Fernstraßen B9 (linksrheinisch) und B42 (rechtsrheinisch) jeweils etwas gewaltsamere und landschaftlich nicht besonders elegante technische Lösungen gefunden. Die linksrheinische Talschulter setzt sich über ein breites und auffälliges Terrassenband in die Rheineifel fort. Das landschaftliche Erscheinungsbild der linken und der rechten Talflanke ist im Unteren Mittelrheingebiet bemerkenswert unterschiedlich. Die rechte Rheinseite beim Weinort Leutesdorf ist erkennbar die Sonnenseite und trägt folglich ausgedehnte Rebfluren bzw. sonstige Offenlandfluren. Die linksseitige Talflanke ist dagegen eher eine Schattenseite und durchweg bis hinunter zum Talboden bewaldet.

Hohe Buche und Kreuzbornslay

Folgen Sie vom Krahnenberg-Aussichtspunkt ausdrücklich nicht dem verlockenden, aber schmalen Hangweg hinunter nach Namedy, sondern dem angenehm auf der Höhe bleibenden Rheinhöhenverbindungsweg (RV) bzw. E8, der zunächst der Grenze zwischen dem Talhangwald und der offenen Flur folgt. Beim Wanderparkplatz Hochkreuz biegt er rechts ab und führt Sie – immer noch der Waldkante folgend – zu den beiden Hofanlagen Geishügelhof und Knopshof. Etwa 500 m hinter dem Knopshof erreichen Sie – übrigens fast auf der Hauptterrassenkante – den einzigen Osteifeler Basaltvulkan, von dem ein Lavastrom bis ins Rheintal hinabgeflossen ist. Wo er dicht oberhalb der Eisenbahnstrecke zutage tritt, lag unten im Tal der kleine Ort Fornich, der aber der seinerzeitigen Verbreiterung der B9 zum Opfer gefallen ist. Die Ausbruchsstelle des Lavastroms liegt auf der Höhe und wird durch einen nach Osten geöffneten Schlackenwall markiert. Zu ihm gehört die Höhe 318,4 (Karteneintrag) mit dem (früheren) Standort einer mächtigen Buche, die der Anhöhe, einem flachen Schlackenkegel, den Namen gegeben hat. Von hier aus ist ein nur recht kurzer Lavastrom nach Norden ausgetreten, der beim benachbarten Wasenkopf auf der Höhe blieb, während ein etwas längerer nach Osten hinab ins Rheintal floss. Dort staute er sich zu einer 300 m breiten und etwa 8–15 m hohen Lavawand auf, der Kreuzbornslay oder Fornicher Lay. Die Stirn dieses Lavastroms ist teilweise hinter einer Stützmauer zur Sicherung der Bahnlinie verbaut. Diese umfährt ihn in einer kaum merklichen Biegung. Die aus dem Lavastrom abgeschiedenen Säulen stehen pfeilerartig senkrecht und werden nach oben ein wenig dicker. In seinen obersten Partien zeigt der Fels dagegen eine eher schaumig-poröse Ausbildung, wie man es vom Dach der Lavaströme auch anderwärts in der Osteifel kennt.

Im Bereich des Vulkans Hohe Buche findet man Werkstücke aus Basaltlava mit römerzeitlichen Bearbeitungsspuren.

Das Rheintal war damals (zur Entstehungszeit der Jüngeren Mittelterrasse, vielleicht vor etwa 115.000 Jahren) noch nicht so tief eingeschnitten wie heute; seine Sohle lag etwa 25 m höher als das heutige Mittelwasser des Flusses.

Übrigens: Wenn man nicht den gesamten Weg vom Krahnenberg bis zur Hohen Buche wandern möchte, kann man auch hangaufwärts durch ein Blockmeer (mit Vorkommen des seltenen Hirschzungenfarns) zur Lavawand hinaufsteigen. Der kurze, aber steile Aufweg beginnt dort, wo der von Namedy kommende Fahrweg südlich der Kreuzbornslay in einer Unterführung die Bahnlinie unterquert. Hier folgt man der Spur des Lavastroms an dem zum „Alker Hof" ausgeschilderten Fahrweg weiter nach oben. Am Schlackenwall auf der Höhe trifft man wieder auf den Rheinhöhenweg (Kennzeichen „R").

Das poröse und daher gut zu bearbeitende Material wurde spätestens seit der Römerzeit sowohl auf der Höhe als auch weiter unten am Rhein als Werkstein abgebaut. Diese Steinbrüche lieferten beispielsweise das Baumaterial für die Pfeiler der römischen Moselbrücke in Trier, für die über dem rechten Rheinufer liegende Burg Hammerstein und für die Andernacher Stadtmauer. Im Gebiet der Hohen Buche bzw. am Wasemer Kopf finden sich zahlreiche kleinere Steinbrüche mit antiken Werkspuren. Ein kleiner Lehrpfad erschließt hier das Terrain.

Die gesamte weitere Wegstrecke führt durch Waldstücke auf der Hauptterrasse und erlaubt keine Tiefblicke in das Rheintal. Dafür öffnet sich beim Geishügelhof ein weiter Blick in die vulkanisch geprägte Osteifel.

INFO

Das besondere Artporträt

Kormoran

Vor allem bei einer Wanderung am Rheinufer bemerkt man mit Sicherheit eine Vogelart, die noch vor wenigen Jahren im Mittelrheingebiet recht selten war: Es ist der Kormoran (*Phalacrocorax carbo*), der mitunter auch so genannte „Meerrabe", der diesen irreführenden Namen nur wegen seines schwarzen Gefieders trägt. Mit den Rabenvögeln hat er aber nun wirklich gar nichts zu tun. Seit den 1970er Jahren hat er in seinen nördlicher gelegenen Brutgebieten (Norddeutschland, Niederlande, Skandinavien) nach Bejagungsverbot wieder deutlich zugenommen. Daher stieg bei uns die Zahl der Überwinterer und auch der Brutvorkommen stark an. Als Vogelfreund wird man sich über diese interessante Art gewiss freuen. Angler und Fischzüchter nehmen ihn dagegen nur sehr reserviert zur Kenntnis. Im Rhein kann er mit seinem Appetit allerdings kaum Schäden anrichten, denn der Strom beherbergt nach seiner ökologischen Gesundung wieder genügend Fische.

Kormorane lassen sich gerne rheinabwärts treiben und liegen dabei sehr tief im Wasser, so dass man fast nur den Hals mit dem etwas nach oben gerichteten, wiederum in einen Haken auslaufenden Schnabel sieht. Unschwer sind auch die stromaufwärts (meist dicht über der Wasserfläche) fliegenden Trupps zu erkennen. Wie ein schwarzes Kreuz wirkt der fliegende Vogel; sein Schwanz endet keilförmig. Wie die Gänse und Kraniche bilden auch die Kormorane gerne eine V-förmige Formation. Auf den Kribben oder auf Uferbäumen fallen sie schon von weitem besonders auf, wenn sie mit ausgebreiteten Flügeln sitzen und ihr Gefieder an der Luft trocknen. Unter allen Wasservögeln ist der Kormoran die einzige Art, deren Gefieder wasserdurchlässig und daher benetzbar ist. Beim

Der Kormoran ist überall am Mittelrhein häufig zu sehen.

Tauchen wird dadurch der Auftrieb geringer und das Schwimmen unter Wasser einfacher. Nach dem Auftauchen schüttelt der Vogel die Tropfen aus und stellt sich anschließend in typischer Haltung zum Trocknen auf.

Brohltal

Kurz vor dem Ende dieser Wanderung stehen wir am Taleinschnitt des Brohltals. Zwischen dem Mittelrheinbecken und der Ahrmündung ist dieses die erste markante Nebenflusseinmündung auf der linken Rheinseite. Nördlich des Alkerhofs quert unser Waldweg eine ringförmige keltische Wehrburg aus dem 6. Jh. v. Chr. mit Wällen und Gräben, bevor der jetzt zunehmend schmalere Weg bald über eine in den Fels gehauene, durchaus etwas alpin anmutende Treppe mit Seilsicherung und schließlich in Serpentinen hinunter in die Ortschaft Brohl-Lützing führt.

Naturgeschichtlich ist das tief eingeschnittene und steilhängige Brohltal gleich aus mehreren Gründen bemerkenswert: Durch dieses Tal rasten beim Ausbruch des Laacher-See-Vulkans vor rund 13.000 Jahren mit einer Geschwindigkeit von weit über 100 km/h massenweise glühende Ascheströme und füllten es bis etwa zur Höhe der Kirchturmspitze von Brohl auf. Diese feinstkörnigen Massen verfestigten sich unter dem Einfluss der gleichzeitig heftig einsetzen-

An den Wald- und Wegrändern blüht die Stinkende Nieswurz schon im Spätwinter.

den Niederschläge zu typischen Ignimbriten, die seit der Römerzeit als gesuchter Werkstein (Brohltal-Trass) abgebaut wurden. Restliche, aber immer noch eindrucksvolle Vorkommen finden sich talaufwärts zwischen Brohl und Niederzissen. Der gewaltige Aschestrom hatte nach den Erkenntnissen jüngerer Forschungen sogar das Rheintal abgeriegelt und den Rhein in der Späteiszeit zu einem großen Stausee angestaut, der rheinaufwärts bis über die Lahnmündung hinaus reichte, aber offenbar nur relativ kurzfristig eine Fläche von rund 120 km² einnahm.

In den aus unterdevonischem Gestein aufgebauten ziemlich steilen Talwänden am Ausgang des Brohltals westlich der Ortschaft Brohl-Lützing finden sich lagenweise Schichten mit Pflanzenfossilien, die rund 400 Mio. Jahre alt sind und die ältesten bekannten Landpflanzen darstellen. Wegen ihrer einfachen, noch blattlosen Gestalt nennt man sie Nacktfarne (Psilophyten). Häufigste Art in den Brohltal-Schichten ist das schmal-bandförmige und gabelig verzweigte *Zosterophyllum rhenanum*.

Auch als Standort der rezenten Flora ist das untere Brohltal bemerkenswert: Hier findet sich eines der drei in Deutschland bekannten Vorkommen des extrem seltenen und streng geschützten Lorbeer-Seidelbastes (*Daphne laureola*).

Alternativ- oder Erweiterungsprogramm

Namedyer Werth

Ursprünglich war die heute direkt nördlich von Andernach an das linke Rheinufer angebundene Halbinsel ein Krummenwerth genannter selbständiger Inselkörper, der jetzt den Namen Namedyer Werth trägt. In der Mitte des 19. Jahrhunderts wurde er im Zuge des Rheinausbaus zur Großschifffahrtsstraße stark verändert. Seit 1985 ist er ein hochrangiges Naturschutzgebiet, obwohl ihm der Ausbau der B9 in den 1960er Jahren mit der über den Inselkörper verlaufenden Rampe um den Krahnenberg erheblich zugesetzt hat.

Auch die Totholzanteile in der Namedyer Aue sind wertvolle Lebensräume.

An seinem südlichen Ende befindet sich der oben erwähnte Geysir. Vom Alten Krahnen am nördlichen Ende der Andernacher Rheinpromenade führt zwar ein schmaler Fußweg auf den Namedyer Werth, aber er endet unpassierbar am eingezäunten Geysir-Gelände. Zum genaueren Erkunden der interessanten Ufer- und Auennatur vom Wege aus (!) lädt dagegen eher ein schmaler Fußweg (= Teil des früheren Leinpfades) ein, den man über die alte Uferstraße von Andernach zum Ortsteil Namedy von der Nordspitze der Halbinsel aus erreicht. Auf dem Namedyer Werth kann man lehrbuchreif fast alle Bestandteile einer natürlichen Stromaue vom ufernahen Weidengebüsch (mit der Mandel-Weide) bis zu den hochwüchsigen Baumgestalten der Weichholzaue mit Silber-Weide und anderen Weiden-Arten (oder deren Bastarden) bis zur Hartholzaue mit Eschen und Ahorn erleben (Abb. S. 238). Zusammen mit dem benachbarten Hammersteiner Werth und der markanten Bergkuppe der Hammersteiner Ley vermittelt gerade dieser Talabschnitt kurz hinter der Andernacher Talpforte zumindest beim ersten Hinsehen einen guten Eindruck vom Aussehen einer weitgehend naturnahen Rheinlandschaft. Auf dem Weg zum Rheinufer überquert man den schmalen und im Sommer bei Niedrigwasser oft völlig ausgetrockneten bergseitigen Altarm des Rheins. Schon nach wenigen Geh-

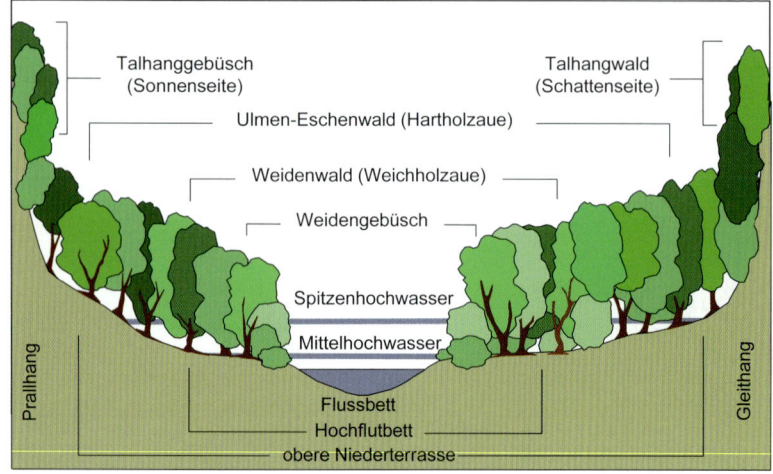

Aufbau und Vegetation einer typischen Mittelrhein-Aue

minuten verrauscht hier der Verkehrslärm der B9 zu einem sanften Gemurmel. Im Sommerhalbjahr sind in den Auengehölzen zahlreiche Singvögel zu hören. Bei niedrigen Wasserständen kann man die Sandfelder zwischen den Kribben (Strömungsabweisern) begehen und nach leeren Muschelschalen oder Bauteilen von Flusskrebsen Ausschau halten. Hier blühen im Spätsommer in bemerkenswerter Artenfülle Pflanzen, deren Verbreitungseinheiten von den jährlichen Hochwassern des Rheins zusammengeschwemmt werden. Hervorhebenswerte Arten sind beispielsweise Osterluzei, Sumpf-Schafgarbe, mehrere nordamerikanische Astern sowie die parasitisch lebenden Seide-Arten.

Was es noch zu sehen gibt

Alter Rheinkran

Unmittelbar vor der Andernach-Leutesdorfer Talpforte, am spitzwinkligen Ende der Mittelrheinbucht, befindet sich ein 1554–1559 erbauter Turmkran mit 360°-drehbarem, 16 m langem Verladearm in der Dachhaube, in der Region einfach Alter Krahnen genannt (vgl. Krahnenberg). Die horizontale Drehung des Verladearms über zwei Laufräder musste man manuell vornehmen und war die Aufgabe von zwei Kranknechten. Stromseitig hat man dem Turm im 18. Jahrhundert massive Schutzmauern gegen den seinerzeit häufigen Eisgang vorgesetzt. Dieses einzigartige Technikdenkmal ist das bedeutendste seiner Art in Deutschland und war bis 1911 in Betrieb. Es diente primär der Verladung der aus der nahen Osteifel angelieferten Mühlsteine aus Mayener bzw. Mendiger Basaltlava. Einige Mühlsteinrohlinge sind als Erinnerungsstücke beim Kran aufgestellt.

Beim Alten Kran lagern Beispiele der berühmten Mühlsteine aus Mendiger Lava, die hier früher verladen wurden.

Tourenprofil: Streckenwanderung

Anfahrt/Ausgangspunkt: DB-Bahnhof Andernach an der Linie Bonn–Koblenz (RE5 oder MRB) oder B9 und der Ausschilderung zum Zentrum folgen; Parkmöglichkeiten im Bereich der Rheinanlagen

Strecke/Profil/Wegverlauf: Das Zentrum der Andernacher Altstadt liegt auf 67 m NN, der Krahnenberg als erstes Etappenziel ist 209 m hoch. Die weitere Strecke über die Hochfläche ist weitgehend eben – sie folgt vom Wegeinstieg in Andernach bis auf den Krahnenberg und weiter bis zum Wanderparkplatz Hochkreuz zunächst dem Europäischen Fernwanderweg E8 bzw. dem Rheinhöhenverbindungsweg (RV13) und trifft erst in der Nähe vom Hüttenhof auf den RheinBurgenWeg, der sich hier von Andernach-Namedy durch den steilen Hangwald auf die Höhe schraubt. Bis einschließlich des Abstiegs in das Brohltal bei Brohl-Lützing verlaufen E8 und RheinBurgenWeg auf dem gleichen Pfad. Rückfahrt per Bahn von Brohl nach Andernach.

Zielpunkt: DB-Bahnhof Brohl

Empfohlene Karte: RheinWandern Blatt Nord 1:25000 (Landesamt für Vermessung und Geobasisinformation Rheinland-Pfalz)

Strecke: 13.491 m

tiefster Punkt: 62,2 m ü. NN

höchster Punkt: 323,1 m ü. NN

Summe Steigungen: 294 m

Summe Gefälle: 289 m

maximale Steigung: 11,2 %

maximales Gefälle: 17,3 %

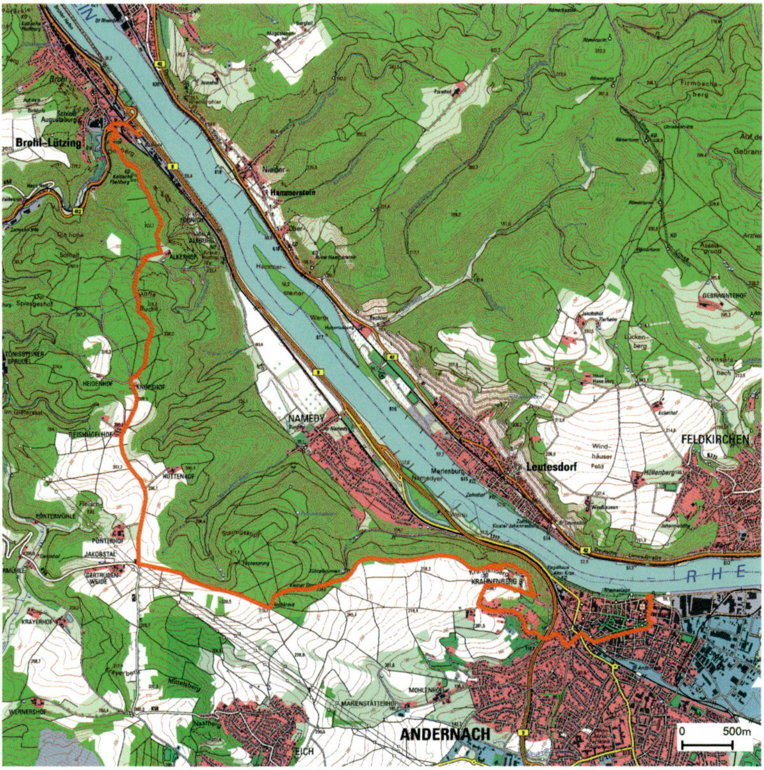

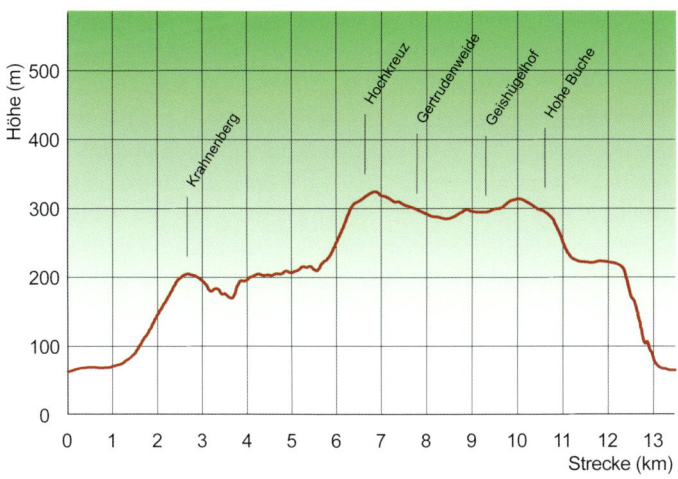

© GeoBasis-DE / LVermGeoRP 2016 dl-de/by-2-0, http://www.lvermgeo.rlp.de
[Daten bearbeitet]

Blick über das Seebecken auf den nördlichen Caldera-Rand. Die markante Erhebung ist der über 300.000 Jahre alte Vulkan Veitskopf (428 m).

NaTour 13 – Rund um den Laacher See

Unterwegs im Osteifeler Vulkanpark

Mit diesem Tourenvorschlag entfernen wir uns zwar um wenige Kilometer aus dem direkten Sichtkontakt zum Mittelrhein, aber: Das Laacher See-Becken mit seinem bewaldeten Höhenkranz und der roman(t)ischen Abtei Maria Laach ist einer der besonderen Glanzpunkte in der Natur- und Kulturlandschaft des Mittelrheingebietes und natürlich des Vulkanparks Brohltal/Laacher See. Der größere Teil des 1981 neu ausgewiesenen und insgesamt 2.100 ha großen Naturschutzgebiets (NSG) gehört zum Landkreis Mayen-Koblenz, der Rest zum Landkreis Ahrweiler. Erstmals wurden der See mit den ihn umgebenden Höhen schon im Jahre 1912 als LSG und 1926 als NSG ausgewiesen. Die (wie vielfach in Rheinland-Pfalz recht halbherzigen) behördlichen Verordnungen konnten bisher nicht verhindern, dass es am und auf dem See Freizeitnutzungen (Campingbetrieb, Bootfahren, Wassersport, Angeln) gibt, die mit den angestrebten Naturschutzzielen nicht unbedingt vereinbar sind.

Mit zwei weiteren Vulkanregionen der Eifel hat man den Vulkanpark Brohltal-Laacher See im April 2005 zum „Nationalen Geopark Vulkanland Eifel" zusammengefasst – dem fünften in Deutschland. Das Prädikat „Nationaler Geopark", 2002 im Jahr der Geowissenschaften eingeführt, wird von der Alfred-Wegener-Stiftung zur Förderung der Geowissenschaften und dem Bundesministerium für Bildung und Forschung in Abstimmung mit der UNESCO verliehen. Es soll Aufmerksamkeit erzeugen, auf Nachhaltigkeit bedachte Entwicklungen anregen, touristische Werbewirksamkeit entwickeln und der geotouristischen Begeisterung weitere erkundenswerte Aktionsräume anbieten. Eine davon unabhängige, aber große Teile des Eifeler Nationalen Geoparks erschließende Maßnahme stellt die im Herbst 2006 eröffnete Deutsche Vulkanstraße dar, die auf insgesamt 280 km Streckenlänge etwas mehr als drei Dutzend geowissenschaftlich bedeutende Anlaufpunkte verbindet. Sie beginnt am kleinen Parkplatz „Erntekreuz" unmittelbar südlich des Laacher Sees. Der Startpunkt wird rechts und links der Straße von Maria Laach nach Mendig torartig mit je drei hohen Stelen markiert, die aus den wichtigsten in der Region abgebauten Vulkaniten bestehen.

Besondere Erlebnisinhalte

Ein See im Kessel

Vom Parkplatz geht man rechts am Hotel Waldfrieden vorbei und erreicht nach wenigen Schritten durch den Rotbuchen-Hallenwald nach kurzem Anstieg den vom Eifelverein 1927 errichteten und 1986 um eine hölzerne Konstruktion auf 23 m Höhe aufgestockten Lydiaturm, der eine überaus prächtige Sicht über den gesamten Laacher See ermöglicht. Benannt wurde er nach der Gattin eines Mitgründers des Eifelvereins. Deutlich ist erkennbar, dass die weite Senke mit dem See von mehreren markanten Vulkankuppen umstellt wird: Im SO ist es der 428 m hohe Heidekopf, dann der imposante Krufter Ofen (463 m), im Uhrzeigersinn gefolgt von Thelenberg (400 m), Laacher Kopf (443 m) und Veitskopf (429 m). Direkt angrenzend an das Seeufer im SO fällt die kleine Kuppe Alte Burg auf. Nach Norden geht der Blick über die breite linksrheinische Hauptterrasse bis zum tertiärzeitlichen Vulkanfeld des Siebengebirges (vgl. NaTour 19).

Der nahezu vollständig waldumrandete Laacher See im weiten Oval des Laacher Kessels ist das größte natürliche Gewässer der gesamten nördlichen Mittelgebirgsregion und gleichzeitig eine der interessantesten Naturerscheinungen, welche die Mittelrheinregion zu bieten hat. In Zahlen stellt sich der

Überall begleiten prächtige Buchenwälder die Beckenflanken des Laacher Sees.

See folgendermaßen dar: Sein größter Durchmesser beträgt 2.310 m, die größte Breite liegt bei 1.920 m. Der Gesamtumfang der heutigen Seefläche beträgt rund 7.400 m bei einem Flächeninhalt von fast 332 ha. Der Seespiegel liegt heute ziemlich konstant bei 274,7 m über NN. Die tiefste Stelle des Seebeckens befindet sich in dessen Nordteil bei 223,6 m mit einer größten Wassertiefe von fast 51 m. Die Wasserfüllung beträgt etwas über eine Milliarde Kubikmeter. Einziger Zufluss ist ein kleiner, unbedeutender Wiesenbach, der in der Nähe der Abteigebäude mündet. Den See speist demnach fast nur das Niederschlags- bzw. Grundwasser seines 12,3 km^2 großen Einzugsgebietes. Einmal pro Jahrhundert tauscht sich die gesamte Wasserfüllung auf natürlichem Wege mit der Atmosphäre aus.

Die bewaldeten Nordflanken des Seekessels fallen recht steil zur Wasserfläche ab, während das Südufer viel sanfter geneigt ist. Seine jetzt von Weidegrünland, Ackerfluren und Obstplantagen bedeckten Flächen sind jedoch ehemaliger Seeboden. Ursprünglich lag der Seespiegel tatsächlich um etwa 10 m höher als heute. Als die Mönche im Jahre 1093 mit dem Bau ihrer Abtei begannen, lagen Basilika und Konventgebäude wirklich noch unmittelbar am See (Laach = *ad lacum*). Nach starken Niederschlagsperioden standen die Gebäude und die Krypta der Abteikirche mehrfach unter Wasser, so dass die Mönche sich unter ihrem Abt Fulbert zwischen 1152 und 1170 gezwungen sahen, einen 880 m langen Abzugstollen durch die südliche Seeumwallung zu treiben, der den Seespiegel zuverlässig auf ungefähr 279 m ü. NN einpegelte. Dazu trieben sie von der Tagesoberfläche her Schächte bis auf das angestrebte Niveau und gruben nach beiden Seiten einen Stollen mit mäßigem Gefälle, bis sie auf die von den Nachbarschächten vorangetriebenen Stollenstücke trafen. Da sie noch keinen Kompass benutzten, mussten manchmal kleine Richtungsfehler korrigiert werden. Dieser Fulbert-Stollen, eine bewundernswerte Ingenieurleistung des hohen Mittelalters, ist erhalten und fast auf seiner gesamten Länge sogar begehbar (nicht öffentlich), denn er liegt heute trocken. Im Jahre 1844 baute man nämlich unterhalb des mittelalterlichen Stollens einen zweiten, 1.060 m langen Abzugskanal, der den Seespiegel nochmals um 5 m auf sein jetziges Niveau bei 274,7 m absenkte. Durch die Wasserspiegelfällungen mit zwei Abzugsstollen büßte der Laacher See fast ein Drittel seiner ursprünglichen Wasserfläche ein. Das Mundloch des neuzeitlichen Stollens kann man sehen – es befindet sich an der Stelle, wo ein schmaler Wassergraben vom Südufer des Sees in die landwirtschaftlichen Fluren zieht.

Komplexes Geschehen im Überblick

Stellen Sie sich beim genussreichen Rundblick vom Lydiaturm das folgende Szenario vor: Mit der unbändigen Gewalt von etwa 500 Hiroshima-Atombomben öffnet das mehrere tausend Grad heiße Magma die dünne Erdkruste und schießt in wenigen Sekunden eine ungefähr 30 km hohe Glutsäule in die Atmosphäre. Ein direkter Beobachter müsste den Eindruck gewinnen, hier krempele sich schlagartig das Erdinnere nach außen. Als wäre dies alles noch nicht genug, rasen aus dem geöffneten Vulkanschlot massereiche Glutlawinen mit mehreren hundert Stundenkilometern Geschwindigkeit seitlich davon und begraben die benachbarten Täler unter einer tödlichen, weil

Ein anderes bemerkenswertes Dokument von der Gewalt des Laacher-See-Vulkans sind die zu Trass verfestigten Ascheströme im benachbarten Brohltal.

erstickenden Decke. Heftige Gewitter mit äußerst ergiebigen Regenfällen begleiten diese apokalyptischen Geschehnisse. Nach ein paar Wochen hat sich die fürchterlich entfesselte Unterwelt wieder weitgehend beruhigt – und hinterlässt weithin ein graues, völlig lebloses Feld der Verwüstung.

Science-fiction oder vergleichbar paranoide Hollywood-Vision? Tatsächlich haben sich vor rund 13.000 Jahren solche Szenen im Gebiet des heutigen Laacher Sees abgespielt: Die europaweit größte nacheiszeitliche Vulkankatastrophe hat hier im weiten Umkreis ein geologisch faszinierendes und für die regionale Wirtschaft äußerst bedeutsames erdgeschichtliches Erbe hinterlassen. Die aus dem Vulkanschlot im Nordteil des heutigen Laacher Sees radial davon rasenden Glutlawinen (im modernen Fachjargon base surges genannt) haben unter anderem das nördlich davon gelegene Brohltal bis auf eine Höhe von etwa 60 m angefüllt – etwa so hoch, wie der Kirchturm der Gemeinde Brohl aufragt. Zudem haben die vulkanischen Massen nach jüngsten geologischen Befunden sogar das Rheintal komplett abgeriegelt und zeitweilig sozusagen als natürliche Talsperre einen bis in das obere Mittelrheintal südlich von Koblenz reichenden See angestaut.

Das Laacher Becken mit den umgebenden bewaldeten Höhen ist kein einheitlicher Krater. Den Ringwall bauen mehrere Basaltvulkane auf, die keineswegs gleichzeitig entstanden sind. Der Veitskopf ist wohl der älteste unter ihnen. Sein gut erhaltener Kraterwall ist im Westen durch ausfließende Lava durchbrochen und hat dadurch seine charakteristische asymmetrische Silhouette erhalten. Drei Lavaströme entstammen diesem Vulkan: Der größte von ihnen hat sich auf der sanft geneigten Hochfläche ausgebreitet und ist in einem flachen Vorläufer des Gleeser Tales nach Norden geflossen. Die beiden südlichen Lavaströme sind weniger ausgedehnt. Einer tritt knapp 400 m südwestlich des Hotels Waldfrieden in etwa 315 m Höhe zutage. Der andere ist 130 m nordöstlich der Straßenabzweigung nach Glees an der Straße nahe beim Eingang zum Campingplatz sichtbar (Hinweistafel). Er liegt hier nur 10 m über dem heutigen Seespiegel, also 20–30 m tiefer als die beiden anderen Lavaströme, weil Teile davon später in das Seebecken abgerutscht sind. Es ist anzunehmen, dass die drei Lavaströme ursprünglich etwa in gleicher Höhe lagen. Die ungewöhnlich tiefe Lage des südlichsten Veitskopfstromes geht demnach auf ein späteres Absinken nach dem Einbruch des Laacher Kessels zurück.

Auf der Ostseite des Sees reicht am Lorenzfelsen ein Basaltlavastrom bis unter das heutige Seeniveau hinab. Sein Gestein, ein Leuzit-Nephelinit, ist ziemlich dicht und zäh. Deshalb hat man in der Steinzeit Hämmer daraus gefertigt, mit denen man die weicheren schaumigen Laven bearbeiten konnte. Das Ausbruchszentrum des Lorenzfelsen-Stromes ist unbekannt, es muss jedoch im Bereich des Schlackenkegels Krufter Ofen zu suchen sein.

Vom Veitskopf ist nach dem Einbruch des Laacher-See-Beckens ein älterer Lavastrom bis fast auf Seeniveau abgerutscht.

An der Alten Burg bestand ein Schlackenkegel mit einer Basis im Niveau des Seespiegels oder sogar noch tiefer. Seine Westflanke fehlt heute; sie ist entweder während der großen Eruption des Laacher Vulkans weggesprengt worden oder bei der Bildung des Kessels einfach abgesunken.

Südlich des Sees liegen die beiden Niedermendiger Lavaströme. Für den unteren ist die Ausbruchsstelle unbekannt, für den oberen, der die europaweit berühmte Mühlsteinlava geliefert hat, ist das Eruptionszentrum im Gebiet des Wingertsberges direkt südlich des Laacher Sees anzunehmen. Auch auf dem Beckenboden des Laacher Sees selbst gibt es Lavaströme, wie Basaltauswürflinge im Bims zeigen.

Die zahlreichen um den heutigen See gruppierten Vulkankuppen hatten nach dem Auswurf ihrer Förderprodukte in der Tiefe offenbar einen größeren Hohlraum entstehen lassen. Die Decke über dieser fast entleerten Magmenkammer brach schließlich ein und bildete den heutigen Laacher Kessel – vulkanologisch spricht man daher (nach dem spanischen Wort für Kessel) von einer Caldera. Der Caldera-Einbruch leitete vor etwa 13.000 Jahren mit der Laacher Bimseruption die bisher gewaltigste Vulkankatastrophe im kontinentalen Europa ein. Die gesamte umgebende Landschaft wurde mit mächtigen Bimsablagerungen und Aschen überschüttet. Aus dem Aufbau der Bimsdecke ist zu schließen, dass diese Eruption große Ähnlichkeit mit dem berühmten Vesuvausbruch 79 n. Chr. hatte, den der römische Schriftsteller Plinius d. J. so detailliert beschrieben hat. Man nennt diesen Typ stark explosiver Vulkanausbrüche deshalb Plinianische Eruptionen. Die Gasblasen, die aus der gasreichen Schmelze freigesetzt wurden, sind in der rasch erstarrenden Masse gewissermaßen eingefroren worden und ließen so die leichten schwimmfähigen Bimssteine entstehen. Nach dem Einbruch der Laacher Caldera wurde das Becken allmählich durch Schlamm abgedichtet, so dass sich ein See entwickeln konnte.

Der kalte Atem des Vulkans

Wir verlassen den Lydiaturm und gehen den manchmal etwas rutschigen Weg zum Parkplatz zurück. Gegenüber vom Hotel Waldfrieden führt der sanft bis auf Uferniveau abfallende Weg zunächst durch Buchenhochwald an einigen Anrissen von Bimsablagerungen vorbei. In den Bimsstücken kann man himmelblaue Hauyn-Kristalle finden. Auch von hier bietet sich ein schöner Ausblick über den See bis zu den imposanten Mayener Vulkanen Hochstein und Hochsimmer im Hintergrund. Im weiteren Verlauf passiert man offen liegende Sand- und Siltsteine der unterdevonischen Mittelsiegenschichten, die überlagert werden von tertiärzeitlichen Quarzschottern. Ursprünglich

Letzte Atemzüge eines ruhenden (erloschenen?) Vulkans – CO_2-Quellen (Mofetten) am Ostufer des Sees

fand sich im Hangenden auch Ton, der aber unterdessen abgebaut ist. Etwas mehr als 1 km weiter quert der Weg den Basaltlavastrom des Lorenzfelsens. In direkter Nähe perlt im Wasser des Sees ufernah Kohlenstoffdioxid aus – besonders gut zu erkennen bei Windstille, wenn die Seeoberfläche völlig glatt ist und sich nicht aufkräuselt. Solche vulkanogenen Gasaustritte nennt man Mofetten. Sie setzen hier und im weiteren Gebiet jährlich etliche Dutzend Tonnen CO_2 frei – übrigens auch im Waldboden rechts und links des Weges. Kohlenstoffdioxid (CO_2) ist ein wichtiges Betriebsmittel der pflanzlichen Photosynthese. Die Waldbodenpflanzen erfahren also im Bereich der CO_2-Austritte eine deutliche Düngung. Übrigens war die beträchtliche CO_2-Freisetzung zu Beginn des 20. Jahrhunderts die Ursache für damals unerklärliche Todesfälle: Novizen der Abtei hatten sich am Ostufer des Laacher Sees eine Art Freizeitheim erbaut (die Grundmauern sind noch zu sehen) und wurden tragische Opfer einer Gasvergiftung.

Bald erreicht man in der Südostecke des Beckens eine kleine, in den See ragende – Jägerspitze genannte – Halbinsel mit dem Schlackenkegel Alte Burg: Rote Basaltschlacken wechseln hier mit grauen Bänken zusammengeschweißter Lavafetzen ab. Auf dem Schlackenkegel Alte Burg stand einst die Burg des Pfalzgrafen Heinrichs II. bei Rhein, des Gründers der Abtei, die er als Grablege für sich und seine Gemahlin bestimmt hatte. Ein alter Steinbruch zeigt rote Basaltschlacken, in die graue Bänke von zusammengeschweißten Lavafetzen eingeschaltet sind.

Etwa 300 m südlich der Alten Burg liegt eine alte Bimsgrube, in der man unter anderem schöne Stücke von Sanidinit sehen kann. Es sind in der Hitze des Vulkanherdes entstandene Gesteine, die fast ganz aus dem glasklaren Feldspatmineral Sanidin bestehen. An allen genannten Punkten stehen Erklärungstafeln des von der Verbandsgemeinde Brohltal eingerichteten Geologischen Lehrpfads.

Artenreiche Pflanzenwelt

Der weitere Weg durch die landwirtschaftlichen Fluren der Klosterdomäne gibt willkommenen Anlass, auch ein paar Fakten über die Laacher Flora anzufügen. Die günstige Lage des Laacher Vulkangebietes im Kontakt zu den subkontinental getönten Wärmeinseln des Mittelrheinischen Beckens, des unteren Moseltales sowie des unteren Engtalabschnitts des Mittelrheins, aber auch der häufige Wechsel verschiedener vulkanischer Böden mit devonischen Verwitterungshorizonten bedingen gerade im Osteifeler Raum zahlreiche standörtliche Unterschiede. Die Nähe zu den alten Ausbreitungsstraßen von Mosel und Rhein, die ein beträchtliches Artenaufkommen aus dem süd- und südosteuropäischen Raum beigesteuert haben, wirkte sich auf die heute beobachteten Artenspektren ebenfalls bereichernd aus. Anhand älterer Regionalfloren lässt sich der Artenbestand und die Entwicklung der Verbreitungsnachweise im Gebiet des Laacher Sees bis ins 18. Jahrhundert zurückverfolgen. Die Bibliothek der Abtei bewahrt eine nur in wenigen Exemplaren im Jahre 1868 erschienene Bestandsaufnahme der Laacher Flora auf, die immerhin fast 1200 verschiedene Pflanzenarten auflistet.

Betrachtenswertes Fundstück am Wegesrand: Blütenstand der Gewöhnlichen Esche mit weiblichen (rötlich) und männlichen (dunkler) Blüten

Der Laacher See zeigt besonders im Südteil mit dem insgesamt etwas flacheren, ufernahen Beckenprofil die klassische Zonierungsabfolge von Tauchblattpflanzen über Schwimmpflanzengürtel bis zum Uferröhricht und zum Bruchwald. Die Abfolge beginnt mit ausgedehnten Beständen des Quirl-Tausendblattes, seltener auch mit Gewöhnlichem Hornblatt und Nixkraut. Die Kanadische Wasserpest ist in diesem Teilbereich ebenfalls vertreten. Hinzu kommt das Spiegelnde Laichkraut, eine Art mit ausschließlich untergetaucht entwickelten Blättern, sowie über ein Dutzend weiterer Vertreter der für die Wasserfauna so wichtigen Laichkrautgewächse. Auffällig sind die Bestände der Weißen Seerose sowie der im Gebiet wesentlich selteneren Gelben Teichrose. Ein Uferröhricht ist vor allem an der Süd- und

Zu allen Jahreszeiten verspricht der Uferrundweg um den See bemerkenswerte Begegnungen – beispielsweise mit dem dekorativen Spechttintling.

Südwestflanke des Sees entwickelt. Seewärts beginnt es mit der hochwüchsigen Teichsimse, gefolgt von zum Teil dichten Beständen des Schilfrohrs. Zerstreut gibt es Vorkommen von Kalmus oder Wasser-Schwertlilie. An der Laacher Mühle südlich der Umwallung kamen früher Zungen-Hahnenfuß oder Tannenwedel (einzige mittelrheinische Nachweise) vor.

Auf den Randhöhen des Laacher Kessels und im näheren Umkreis des Seege-
bietes stockt von Natur aus ein wärmeliebender Hainsimsen-Perlgras-Buchenwald, der zwar seinen eigentlichen Entwicklungsschwerpunkt in der Mittelrheinischen Beckenlandschaft erfährt, aber dennoch auf die Randlandschaften
übergreift. Er enthält viele subkontinentale oder gemäßigt-kontinentale Florenelemente, etwa den Verschiedenblättrigen Schwingel, die Pfirsichblättrige
Glockenblume oder auch die Elsbeere. Stellenweise ist er am Laacher See und
im östlich anschließenden Andernacher Stadtwald nutzungsbedingt (frühere Niederwaldwirtschaft) stärker mit Eiche und Hainbuche durchsetzt. Im
Waldgebiet findet sich hier und da der Großblütige Fingerhut, häufiger sind
Gefingerter Lerchensporn und Frühlings-Blaustern. Stellenweise, vor allem im
südlichen Teil der Seeumwallung, treten die Waldreste im Aspekt zurück und
werden hier, sofern die Flächen nicht landwirtschaftlich genutzt werden, von
einem artenreichen Halbtrockenrasen abgelöst, in dem die Küchenschelle
wächst.

Das besondere Artporträt

Großes Mausohr

Eine der größten heimischen Fledermäuse ist das Große Mausohr
(*Myotis myotis*): Die Flügelspannweite beträgt immerhin bis über
40 cm. Die Art ist fast im gesamten Mittel- und Westeuropa verbreitet und
auch im Mittelrheingebiet zu erwarten. Die Weibchen richten ihre Wochen-
stubenquartiere gerne in großen Dachräumen und Türmen oder in künstlichen Höhlen bzw. Stollen (ehemalige Bergwerke) ein. Mitunter findet man
an solchen Stellen sogar mehrere hundert Individuen dicht nebeneinander.
Die verwinkelten Burgruinen des Mittelrheintals bieten dieser Art mit ihren
versteckten und meist nicht
leicht zugänglichen Hohlräu-
men natürlich ideale Mög-
lichkeiten.

Südlich des Laacher-See-
Gebietes findet die Art mit
mehreren auch von der Ta-
gesoberfläche her erschlos-
senen Abbaustellen in der
Basaltlava diverser Lavaströme des jüngeren (quartär-
zeitlichen) Osteifelvulkanis-

Großes Mausohr

mus äußerst zusagende Winterquartiere. Viele Tiere legen zwischen ihren Sommerquartieren und den winterlichen Ruheplätzen als wandernde Tierart oft mehr als 100 km zurück, wobei die Männchen etwas weniger weit umherstreifen als die Weibchen.

Fledermäuse als solche während der Dämmerung als solche zu erkennen, ist eigentlich kein Problem – ihr charakteristischer Flatterflug unterscheidet sie klar von verspäteten Singvögeln. Die genauere Artdiagnose ist allein aus dem Flugbild meist schwierig. Eine zuverlässige Bestimmungshilfe ermöglicht hier nur ein elektronischer Batdetector, mit dem man die artcharakteristischen Ultraschalllaute der Tiere genauestens analysieren kann. Aber das ist schon fast ein Fall für die Profis.

Überraschende Tierwelt

Die natürliche Fischfauna des Laacher Sees ist durch ständigen Besatz stark verändert worden. Im Jahre 1866 hat man hier Silberfelchen aus dem Bodensee eingesetzt, jedoch geriet diese Maßnahme bald wieder in Vergessenheit. Erst um die vorletzte Jahrhundertwende wurden im Laacher See Exemplare gefangen, die zwar große Ähnlichkeit mit Bodenseefelchen, jedoch auch eine Reihe von Unterschieden zu dieser Stammpopulation aufwiesen. So entwickelten die Laacher Felchen innerhalb weniger Jahrzehnte einen wesentlich engmaschigeren Kiemenreusenapparat mit etwa der doppelten Anzahl an Zähnen wie beim Bodenseefelchen. Diese Umstellungen deutet man heute als kurzfristig erstaunlich erfolgte evolutive Anpassung an die im Laacher See andersartigen Ernährungsbedingungen. Die ohnehin zu besonderem Formenreichtum neigende Verwandtschaftsgruppe hat also mit dem Laacher Felchen, den man übrigens auf dem Umweg über die Menükarte im Laacher Seehotel kennenlernen kann, innerhalb weniger Jahrzehnte eine gänzlich neue Lokalrasse herausgebildet.

Auch Maikäfer kommen vor.

Von der übrigen Tierwelt ist vor allem die artenreiche Vogelwelt bemerkenswert und vom Uferrundweg per Fernglas (oder Spektiv) auch gut zu beobachten. Die gehölzbestandenen Bereiche der Uferzone und der Schilfgürtel sind die für die Vögel sicherlich wertvollsten Teilbereiche des Laacher Sees.

Im bruchwaldähnlichen Gehölzsaum sind Zaunkönig, Bachstelze, Hecken-braunelle, Gartengrasmücke, Mönchsgrasmücke, Fitis, Zilpzalp, Rotkehlchen, Wacholderdrossel, Weidenmeise und Rohrammer neben vielen weiteren Arten als Brutvögel nachgewiesen. Im Schilfgürtel selbst brüten Haubentaucher, Wasserralle, Blässralle, Teichhuhn und Teichrohrsänger. Zwergdommel, Bart-meise, Eisvogel, Drosselrohrsänger und Rohrweihe wurden des öfteren als seltene Gäste im Gebiet festgestellt. In der näheren Umgebung des Sees gibt es auch wieder Brutvorkommen des Uhus. Insgesamt sind allein im Bereich des Sees über 80 verschiedene Vogelarten als Gäste oder Brutarten nachgewiesen. Ansonsten gilt die unbedingte Empfehlung, die Augen offen zu halten und auf die vielen Kleinlebewesen rechts und links des Weges zu achten, insbe-sondere auf die Vertreter der artenreich vorhandenen Insekten. Gerade in dieser Artengruppe dürfen Sie überraschende Entdeckungen erwarten, wie die Bildbeispiele zeigen.

Was es noch zu sehen gibt

Abteibasilika Maria Laach

Fast alle Vulkangesteine, die im Laacher-See-Gebiet vorkommen, wurden auch an der 1093 begonne-nen, im Jahre 1156 geweihten und gegen 1230 vollendeten Abteikirche *Sancta Maria ad Lacum* (daraus ent-stand die Bezeichnung Maria Laach) verbaut. Pfalzgraf Heinrich II. – seine pfalzgräfliche Burg stand auf der Vul-kankuppe Alte Burg über dem Süd-westufer des Sees – stellte die Grün-dungsurkunde aus. Mit ihren einheit-lichen und klaren Formgefügen ist die doppelchörige und mehrtürmige Münsterkirche eine der großartigsten

Hier irrte Goethe: Im Sommer 1815 besuchte er in prominenter Beglei-tung den Laacher See, mochte sich aber der Theorie von dessen vulkani-scher Entstehung nicht anschließen.

Schöpfungen der Hochromanik in Deutschland. Im aufgehenden Mauerwerk finden sich die hellen Phonolithtuffe des nahen Riedener Kessels, mit markan-tem Wechsel die rötlichen Laacher Tuffe und ebenso die dunklen Basaltlaven der Mendiger und Mayener Lavaströme aus dem südlichen Vorfeld des Sees. Sogar der Dachschiefer ist regionales Gestein – dunkler, devonischer Huns-

Die Vielfalt der am Laacher Münster verwendeten Bausteine spiegelt die regionale Geologie wider: Im Sockelbereich findet sich die dunkle Basaltlava des Veitskopfes, darüber die rötlichen Phonolithtuffe aus der östlichen Seeumrandung sowie die helleren aus dem Rieden-Weiberner Vulkankomplex. Die dunkler rötlichen Werkstücke in den Lisenen bestehen aus Buntsandstein aus der Westeifel.

rückschiefer, der bis heute in der Grube Katzenberg in Mayen im Untertagebetrieb gewonnen wird. Über das Bauwerk und seine kunsthistorisch wertvolle Ausstattung gibt es in der Klosterbuchhandlung eine reiche Spezialliteratur. Weitere interessante Werksteine sind die Säulen aus karbonischem Kalk in der Vorhalle sowie die aus Kalksinter der römischen Eifelwasserleitung nach Köln gefertigten Bauteile des Baldachins im Chorraum.

Steinlehrpfad

Bevor man von der Abtei auf dem ufernahen Rundweg zurück zum Ausgangspunkt am Parkplatz Waldfrieden wandert, lohnt sich ein kleiner Abstecher entlang der westlichen Klostermauer und direkt am Waldsaum unterhalb des Laacher Kopfes: Hier ist ein Steinlehrpfad eingerichtet, der anhand von 26 Exponaten mit Erläuterungstafeln die Vielfalt der Osteifeler Gesteine vorstellt und dabei natürlich die für die Region so prägenden Vulkanite besonders hervorhebt.

Geotop Wingertsbergwand

Vom unbedingt besuchenswerten Deutschen Vulkanmuseum (Lavadom; empfehlenswertes Führungsangebot) in Mendig aus fährt oder wandert man am Vulkan-Brauhaus vorbei und biegt, dem Hinweis „Wingertsbergwand" folgend, rechts in eine schmale Straße ein, die zu einer Brücke über die A61 führt. Hinter der Brücke wendet man sich zunächst links und nach 100 m wieder rechts und gelangt nach etwa 300 m in den großen Aufschluss im heute durch Abbau weitgehend ausgeräumten Wingertsberg. Von hier sind es nur wenige Schritte, bis man vor der langen Abbauwand im grauen, an Nebengestein reichen Laacher Bims steht. Die hier aufgeschütteten vulkanischen Lockermaterialien befinden sich etwa 2 km südlich des Ausbruchszentrums und sind Bestandteil des Außenwalls des Laacher Kessels. Sie wurden vor etwa 13.000 Jahren (genaueste heute verfügbare Datierung: 12.900 Jahre) in einem vergleichsweise kurzen Förderzeitraum von nur wenigen Tagen aufgeschüttet. Die verschiedenen in der Wand aufgeschlossenen Schichten lassen eindrucksvoll die verschiedenen Materialtransporte während des Ausbruchgeschehens erkennen. Im oberen Teil der etwa 30 m hohen Wand sieht man die wellenförmigen Anschnitte von Dünen aus Aschen und Feinlapilli. Diese wurden aus relativ materialarmen Bodenwolken (base surges) abgelagert, die mit hoher Geschwindigkeit nach allen Seiten davonrasten. Heftige Druckwellen aus einzelnen Wasserdampfexplosionen im Vulkanschlot haben dieses Lockermaterial zu Dünenwällen angeordnet. Im rechten Teil der Wand ist

Wenn man schon in der Region weilt, lohnt sich ein kurzer Abstecher zur berühmten Wingertsberg-Abbauwand direkt südlich des Laacher Sees. Sie bewahrt ein minutiös aufgezeichnetes Protokoll des Ausbruchgeschehens vor rund 13.000 Jahren.

der Anschnitt einer Erosionsrinne zu sehen: Starke Regenfälle, die nach dem Ausbruch des Laacher-See-Vulkans niedergingen, wuschen kleine Bachtäler im bereits abgesetzten Lockermaterial aus. Die Rinnen wurden anschließend durch weitere Aschenwolken wieder verfüllt. Einzelne vulkanische Bomben sind aus nicht allzu großer Höhe in die frischen Schichten eingeschlagen und haben hier deutliche Dellen hinterlassen.

Unter den wellenförmigen Schichten schließen sich drei 20–40 cm mächtige Lagen von Bimslapilli recht einheitlicher Korngröße an, die von Fallablagerungen aus größerer Höhe stammen. Im Sohlenbereich der Wand sind zwei hellere Schichten aus Aschestromablagerungen zu sehen, die als Glutlawinen mit hoher Geschwindigkeit bodennah transportiert wurden.

Die unterdessen weltberühmte Wingertsbergwand ist als geologisch bedeutsamer Aufschluss (= Geotop) besonders geschützt. Weitere Informationen: Deutsches Vulkanmuseum/Lavadom, Brauerstraße 10, 56743 Mendig, Tel. 02652 – 3482/4242.

Tourenprofil: Rundwanderung

Anfahrt/Ausgangspunkt: DB-Bahnhof Brohl, Andernach oder Niedermendig und Bus nach Maria Laach

Auto: A61 Abfahrt Maria Laach oder B9 und durch das Brohltal; Parkmöglichkeit am Hotel Waldfrieden, Campingplatz am Nordende des Sees und an der Abtei (Großparkplatz)
Hotel Waldfrieden bei Wassenach, alternativ Großparkplatz Abtei Maria Laach

Zielpunkt: Identisch mit NaTour-Einstieg

Rast/Einkehr: Hotel Waldfrieden, mehrere Gastronomiebetriebe im Bereich der Abtei Maria Laach

Empfohlene Karte: Topographische Sonderkarte Laacher See 1:15 000 und Orientierungstafeln im Gelände, Wegmarkierung „L" der Routenempfehlung Vulkanpark Brohltal/Laacher See

Strecke: 9.819 m: tiefster Punkt: 277 m ü. NN

höchster Punkt: 311,1 m ü. NN

Summe Steigungen: 56 m

Summe Gefälle: 56 m

maximale Steigung: 13,2 %

maximales Gefälle: 14,0 %

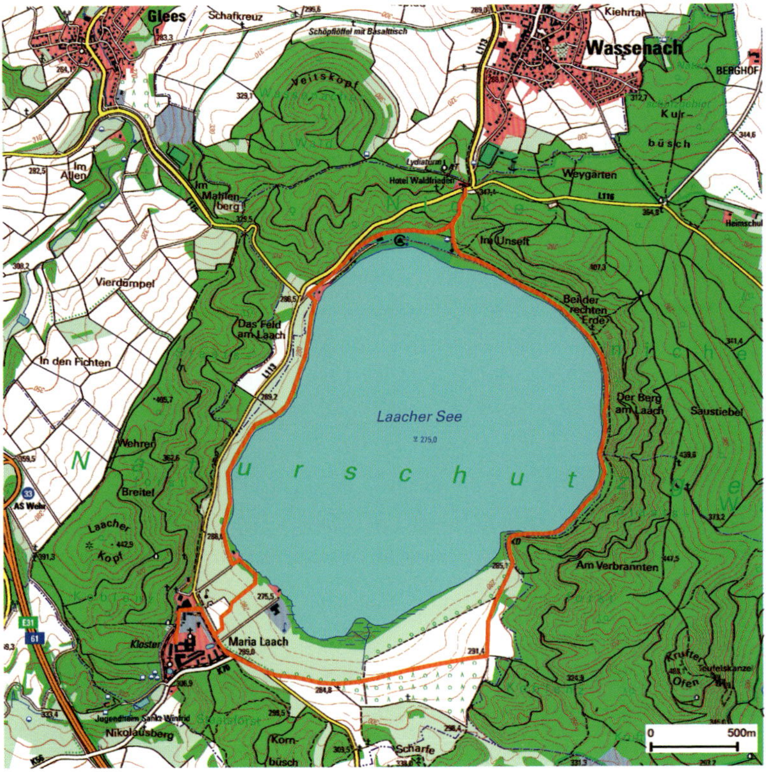

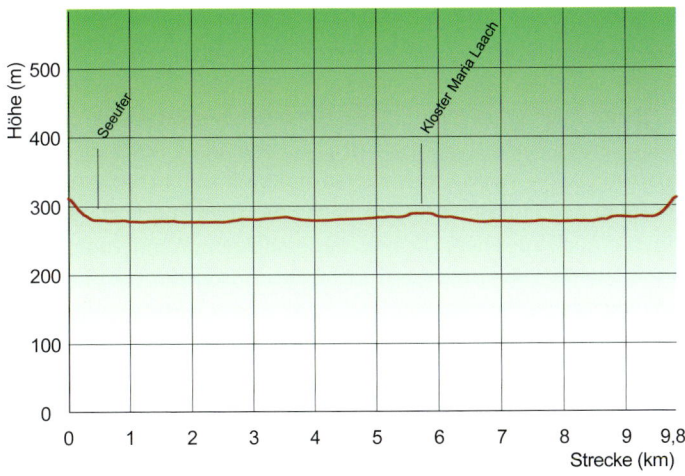

© GeoBasis-DE / LVermGeoRP 2016 dl-de/by-2-0, http://www.lvermgeo.rlp.de
[Daten bearbeitet]

Schon aus der Distanz (von der linken Rheinseite) zeigt sich die Hammersteiner Ley als verlockendes Wanderziel.

NaTour 14 – Auf der Sonnenseite im unteren Engtal

Von Leutesdorf nach Bad Hönningen

Diese Wanderung führt Sie randlich über den bemerkenswert siedlungs-armen, weil offenbar selbst für eine bescheidene Landwirtschaft viel zu steilhängigen Höhenrücken zwischen dem Rhein und der Wied. Über die Wasserscheide zwischen beiden Flüssen verlief einst die römische Grenzbe-festigung Obergermanischer Limes, eines der bedeutendsten und größten Bodendenkmäler im Rheinland (heute UNESCO-Welterbe). Reste dieser an-tiken Demarkationslinie, mit der sich das einstige Weltreich in der Zeit seiner größten Ausdehnung in unserer Region nach Nordosten abgrenzte, sind im Gelände immer noch zu sehen. Die hier vorgeschlagene Wanderung kreuzt den Limes auf seinem rheinnächsten Abschnitt. Ansonsten bleibt sie fast überall in Sichtweite des Rheins.

In Leutesdorf gehen wir vom DB-Bahnhof zunächst ein kurzes Stück Richtung Rheinufer, wenden uns dann scharf nach links und unterqueren bei nächster Gelegenheit die belebte B42. Der nach einer Linksbiegung auf die Höhe führende Weg ist ein mit weißem R auf orangem Grund markierter kurzer Rheinsteig-Verbindungsweg. Nach etwa 500 m trifft er auf den wie üblich mit weißem R auf blauem Grund markierten eigentlichen Rheinsteig. Wir folgen diesem Premiumwanderweg Richtung Norden und stehen nach etwa 1,4 km vor dem Naturschutzgebiet Langenbergskopf. Die schmale, etwas gestreckte und steilhängige Kuppe ist 280 m hoch.

Im Gebiet hat der schmucke Diptam seinen nördlichsten Fundort im Rheinland.

Überraschende Highlights

Auf seiner West- und Südflanke ist der Langenbergskopf von Rebfluren umgeben. Ansonsten ist er weitgehend bewaldet. Der hier in den Zwischeneiszeiten und vor allem in der Nacheiszeit angewehte Löss bedingt besondere Bodenqualitäten und ließ eine bemerkenswert artenreiche Flora gedeihen. In dem von eher kleinwüchsigen Trauben-Eichen dominierten Wald finden sich die im Gebiet sonst seltene Elsbeere neben ihren beiden Verwandten Mehlbeere und Speierling. Daneben kann man hier und da auch die Wild-Birne und die schon im zei-

Zu den Wärme und Trockenheit liebenden Pflanzen (= Vertreter der Xerotherm-Vegetation) gehört auch der nicht allzu häufige Aufrechte Ziest.

tigen Frühjahr blühende Felsenbirne entdecken, die hier einen ihrer nordwestlichsten Standorte in Europa besetzt. In Fugen und Klüften der Schieferfelsen
gedeiht der Nördliche Streifenfarn mit seinen extrem schmalen Wedelblättern,
der trotz seines Namens in Europa eher eine südliche Verbreitung aufweist. An
den offeneren Stellen kann sich das seltene Steppen-Lieschgras behaupten,
ferner Schnabelsenf, Gift-Lattich, Gold-Aster, Feld-Mannstreu sowie das für
Trockensäume typische Felsen-Mauerblümchen neben Pechnelke, Bergfenchel und Wohlriechender Weißwurz. Kamm-Wachtelweizen, Schild-Ampfer,
Weiße Fetthenne, Scharfer Mauerpfeffer, Gold-Klee, Färber-Waid und Bunte
Kronwicke sind ebenfalls zu sehen.
Die sicherlich spektakulärste Art dieses Gebietes ist zweifellos der äußerst dekorative Diptam, der hier an seiner nordwestlichen Arealgrenze steht. Trotz seiner geringen Flächengröße bietet der Langenbergskopf dem Pflanzenfreund
somit einige hervorhebenswerte Überraschungen. Übrigens: Herumklettern
auf den steilen Hängen ist absolut nicht empfehlenswert – erfolgreiches Bo-
tanisieren ist auch und vor allem per Fernglas möglich. Und weiterhin: Wenn
man sich im Gebiet ruhig verhält, kann man im Gebiet auch die Zippammer
sehen oder zumindest hören. Auch die seltene Zauneidechse ist hier zu Hause.
Nachdem wir den Langenbergskopf rheintalseitig auf dem Rheinsteig umrundet haben, stellt sich bei der nächsten größeren Weggabelung das klassi-

**Weinbau ist auch im unteren Mittelrheingebiet ein wichtiges Thema. Der Blick
auf die Trauben verheißt einen guten Jahrgang.**

sche Problem der Entscheidungsfindung: Der nach rechts abzweigende und hangaufwärts führende Rheinhöhenweg („R") trifft nach knapp 4 km auf den kulturhistorisch bedeutsamen Limes-Wanderweg, der an etlichen Stationen den Spuren eines der bedeutendsten und größten Bodendenkmäler im Rheinland folgt (Wegmarkierung: römischer Wachtturm). Die als Bodendenkmal auf weiten Strecken noch sichtbare römische Reichsgrenze Limes ist erstaunlicherweise erst vor wenigen Jahren als schützenswertes Kulturdenkmal und sogar UNESCO-Weltkulturerbe ausgewiesen worden.

Wir folgen indessen dem Rheinsteig, der oberhalb der Rebfluren von Leutesdorf einen Streuobstwiesen-Lehrpfad berührt.

INFO

Das besondere Artporträt

Mauereidechse

Der Name ist trefflich gewählt: Die Mauereidechse (*Podarcis muralis*) bevorzugt vor allem lückige Mauern und andere gesteinsgeprägte Lebensräume. Die rheinischen Vorkommen liegen etwas außerhalb ihres geschlossenen Hauptverbreitungsgebietes, das sich von Nordwestfrankreich (Bretagne) bis auf den südlichen Balkan erstreckt. Meist werden die Tiere nur etwa 20 cm lang und sind vergleichsweise schlank bei zugespitztem, leicht abgeflachtem Kopf. In Färbung und Zeichnung ist die Art relativ variabel, was zur Unterscheidung mehrerer Unterarten in ihrem ziemlich großen Areal geführt hat. Die im Rheinland vorkommenden Individuen sind meist graubraun, aber niemals grünlich. Ihr typischer Lebensraum in unserer Region sind neben Steinbrüchen und Geröllhalden vom Menschen geschaffene Mauern historischer Gebäude, daneben aber vor allem auch die Stützmauern im Rebgelände und gelegentlich sogar die Schotterflur von Gleiskörpern. Europaweit gilt die Art derzeit als nicht gefährdet. Im Mittelrheingebiet stellen die Vorkommen wegen ihrer isolierten Lage vom Hauptverbreitungsgebiet allerdings eine besonders schutzwürdige Besonderheit dar.

Mauereidechsen sind nicht allzu scheu und lassen sich in ihren Habitaten beim Sonnenbaden leicht beobachten.

Die seltene Mauereidechse – hier ein Männchen – ist auf den sonnverwöhnten Felsen der rechten Rheinseite zu Hause.

Streuobst in der rheinischen Kulturlandschaft

Obstbau als Sonderkultur ist auch im Rheinland ein besonderes Thema. Die modernen Niederstammdichtpflanzungen in geschlossenen, geradlinigen Zeilen und Blöcken, wie man sie überall sehen kann, haben mit der traditionellen Obstwiese allerdings überhaupt keine Ähnlichkeit mehr und dürfen auch in ökologischer Hinsicht nicht als deren Ersatz verstanden werden. Im Gegensatz zum früheren Streuobstbau verwendet man heute schwachwüchsige Pfropfunterlagen, die nicht einmal eine nur mittelmäßig entwickelte Krone tragen können. Der traditionelle Obstbau bevorzugte dagegen hochstämmige, großkronige Gehölze von mindestens 160 cm Stammhöhe, für welche die Bezeichnung Baum auch tatsächlich zutrifft. Solche Obstbäume wurden zwar ebenfalls in Gruppen oder Reihen mit größerem Abstand untereinander gepflanzt, oft aber nur recht locker über das Kulturland (meist eine Futter- oder Weidewiese) verteilt und umfassten Hochstämme verschiedener Obstarten und Obstsorten, dazu auch Bäume unterschiedlicher Alters- und Größenklassen. Die Bezeichnung „Streuobstwiese" für Bestände dieser Obstgehölze erklärt sich also daher, dass ihre unregelmäßige Anordnung und Zusammensetzung den Eindruck erweckt, als seien sie mehr oder weniger zufällig über das Grünland verstreut worden.

Jeder einzelne Hochstammbaum dieser über die Dorf- oder Hofumgebung gestreuten und daher als Streuobstpflanzungen bezeichneten Anlagen konnte sich als Individuum entwickeln – mit arttypischer, großer, rundlicher und vor allem markanter Krone. Als solcher war er draußen auch als landschaftlicher Blickpunkt erkennbar. Gerade das dorfnahe Umland erhielt durch seine Obstbaumgruppen einige auch in landschaftsästhetischer Hinsicht ausgesprochen vorteilhafte Züge – abwechslungsreich in der Gestaltung, wohltuend in der durchgliedernden Gesamtwirkung und zu allen Jahreszeiten in einem anderen farblichen Gewande.

Auch im Rheinland entstand der Streuobstbau wohl erst im Laufe des 18. Jahrhunderts. Ursprünglich pflanzte man Obstbäume vor allem in Hanglagen, fallweise auch entlang von Äckern oder auf die Ackerflächen selbst. Weil die Geländeeigenschaften und der Bewuchs mit Bäumen die ackerbauliche Nutzung bestimmter Parzellen somit sehr erschwerte, stellte man die baumbestandenen Flächen allmählich immer mehr auf die Grünlandnutzung (Viehweide und/oder Futterwiese) um, zumal die Milchviehhaltung wirtschaftlich immer interessanter zu werden begann. Unter dem Druck moderner Produktionsverfahren und der Konkurrenz ausländischer (im Fall des Tafelobstes sogar überseeischer) Angebote wurde der traditionelle Streuobstbau wirtschaftlich schließlich völlig unergiebig. Etwa ab Mitte der 1950er Jahre setzten sich daher in den Obstbaugebieten überall dort Niederstamm-Dichtepflanzungen durch, wo Boden und Relief eine Intensivnutzung ermöglichten. Nur in Gebieten mit ausgedehnten Hanglagen, die man mit vertretbarem Aufwand keiner anderen Nutzung zuführen konnte, blieben die alten Streuobstbestände jedoch erhalten.

Der Unterschied einer obstbaumdurchsetzten Kulturlandschaft zur öden Einheitlichkeit landbaulicher Intensivkulturen könnte gar nicht größer sein. Die wechselnden Akzente vom ersten Ergrünen über das meist ziemlich spektakuläre Erblühen oder das sommerliche Schattengrün bis hin zum herbstlichen Fruchtschmuck lassen die Jahreszeiten naturnäher und vor allem viel unmittelbarer miterleben. Unterstützt werden diese optischen und ästhetischen Wirkungen durch die laufenden Aspektwechsel in den Wiesen unter den Bäumen mit ihren Blühwellen vom Frühjahr bis zum letzten Schnitt im Herbst. Wo immer man die genauere Betrachtung oder Bewertung ansetzt – Streuobstbestände weisen in ökologischer Hinsicht gegenüber einer Obstplantage mit ihren heftig begifteten Niederstammkulturen zahlreiche entscheidende Vorzüge auf. Hochstamm-Obstbäume erweisen sich im Sommer als ausgesprochen willkommene und sehr wirksame Schattenspender für Mensch und Weidetiere; sie erlauben zudem sehr lange Produktionszeiten (meist mehr als 50 Jahre) und bieten (im Unterschied zu den Niederstämmen) eine ungleich größere Sortenvielfalt. Schließlich verringern sie dadurch gegenüber der flächendeckenden Monokultur gleichzeitig auch das Risiko von Schädlingsbefall. Nachteilig sind sie allerdings nur beim Anlegen sehr harter wirtschaftlicher Maßstäbe. Ihre Vorteile liegen aber ganz klar auf der Seite des Artenschutzes: In Streuobstwiesen kommen geradezu unglaublich viele bedrohte Tierarten vor.

Umschau im Unterdevon

Vom Streuobstwiesen-Lehrpfad führt der Weg auf der Route des Rheinsteigs mit relativ sanftem Gefälle stetig bergab bis zum Mühlbachtal südlich der kleinen Ortschaft Hammerstein. Etwa im Bereich dieses relativ steilen und engen Seitentaleinschnitts verläuft die für die Regionalgeologie so bedeutsame Störungszone der Siegener (bzw. Mayener) Hauptaufschiebung, an der sich zwei unterschiedliche Ausprägungen der unterdevonischen Siegener Schichten zeigen. Oberhalb von Leutesdorf und entlang des weiteren Weges sind mehrfach die Schichten in der Hunsrückschiefer-Fazies aufgeschlossen: Dabei handelt es sich überwiegend um dunkle, recht feinkörnige und vor allem deutlich geschieferte Gesteine, die so nur südlich der Aufschiebungslinie auftreten. Diese Schichten wurden vor etwa 400 Mio. Jahren im Flachmeerbereich eines

Ozeans abgelagert, der sich südlich des früheren Old-Red-Kontinents befand. In den Hunsrückschiefern finden sich nicht selten die Fossilien von Stachelhäutern, darunter von Seesternen, Seelilien und Schlangensternen. Besonders berühmt sind die aus diesen Schichtgliedern geborgenen und in allen großen Sammlungen weltweit gezeigten fossilen Dokumente aus den Schiefern von Bundenbach im Hunsrück. Sie sind hier in geradezu unglaublicher Weichteilerhaltung überliefert.

Nach der Querung des Mühlbachtales führen Rheinhöhenweg und Rheinsteig auf gleicher Route nach Rechtsbiegung alsbald wieder strikt hangaufwärts und in weitem Linksbogen zur Ruine Hammerstein, die auf einer markanten Felsnase direkt oberhalb der Talflucht thront.

Hammerstein und Rheinbrohler Ley

Vom aufgehenden Mauerwerk der Burgruine Hammerstein ist verhältnismäßig wenig erhalten, und schon gar nicht lässt sich aus dem heutigen Geländebefund die einstige enorme Bedeutung der Burganlage erschließen: (sozusagen das Fort Knox des Mittelalters). Immerhin wurden hier im späten Mittelalter die Reichsinsignien (Krone, Reichsapfel und Szepter) aufbewahrt. Ihre Blütezeit

Auch die benachbarte Rheinrohler Ley zeichnet sich in der Tallandschaft des Mittelrheins als markante Kuppe ab.

erlebte sie zwischen dem 10. und 13. Jahrhundert, aber schon vorher bestand hier eine der ältesten Spornburgen im Rheintal überhaupt. Der auch aus dem Rheintal als Wahrzeichen erkennbare Rundturm an der tiefsten Stelle des Ruinengeländes ist allerdings eine Zutat aus der Zeit um 1400. Hier ist im Fels in den Schichten des Mittel-Siegens eine zwar gestörte, aber dennoch gut verfolgbare Muldenstruktur aufgeschlossen.

Den Naturkundler interessieren verständlicherweise eher die von hier dokumentierten Artenvorkommen: Der Hammerstein ist der nördlichste Fundpunkt des zugegebenermaßen nicht besonders spektakulär aussehenden Siebenbürgischen Perlgrases, mit dem die Region wiederum ihren besonderen kleinklimatischen Charakter dokumentiert. Etliche weitere Arten, die uns schon am Langenbergskopf begegnet sind, treten auch an dieser Stelle auf. An den Weinbergs-Trockenmauern wäre auf Vorkommen verschiedener interessanter Kleinfarne zu achten. Unter anderem kommt hier der im Gebiet sonst seltene Milzfarn vor. Im ehemaligen Burgareal findet sich nicht selten der Schild-Ampfer – er gilt als Burggartenrelikt, denn er war im Mittelalter eine wichtige Gemüsepflanze.

Für die Mühe des recht steilen Anstiegs zur Ruine Hammerstein lohnt auch die wundervolle Aussicht auf das nördliche untere Mittelrheintal. Die markante und nicht weit entfernte Engtalöffnung bei Leutesdorf (vgl. NaTour 14) befindet sich noch im Blickfeld. Direkt zu Füßen der Hammersteiner Ley ruht die Rheininsel Hammersteiner Werth mit ihren schönen Auenwald-Restbeständen im Strom. Schräg nördlich gegenüber liegt der zur vulkanischen Osteifel gehörende Vulkan Hohe Buche (vgl. NaTour 12), der an der Kreuzbornlay einen kurzen basaltischen Lavastrom bis fast an das Rheinufer entließ.

Noch ein großartiger Aussichtspunkt

Gehen Sie über den kurzen Stichweg zum Ruinengeländezurück zum Rheinsteig und folgen ihm weiterhin in nördlicher Richtung. Im Linksbogen geht es hinunter zur Ortschaft Hammerstein. Hier wäre die kleine und sicherlich unscheinbare, aber immerhin romanische Pfarrkirche St. Georg einen genaueren Blick wert: Über ihrem quadratischen Chor hat man einen achtseitigen Turm mit spitzem Helm errichtet. Das aufgehende Mauerwerk besteht aus unterdevonischen Silt- und Sandsteinen, die man nördlich der Hauptaufschiebungslinie gewonnen hat. Die Dächer sind mit Hunsrückschiefer aus der Osteifel gedeckt. Im Glockenturm hängt eine der ältesten Glocken Deutschlands. Direkt nördlich des Ortsteiles Niederhammerstein wendet sich der Rheinsteig und damit auch unser weiterer Weg in das enge, bewaldete Hammersteiner Bachtal. Nach rund 1 km geht es über einige Serpentinen steil hangaufwärts

Blick von der Rheinbrohler Ley nach Süden: Im Hintergrund die Hammersteiner Ley und die Insel Hammersteiner Werth

zurück auf das Hauptterrassenniveau und dann auf offener Flur auf die knapp 159 m hoch aufragende Rheinbrohler Ley. Die hier freigelegten Felsen gehören den mittleren Siegen-Schichten aus dem Unterdevon an. Sie reichen nördlich bis etwa auf Höhe von Rheinkilometer 620 und werden dann vom Unter-Siegen abgelöst. Die Rheinbrohler Ley bildet eine kleine Sattelstruktur. Die hier anstehenden Sandsteine sind offenbar unter küstennahen Bedingungen und noch im Einwirkungsbereich der Gezeiten abgelagert worden.

Die Rheinbrohler Ley bietet landschaftlich eine vergleichbar eindrucksvolle Übersicht wie die Hammersteiner Ley. Im Pflanzenkleid fallen interessanterweise vielerlei Unterschiede auf: Von den für das Hammersteiner Ruinengelände bezeichnenden Arten kommen auf der Rheinbrohler Ley eigenartigerweise nur wenige vor. Dafür fallen hier einige andere Spezies auf, im Frühherbst beispielsweise der Kreuz-Enzian. Eindrucksvoll sind außerdem die Unterschiede im Pflanzenkleid der eher beschatteten bzw. bewaldeten linken Rheintalflanke und den offenen, mit trocken-warmen Standorten angereicherten rechtsrheinischen Talflanken zu erkennen.

Die exponierte Rheinbrohler Ley mit ihrer kleinen Gedenkstätte an unselige Geschehnisse der jüngeren Geschichte befindet sich direkt gegenüber der Einmündung des Brohltals (vgl. NaTour 12). Im hier anschließenden Teil des unteren Mittelrheins befinden sich zahlreiche natürlich sprudelnde oder nach gezielter Bohrung erschlossene Quellen, die Mineral- bzw. Heilwässer fördern. Diese Wässer hängen eng mit dem in der Region noch vor wenigen tausend Jahren aktiven Vulkanismus zusammen. Die in den durchweg namhaften und überregional vermarkteten Mineralwässern enthaltenen und deren Geschmack bestimmenden Inhaltsstoffe gehen auf komplexe Lösungsprozesse in den grundwasserführenden Gesteinen im Verbund mit dem Kohlenstoffdioxid aus dem Restvulkanismus in der Erdkruste zurück. Zwischen Mittelrheinischem Becken und Niederrheinischer Bucht sind es wassertypologisch überwiegend Thermal-Sole-Säuerlinge. Bezeich-

nenderweise haben die Römer hier den Limesverlauf so gewählt, dass die schon in der Antike bekannten Thermalquellen auch des Mittelrheingebietes allesamt zum römisch verwalteten Gebiet gehörten.

Von der Rheinbrohler Ley vertrauen wir uns wieder dem nach Rheinbrohl hinab führenden Rheinsteig an, der nach Erreichen der Ortschaft rechts (östlich) um den Ort herum führt. Bei der nächsten Weggabelung zweigt der Rheinsteig rechts ab und holt zu einem großen Bogen nach Osten aus. Wir wählen den Rheinhöhenweg, auf den der Rheinsteig nach etwa 1 km zurückfindet, und folgen ihm über den Ortsrand von Rheinbrohl hinaus Richtung Arienheller. Bald kreuzt der Weg die Fahrstraße

Die Wegführung dieser NaTour verspricht spektakuläre Blicke auf die steil aufgerichteten Felspartien in der Siegener Normalfazies (Unterdevon).

zur Rheinfähre Bad Hönningen-Bad Breisig – sie verläuft exakt auf der Trasse des römischen Limes. Hier beginnt übrigens auch der 235 km lange Westerwald-Steig. Wenn wir – als Weg- und Programmschleife – knapp 800 m Richtung Rheinufer (und wieder zurück) gehen, wäre direkt oberhalb der Fährauffahrt die Rekonstruktion eines römischen Limes-Wachtturms zu sehen: An der hier vermuteten Stelle von WP 1/1 wurde nach einer Darstellung auf der Trajanssäule in Rom im Jahre 1974 stilecht und funktional ein Limesturm errichtet. Etwa 180 m südlich davon lag das Hilfskastell Rheinbrohl, dessen letzte Spuren der stattgefundene Kiesabbau erfolgreich beseitigte. Genau gegenüber, auf der linken Rheinseite nördlich der leider nicht zu besichtigenden Burg Rheineck, befindet sich die Einmündung des landschaftlich sehr schönen Vinxtbachtals, dessen eigenartige Bezeichnung man von „ad fines" (= bei den Grenzen) ableitet.

Wir kehren vom etwaigen Abstecher zum Rheinufer zurück auf den Rheinsteig. Etwa 250 m nördlich von Arienheller befindet sich die sehenswerte Info-Einrichtung „Römerwelten". Sie erläutert alles Wissenswerte zum Alltagsleben während der Jahrhunderte währenden römischen Besatzungszeit im Rheinland. Unter anderem erfährt man interessante Details zu Anlage, Ausgestaltung und Verlauf des Limes. Die Limesanlage begann auf dem ersten Streckenabschnitt von Bad Hönningen/Rheinbrohl bis Bad Ems/Lahn etwa Ende des 1. Jahrhunderts n. Chr. zunächst als Postenweg mit Holztürmen und seit etwa 120 n. Chr. mit der Errichtung einer durchgehenden Holzpalisade. Mitte des 2. Jahrhunderts hat man die Holztürme durch meist quadratische Steintürme ersetzt, und bis 265 n. Chr. das Befestigungssystem durch Graben und Wall hinter der Palisade verstärkt. Die Verwendung der Holzbauten ist archäologisch immer noch nachweisbar. Im Gelände abschnittweise gut erkennbar sind Verlauf von Grenzwall und -graben.

Lust auf Orchideen?

Nach den Römerwelten bleiben wir zunächst auf der gemeinsamen Strecke von Rheinsteig und Rheinhöhenweg, folgen aber dem schwarzen „R" im Bogen nach Osten, während der Rheinsteig links abzweigt. Am östlichsten Siedlungsbereich von Bad Hönningen erstreckt sich ein hufeisenförmig in mehreren Teilstücken angelegtes Naturschutzgebiet um den Kronenberg. Dieses Areal ist unter Pflanzenfreunden schon seit langer Zeit wegen seiner bemerkenswerten Orchideenvorkommen bekannt. Der von der zuständigen Forstverwaltung zu vertretende Pflegezustand (starke Verbuschung, Kiefern- und Fichtenaufforstung!) dieses NSG lässt allerdings sehr zu wünschen übrig, was sich enorm nachteilig auf den Artenbestand auswirkt. Auf einem der Waldwege, die vom Hauptwanderweg zum Kronenberg abzweigen,

Die Xerothermvegetation (auch) des Unteren Mittelrheintals verspricht jahreszeitlich faszinierende Aspekte.

kann man nach den erwiesenen Lieblingen der Flora-Freaks Ausschau halten. Insgesamt ist hier etwa ein Dutzend Orchideen-Arten neben weiteren bemerkenswerten Arten nachgewiesen. Spektakulärste Art ist der Frauenschuh. Gute Chancen bestehen, auch Waldhyazinthe, Helmorchis, Nestwurz, Waldvögelein, Fliegen-Ragwurz, Hummel-Ragwurz oder Bocks-Riemenzunge zu erleben.

Ein Schloss zum Schluss

Gehen Sie vom Kronenberg zurück auf den Rheinhöhenweg und treffen auf der Talstraße nach Rossbach wieder auf den Rheinsteig. Der weitere Weg führt wiederum ein wenig hangaufwärts, folgt dem Saum der Rebfluren und nimmt klaren Kurs auf Schloss Arenfels. Dieses die Landschaft beherrschende Anwesen geht auf eine Burganlage aus dem 13. Jahrhundert zurück und wurde um die Mitte des 19. Jahrhunderts vom Kölner Dombaumeister Ernst Zwirner in die heutige, stark romantisierende Form einer neugotischen Theaterarchitektur gebracht. Für Naturfreunde eher sehenswert ist der Schlosspark mit seinen Baumbeständen. Die hier angepflanzte und ansonsten eher südeuropäisch verbreitete Blumen-Esche hat sich unterdessen weitere Bereiche im Umfeld erobert. Sie bietet insbesondere zur Blütezeit von Mai bis Juni spektakuläre Anblicke. Direkt nördlich von Arenfels werden in einem weitflächigen Areal die Mittelterrassensande des Rheins abgebaut. Das Gebiet ist nicht zu besichtigen, aber bemerkenswert: Archäologen haben hier eine der ältesten menschlichen

Annäherung über den Rheinsteig nach Bad Hönningen bzw. Schloss Arenfels

Eine der spektakulären Arten, die aus dem Schlosspark längst den Weg in die umliegenden Talflanken gefunden haben, ist die submediterrane Blumen-Esche.

Der aus Ostasien stammende Götterbaum ist zwar dekorativ, verhält sich aber ziemlich invasiv. Auch im Mittelrheintal ist er reichlich vertreten.

Behausungen aus der späten Altsteinzeit nachgewiesen. Über die weiteren Details dieser Funde und Befunde berichtet das Museum Monrepos (NaTour 11). Für den Rückweg zum Startpunkt in Leutesdorf wählt man den Regionalverkehr ab DB-Bahnhof Bad Hönningen.

Tourenprofil: Streckenwanderung

Anfahrt/Ausgangspunkt: DB-Bahnhof Leutesdorf an der Linie Köln–Neuwied–Koblenz

Zielpunkt: DB-Bahnhof Bad Hönningen

Empfohlene Karte: Naturpark Rhein-Westerwald 1 : 25 000, Blatt 1 (West), RheinWandern 1 : 25 000: Rheinsteig und RheinBurgenWeg, Blatt Nord.

Einkehrmöglichkeiten: mehrere Möglichkeiten entlang der Strecke sowie an den Start- und Zielpunkten

Strecke: 11.881 m

tiefster Punkt: 58 m ü. NN

höchster Punkt: 241,1 m ü. NN

Summe Steigungen: 328 m

Summe Gefälle: 1.318 m

maximale Steigung: 14,4 %

maximales Gefälle: 13,6 %

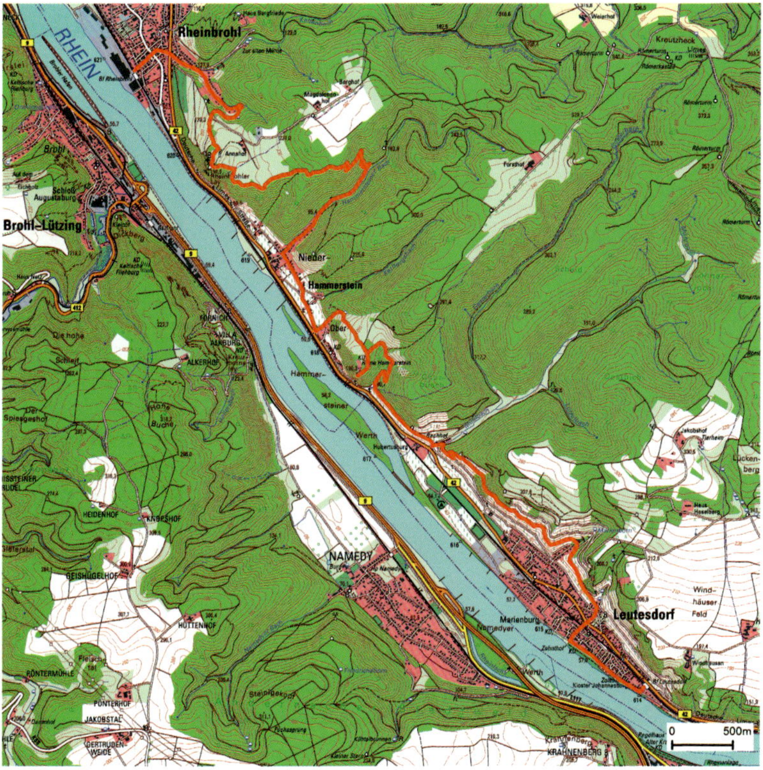

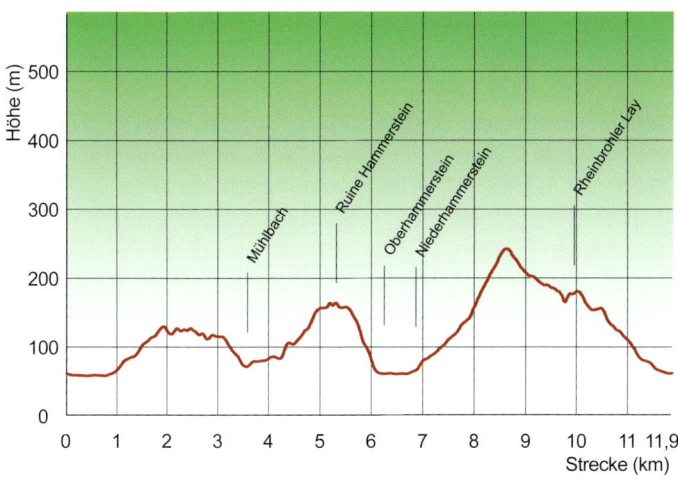

© GeoBasis-DE / LVermGeoRP 2016 dl-de/by-2-0, http://www.lvermgeo.rlp.de
[Daten bearbeitet]

Klein parzellierte Rebflur mit weitläufigen Trockenmauern

 ## NaTour 15 – Durch das Tor zur Eifel

Auf dem Rotweinwanderweg von Altenahr bis Ahrweiler

Die Ahr ist der einzige bedeutendere direkt nach Westen in den Rhein entwässernde Gebirgsabfluss aus der Eifel. Schon immer war ihr knapp 90 km langer und im Mittelteil auf zwei Mäanderstrecken stark gewundener Talzug ein vergleichsweise bequemer und beliebter Zugang zu den zentralen und westlichen Teilbereichen der Eifel. Selbst aus ganz anderen Gründen historisch bedeutende Gestalten wie Ernst Moritz Arndt (1769–1860) oder Gottfried Kinkel (1815–1882) haben ihr begeisterte Schilderungen gewidmet. Nur wenig abseits vom unteren Mittelrhein ist der relativ rheinnahe und äußerst beliebte Rotweinwanderweg hoch über der Talsohle der Ahr zweifellos eine der landschaftlich eindrucksvollsten Wandertouren durch die rheinnahe östliche Eifel. Meist entlang der oberen linksseitigen Talkante verlaufend, bietet er wundervolle Ausblicke zu den benachbarten Eifelhöhen und tiefe Einsichten in die eng eingeschnittenen Windungen des steilhängigen, geradezu wildromantischen Mittelabschnitts des Ahrtals.

Der 1972 eröffnete Rotweinwanderweg ist insgesamt rund 35 km lang und führt hoch über dem linken Ahrufer von Altenahr bis Bad Bodendorf. Er verbindet somit alle Winzerorte in Deutschlands kleinstem Weinbaugebiet, das jedoch die größte geschlossene Bestockung mit roten Rebsorten aufweist. Gute Wanderkondition vorausgesetzt, könnte man ihn sogar an einem einzigen Tag begehen, aber die eine oder andere genussvolle Teilstrecke ist natürlich eher empfehlenswert, zumal es unterwegs eine Menge zu erleben gibt.

In seinem unteren Teilabschnitt, etwa östlich von Bad Neuenahr, haben moderne Verkehrsinfrastruktur, Rebflurbereinigung und sonstige Installationen die Tallandschaft so nachhaltig erfolgreich vergewaltigt, dass sie ihren spezifischen Reiz weitgehend eingebüßt hat. Wir beschränken uns daher auf die ungleich erlebnisreicheren Abschnitte zwischen Altenahr und Ahrweiler. Der Abschnitt von Altenahr bis Rech gilt unter kritischen Erlebniswanderern sogar als der schönste des gesamten Weges. Auch hier bieten sich natürlich viele Möglichkeiten, Teilstrecken auszuwählen oder Kürzungsvarianten mit Abstiegen zu den einladenden Weinorten im Tal zu gehen.

Übrigens: Wer die Höhe scheut, kann den Ahrtalweg wählen, der sich mit der windungsreichen Ahr unmittelbar auf dem Talboden schlängelt. Als weitere Alternative gibt es den 2012 eröffneten Premiumwanderweg Ahrsteig, der im hier beschriebenen Streckenabschnitt rechts der Ahr verläuft.

Burgruine Are – ein erster Höhe(n)punkt

Beginnen Sie die Tour am Bahnhof Altenahr, gehen Sie im vielbesuchten Ort über die Ahrbrücke nach rechts bis zur nächsten Straßengabelung, halten Sie sich zunächst links Richtung Bonn und folgen dann rechts dem etwas versteckten Weghinweis zur Burg Are. Der Aufstieg ist recht steil. Deutlich bequemer ist der Einstieg in den Rotweinwanderweg etwa 1 km weiter am nördlichen Ortsende von Altenahr ungefähr gegenüber einer Tankstelle.

Bald erreichen Sie über einen kleinen Sattel die eindrucksvollen Ruinen der ursprünglich für die Regionalgeschichte bedeutsamen Burg Are – ziemlich genau 120 m über dem Talboden. Die ausgedehnte Ruine überrascht unter anderem mit den Resten einer doppelstöckigen romanischen Burgkapelle, von der eindrucksvolle Würfelkapitelle erhalten sind. Das Burgterrain bietet einen wundervollen Blick auf das – zeitweilig stark überlaufene – Altenahr mit seiner dreischiffigen romanischen Pfeilerbasilika, die man aus dem im Gebiet überall anstehenden fast 400 Mio. Jahre alten Devongestein aufgemauert

Steillagen-weinbau bei Mayschoß. Der Rotwein-Wanderweg führt oberhalb des Rebhangs entlang.

hat. Gegenüber, auf der anderen Talseite, fallen die steilen Felspartien der Engelsley am Eingang zum Naturschutzgebiet Langfigtal auf. Hier stehen die ursprünglich horizontal als Wattböden abgelagerten devonischen Schiefergesteine absolut senkrecht wie exakt ausgerichtete Bücher im Regal und ragen etwa 80 m hoch auf. Auf den Bruchflächen sind fossile Rippelmarken (Wellenfurchen) zu sehen – wie im heutigen Watt an der Nordsee. Nur an wenigen Stellen in Deutschland ragen Felswände so eindrucksvoll auf wie gerade hier. Unweit dieser Stelle durchstoßen Tunnel für Bahn und Straße den schmalen Bergrücken der Engelsley.

Die senkrechte Ausrichtung der Engelsley-Schichtglieder veranschaulicht eindrucksvoll den Faltenbau des Rheinischen Schiefergebirges. Die ursprünglich horizontal abgelagerten Schichten bilden hier eine große Falte mit nordost-südwestlich ausgerichteter Faltenachse. Sie ist im Ahrtal mehrfach aufgeschlossen. Im Engelsley-Felsen blickt man auf den nördlichen Schenkel dieser

Falte. Wenn man den Faltenbogen gedanklich ergänzt, zeigt sich, dass über der heutigen Geländeoberkante ungefähr 1 km Gestein fehlt – das ist der bisher aufsummierte Abtragungsverlust seit der variszischen Auffaltung vor etwa 330 Mio. Jahren gegen Ende der Steinkohlenzeit.

Schon im direkten Umfeld der Burg Are fallen die für den Engtalabschnitt der Ahr so typischen wärmeliebenden Felsgebüsche mit Mehlbeere, Bibernell-Rose, Felsenbirne, Zwergmispel und Weichsel-Kirsche auf. In der Krautschicht sind Wimper-Perlgras, Bergfenchel, Turmkraut, Pechnelke, Sichelblättriges Hasenohr und – als besondere Schmuckstücke – die seltenen Arten Pfingst-Nelke und Brillenschötchen zu entdecken. Allein für das Naturschutzgebiet der Ahrschleife Langfig, das man von der Burg Are zumindest dem Verlauf nach klar ausmachen kann, sind insgesamt über 200 Moos- und immerhin annähernd 500 Blütenpflanzenarten nachgewiesen – diese durchaus überschaubare Kleinlandschaft ist also geradezu ein ungewöhnlicher Hotspot der Biodiversität. In den al-

Auf den sonnendurchglühten Mauersteinen ertragen die Flechten geradezu extreme Lebensbedingungen.

ten Weinbergsmauern am Rotweinwanderweg kann man für das Gebiet bezeichnende, sonst aber eher seltene Felsfarne wie den Nördlichen Streifenfarn oder den Schwarzstieligen Streifenfarn finden. Auf den oft nur grob zugerichteten Mauersteinen siedeln viele interessante Krustenflechten.

Blicke von oben nach unten

Anfangs hält sich der an steil aufragenden Felspartien entlang geführte weitere Weg an den oberen Saum der Rebfluren. Oberhalb von Reimerzhoven empfiehlt sich ein kurzer Abstecher (wenige hundert Meter) auf Weg 10 zur Schutzhütte Eifelblick. Im weiten Bogen geht es anschließend für etwa 1 km durch Laubhochwald, bis der Weg am Mönchberg oberhalb Mayschoß (Abstieg über Weg 5) wieder in freies Rebgelände eintritt. Vor dem Höhenrücken der Sunghardt biegt er bis Rech (Abstieg über Weg 8) genau nach Süden um und wendet sich, dem Talzug folgend, bald wieder für etwa 2 km exakt nach Norden. Nachdem er die Dächer von Dernau (Abstieg über Weg 6) im

Nicht nur wegen der vielen interessanten Arten ist der Rotwein-Wanderweg ein Erlebnis, sondern auch wegen seiner vielen Talblicke, beispielsweise auf Dernau.

Halbbogen umrundet hat, tritt der Ortsteil Marienthal in den Blick. Der Weg verliert jetzt etwas an Höhe, die er im hinteren Nebentalhang zurückgewinnt. Auf dem Trotzenberg erwartet uns eine Schutzhütte, ebenfalls etwa 400 m weiter auf der aussichtsreichen Fischlay. Bei Marienthal befindet man sich auf einem bemerkenswerten Terrain – hier bietet sich eventuell der Besuch des Regierungsbunkers („Dienststelle Marienthal") an (s.u.).
Kurz darauf geht der Rotweinwanderweg in eine kleinere Fahrstraße über, die Walporzheim in der Höhe umgeht und an den Gaststätten Forsthof (Winzerhof) und Altenwegshof bis zum Hotel Hohenzollern (mit prächtiger Sicht über das untere Ahrtal) führt. Über den Silberberg wählt man den Abstieg (Weg 14) ins Zentrum von Ahrweiler.

Alte Kulturlandschaft

Die Landschaft des mittleren und unteren Ahrtals ist uraltes Siedlungsgebiet. Mit besonders vielen Einzelnachweisen ist die Römerzeit vertreten. Im Geisbachtal gegenüber von Walporzheim hat man beispielsweise eine mehrere Kilometer lange römische Wasserleitung entdeckt. Die meisten Talorte sind deutlich älter als 1.000 Jahre, werden sie doch mehrheitlich als bäuerliche Siedlungen bereits im berühmten Prümer Urbar erwähnt, einer Besitzauflistung aus dem Jahre 893 der Eifeler Abtei.

Den Weinort Mayschoß überragt der hohe Felssporn mit den Ruinen der Saffenburg – sie ist die älteste Befestigung im Ahrtal. Auf dem Felsplateau hat man zur Sicherung der Gesamtanlage die beiden bergseitig vorgelagerten Vorburgen jeweils mit tief eingehauenen Gräben abgetrennt. Hier finden sich bemerkenswerte Vorkommen der oben erwähnten Arten. In May-

Die Trockenmauern sind mit ihrem Nischenreichtum ein besonders wertvoller Lebensraum.

schoß sollte man unbedingt ist den großen, überwiegend in den Fels getriebenen Weinkeller der weltweit ältesten Winzergenossenschaft besuchen. In Rech überspannt eine alte, auch nach vielen katastrophalen Ahrhochwassern glücklicherweise unversehrt erhaltene Bogenbrücke (1759) mit einer Statue des Hl. Nepomuk den kleinen Fluss. Im Spätsommer fallen hier die großen Bestände des Drüsigen Springkrautes auf, eines ungeliebten, aber dennoch bereichernden Neophyten. Bald tritt auf dem Rotweinwanderweg der kleine Ort Marienthal in den Blick, mit den immer noch eindrucksvollen Ruinen eines Augustinerinnenklosters (1137) auf dem Gelände der früheren staatlichen und heute privat betriebenen Weinbaudomäne.

In Walporzheim steht an der Uferstraße das 1246 in einer Schenkungsurkunde an das Kölner Domstift erwähnte und bis heute ununterbrochen als renommierter Gastronomiebetrieb existierende Weinhaus Sankt Peter. Ahrweiler, der Hauptort des Tales, ist „mit alten Mauern, Zinnen und Türmen geschmückt, vom Wein umrankt, die erste artigste kleine altdeutsche Stadt, die ich je gesehen habe", schwärmte bereits Heinrich von Kleist (1777–1811). Die Stadtbefestigung mit vier Toren (Ahr-, Nieder-, Ober- und Adenbachtor) gilt neben Münstereifel und Oberwesel als besterhaltene des Rheinlandes. Unbedingt sehenswert ist die am Silberberg erst in jüngerer Zeit ausgegrabene, hervorragend erhaltene römische Villa.

Mit 165 ha Rebland ist das Ahrtal Deutschlands kleinstes Weinbaugebiet, weist aber die größte geschlossene Rotweinbestockung auf. Schon in spätrömischer Zeit wurden hier Weinstöcke gepflegt. Angebaut werden vor allem Spätburgunder, daneben aber auch weitere rote und weiße Rebsorten. Eine Verkostung der beachtlichen Weine ist unumgänglich.

Regionale Geologie

Innerhalb des Rheinischen Schiefergebirges hat sich die Ahr in eine seiner großräumigen Baueinheiten eingetieft, nämlich das Faltenbündel des Eifeler Hauptsattels. In dessen Kern fallen die Sandsteine nahezu senkrecht ein – und exakt in diesem Bereich ist das stark mäandrierende untere Ahr-Engtal mit seinen schroffen Felspartien angelegt. Über der Ortschaft Reimerzhoven hat die Talerosion, vom Rotweinwanderweg aus sehr gut erlebbar, an der Flanke des Ümerich über der Lochmühle eine beeindruckende Faltenstruktur freipräpariert. In diesem vergleichsweise harten Gestein musste die Ahr recht engständige Mäanderbögen anlegen, die schon die Wanderliteratur des 19. Jahrhunderts begeistert hervorhebt. „Das Wundersamste aber sind die Schlingungen des Flusses um und durch die Felsenmauern", schrieb 1844 der Bonner Professor Ernst Moritz Arndt, der nach politisch verhängtem Berufsverbot eine Menge Zeit hatte, die weitere Umgebung zu durchwandern. Bei Mayschoß blickt man von der Höhe auf den lehrbuchhaft schönen Umlaufberg der Etzhard: Bevor die Ahr den Sporn zwischen Saffenburg und heutiger Ortslage erosiv durchtrennte, vollzog sie einen weiter nach Norden (eben um die Etzhard) ausholenden Bogen.

Die gesamte Ahrtalumrahmung zeigt sich vom Rotweinwanderweg übrigens meist nicht als Bergland, sondern als flache, fast horizontale Verebnung. Das Rheinische Schiefergebirge erweist sich gerade in der Eifel als stark eingeebneter Faltengebirgsrumpf.

Leitreben im Ahrtal sind Spätburgunder (im Bild) und Portugieser.

Zwischen Dernau und Rech tritt die Wasserscheide zwischen der nach Osten abfließenden Ahr und der nach Norden entwässernden Swist bis auf wenige hundert Meter an die Talkante heran. Tatsächlich bog hier die Ahr früher in die breite Spülmulde der Swist ein und bildete damit den Oberlauf des Swist-/Erft-Systems. Das untere, jetzt strikt nach Osten gerichtete Ausräumungstal ist demnach eine vergleichsweise junge Erosionsleistung. Von den im Talzug gut erkennbaren Talterrassen liegt die Hauptterrasse bei Ahrweiler auf der Nordflanke rund 30 m höher als auf der gegenüberliegenden Seite – klarer Ausdruck jüngerer Hebungen und Verstellungen entlang von talparallelen Störlinien.

Vor allem die roten Rebsorten erfreuen mit einer unglaublich spektakulären Herbstfärbung.

Bei Ahrweiler erreicht die Ahr übrigens das Verbreitungsgebiet des tertiär- und quartärzeitlichen rheinischen Vulkanismus. Die rechts der Ahr gelegenen Vulkankuppen (beispielsweise der Neuenahrer Kopf) gehören zum Vulkangebiet der Hocheifel, die linksseitigen Ausbruchspunkte überwiegend zum Vulkanfeld des Siebengebirges.

Vielfältige Tierwelt

Wo die Rebflurbereinigung die alten und für das Gebiet so kennzeichnenden Trockenmauerzüge noch nicht weggeräumt hat und die alte Kulturlandschaft des Tales (wie östlich von Ahrweiler) zur relativ gesichtslosen Monokultur verkommen ließ, lebt eine äußerst artenreiche Kleintierfauna, neben vielen Insekten (beispielsweise Segelfalter)

Wo es Weinberge gibt, fehlt meist auch nicht die Weinbergschnecke.

auch die wärmeliebende Zauneidechse. In den Auengebüschen direkt an der Ahr kann man den Großen Schillerfalter, den Kleinen Eisvogel oder den

Ulmen-Zipfelfalter erwarten. In der unteren Ahr kommt sehr selten auch die Würfelnatter vor, in den Hängen sind etwas häufiger Ringel- und Glattnatter vertreten. Verheerend auf die schützenswerte Fauna wirkt sich der mehrfach in der Saison mit Hubschraubern vorgenommene Spritzmittelauftrag über den Rebfluren aus.

Das besondere Artporträt

Dach-Hauswurz

Die sonnendurchglühten, meist nach Süden oder Südwesten exponierten Felsen des Mittelrheintals hat man aus nachvollziehbaren Gründen schon vor Jahrhunderten für den Weinbau hergerichtet. So geschah es auch in den größeren Nebentälern. Die Weinrebe liebt die ökologischen Bedingungen dieser trocken-warmen Standorte außerordentlich und dankt es dem Winzer mit gehaltvollen Weinen, obwohl sie von Natur aus eher eine Art der flussnahen Auenwälder ist. Wer sich sonst noch an den flachgründigen und sommerlich erbarmungslos besonnten Felsstandorten behaupten will, muss ökologisch entsprechend gewappnet sein. Eine der offenkundigen

Erfolgsstrategien ist die Ausstattung mit stark verdickten und deshalb wasserspeichernden Blättern, wie man sie bei allen heimischen Arten der Gattung *Sedum* (Mauerpfeffer, Fetthenne) findet. Zur gleichen Familie, die man bezeichnenderweise Dickblattgewächse (Crassulaceae) genannt hat, gehört die Dach-Hauswurz (*Sempervivum tectorum*), die eigenartige bodennahe Rosetten aus dicklichen Blät-

Dach-Hauswurz

tern besitzt und an Ausläufern viele Tochterrosetten bildet. Weil sie eine entfernte Ähnlichkeit mit kleinen Kohlköpfen aufweisen, nennt der Volksmund sie im Ahrtal auch Leienkappes (Lei bzw. Ley = Fels, Kappes = Kohl). Ihren Namen Dach-Hauswurz erhielt sie, weil die berühmte Landgüterverordnung „Capitulare de villis" (814) von Karl dem Großen sie ausdrücklich für die Anpflanzung auf Mauern und Dächern vorschrieb – in karolingischer Zeit und auch noch später war man nämlich fest überzeugt, dass die eigentümlichen Blattrosetten zuverlässig vor Blitzschlag schützen.

Die Hauswurz ist wie alle heimischen *Sempervivum*-Arten geschützt.

Silberberg-Villa

Die Silberberg-Villa ist nicht nur das bislang bedeutendste Bodendenkmal im Ahrtal, sondern gilt als der bedeutendste römerzeitliche Fund nördlich der Alpen aus jüngerer Zeit. Sie wurde erst im März 1980 eher zufällig bei der Trassierung der neuen Ortsumgehung von Ahrweiler entdeckt und in mehreren Grabungskampagnen bis 1990 gänzlich freigelegt. Das aufgehende Mauerwerk ist auf allen Gebäudeflanken bis auf 1,5 m Höhe komplett erhalten – geradezu ein Glücksfall für die römische Provinzialarchäologie des Rheinlandes. Zwischen dem 4. und 5. Jahrhundert haben nämlich beträchtliche Hangrutschungen das Anwesen komplett überdeckt und für nahezu 1.500 Jahre komplett versiegelt. Insofern vermitteln die erhaltenen Reste einen überaus authentischen Einblick in Raumfolge und Gesamtkonzeption eines offenbar begüterten römischen Landsitzes. Die in großen Partien erhaltene Wandbemalung dokumentiert eindrucksvoll die gehobene Lebensart und Wohnkultur der späten Römerzeit im Rheinland. Also: Unbedingt hingehen und selbst anschauen …

Römervilla Am Silberberg 1
53474 Bad Neuenahr-Ahrweiler
www.museum-roemervilla.de
März–Nov Di–Fr 10–18 h, Sa+So 10–17 h

Dienststelle Marienthal

Angeblich war der Regierungsbunker bei Marienthal in seiner Bau- und Betriebsphase ein streng gehütetes Staatsgeheimnis. Die Einwohner des Ahrtales wussten es indessen schon lange besser – und die östlichen Geheimdienste sowieso: Zwischen 1963 und 1972 haben die damaligen Bundesregierungen unter Verwendung eines schon im Ersten Weltkrieg als „Kanonenlinie" angelegten Tunnelsystems einen Ausweichsitz einrichten lassen, der im Fall eines atomaren Schlags auf die BRD etwa 3000 wichtigen Personen für rund 30 Tage ein Überleben ermöglichen sollen – in einem Stollensystem von 19 km Gesamtlänge, mit über 900 Schlafzellen, etwa 800 Büros, 5 Kantinen, medizinischen Einrichtungen, Druckerei und Frisörsalon. Ja, und dann? Die für einen achtstelligen DM-Betrag installierte Anlage ist eines der besonders eklatanten Beispiele der (nur seinerzeit?) völlig paranoiden Vorstellungswelt der maßgebenden Politiker und Ministerialbürokratien. Ein rund 200 m langes Teilstück des äußerst kostspieligen und völlig unnützen, unterdessen weitgehend rückgebauten Regierungsbunkers kann man seit 2008 als immer noch eher gespenstisch anmutende „Dokumentationsstätte" einer völlig hirnrissigen Planung besichtigen. Details unter www.bunkermuseum-ahrweiler.de bzw. www.ausweichsitz.de.

Tourenprofil: Streckenwanderung

Anfahrt/Ausgangspunkt: DB-Bahnhof Altenahr an der Nebenstrecke Bonn–Remagen–Kreuzberg (RB39) oder per Auto über die A61 bis Meckenheimer Kreuz, dort Abfahrt Richtung Grafschaft und der Beschilderung Altenahr folgen; im Ort Großparkplatz direkt bei DB-Bahnhof

Zielpunkt: DB-Bahnhof Rech oder Ahrweiler

Empfohlene Karte: Topographische Spezialkarte 1 : 25 000 Rotweinwander- und Ahruferweg (herausgegeben vom Eifelverein); der Rotweinwanderweg ist eine überörtliche Einrichtung und im Gelände (Wegmarkierung: Rote Weintraube) gut gekennzeichnet.

Einkehr: zahlreiche Gastronomiebetriebe entlang der gesamten Strecke, überwiegend nur nach Abstieg in den Weinorten im Tal

Dringende Empfehlung: Den beschriebenen Weg sollte man möglichst nicht an Wochenenden zur Zeit der Traubenreife bzw. der Weinfeste in den Talorten (im Zeitraum Ende September/Mitte Oktober) begehen – er könnte dann so belebt sein wie eine Haupteinkaufsstraße an einem langen Verkaufswochenende.

Strecke: 16.547 m

tiefster Punkt: 106,5 m ü. NN

höchster Punkt: 289 m ü. NN

Summe Steigungen: 238 m

Summe Gefälle: 306 m

maximale Steigung: 12,7 %

maximales Gefälle: 11,5 %

Alternativstrecke: 11.110 m

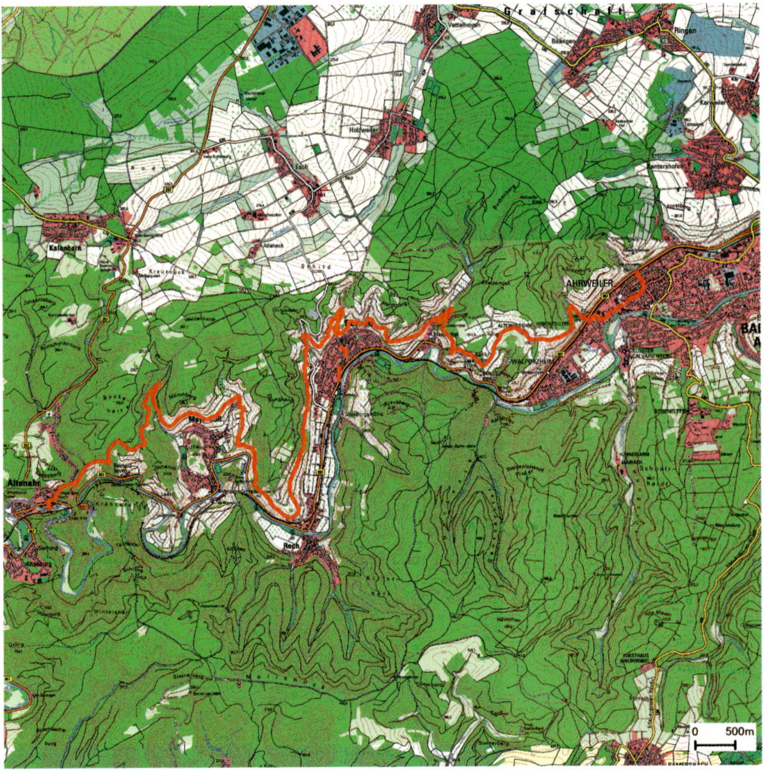

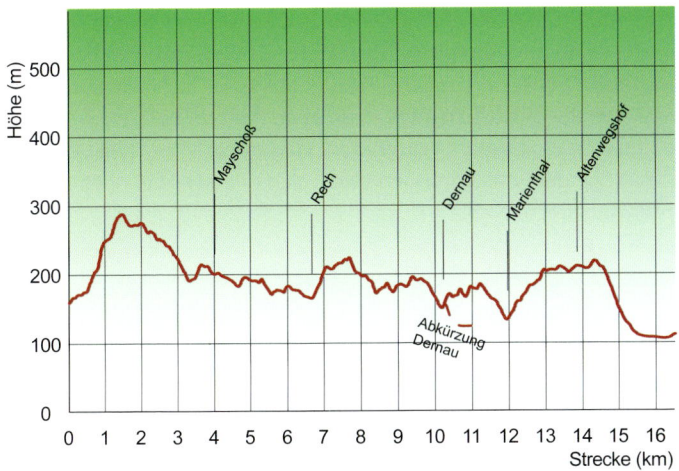

© GeoBasis-DE / LVermGeoRP 2016 dl-de/by-2-0, http://www.lvermgeo.rlp.de
[Daten bearbeitet]

![Die Ahrmündung gilt linksrheinisch als einzige (halbwegs) natürliche Nebenflusseinmündung des Rheins.]

Die Ahrmündung gilt linksrheinisch als einzige (halbwegs) natürliche Nebenflusseinmündung des Rheins.

 # NaTour 16 – Der wilde Westen der Osteifel

Von Bad Breisig nach Remagen

Diese Tourenempfehlung nutzt ausschließlich den linksrheinisch uferparallel verlaufenden alten Leinpfad zwischen Bad Breisig und Remagen-Kripp bzw. Remagen. Wenn man Remagen-Kripp als Ausgangspunkt wählt, sind die benannten Naturschönheiten sogar fußläufig auf einer kurzen Wanderung zu erleben. Alternativ bietet sich auch eine kleine Radtour auf dem früheren und heute bestens ausgebauten Leinpfad an. Wegen der Möglichkeit zu interessanten Wasservogelbeobachtungen bietet sich diese NaTour auch für die Herbst- und Winterwochen an.

Ahrmündung

Im unteren Mittelrheingebiet steht im Mittelpunkt dieser NaTour-Empfehlung die Ahrmündung im Remagener Ortsteil Kripp direkt gegenüber von Linz. Fast 90 km hat die Ahr bis hierher zurückgelegt, nachdem sie ihre gefasste Karstquelle im Keller eines Fachwerkhauses in 520 m ü. NN in Blankenheim in der Ahreifel verlassen hat. Rund 700 L/min schüttet diese Karstquelle. Nachdem sie grüne Talauen durchschlängelt und schließlich die Weinberge (im größten geschlossenen Rotweinanbaugebiet Deutschlands) an ihrem erstaunlich geradlinigen Unterlauf passiert hat, mündet sie bei Rheinkilometer 629,5 (Remagen-Kripp) in den Rhein. Im Zuge des Uferausbaus erfuhr auch ihre Mündung deutliche Korrekturen. Das amtliche Kartenblatt von 1895 verzeichnet hier noch eine elegant in Flussrichtung verschleppte Mündung, an die sich heute südlich – im vorherigen Mündungsdelta – eine ganze Serie von Buhnen (im Mittelrheingebiet meist Kribben genannt) als Strömungsabweiser anschließt. Außerdem erscheint das Flussbett im Kartenbild im gesamten unteren Abschnitt stark begradigt. Die ehemaligen Auenteile südlich des

Zu Recht hat man das Mündungsgebiet der Ahr wegen seiner überregionalen Bedeutung für den Artenschutz als Naturschutzgebiet ausgewiesen.

heutigen Ahrbettes werden heute landwirtschaftlich genutzt. Die häufig wie-
dergegebene Bewertung, wonach die Ahrmündung der einzige unverbaute
und natürlich erhaltene Mündungsbereich eines Rheinzuflusses ist, trifft also
nicht ganz vorbehaltlos zu, denn auch sie ist bereits ausgangs des 19. Jahrhunderts am Reißbrett in gewissem Umfang gestylt worden. Bei den übrigen
41 Nebenflussmündungen auf deutschem Staatsgebiet sind die technischen
Eingriffe allerdings wesentlich schwerwiegender und auffälliger. Trotz dieser
Beeinträchtigungen zeigt sich das Mündungsgebiet, das seit 1961 als 63 ha
großes Naturschutzgebiet ausgewiesen ist, in einem vergleichsweise naturnahen Zustand und lässt somit zumindest in Umrissen erkennen, wie sich die
Einmündung eines größeren Mittelgebirgszuflusses in der mittelrheinischen
Naturlandschaft darstellt.

In einem Großvorhaben zur Renaturierung der Ahr wurden seit 1997 insgesamt 40 alte Wehre, Bodenschwellen oder sonstige Gewässereinbauten entfernt, um typischen Wanderfischarten wie Lachs und Meerforelle, aber auch
dem Flussneunauge wieder den Aufstieg zu ihren ehemaligen Laichplätzen
im Oberlauf zu ermöglichen. Auch dem Aal, der zum Ablaichen in das Meer
zurückwandert, kommt der Rückbau sehr entgegen. Das Ortswappen von Remagen-Kripp weist als bemerkenswertes Element einen Fisch auf: Dargestellt
ist die bis 55 cm lange und 2 kg schwere Finte – ein anadromer Wanderfisch,
der zum Laichen vom Meer in die Flüsse aufsteigt und früher im Rhein saisonal
(vor allem im Frühsommer) mindestens bis zur Ahrmündung vorkam. Schon
seit langem steht er auf der Artenverlustliste; auch nach der ökologischen
Gesundung des Rheins hat diese Art, die zwar noch im Niederrhein vorkommt,
ihren früheren Lebensraum nicht wieder erfolgreich erobern können.

Wir beginnen unsere kleine Exkursion in das Ahrmündungsgebiet südlich
vom Anleger der Rheinfähre Linz-Kripp an der Ahrbrücke. Bereits vom Weg
dorthin bietet sich ein prächtiger Blick auf die über 1000-jährige Stadt Linz,
die sich als typische Nebentalsiedlung entwickelt hat, weil hier ausgedehnte
Terrassenflächen im tieferen Rheintal fehlen.

Auch in diesem Gebiet lässt die Ufergestaltung des Rheins wichtige Veränderungen aus dem 19. Jahrhundert erkennen: Der hier nach 1871 begonnene
technische Ausbau des Stroms zur Großschifffahrtsstraße legte die Uferbereiche weithin mit Steinschüttungen und -deckwerk fest. Auenwald mit Strauch-
und Baumweiden, wie er für die Uferpartien größerer Fließgewässer typisch
ist, hatte hier allerdings schon lange keinen Platz mehr, denn er stand dem
früheren Treidelbetrieb auf dem ufernahen Leinpfad (heute Radweg) im Wege,
über den die Lastkähne mit Pferdekraft talaufwärts geschleppt wurden.

Die einer Nebenflusseinmündung dieser Größenordnung eigene Dynamik
lässt sich die Ahr übrigens nicht nehmen. Schon im Winter 1984 wäre ihr

Auch aus der Luft zeigt sich das Mündungsgebiet der Ahr als reich strukturierter Auenraum.

beinahe ein neuer Durchbruch in das alte Bett zum Rhein gelungen, doch wurde sie mit sofort eingeleiteten wasserbaulichen Maßnahmen in Form von Steinpackwerk auf dem Südufer vorerst wieder in die Strömungsrinne aus dem späten 19. Jahrhundert gezwungen. Diese Blockschüttung ist unterdessen zum Glück weitgehend durch Vegetation verdeckt, so dass sie mit ihrer anfänglichen brutalen Hässlichkeit nicht mehr so sehr in den Blick fällt. Die einen Fluss normalerweise auszeichnende Ufererosion ist damit allerdings nicht auf Dauer zu unterbinden. Aus einem erst um 1960 entstandenen Mäanderbogen etwa 300 m westlich der heutigen Mündung arbeitet der Fluss bei Hochwasser nach wie vor an einer neuen Rinne und damit an einem weiteren Mündungsarm, der hier zu Beginn des 19. Jahrhunderts schon einmal bestand. Die derzeitige Tropenholzbrücke, über die der viel genutzte Rheinuferradweg führt, würde im Fall dieses Durchbruchs nur noch auf eine Insel führen. Für die radtouristische Infrastruktur mag sich eine solche Entwicklung als Katastrophe darstellen. Für den Geomorphologen ist es lediglich ein weiteres Lehrstück dafür, dass sich die dynamische Natur nicht in Raum und Zeit festlegen lässt.

Auch das gehört zur Fließwasserdynamik: Während des sommerlichen Niedrigwassers erkennt man übrigens sehr schön den ausgedehnten Schwemmfächer der Ahr, der sich weit in den Rhein vordrängt. Die hier und noch tiefer abgelagerten Geschiebe aus der Eifel überfrachten das Flussbett des Rheins so sehr, dass die strommittige Fahrrinne in regelmäßigen Abständen für den sicheren Schiffsbetrieb ausgebaggert werden muss. Die Gesteine in den Geschieben sind eine bunte Mischung aller Schichtglieder, welche die Ahr auf ihrem Lauf durch das nordwestliche Schiefergebirge durcheilt, überwiegend jedoch die über 350 Millionen Jahre alten Ton- und Sandsteine des Unterdevons.

Artenreiche Hochstaudenfluren

Vor allem im Hochsommer fallen vor der Uferbefestigung prächtige Hochstaudenfluren auf, darunter der Großen Brennnessel und dem besonders üppig gedeihenden Gefleckten Kälberkropf. Hier und da kommt auch die fast meterhohe Sumpf-Wolfsmilch vor, eine recht seltene und im Bestand gefährdete Stromtalpflanze, die sonst eher im Oberrheingebiet verbreitet ist. Häufig ist die Kratzbeere mit ihren bereiften, stachelbewehrten Stängeln zu sehen. Hochwüchsige Auengebüsche mit Rotem Hartriegel, verschiedenen Schmalblatt-Weiden, Liguster und Kreuzdorn verstellen den freien Blick auf den Rhein.

Der verbliebenen Auenwaldreste im Mündungsbereich sind stark aufgelockert. Kräftige Exemplare von Silber-Weide, Bruch-Weide und auch einige

Die Europäische Hopfenseide ist eine von drei am Rheinufer vorkommenden Arten. Sie alle leben parasitisch und entwickeln deswegen kein Blattgrün.

Schwarz-Pappeln geben ein Bild vom Aussehen der Weichholzaue. Die Flächen der ehemals mit Eichen, Eschen und Ulmen bestockten Hartholzaue, die immer noch periodisch überflutet wird, nehmen heute Auenwiesen und -weiden ein.

Die Hochstaudenflur selbst besteht überwiegend aus der Knollen-Sonnenblume (Topinambur), einer aus Nordamerika eingebürgerten Pflanze, die erst im Oktober zur Blüte kommt, und in großen Teilen aus dem Drüsigen Springkraut aus Indien – beide sind heute leicht verfemte Neophyten. Die komplette Auflistung der im Gebiet vorkommenden Blütenpflanzen verzeichnet

Die Osterluzei ist ein Flüchtling aus früheren Arzneigärten. Am Rheinufer ist sie nicht selten.

tatsächlich eingeschleppte und eingebürgerte Arten aus allen Kontinenten! Sie sind jedoch unterdessen ebenso ein Bestandteil der Vielfalt wie das heimische Ausgangsinventar.

INFO

Das besondere Artporträt

Knollen-Sonnenblume

Eindrucksvoll zeigt sich die entlang der großen Flüsse erfolgende Ausbreitung am Beispiel gartenflüchtiger Arten, die erst während der letzten rund 100 Jahre ihren Weg in das Gebiet fanden. Dazu gehört das Drüsige Springkraut, eine kräftige, bis 2 m hohe Pflanze mit hübschen, hellroten Blüten. Sie stammt ursprünglich aus Indien und wurde zunächst als Zierpflanze verwendet. In der Talaue ist sie nun praktisch fast überall eingebürgert und bildet dort ansehnliche Bestände in der Hochstaudenflur.

Aus Nordamerika stammt die Knollen-Sonnenblume (*Helianthus tuberosus*), auch

Die Blütenköpfe der Knollen-Sonnenblume duften intensiv nach Kakao bzw. Schokolade.

Topinambur genannt. Früher wurde sie vor allem im Oberrheingebiet wegen ihrer essbaren Knollen feldmäßig kultiviert; jetzt bereichert sie an vielen Stellen auch entlang des Mittelrheins und seiner Nebenflüsse die Flussauen. Ihre großen, sattgelben Korbblüten bilden mit ihrem bemerkenswert späten Blühtermin im Herbst einen lebhaften Farbkontrast zur dann schon eher gleichförmigen Farbgebung der grüngrauen Weidenauen. Übrigens: Bei trocken-warmem Wetter duften die großen Korbblüten nach Kakao.

Anthropogene und überwiegend recht kurzfristige Umschichtungen der Arteninventare sind eher die Regel als die Ausnahme. Die Liste der so genannten Neubürger (Neophyten) in der rheinischen Pflanzenwelt enthält insgesamt über 200 Arten.

Allein nach der Artenstatistik stellen sich der Rhein und seine Talaue also außerordentlich reichhaltig dar, wobei die Artenaufkommen abschnittweise und in den unterschiedlichen Biozönosen oberhalb bzw. unterhalb der Wasserlinie in den letzten Jahrzehnten erhebliche Umstellungen erfahren haben. Die Wandlung des Rheintals zur Kulturlandschaft und die Einbeziehung des landschaftsprägenden Stromes durch verschiedene Nutzungsformen hat insgesamt ein ökosystemares Gefüge geschaffen, das viele besondere und zum Teil einzigartige, aber auf jeden Fall zahlreiche anthropogene Züge aufweist.

Ein Kleinvogelparadies

Aus den dichten Hochstaudenbeständen am Weg lässt sich im Früh- und Hochsommer der Sumpfrohrsänger mit seinem ausdauernden Gesang vernehmen. Außerdem beteiligen sich an der akustischen Kulisse auch Zilpzalp, Girlitz, Buchfink, Rotkehlchen und Zaunkönig neben Garten- und Mönchsgrasmücke. Auch singt hier selbst am helllichten Tag die Nachtigall. Die beiden sehr ähnlichen Arten Sumpf- und Weidenmeise sind ebenfalls zu beobachten. Den eigentümlich schnarrenden Gesang des Feldschwirls könnte man eventuell gar nicht als Vogelstimme erkennen, denn er erinnert doch eher an eine musizierende Grille. Im Sommer ruft auch der Grünspecht aus den hohen Baumkronen, und mit etwas Glück kann man auch den Pirol hören. Während der Dunkelheit hat man sehr gute Chancen, den Steinkauz zu vernehmen – die alten Obstwiesen südlich der Ahr beherbergen den dichtesten Steinkauzbestand im gesamten Mittelrheingebiet. Zur Zeit des Vogelzuges verweilen auf den Kiesbänken gerne zahlreiche Durchzügler, darunter der überwiegend einzeln ziehende Waldwasserläufer neben Wasserpieper, Wasseramsel und die oft nach Hunderten zählenden Trupps der Bachstelze. Im Winter lassen sich auf

Prächtige Auengehölze flankieren den Unterlauf der Ahr kurz vor ihrer Mündung.

den Ahrwiesen gelegentlich rastende Gänse beobachten, neben Grau- und Kanadagans auch als große Besonderheit die arktische Kurzschnabelgans. Im flachen, leichter erwärmten Wasser über Kiesgrund laichen etliche Fischarten ab, so die Barbe, die Nase oder der Gründling – allesamt gefährdete Arten der heimischen Fließgewässer. Auch die elegant schwimmende Ringelnatter und als große Seltenheit der gesamten Region die Würfelnatter sind hier zu Hause.

Einen interessanten Teillebensraum dieses Gebietes bilden die Kiesbänke. Sie bleiben wegen ihrer Unbeständigkeit von Natur aus baumfrei, denn aufkeimender Jungwuchs wird schon im Keimlingsstadium durch erneute Aufschlickung sofort unterdrückt. Stattdessen breiten sich auf den Bänken andere Lebensgemeinschaften in charakteristischer Abfolge aus. Am Beginn stehen kurzlebige Formationen mit Knöterich- und Gänsefuß-Arten, in späteren Entwicklungsstadien auch relativ ausdauernde Hochstaudenfluren, die recht buntblumig sein können. Hier finden sich beispielsweise Beifuß, Große Klette, Wilde Karde, Großblütige Königskerze, Natternkopf, Seifenkraut und Rainfarn. Zahlreiche (verwilderte) Nutz- und Zierpflanzen finden sich hier zumindest kurzzeitig ein, darunter Tomate, Garten-Sonnenblume und Schnittlauch. Dazu auch Stechapfel oder verschiedene Astern.

Wichtiges FFH-Gebiet

Wir erleben gegenwärtig eine beträchtliche Verarmung von Arteninventaren auch der Kulturlandschaft, die zu großer Sorge Anlass gibt. Merkwürdigerweise nimmt auch das Maß an Toleranz deutlich ab. Da sich Natur und Ersatznatur nach ihren eigenen Ordnungsprinzipien entfalten und mithin durchaus chaotisch aussehen können, kollidieren sie mit dem an einfachen, weil linearen Ordnungsstrukturen orientierten Empfinden vieler Menschen (aus bürokratischen Entscheidungsebenen), die folglich versuchen, die angeblich so bedrohlich ungezügelte Vielfalt in übersichtliche, saubere Bahnen zu lenken, dabei alles wieder vereinheitlichen, geradlinig einrichten und vor allem pflegeleicht umgestalten. Aus Naturschutzgründen verlassen wir im hier besuchten Gebiet auf keinen Fall die Wege, um nicht unnötig zum Störfaktor zu werden. Ein intensiver Rund- und Überblick, bei dem ein Fernglas sicher eine willkommene Hilfe ist, zeigt uns zumindest die Zipfel von einem kleinen Naturparadies, das verständlicherweise seine Ruhe braucht. Als Besucher sollte man schlicht akzeptieren, dass man hier in jedem Fall ein Eindringling ist. So missbrauchen wir auch nicht die frei gefallenen Kiesbänke im Fluss als Strandersatz oder Grillplatz. Die Bedeutung des Ahrmündungsgebietes wird auch dadurch unterstrichen, dass es zu den Auswahlgebieten nach der Flora-Fauna-Habitat-Richtlinie (FFH-Gebiet) der Europäischen Gemeinschaft gehört, obwohl das Gebiet auch hinsichtlich seiner Artenausstattung anthropogene Züge aufweist.

Lein- oder Treidelpfad

Der Treidelbetrieb hat vor allem auf der linken Rheinseite eine lange Tradition. Erst seit knapp 200 Jahren verkehren die Schiffe auf dem Rhein auch aus eigener Kraft stromaufwärts. Die dazu notwendige erste und einigermaßen taugliche Dampfmaschine wurde zwar bereits im Jahre 1712 von dem Engländer

Der frühere Leinpfad, der dem Treideln der Lastkähne rheinaufwärts diente, ist längst zu einem Radwanderweg ausgebaut.

Brückenüberquerung der Ahrmündung: Da die Ahr gelegentlich Ausbruchsversuche aus ihrem angestammten Bett unternimmt, könnte diese Brücke eines Tages auf eine Insel führen.

Thomas Newcomen (1603–1729) konstruiert und wenige Jahrzehnte später von dem in diesem Zusammenhang oft fälschlich als Erfinder zitierten James Watt (1736–1819) kurz vor 1770 um entscheidende konstruktive Neuerungen verbessert. Zunächst war dieses enorm innovative, weil Kraft erzeugende Gerät aber vor allem im stationären Betrieb in Baumwollspinnereien im Einsatz. Erst ab 1788 konstruierte man in Großbritannien und wenig später auch in den USA deutlich verbesserte Versionen, die per Schaufelradantrieb tatsächlich ein Schiff gegen den Strom fahren ließen – eine folgenreiche Errungenschaft am Beginn des Industriezeitalters, die uns heute kaum noch bedenkenswert erscheint.

Spätestens im Mittelalter setzte man auch am Rhein ein anderes Verfahren ein, um die Schiffe für den Warenverkehr bergwärts zu bewegen: An einem Mast auf dem Vorschiff war ein 10–15 m langes Seil (= Leine) befestigt und wurde am anderen Ende von einem ufernahen Weg (= Leinpfad) aus entweder von einer mehrköpfigen Mannschaft oder von gut bestückten Pferdegespannen gezogen. Diese Transporttechnik hat in unserer Großregion eine besonders lange Tradition.

Das Ziehen der Schiffe gegen den Strom durch menschliche oder tierische Muskelkraft nennt man treideln oder halfern. Das in der heutigen Umgangssprache kaum noch verwendete Wort *treideln* findet man zwar noch in den etablierten Wörterbüchern der deutschen Sprache, aber die Wortableitung wird hier generell unterschlagen. Erst nach umwegiger Suche gelangt man eventuell zu Worterklärungen, die den Begriff im Umfeld des lateinischen Wortes *trahere* (= ziehen, vgl. *Traktor* = Zugmaschine) sehen und auch auf Querverbindungen zur bedeutungsgleichen englischen Vokabel *to trail* verweisen. Die mit dem Treidelbetrieb befassten Personen nannte man üblicherweise *Halfen* und in Mittelrheingebiet *Rheinhalfen*. Hier versagen die gängigen Wörterbücher jedoch vollends. Sie führen diesen Begriff einfach nicht (mehr) auf und bieten erst recht keine brauchbare Worterklärung. Die begriffliche Nähe zum nach wie vor bekannten Wort *Halfter* (Zaumzeug), das schon im Althochdeutschen so verwendet wurde, liegt allerdings nahe.

Üblicherweise fand die bergauf gerichtete Schleppfahrt im Mittelrheingebiet auf dem eigens dafür schon im Mittelalter eingerichteten Leinpfad der linken Rheinseite statt. Nur an wenigen Stellen besteht bis heute auch rechtsrheinisch ein Leinpfadabschnitt, so etwa zwischen Hammerstein und Leutesdorf. Hier war wegen des je nach Wasserführung im Rhein landseitig schlecht passierbaren Namedyer Werthes – eventuell unterstützt durch gesetzte Segel – oft ein Seitenwechsel statt, in der damaligen Halfersprache Überschlag genannt. Ziemlich schwierig war auch die landseitige Passage der Insel Nonnenwerth. Hier setzte man statt der Treidelpferde kräftige Männer als Leinenzieher ein. Je 6–8 Menschen ersetzen ein Treidelpferd. Der geniale britische Maler William Turner (1775–1851) hat 1817 in einem wunderschönen Aquarell einen Leinenzug mit sechs Männern vor Nonnenwerth mit Drachenfels und Rolandsbogen im Hintergrund festgehalten. Eine kritische Stelle waren ferner die seinerzeit berüchtigten Unkelsteine, ein damals noch weit in den Fluss hineinragendes Basaltriff. Der Bereich der Ahrmündung scheint kein nennenswertes Hindernis gewesen zu sein. Jedenfalls ist von Überschlägen auf die Linzer Rheinseite nichts bekannt.

Der Leinpfad musste nach der preußischen Uferordnung 12 rheinische Fuß (= ca. 3,5 m) breit sein. Er verlief aus praktischen Gründen möglichst ufernah und damit exakt im Bereich der während des größten Teils eines Jahres hochwasserfreien Weichholzaue. Für die ungehinderte Verbindung zwischen den Leinenzügen der Halfer und dem zu treidelnden Lastkahn musste sie regelmäßig abgeholzt werden. Ein intaktes Landschaftsbild der ursprünglichen Flussaue hätte man so speziell auf der linken Rheinseite schon in nachmittelalterlicher Zeit nicht mehr erleben können. Der heute noch vorhandene und schon seit Jahrzehnten zum Rad- bzw. Wanderweg umfunktionierte und ausgebaute Leinpfad erstreckt sich von Basel bis in die Niederlande und ist der längste Treidelpfad weltweit.

Die Treidelarbeit war für Mensch und Tier mit Sicherheit äußerst mühsam, auch wenn Joseph Gregor Lang (1755–1834), katholischer Geistlicher und Lehrer in Koblenz, sie in seiner 1790 zweibändig erschienenen „Reise auf dem Rhein" (nach zeitgenössischem Urteil die „erste genießbare Rheinreise") geradezu romantisch-naiv verklärte: „Schön war es, große belastete Schiffe … die fröhlichen Ufer zu Berge vorbei streichen zu sehen. Die schnaubenden Pferde, angespornt durch das heisere Geschrei der Halfen und das unaufhörliche Schwingen der schnalzenden Peitschen, krochen den kiesigen und glitschigen Leinpfad hinan … ein Gemälde, das Aug' und Ohr belebte".

Tatsächlich war der Einsatz der Pferde aus heutiger Sicht mit Sicherheit eine erbarmungswürdige Quälerei. Die Treidelpferde mussten das möglichst uferparallel in genügend tiefem Fahrwasser gesteuerte Lastschiff jeweils schiefdiagonal gegen die Strömung ziehen, was eine ständige stark asymmetrische Belastung ihres Bewegungsapparates bedeutete. Die meisten Treidelpferde litten daher nach einiger Zeit an krankhaften Veränderungen ihrer Hüft- und Schultergelenke oder hatten üble Hautverletzungen durch schlecht sitzende, scheuernde Geschirre bzw. Peitschenhiebe. Schließlich darf man sich auch nicht vorstellen, dass der Treidelbetrieb immer völlig glatt ablief. Mitunter ließ der Steuermann das Treidelschiff durch Unachtsamkeit oder Manövrierfehler zu sehr in die Strömung geraten. Dann wurden die Pferde in den Rhein gerissen und ertranken, wenn es der an Land gehende oder reitende Halfe nicht mehr schaffte, die Leine rechtzeitig zu kappen. Sollte ein Treidelschiff dagegen einmal auf Grund laufen, musste man die Fracht mühsam auf ein Beiboot umladen, bis der Lastkahn wieder genügend Wasser unter dem Kiel hatte und freikam.

Zudem stellten sich bei den Treidelpferden häufig Augenschäden bis hin zur Erblindung ein, weil die Tiere insbesondere bei Sonnenwetter stundenlang der vom Fluss reflektierten starken Strahlung ausgesetzt waren. Zum Schutz erhielten sie – was aber nicht belegbar ist – an ihren Halftern eine Schatten werfende Scheuklappe, weswegen man die rechte Rheinseite im Mittelrheingebiet bis heute die „schäl Sick" nennt. Diese Deutung ist jedoch umstritten. Eine alternative Erklärung verlagert die Begriffsentstehung gar in die Spätantike, als auf dem linken Rheinufer bereits christliche Gemeinden existierten, auf dem rechten dagegen die nach wie vor heidnischen und deswegen „schäl" angesehenen Germanen siedelten.

Vor dem Hintergrund des anstrengenden bis qualvollen Treidelbetriebs erscheint es mehr als angebracht, dass man den geschundenen Treidelpferden eine Station des Remagener Skulpturenufers widmete: In Remagen-Kripp findet sich am historischen Leinpfad eine von Johannes Brus 2008 geschaffene Darstellung von zwei anmutigen Bronzepferden auf einem (nicht ganz so geglückten) Betonschiff. Dessen Bug weist stromaufwärts. Zwar hat man ausgeruhte Pferde zum Auswechseln an manchen Stationen tatsächlich mitgetreidelt, aber im Allgemeinen wurden sie bei Leerfahrten an Bord zum Einsatzort (meist Köln) zurückgeführt. Insofern müsste der Schiffsbug stromabwärts zeigen. Der Künstler legt seinem Werk aber eine deutlich abweichende Deutung zu Grunde. Er kehrt mit seiner Skulptur nämlich die tatsächlichen Arbeitsverhältnisse um: Seine Pferde stehen völlig entspannt auf einem stromaufwärts gerichteten Lastkahn und können nun, von jeglicher Zuglast befreit, eine Schifffahrt auf dem Rhein erleben. Die in Remagen-Kripp aufgestellte Skulptur ist am gesamten Rhein das einzige Monument, welches die lange Geschichte der Treidelschifffahrt thematisch aufgreift.

Gefiederte Gäste

In der öffentlichen Wahrnehmung gilt der Rhein mit seinen naturnahen Auen und Ufern nicht unbedingt als hervorhebenswertes Vogelparadies. Gewiss trifft man hier immer kleinere oder auch größere Scharen der flusstypischen Lachmöwe in ihren unterschiedlichen Jahreskleidern an, aber beim genaueren Hinsehen erlebt man doch die eine oder andere Überraschung: Auch an den Rheinufern finden sich nicht wenige durchaus bemerkenswerte Wasservogelarten. Manche sind fast ganzjährig zu erleben, andere kommen zum Teil von weit her, um im klimatisch begünstigten Rheinland die kalte Jahreszeit zu verbringen. Bei einem Winterspaziergang am Rheinufer sind diese interessanten Vogelarten leicht zu beobachten und genauer kennen zu lernen.

Bevorzugte Aufenthaltsgebiete der durchziehenden, rastenden oder für längere Zeit bleibenden Vogelarten sind die weitgehend störungsfreien und naturnahen Uferbereiche mit größeren Beständen von Gehölzen der Weichholzaue. Gerne versammeln sich die Vögel scharenweise in der Nähe der Fähranleger, so in Remagen-Kripp oder in Bad Breisig. Noch häufiger suchen sie die rheinnahen Wiesen und auch die Bereiche zwischen den am Mittelrhein „Kribben" genannten Strömungsabweisern auf, die man beim Ausbau des Rheins zur Großschifffahrtsstraße ab der Mitte des 19. Jahrhunderts zur Verbesserung der Wasserführung in der Fahrrinne errichtet hat. Bei durchschnittlicher Wasserführung des Rheins und erst recht bei Niedrigwasser sind sie relativ gefahrlos zu begehen und eine beliebte Position von Freizeitanglern. Im Sommerhalbjahr entwickelt sich in den breiten Fugen des Blockdeckwerks eine überraschend artenreiche Flur mit verschiedenen reichblütigen Pflanzenarten, unter denen die so genannte Stromtalflora mit ihren vielen hervorhebenswerten

Auf den Rheinwiesen südlich und nördlich der Ahrmündung sind heimische oder eingebürgerte Wildgänse immer präsent.

Blütenpflanzen (u.a. mit Esels-Wolfsmilch, Glänzender Wiesenraute, Sumpf-Schafgarbe) einen besonderen Rang einnimmt. Die Uferbereiche zwischen den Kribben sind stark strömungsberuhigte und bei geringerer Wasserführung auch recht flachgründige Zonen, in denen sich folglich eine Menge Feinsediment aus der Schwebteilchenfracht des Rheins absetzt. Hier kann man übri-

Im Bereich der Ahrmündung kann man reinerbige Schwarz-Pappeln finden, die sonst im Gebiet eher selten sind.

gens anhand der zahlreichen Leerschalenfunde auch einen überraschenden Eindruck von der wieder erstarkten Muschelfauna des Rheins gewinnen. Unter anderem finden sich hier immer größere Mengen der im Rhein seit einigen Jahren neu aufgetretenen Körbchenmuscheln, die möglicherweise zwei verschiedenen Arten angehören. Im Winterhalbjahr stellen diese Bereiche für die Wasservögel ideale Ruhezonen und Nahrungsgründe dar, denn dort können sie ohne nennenswerten Energieaufwand liegen und ausruhen.

Nur einen flüchtigen Blick auf das Rheinufer werfen, bringt allerdings nichts. Weil längere Beobachtungspausen unumgänglich sind, ist anders als bei sonstigen Wanderungen insbesondere in der zweiten Jahreshälfte eine besonders warme Kleidung angesagt. Außerdem benötigen Sie ein lichtstarkes Fernglas (etwa 7×20 bis 10×50) und möglichst auch ein Vogelbestimmungsbuch, denn die Arten sind zahlreich und die Unterschiede manchmal nicht allzu auffällig. Zudem ist der Zeitpunkt wichtig: Am besten begibt man sich am Vormittag

Silber-Pappeln bringen recht imposante Baumgestalten hervor.

auf den Weg, wenn die Wasservögel noch eifrig bei der Nahrungssuche sind. Außerdem ist dann gerade das linke Rheinufer besser beleuchtet.

Es empfiehlt sich, die Kribben und strömungsberuhigten Wasserflächen dazwischen nur mit dem Fernglas abzusuchen und dabei die Vögel in den Blick zu nehmen. Auf keinen Fall sollte man jetzt die Uferwege (Leinpfad) verlassen, die manchmal trocken fallenden Sandflächen betreten oder den Hund frei laufen lassen, denn solche Aktionen stören die Vögel unnötig auf. Jedes Auffliegen bedeutet in der Zeit der winterlichen Nahrungsknappheit einen vermeidbaren Energieverlust. Wenn während der winterlichen Frostperioden die Wasserflächen von Baggerlöchern an anderen Stellen in der Rheinaue zugefroren sind, versammeln sich besonders viele Wasservögel auf dem Rhein. Aber auch in milderen Wintern finden sich hier zahlreiche gefiederte Gäste ein.

Aus der Gruppe der Taucher begegnet man fast immer dem hübschen Haubentaucher – sein langer, spitzer Schnabel weist ihn klar als Fischjäger aus.

Oft liegt er sehr tief im Wasser, so dass nur sein dünner und heller Hals zu sehen ist. Ein kleinerer Verwandter, der Zwergtaucher, ist seltener. Er wirkt auf den Wellen wie ein braunes Wollknäuel mit Schnabel. Beide Taucherarten sind meist keine weit gereisten Gäste, denn ihr Brutgebiet erstreckt sich unter anderem über das gesamte Mitteleuropa und reicht weit nach Osten. Von letzterem könnten sich durchaus einige Exemplare unter die überwinternden Einheimischen mischen.

Mit einigem Glück trifft man auch die Vertreter aus der Gruppe der Säger an – den Gänsesäger ebenso wie den kleineren Zwergsäger, die nun wirklich einen weiten Weg zurückgelegt haben, bis sie ihr rheinisches Winterquartier erreicht haben. Die Brutheimat des Gänsesägers ist vor allem Skandinavien und der weitere Osten. Mit einem guten Fernglas ist der Haken an der Spitze des Oberschnabels zu erkennen – ein klarer Hinweis auf die Nahrung: Die Säger sind klassische Tauchvögel, die bei ihrer Unterwasserjagd schwerlich entkommen lassen, was sie mit ihrem Hakenschnabel einmal gepackt haben. Der kleinere Zwergsäger ist bei uns seltener. Er ist deutlich kleiner als eine Stockente, übertrifft dafür aber seinen großen Vetter an Eleganz. Das Männchen ist schneeweiß mit steil stehenden Stirnfedern, schwarzen Ohrstreifen und schwarzen Rückenzeichnungen. Auch der dunkle Schnabel hebt sich deutlich vom weißen Kopf ab. Das Weibchen begnügt sich mit grauen Körperfarben, einer braunen Kappe und einem weißlichen Backenfleck. Die Brutheimat liegt in Nordskandinavien und Nordrussland. Die gesamte Population muss im Winter günstigere Gegenden aufsuchen. Zu Tausenden überwintern sie auf dem Ijsselmeer in den Niederlanden, und einige versuchen es auch auf dem Mittelrhein.

Beim Weg am Rheinufer bemerkt man mit Sicherheit auch eine Vogelart, die vor wenigen Jahren noch recht selten war: Es ist der Kormoran, der so genannte „Meerrabe", der diesen irreführenden Namen nur wegen seines schwarzen Gefieders trägt. Mit den Rabenvögeln, die zu den Singvögeln gehören, hat der Kormoran nun wirklich gar nichts zu tun. Seit den 1970er Jahren hat er in seinen nördlicher gelegenen Brutgebieten nach Bejagungsverbot wieder deutlich zugenommen. Daher steigt bei uns auch die Zahl der Überwinterer stark an. Als Vogelfreund wird man sich über diese neue Art gewiss freuen. Angler und Fischzüchter nehmen ihn dagegen nur sehr reserviert zur Kenntnis. Im Rhein kann er mit seinem Appetit allerdings kaum Schäden anrichten, denn der Strom beherbergt nach seiner ökologischen Gesundung wieder genügend Fische. Kormorane lassen sich gerne rheinabwärts treiben und liegen dabei sehr tief im Wasser, so dass man fast nur den Hals mit dem etwas nach oben gerichteten, wiederum in einen Haken auslaufenden Schnabel sieht. Unschwer sind auch die stromaufwärts (meist dicht über der Wasserfläche) fliegenden

Trupps zu erkennen. Wie ein schwarzes Kreuz wirkt der fliegende Vogel; sein Schwanz endet keilförmig. Wie die Gänse und Kraniche bilden auch die Kormorane gerne eine V-förmige Formation. Auf den Kribben oder auf Uferbäumen fallen sie schon von weitem besonders auf, wenn sie mit ausgebreiteten Flügeln sitzen und ihr Gefieder an der Luft trocknen.

Aus der großen Artenfülle der Enten fallen sicherlich einige Arten auf, die sich mitunter in größerer Stückzahl auf dem Rhein einfinden. Mit großer Wahrscheinlichkeit sind Reiher-, Tafel- und Schellenten dabei – Vertreter der Tauchenten, die ihre Nahrung am Boden des Gewässers suchen. Im Winter benötigen sie fast ausschließlich tierische Nahrung – überwiegend Dreikant- und Körbchenmuscheln, die es im nährstoffreichen Rhein in Mengen gibt. Entsprechend verschieben sich auch die Individuenzahlen bei den Muschel- und Fischfressern unter den Wintergästen. Trotzdem kommen Jahr für Jahr noch genügend Enten zu uns, so dass wir sie bei ihrem Treiben beobachten können. Verschiedene andere Entenarten können ebenfalls als Wintergäste auf dem Rhein vorkommen. Sie sind jedoch nur in kleineren Stückzahlen anwesend und auch nicht regelmäßig in jedem Jahr vorhanden. Die intensive Suche mit dem Fernglas beschert hier bestimmt die eine oder andere Entdeckerfreude. Dagegen sind fast immer die großen Höckerschwäne zu sehen. Von den beiden anderen aus dem hohen Norden stammenden Arten kommt gelegentlich der Singschwan auf die Baggerseen der Region.

Große Vogelansammlungen finden sich gewöhnlich an den Anlegestellen der Fähren und Fährboote. Das sicherlich gut gemeinte Füttern gewöhnt sie an den Menschen und führt fast immer zu Massierungen, die biologisch zwar nicht unbedingt sinnvoll sind, aber für Familien mit Kindern ein besonderes Naturerlebnis darstellen. Die Unterscheidung zweier häufiger Arten ist kein Problem: Die Erpel der Stockenten tragen ihren grünschwarz schimmernden Kopf über einer rostroten Brust. Ihr Körpergefieder ist hellgrau. Die Weibchen sind dagegen unscheinbar bräunlich. Die schwarzen Blässrallen (auch Blässhühner genannt) fallen durch ihren leuchtend weißen Stirnschild auf. Gelegentlich finden sich auch die etwas kleineren und unscheinbaren Teichrallen ein – etwas Rot am Schnabelgrund und weiße Unterschwanzdecken lassen sie eindeutig unterscheiden.

Die häufigsten Vögel am Rhein zur Winterzeit sind sicherlich die Möwen. Sie sind so zahlreich vertreten, dass man sie schon nach kurzer Zeit kaum noch eines Blickes würdigt, doch das wäre durchaus voreilig: Neben den vielen kleinen Lachmöwen kommen auch die größeren Silber- und Sturmmöwen vor. Sie ziehen aus dem Küstenraum stromaufwärts. Einige der im Unteren Mittelrheingebiet zu beobachtenden Sturmmöwen dürfte (auch) aus Bruten im rheinischen Braunkohlenrevier westlich von Köln stammen. Beide Arten sind deut-

lich größer als die Lachmöwen und haben gelbe bzw.
gelbgrüne Schnäbel sowie
gelbliche Beine. Bei den
Lachmöwen sind dagegen
alle hornigen Teile rot. Auffällig sind die fleckig braun
gefiederten Exemplare. Es
sind ein- bis zweijährige Sil-
ber- oder Sturmmöwen. Erst
im dritten Jahr färben sie
um und erhalten dann ihr
arttypisch weißgraues Fe-
derkleid. Die erwachsenen
Silber- und Sturmmöwen
lassen sich nicht so leicht
unterscheiden. Mit Hilfe eines guten Bestimmungsbu-
ches und etwas Erfahrung
wird es dennoch gelingen:
Sturmmöwen haben dunkle
Augen, Silbermöwen grüne

**Eine typische Auenpflanze entlang des Rhein-
ufers ist die Esels-Wolfsmilch.**

mit hellem Augenring. Selten sind weitere Möwenarten zu entdecken, die im
Rheinland erst in den letzten Jahren vereinzelt auftreten, darunter Schwarz-
kopfmöwe und Mittelmeermöwe.

Außer den Wasservögeln werden uns sicher auch andere Vertreter der Vogelwelt auffallen. Am Spülsaum des Uferbereich sollte man immer etwas genauer
hinsehen: Dort könnte man einem Wasserpieper begegnen, einem kleinen,
braun gestreiften Singvogel von der norddeutschen Küstenregion.

In den letzten Jahrzehnten hat sich das Rheinland zu einem herausragenden (Überwinterungs-)Gebiet für eurasiatische Gänse-Arten entwickelt. Im
Niederrheingebiet nördlich von Duisburg überwintern jährlich über 150.000
Individuen der im Sommer hochnordisch lebenden Blässgänse sowie zahlreiche Weißwangengänse. Bislang treten diese Arten im Mittelrheingebiet kaum
auf, aber das könnte eher eine Frage der Zeit sein, zumal auch in diesem Raum
vielfach die Voraussetzungen für geeignete Nahrungsbiotope gegeben sind.
Dafür treten auch hier seit geraumer Zeit ursprünglich gebietsfremde Arten
auf, die sich erfolgreich als Neubürger (Neozoen) etabliert haben: So kann
man fast überall die seit Anfang der 1990er Jahre auftretende Nilgans sehen
– von Natur aus wäre die immer noch recht scheue Art nur südlich der Sahara

heimisch. Die mitteleuropäischen Winter erträgt die Art offenbar sehr gut und zeigt sich auch in der Nistplatzwahl ausgesprochen flexibel: Die Palette reicht von Kaninchenbauten bis zu alten Bussardhorsten. Naturschützer sehen diesen Zuwanderer aus verschiedenen Gründen sehr kritisch. Auch Kanadagänse, die an einigen Stellen des Rheinlandes unterdessen sogar stabile Brutkolonien gegründet haben, sind an vielen Stellen des Rheinufers ein vertrauter Anblick. Zu den rheinufertypischen Gänse-Arten gehört natürlich auch die ursprünglich heimische Graugans, die

Zu den auffälligeren Arten im Auengrünland gehört der aparte Dolden-Milchstern.

Stammart aller Hausgänse. Ende des 19. Jahrhunderts war die Art in Westdeutschland und in den Niederlanden fast ausgestorben. Nach erfolgreichen Einbürgerungsmaßnahmen bei durchgreifendem Bejagungsverbot hat sich ihr Bestand in den letzten Jahren fast überall erfreulich erholt, und so sieht man sie fast ganzjährig in größeren Trupps vor allem im Bereich der Rheinauen. Nicht selten finden sich – so im Bereich der Ahrmündung – auch gemischte Gruppen mit Kanadagänsen zusammen.

Ob diese Tiere bei uns tatsächlich nur als Wintergäste aus ihren nordeuropäischen Brutgebieten auftreten, lässt sich leicht an ihrem Verhalten ablesen: Wilde Kanada- und Graugänse laufen nicht auf Meterdistanz zwischen den Besuchern herum wie die angefütterten Exemplare etwa im Bonner Rheinauenpark, sondern weisen eine relativ große Fluchtdistanz auf. Schon bei geringer Beunruhigung unterbrechen sie die Äsung, recken die Hälse hoch und laufen bzw. fliegen gegebenenfalls davon. Auch die Nilgänse, die sich von den anderen Vogelarten immer ein wenig absondern, reagieren im Allgemeinen recht scheu.

Die jüngste Zutat zur Gänse-Fauna in unserem Gebiet ist die bemerkenswert zutrauliche Schwanengans. Aus der Distanz ähnelt sie einer Graugans, trägt aber einen schwarzen Schnabel mit deutlichem Höckergrund wie beim Höckerschwan. Die Art stammt aus Zentralasien und breitet sich allmählich auch bei uns aus.

Am Rhein ist immer etwas los. Die überraschend vielfältige und oft auch individuenreich vertretene Avifauna gehört mit Sicherheit zu den besonderen und für die eigene Erkundung empfehlenswerten Erlebnisinhalten.

Tourenprofil: Streckenwanderung

Anfahrt/Ausgangspunkt: DB-Bahnhof Bad Breisig (RB48) bzw. ein erreichbarer Parkplatz in der Nähe, beispielsweise in Remagen-Kripp nahe der Autofähre nach Linz. Rückfahrt vom Bahnhof Bonn-Mehlem bis Bad Breisig.

Strecke: Von den Bahnhöfen (Parkplätzen) Bad Breisig oder Remagen wendet man sich auf gut bezeichneten Wegen zunächst zur Rheinpromenade und wandert oder fährt per Rad direkt entlang am linken Rheinufer bis zur Ahrmündung. Diese NaTour eignet sich für alle Jahreszeiten. Vor allem im Winterhalbjahr verspricht sie erlebnisreiche vogelkundliche Beobachtungen.

Zielpunkt: DB-Bahnhof Remagen

Einkehrmöglichkeiten: Am Start- und Zielpunkt

Empfohlene Karte: RheinWandern 1 : 25 000 Blatt Nord

Strecke: 11.166 m

tiefster Punkt: 53,7 m ü. NN

höchster Punkt: 61,8 m ü. NN

Summe Steigungen: 12 m

Summe Gefälle: 9 m

maximale Steigung: 1,8 %

maximales Gefälle: 0,9 %

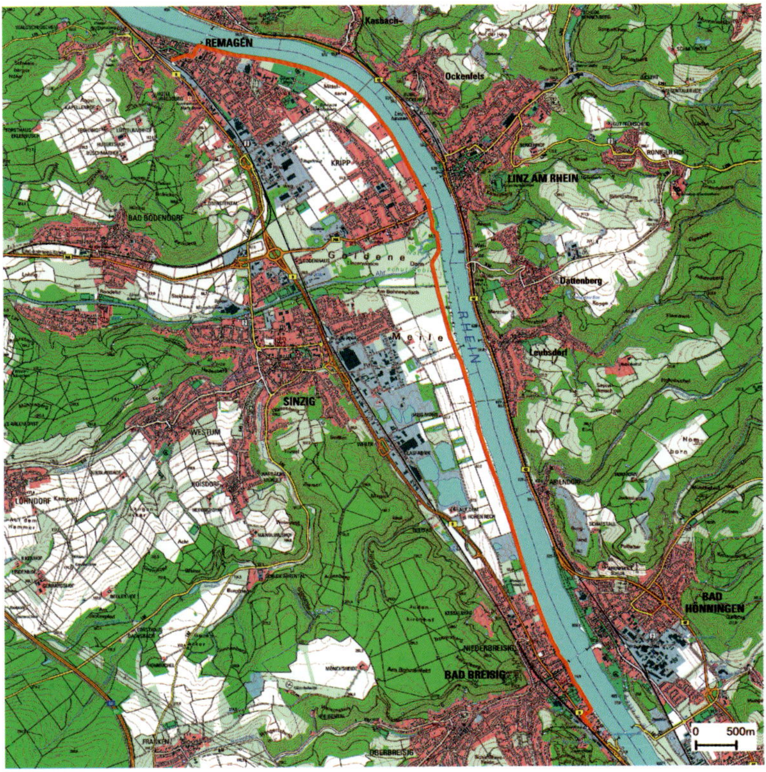

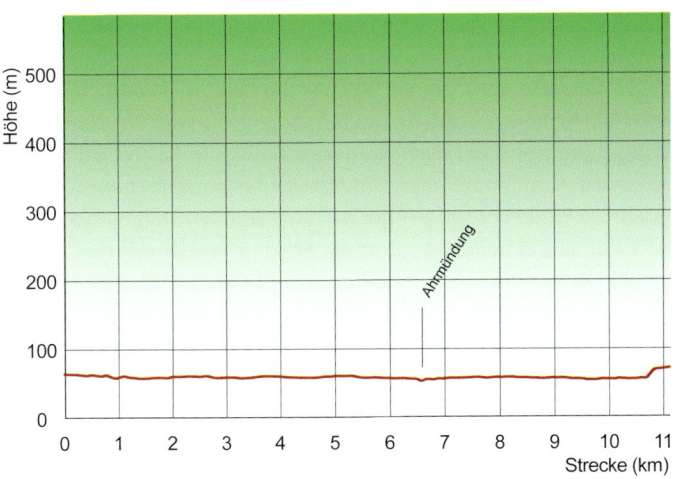

© GeoBasis-DE / LVermGeoRP 2016 dl-de/by-2-0, http://www.lvermgeo.rlp.de
[Daten bearbeitet]

Aus der Talperspektive wirkt die Erpeler Ley wie ein wuchtiger Riegel.

NaTour 17 – Die Goldene Meile zu Füßen

Eine Wanderung über die Erpeler Ley

Im unteren Engtal des Mittelrheins bildet die Erpeler Ley gegenüber von Remagen eine besondere, aber so nur aus der Talperspektive sofort in den Blick fallende Landmarke von überregionaler Bedeutung: Es ist die einzige tertiärzeitliche Vulkanruine direkt an der Talflanke des Mittelrheins. Wuchtig stellt sie sich dem Fluss in den Weg und drängt ihn sogar von seiner ursprünglichen Abflussrichtung um fast 3 km nach Nordwesten ab – im Kartenbild ebenso ablesbar wie auf den talgebundenen Verkehrswegen. Ihr tellerebenes Plateau liegt am höchsten Punkt bei 190 m über NN, überragt den Rheintalboden damit um rund 130 m und befindet sich somit exakt im Niveau der rheinischen Hauptterrassenflur.

Die als Gebietszugang hervorhebenswerte Kasbachtalbahn wurde 1909–1912 als Teil einer Bahnstrecke von Linz über Neustadt/Wied bis Altenkirchen mit mancherlei bahntechnischen Finessen gebaut. Wegen der starken Steigungen bis zu 57‰ waren insgesamt vier Zahnstangenabschnitte erforderlich. In den letzten Tagen des Zweiten Weltkriegs wurde die Strecke stark zerstört und daher nicht wieder aufgebaut. Auf dem erhaltenen Reststück von Linz bis Kalenborn verkehren seit Mai 1999 wieder verschiedene Nostalgiefahrzeuge in privater Trägerschaft.

Wenn man den Aufstieg von der Alten Brauerei über den dicht bewaldeten und daher immer etwas schattigen Talhang des tief eingeschnittenen Kasbachtales geschafft hat, erreicht man kurz vor Einmündung unseres Weges in den Rheinhöhenweg (hier links abbiegen) die ziemlich ebene und daher schon seit langem landwirtschaftlich genutzte Höhenflur um die kleine Ortschaft Orsberg. Lediglich nach Osten, zur Westerwaldseite, erkennt man einige, aber nicht allzu auffällige Geländestufen: Es sind uralte Reste von Talterrassen aus den tertiärzeitlichen Anfängen des Rheinstroms. Bald taucht man mit dem Rheinhöhenweg wieder in lichten Wald ein, bevor sich erst direkt am Erpeler-Ley-Plateau der Blick auf das Untere Mittelrheintal öffnet.

Ein landschaftlicher Höhepunkt

Geologisch betrachtet ist die Erpeler Ley einer der annähernd 200 Ausbruchspunkte des vor etwa 25 Mio. Jahren entstandenen Siebengebirgs-Vulkanfeldes (überwiegend auf der rechten Rheinseite) und ist heute neben dem Drachenfels die imposanteste Vulkanruine unmittelbar am Rhein. Sie gehört eher der Spätphase des tertiärzeitlichen rheinischen Vulkanismus an und ist etwa 19 Mio. Jahre alt. Die spezifisch schweren, weil ziemlich dichten basaltischen Schmelzen durchschlugen hier nicht mehr das devonische Deckgebirge, sondern blieben darin als Staukuppe oder Vulkanitstock stecken. Außerdem drang das Magma nachträglich mehrfach in den bereits erkaltenden Basaltkörper ein, was letztlich zu einer eigenartig wirbelartigen Abscheidung der vielkantigen Basaltsäulen führte.

Als der Mittelrhein sein Engtal einschnitt, ebnete er einerseits den alten Hochtalboden zum heutigen Erpeler-Ley-Plateau ein und legte andererseits an der Südflanke ihren imposanten Basaltstock frei: Auf der Höhe von Erpel verläuft die Stromsohle des Rheins daher ebenso auf dem basaltischen Wurzelbereich wie wenig stromabwärts beim ehemals so berüchtigten Unkelstein vor dem heutigen linken Rheinufer.

Ihre heutige rheinseitige Fassade erhielt die Erpeler Ley durch den bis zum frühen 20. Jahrhundert erfolgten Basaltabbau.

Einblicke in die Talgeschichte

Die Erpeler Ley widerstand allerdings dem erosiven Angriff weitgehend und lenkte den Strom im Bogen deutlich nach Nordwesten ab. Vorbereitet wird dieser Talbogen bereits vom ungefähr gleich großen, die Burg Ockenfels tragenden Basaltstock nördlich von Linz, während der noch etwas weiter südlicher gelegene basaltische Kaiserberg oberhalb von Linz die Abflussrichtung des Rheins nicht nennenswert beeinträchtigen konnte.

Zusätzlich bedingen die beiden Basaltstöcke Ockenfels und Erpeler Ley eine weitere landschaftliche Auffälligkeit: Bis Kasbach ist das Steilufer des Rheins (= Prallhang) rechtsrheinisch entwickelt, wechselt aber gegenüber Erpel mit dem Stromstrich auf die linke Rheinseite über. Entsprechend konnte sich direkt westlich der Erpeler Ley ein breiter Gleithang ausbilden, der die ausgedehnte Goldene Meile fast geradlinig fortsetzt, allerdings auf der rechten Rheinseite. Er trägt die bis unmittelbar an die Siebengebirgsflanke reichende Erpel-Unkel-Bad Honnefer Terrassenebene. So entstand inmitten des unteren Mittelrhein-Engtals aus dem Zusammenwirken von Vulkanismus und Jahrhunderttausende langer Erosion ein Talabschnitt von beeindruckender landschaftlicher Schönheit und Vielfalt. Diese zeigt sich auch mit der unvergleichlichen

Am Rande des Plateaus gedeiht eine hübsche Flur mit Feld-Beifuß und Färber-Waid.

Aussicht vom Erpeler-Ley-Plateau: Der Blick in die Runde reicht vom Siebengebirge über weite Teile der Rhein- und Osteifel sowie auf den Vorderwesterwald mit seiner vielteiligen Terrassenfolge von der ältesten Anlage eines Rheintals bis zum derzeitigen Hochflutbett innerhalb der Niederterrasse. Rheinabwärts geht der Blick bis Bad Honnef, Nonnenwerth und Rolandseck. Rheinaufwärts lässt sich bei klarer Sicht sogar der Beginn des unteren Mittelrhein-Engtals an der Leutesdorf-Andernacher Talpforte mit den Laacher Vulkanbergen im Hintergrund erahnen. Nach Westen reicht der Blick bei klarem Wetter gar bis zu den Höhen der Schneifel. Diese herausragende Aussicht mag einer der Gründe dafür sein, dass die Erpeler Ley nicht nur ein geologisches faszinierendes Objekt der Landespflege und damit ein bedeutsamer Geotop ist, sondern auch eine bemerkenswerte Denkmaltopographie aufweist.

Reiche Denkmallandschaft

Die kulturhistorisch bemerkenswerte Denkmaltopographie der Erpeler Ley verzeichnet insgesamt sieben Objekte, die der Besucher des ausgedehnten Plateaus allerdings kaum als Ensemble wahrnimmt. Am ehesten fällt hier das rund 5 m hohe Friedenskreuz auf, errichtet 1954 von der Gemeinde Erpel zur

Vom Rande des Leyplateaus bietet sich eine prächtige Aussicht in das Untere Mittelrheintal.

Erinnerung an die Schrecken des Zweiten Weltkriegs, vor allem im Zusammenhang mit den unseligen Vorgängen um den Brückenkopf Remagen-Erpel im Frühjahr 1945: Obwohl die zwischen 1916 und 1918 als Verbindung vom Ruhrgebiet zur bereits bestehenden Westfront erbaute Ludendorff-Brücke – sie galt seinerzeit tatsächlich als eine der schönsten Stahlbrückenkonstruktionen über den Rhein – im Ersten Weltkrieg militärgeschichtlich völlig unbedeutend blieb, nutzten die Alliierten die „Brücke von Remagen" am 7. März 1945 als einzige weitgehend unbeschädigte Rheinbrücke zur ersten rechtsrheinischen Brückenkopfbildung, ehe die 4.650 t schwere Konstruktion am 17. März 1945 schließlich nach schweren Luftangriffen doch noch zusammenbrach.

Nur wenig östlich vom Friedenskreuz befindet sich ein 1962 wiederum von der Gemeinde gesetzter Gedenkstein aus Osteifeler Basaltlava für den Erpeler Lehrer Hans Eich, der sich speziell um die Erforschung des (heutigen) Naturschutzgebietes Erpeler Ley außerordentlich verdient gemacht hat. Er erkannte nämlich erstmals die herausragende biogeographische Bedeutung der Ley und schaffte es glücklicherweise, dass das Gebiet 1941 unter Naturschutz gestellt wurde.

Am Waldrand auf der Rückseite des offenen Ley-Plateaus trifft man auf die erst 1993 errichtete Gedenkstätte der Bonner Burschenschaft Rheno-Germania.

Sie besteht aus drei größengestaffelten Westerwälder Basaltsäulen und erinnert an die drei Gründungen dieser Verbindung (1860, 1904 und 1949) auf der Erpeler Ley. Ganz in der Nähe befindet sich der im Jahre 1910 von der Gemeinde Erpel errichtete Gedenkstein aus Siebengebirgstrachyt für eine damals tatsächlich so wahrgenommene abenteuerliche Fahrt des Zeppelins Z2. Anlass war ein bis dahin nicht dagewesenes und daher als sensationell empfundenes Spektakel am 2. August 1909, als Z2 – vom Grafen persönlich gesteuert – während einer Überführungsfahrt nach Köln dicht vor den Felsen der Erpeler Ley in ein Unwetter mit Sturmböen und Hagelschlag geriet, sogar bis nach Andernach abgetrieben wurde und nach Frankfurt zurückkehren musste. Die benannten Denkmäler fallen in der Landschaft kaum auf. Fast wäre es aber ganz anders gekommen, denn 1911 plante man für das Plateau ein riesiges Bismarckdenkmal – vermutlich von ähnlicher Scheußlichkeit wie das Niederwalddenkmal oberhalb von Rüdesheim. Die Pläne hat man glücklicherweise aus mancherlei Gründen wieder verworfen.

Ein Stück Süden im Norden

Die Erpeler Ley trägt bedeutende Vorkommen der so genannten Xerothermvegetation mit relativ seltenen Pflanzenarten, die speziell an trockenwarme Standorte angepasst sind. Diese Arten erreichen hier die Nordwestgrenze ihrer Verbreitung in Europa und fügen sich zu Pflanzengesellschaften zusammen, die in den Nachbarräumen so nicht mehr auftreten. Viele ihrer Arten stammen aus den kontinentalen Steppenklimaten Südosteuropas. Andererseits treten hier auch einige betont atlantisch verbreitete Arten auf – eine biogeographische Sondersituation, wie man sie so nur im nördlichen Rheinland erleben kann. Bemerkenswerte Pflanzenarten, die man überwiegend nur mit dem Fernglas vom sicheren Plateau aus in den absolut unzugänglichen und deswegen ziemlich gefährlichen Steilhängen diagnostizieren kann, sind Steppen-Federgras, Wimper-Perlgras neben weiteren seltenen Gras-Arten, Schild-Ampfer, Acker-Hohlzahn, Felsen-Steinkraut,

Zu den besonderen Arten gehört das in der Region sonst seltene Berg-Steinkraut.

Gold-Aster und Sonnenröschen. In den Felsfluren kommen Schwarzstieliger und Nordischer Streifenfarn sowie der bemerkenswert trockenheitsresistente Milzfarn vor. Auch sind hier Speierling, Elsbeere, Wolliger Schneeball, Weichselkirsche und Felsenbirne verbreitet.

Pflanzenarten, die eine eher atlantische Verbreitung aufweisen, sind neben der immergrünen Stechpalme, die uns bestimmt schon im Wald auf dem Weg zum Plateau auffiel, schöne Bestände des Zweiblättrigen Blausterns.

Auch die Tierwelt ist mit zahlreichen bemerkenswerten Arten vertreten. Auf den trockenwarmen Felsfluren sind Mauer- und Zauneidechse sowie die ungiftige Schlingnatter zuhause. Die Ley ist auch einer der

Im Vergleich zur kanadischen Kupfer-Felsenbirne sind die Kronblätter der heimischen und meist strauchig wachsenden Art ziemlich lang.

nördlichsten Brutplätze der seltenen Zippammer, und neuerdings unternimmt auch der früher hier beheimatete Wanderfalke wieder Ansiedlungsversuche.

INFO

Das besondere Artporträt

Schlingnatter

Im Rheinischen Schiefergebirge kommen nur vier verschiedene harmlose, weil ungiftige heimische Schlangenarten vor, von denen die Äskulapnatter und die Würfelnatter extrem selten sind, während man Ringelnatter und die meist gut getarnte Schlingnatter gar nicht so selten antreffen kann. Eigenartigerweise hat die giftige Kreuzotter im Rheinischen Schiefergebirge eine immer noch nicht so recht verstandene Verbreitungslücke, so dass man sie auf den Wanderungen entlang der Talschultern des Mittelrheins nicht erwarten kann. Während die Ringelnatter sich eher in der Nähe von Gewässern aufhält, bevorzugt die Schlingnatter (*Coronella austriaca*) sonnenexponierte Lebensräume mit niedriger Vegetation. Hier könnte man sie als durchaus auch auf Mauern oder an Wegrändern beim Sonnenbaden antreffen.

Oft wird diese interessante und unbedingt schützenswerte Art jedoch von Laien mit einer Kreuzotter verwechselt. Ihr fehlt aber das charakteristische Zickzackband auf dem Rücken. Stattdessen verläuft hier eine Doppelreihe dunkler Flecken, die gegeneinander ein wenig versetzt sind. Sehr typisch ist eine dunkle Zeichnung auf der Kopf-

Die Schlingnatter wird häufig mit der im Gebiet fehlenden Kreuzotter verwechselt.

oberseite, die den Erstbeschreiber 1768 offenbar an ein Krönchen erinnerte, weshalb er diese Gattung *Coronella* (= Krönchen) nannte. Der Artnamenzusatz *austriaca* bedeutet österreichisch – die Art wurde kurioserweise erstmals aus Wien beschrieben.

Die Schlingnatter, benannt nach dem Festhalten ihrer Beute beim Fressvorgang, heißt auch Glattnatter, weil ihr Schuppenkleid nur aus ungekielten, flachen und oft etwas glänzenden Schuppen besteht. Das sollte man aber im Zweifelsfall nicht unbedingt mit den Fingern austesten – Schlingnattern beißen gerne unvermittelt zu. Der Biss ist absolut harmlos, aber durchaus schmerzhaft.

Bemerkenswerter Wirtschaftswald

Nach ausgiebigem Genuss der fantastischen Aussicht über große Teile des unteren Mittelrheintales und etwaiger Stärkung in der „Bergesruh" führt Sie die weitere Strecke über einen befestigten Fahrweg auf der Nordflanke der Ley hinunter in die kleine Ortschaft Erpel. Der Weg führt durch dichten Rotbuchen-Niederwald, der nur aus Stockausschlägen

Ein besonderes Mauerblümchen ist das hübsche Zymbelkraut.

aufgewachsen ist: In der bedrängenden Notzeit nach dem Zweiten Weltkrieg hat man die Holzvorräte des Hanges als Brennmaterial komplett eingeschlagen, aber nach mehreren Jahrzehnten hat sich der Wald wieder prächtig regeneriert. Bekannt sind die hier vorkommenden ausgedehnten, tatsächlich viele Millionen Exemplare umfassenden Bestände des Busch-Windröschens und anderer Waldboden-Frühblüher wie des Zweiblättrigen Blausterns.

Einige Waldstücke nördlich der Erpeler Ley sind für ihre Vorkommen des hübschen Blausterns bekannt.

Was es noch zu sehen gibt

Bilderbuchreife Ortsmitte

Bevor man durch ehemaliges Reb- und Gartengelände den Rand des überaus malerischen Ortes Erpel erreicht, führt der Fahrweg über den – heute weitgehend von Gehölz eingenommenen – Einschnitt, durch den die Bahngleise in den 383 m langen Tunnel unter der Erpeler Ley und dann über die 430 m lange Ludendorff-Brücke ins Ahrtal geführt wurden. Die 1916 begonnene Brücke hatte fatalerweise erst in den letzten Tagen des Zweiten Weltkriegs eine strategische Bedeutung. Im Tunnel befand sich eine Weile lang eine Champignonzucht. Später führte hier das Institut für Theoretische Geodäsie der Universität Bonn Präzisionsmessungen zur Deformation des Erdfestkörpers infolge Gezeitenwirkungen durch. In jüngerer Zeit finden Theateraufführungen statt, welche die Geschehnisse aus dem Frühjahr 1945 thematisieren.

Den Rückweg zum Ausgangspunkt in Linz wählt man vom DB Bahnhof Erpel.

Gesteinsfalte am Stuxberg

Die Wanderung lässt sich um ein besonderes erdgeschichtliches Highlight anreichern: Im Rheintalhang am Stuxberg am östlichen Ortsrand von Unkel ist eine lehrbuchreife Gesteinsfalte in den Siegener Schichten des Unterdevons aufgeschlossen. Sie führt exemplarisch eindrucksvoll den Aufbau einer Sattelstruktur vor Augen.

Um sie zu erreichen, wählen wir nicht den oben empfohlenen Abstieg nach Erpel, sondern gehen über den Rheinsteig bzw. Rheinhöhenweg etwa 600 m in Richtung Orsberg. Bei der nächsten größeren Weggabelung biegt der Rheinhöhenweg nach rechts ab, der Rheinsteig nach links. Geradeaus verläuft der Rheinhöhenverbindungsweg (Markierung RV) nordöstlich an Orsberg entlang und bringt uns nach etwa 2 km über die Stuxhöhe nach Unkel. Nach Querung der belebten B42 bei der ersten Möglichkeit nach links halten und dem Weghinweis „Grillhütte" folgen – die Falte liegt nun direkt vor uns. Seit Jahrzehnten ist sie Forschungsgegenstand der Geologen der Universität Bonn.

Sofort fällt auf, dass es sich hier um eine stark asymmetrische, weil überkippte Falte handelt: Im rechten (südlichen) Teil fallen ihre Schichten unter flachem Winkel nach SO ein. Im linken (nördlichen) Teil fallen sie zwar in der gleichen Richtung ein, sind aber aus ihrer ursprünglich waagerechten Lage um mehr als einen rechten Winkel nach NW gedreht worden und bilden somit einen auffallend steilen Faltenschenkel. Eine solche Struktur im Gestein nennt man vergente Antiklinale. Die eigentliche Umbiegung der Schichten

Beim Aufstieg zur Erpeler Ley aus dem Kasbachtal findet sich in den aufgelassenen Rebfluren den seltenen Speierling.

ist nicht aufgeschlossen, aber aus dem Schichtverlauf problemlos zu erschließen: Entlang der Faltenachse wurde das Gestein seinerzeit besonders stark
mechanisch beansprucht, konnte leicht erodieren und die Bodenbildung in
Gang setzen. Das erklärt die Anlage des terrassierten Weinbergs, der den
Schichtverlauf überdeckt.

Vom Aufschluss Stuxley ist es nicht weit bis zum DB-Bahnhof Unkel für die
Rückfahrt nach Linz.

Unkeler Myriameterstein

Erst in den Jahren 1831–39 hat man am Rhein eine verbindliche Längenmessung durchgeführt. Ihre Fixpunkte waren an den Rheinufern zunächst noch
nicht durch feste und gut erkennbare Zeichen vermarkt. Daher beschloss man
im 1867, auf jedem Ufer alle 10 km je einen unverrückbaren und sichtbaren
Stein setzen zu lassen. Weil die Entfernung zwischen zwei aufeinander folgenden Steinen damit genau 10.000 m (= 1 Myriameter) betrug, nannte man
diese ersten ortsfesten Sichtzeichen Myriametersteine. Als Nullpunkt für die
Entfernungen dieser Steinsetzungen diente nicht mehr die französisch-schwei-
zerische Landesgrenze bei Hunningue (Hüningen; heute bei Rheinkilometer
168,15), an der die erste exakte Rheinvermessung begonnen hatte, sondern
die Achse der mittleren Baseler Rheinbrücke.

Die Myriametersteine waren mit römischen Zahlreichen durchnummeriert und
trugen diese Angabe auf der Stromseite zusammen mit der Höhenangabe in
Meter über dem Amsterdamer Pegel (AP, Amsterdamse Peil, entspricht der
heute üblichen Höhenangabe „Meter über NN"). Zusammen mit der genau-
en Längenmessung hatte man damals nämlich auch das Höhennivellement
ermittelt, um eine Vorstellung über die unterschiedlichen Gefälleverhältnisse
im Talweg zu erhalten. Auf der ober- und unterstromigen Flanke wurde die
jeweilige Entfernung bis zur damaligen Landesgrenze angegeben. Die Land-
seite benennt die Distanz zur Baseler Rheinbrücke bzw. bis zum Rotterdamer
Hafen. Alle Angaben waren übrigens metrisch.

Von den zahlreichen damals auf beiden Rheinufern gesetzten Myriameter-
steinen sind heute nur noch wenige erhalten. Eines dieser vermessungsge-
schichtlich bemerkenswerten Denkmäler findet sich auf dem linken Rheinufer
in Unkel: Wenig nördlich vom heutigen Rheinkilometer 637,4 nahe der Unkeler
NATO-Rampe ist es der Myriameterstein XLVII (Nr. 47) – er befindet sich also
$47 \times 10.000 \text{ m} = 470.000 \text{ m} = 470 \text{ km}$ nördlich von Basel. Die auf diesem Stein
festgehaltenen, nach Renovierung wieder komplett ablesbaren Angaben be-
deuten:

Position	Steinbeschriftung	Bedeutung
Stromseite	XLVII	Nummer des Steins in römischen Ziffern
	53,922 M über AP	Höhe über Amsterdamer Pegel (heutige m ü. NN)
Landseite	470,000 K.M. von Basel	Entfernung in km von der mittleren Rheinbrücke in Basel
	354,450 K.M. bis Rotterdam	Entfernung in km bis Rotterdam (Hafen)
Talseite (Unter- stromseite)	216,708 K.M. bis zur Landes Grenze	216,708 km bis zur ehemaligen Landesgrenze Preußen/Niederlande beim heutigen Rheinkilometer 865,515 (linksrheinisch)
Bergseite (Ober- stromseite)	135,227 K.M. von der Landes Grenze	135,227 km von der früheren (rechtsrheinischen) preußischen Landesgrenze beim heutigen Rheinkilometer 501,9

An alten Mauern entlang der Bahnlinie und am Rheinufer in Erpel kommt das Mauer-Glaskraut vor. Die Art gilt im Gebiet als römerzeitliches Relikt.

Tourenprofil: Streckenwanderung

Anfahrt/Ausgangspunkt: DB-Bahnhof Linz (RE8, RB27)

Strecke: Fahrt mit der Kasbachtalbahn bis Haltepunkt Alte Brauerei (Bahnbetrieb von Karfreitag bis zum 4. Advent Sa, So und feiertags, 10–18 h stündlich ab Linz); von der Alten Brauerei am St. Severinsberg auf bezeichnetem, anfangs sehr steilem und dann nur noch mäßig ansteigendem Weg Richtung Orsberg und über den Rheinhöhenweg durch den Erpeler Kirchspielwald zum Erpeler-Ley-Plateau.

Alternativer und deutlich sportlicherer Zugang: Parken in Kasbach (zwischen Linz und Erpel), Abbiegen von der B42 in den Ort (hier bestehen ausreichende Parkmöglichkeiten) und einbiegen auf die hier sehr steile, abschnittweise mit Geländer gesicherte Rheinsteig-Teilstrecke zur Erpeler Ley.

Wichtiger Hinweis: Beim Ausgangspunkt Kasbach ist der Rückweg abweichend von der folgenden Schilderung hierher zu wählen.

Zielpunkt: Identisch mit NaTour-Einstieg

Einkehrmöglichkeit: Alte Brauerei im Kasbachtal, Restaurant Bergesruh auf der Erpeler Ley sowie in den Zielorten Erpel bzw. Unkel

Empfohlene Karte: Naturpark Rhein-Westerwald 1:25 000, Blatt 1 (West), RheinWandern 1:25 000: Rheinsteig und RheinBurgenWeg, Blatt Nord

Strecke: 6.889 m

tiefster Punkt: 57,4 m ü. NN

höchster Punkt: 188,9 m ü. NN

Summe Steigungen: 180 m

Summe Gefälle: 182 m

maximale Steigung: 13,3 %

maximales Gefälle: 9,0 %

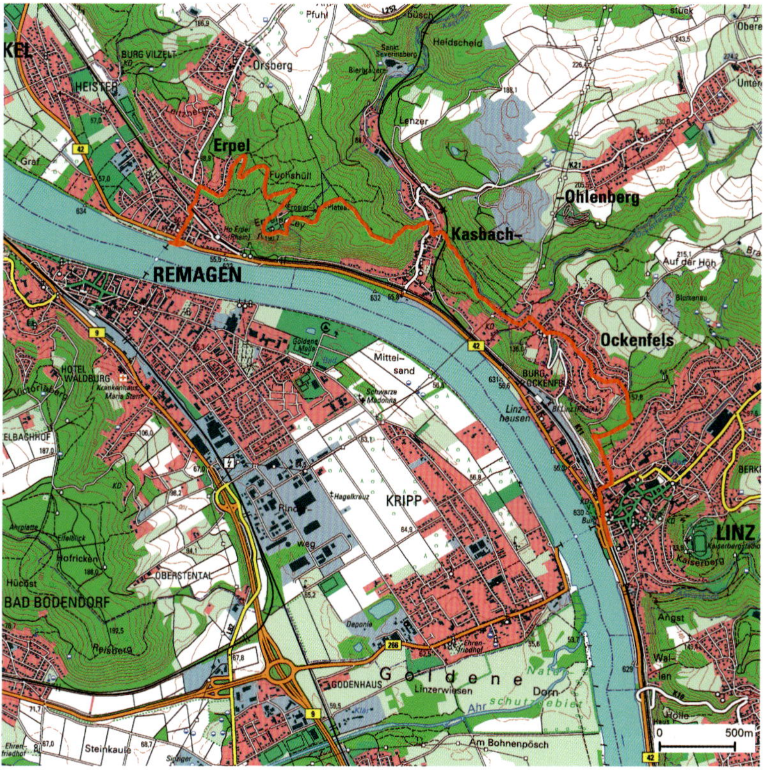

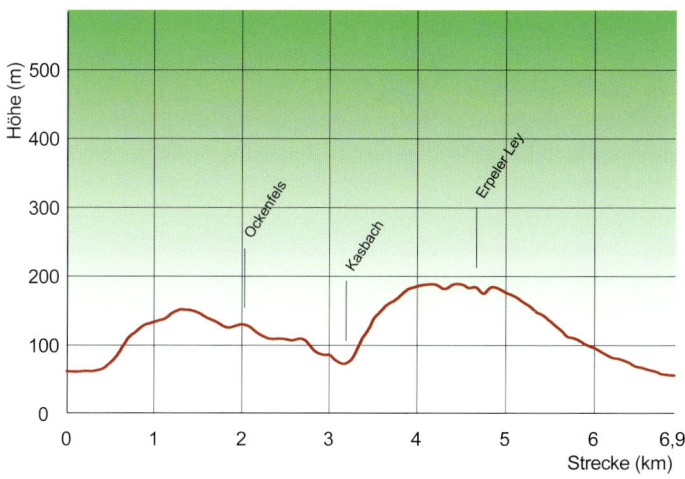

© GeoBasis-DE / LVermGeoRP 2016 dl-de/by-2-0, http://www.lvermgeo.rlp.de
[Daten bearbeitet]

![Der Rodderbergvulkan stellt sich als flache Senke mit sanft geneigten Hängen dar.]

Der Rodderbergvulkan stellt sich als flache Senke mit sanft geneigten Hängen dar.

NaTour 18 – Ein letzter Hauch des Südens

Vom Rolandsbogen zum Rodderberg

D ie relativ kurze, aber nach Streckenlänge gewiss ausbaubare Wanderung berührt einige markante vulkanische Ausbruchspunkte im Schnittbereich der linksrheinischen Fortsetzung des Siebengebirges und der nördlichsten Exponenten des Osteifeler Vulkanfeldes. Sie öffnet zudem den Blick in die weite Niederrheinische Bucht und hält auch einige biogeographisch bemerkenswerte Inhalte bereit. Die Wanderung ist für alle Jahreszeiten zu empfehlen.

Besondere Erlebnisinhalte

Rolandsbogen

Wenn man die letzten Häuser von Oberwinter hinter sich gelassen hat, führt der angenehm breite und fast ebene Wanderweg durch Buchen-Hochwald

über den relativ flachen Herschberg und vorbei am 176 m hohen Heidenköpfchen durch ein kleines, aber steilhängiges Tälchen (in der Region Siefen
genannt – vgl. *Sieben*gebirge S. 338), bevor er auf dessen Nordseite den Wil-
helmsberg erreicht. Bevor Sie das erste Etappenziel, den romantikverklärten
Rolandsbogen, erreichen, lohnt sich vom Heidenköpfchen aus gewiss ein kleiner Abstecher in den sehr gut geführten Wildpark Rolandseck. Hier die einge-
hegte Wildschweinrotte mit unterwegs selbst gesammelten Bucheckern oder
Eicheln zu füttern, ist besonders für Kinder ein besonderes Erlebnis. Die Wege
durch den Wildpark führen großenteils durch Rotbuchen-Hallenwald, der übrigens insbesondere im Herbst mit interessanten Pilzvorkommen überrascht.
Vom Wildpark-Parkplatz führt der bezeichnete Weg (E8/R/RheinBurgenWeg)
zurück auf die Haupterrassenflur. Sobald der Rheinhöhenweg nördlich des
Wilhelmsberges aus dem Wald heraustritt, folgt man noch etwa 500 m weit
dem Saum der offenen Flur und erreicht dann einen steil nach rechts abwärts
führenden Stichweg, der hinunter zum Rolandsbogen (105 m hoch über dem
Rheintal) führt. Hier beginnt der RheinBurgenWeg. Ursprünglich befand sich
an dieser Stelle im Remagener Stadtteil Rolandswerth die um 1122 durch
einen Kölner Erzbischof auf einer steilhängigen Basaltkuppe erbaute Burg

Rolandseck. Sie diente der
Sicherung der Südgrenzen
des Erzstiftes Köln. Im Dreißigjährigen Krieg wurde sie
vollends zerstört. Ein für die
gesamte Region durchaus
nicht seltenes Erdbeben ließ
im Dezember 1839 auch den
letzten Burgfensterbogen
einstürzen. Da man die Burgruine im Bonner Raum je-
doch unterdessen zu einem
Wahrzeichen der Rheinro-
mantik hochstilisiert hatte
(nicht zuletzt unter dem
Einfluss des Bonner Pro-
fessors Ernst Moritz Arndt,
1769–1860) veröffentlichte
der im benachbarten Un-
kel wohnende Dichter Fer-
dinand Freiligrath (1810–
1876) einen Spendenaufruf

**Erstes Etappenziel ist die Vulkankuppe mit
dem erst im 19. Jahrhundert errichteten
Rolandsbogen.**

Vom Rolandsbogen überblickt man weite Teile des Unteren Mittelrheintals. Unten im Vordergrund die Rheininsel Nonnenwerth mit ihrer prächtigen Gehölzaue.

in einer Kölner Zeitung – nicht ohne politische Implikationen wegen der zunächst nicht beachteten Besitzverhältnisse im preußischen Königshaus. Mit den Erträgnissen konnte nach Plänen des Kölner Dombaumeisters Friedrich Ernst Zwirner (1802–1861) tatsächlich bereits 1840 ein neuer und viel größerer Steinbogen aufgerichtet werden, der so natürlich nie Architekturelement der ursprünglichen Burganlage war, aber geradezu ein Wahrzeichen geblieben ist. Die Basaltkuppe, die den heutigen Rolandsbogen trägt, ist ein rheinnaher Ausbruchspunkt des tertiärzeitlichen Siebengebirgs-Vulkanfeldes, das sich überwiegend auf der Westerwälder Seite des Unteren Mittelrheintals erstreckt. Die Säulen des zugehörigen Basaltstockes sind bis auf die Talsohle freigelegt und neben der Bahnlinie unterhalb des Rolandsbogens erkennbar. Das radiometrisch datierte Ausbruchsalter liegt bei etwa 18 Mio. Jahren vor der Gegenwart. Auf dem Plateau des Rolandsbogens sind seit 1894 eine Aussichtsterrasse und ein mehrfach modernisierter Gastronomiebetrieb errichtet. Hier fand übrigens im Jahre 1903 die Verlobungsfeier von Konrad Adenauer statt. Bundeskanzler Gerhard Schröder gab an dieser landschaftlich herausgehobenen Lokalität anlässlich des G8-Gipfels in Bonn ein Essen für den US-Präsidenten Bill Clinton.

Bevor man über einen breiten Stufenweg das Plateau erreicht, flankiert ein liebevoll gepflegter Weinberg den kurzen Aufstieg – eine der nördlichsten Rebkulturen auf der linken Rheinseite.

Die Aussicht von der Terrasse ist überwältigend. Direkt gegenüber breitet sich das gesamte Panorama des vulkanisch entstandenen Siebengebirges aus. Zu dessen Füßen schließt sich südlich die breite Honnef-Unkeler Talweitung an. Hier geht das Untere Mittelrheintal fast unmerklich in die Niederrheinische Bucht über, die zum großen nordwesteuropäischen Tieflandgürtel vermittelt. Direkt unterhalb des Rolandsbogens blickt man auf die breite Stromspaltung des Unteren Mittelrheins durch zwei Rheininseln: Die größere, Nonnenwerth (früher Rolandswerth genannt), trägt ein bereits 1122 gegründetes Nonnen-kloster. In den Jahren 1840–1841 lebte hier der ewig wandernde Komponist Franz Liszt (1811–1886). Über die mit künstlichen Strömungsabweisern (Krib-ben) verlängerte Nordspitze der Insel verläuft die Landesgrenze zwischen Rheinland-Pfalz (Kreis Ahrweiler) und Nordrhein-Westfalen (Rhein-Sieg-Kreis). Die Insel selbst überrascht mit einem bemerkenswert schön und artenreich entwickelten Insel-Auenwald.

Die zweite in diesem Raum angesiedelte Rheininsel ist der Grafenwerth direkt vor Bad Honnef. Er weist eine eigene Mineralquelle auf. Sein Name ist abge-leitet von einem Wortstamm, der im Englischen als *gravel* = Kies fortlebt. An seinem Südende ist er über einen – bei Niedrigwasser begehbaren Damm – an das rechtsseitige Rheinufer angebunden. Auch hier finden sich (besonders im Nordteil) bemerkenswerte und artenreiche Auenwaldreste. Im Altarm zwi-schen der Insel und dem Honnefer Rheinufer liegt der Aalschokker „Aranka", jetzt ein Museumsschiff des Siebengebirgsmuseums Königswinter, der an die am Unteren Mittelrhein längst ausgestorbene Berufsfischerei erinnert.

Rodderberg

Politische Grenzen halten sich oftmals nicht an naturräumliche Vorgaben. So liegen die Dinge auch beim Rodderberg, einem der naturkundlich interes-santesten Objekte am Übergang des Mittelrheintals in das Buchttiefland des Niederrheins. Das Naturschutzgebiet Rodderberg liegt im südlichsten Zipfel des Bonner Stadtbezirks Bad Godesberg und damit in einem Bereich, wo gleich mehrere politische Grenzen zusammentreffen: Die Landesgrenze zwischen Nordrhein-Westfalen und Rheinland-Pfalz verläuft im Südosten der weiten Rodderbergsenke, biegt dann fast rechtwinklig nach Nordost um, erreicht bei Stromkilometer 642,1 das linke Rheinufer und verläuft dann rund 3 km in der Strommitte zwischen den Rheininseln Nonnenwerth (RP) und Grafenwerth (NRW). Etwa drei Viertel des Rodderbergs gehören demnach zu Nordrhein-

Die Randbereiche der vulkanisch entstandenen Maarsenke nimmt ein wertvoller Halbtrockenrasen ein.

Westfalen. Außer der Stadt Bonn hat auf der nordrhein-westfälischen Seite auch die Gemeinde Wachtberg (Ortschaft Niederbachem, Rhein-Sieg-Kreis) Anteil am Gebiet. Der rheinland-pfälzische Bereich liegt auf dem Gebiet der Stadt Remagen (Ortschaft Rolandswerth) und damit im Landkreis Ahrweiler. Schon seit 1927 ist der Rodderberg Naturschutzgebiet und gehört damit zu den ältesten Schutzgebieten im Rheinland überhaupt. Die geschützte Fläche hat derzeit eine Größe von 73 ha. Ausschlaggebend für die Unterschutzstellung waren insbesondere die Bedeutung für die regionale Geologie, aber auch die auf den Vulkanhängen und -wällen siedelnde Fauna und Flora, die biogeographisch bemerkenswerte Arten aufweist. Der nordrhein-westfälische Teil des Rodderbergs war auch von Anfang an Bestandteil des 1959 eingerichteten Naturparks Kottenforst-Ville, der seit 2006 als Naturpark Rheinland firmiert.

Während sich der Rodderberg aus der Rheintalperspektive als landschaftlich relativ unauffälliges und kaum bemerkbares Gebilde in der linksrheinischen Hauptterrassenflur darstellt, verrät er seine interessante vulkanische Natur erst bei genauerer Erkundung unmittelbar vor Ort. Bezeichnend ist die nahezu kreisrunde, ungefähr 800 m weite Senke, die sofort an das typische Formengefüge eines Eifelmaares erinnert. Verräterisch sind aber auch die typisch schwarzroten vulkanischen Lockergesteine, die man vor allem in einigen kleineren Gruben am Nordrand abgebaut hat. Seit dem Beginn geologischer Forschung im Umkreis von Bonn, die mit klangvollen Namen wie Alexander von Humboldt und Heinrich von Dechen verbunden ist, war der Rodderberg häufig Gegenstand des wissenschaftlichen Interesses. Bis heute hat er von seiner besonderen Faszination wenig eingebüßt und ist immer noch Objekt der regionalen Forschung.

Obwohl die Vulkannatur des Rodderbergs nie in Frage stand, hatte man über den Zeitpunkt des Ausbruchgeschehens zunächst noch keine genaueren Vorstellungen, obwohl von Anfang klar war, dass der Rodderbergvulkan relativ jung sein muss. Immerhin überdecken seine vulkanischen Ablagerungen die nach heutiger Einschätzung mindestens 700.000 Jahre alten Kiese und Schotter der jüngeren Hauptterrasse. Noch 1824 erörterten zwei bedeutende Bonner Gelehrte, der Botaniker und Naturphilosoph Theodor Friedrich Ludwig Nees von Esenbeck (1787–1832) sowie der Mineraloge Johann Jakob Noeggerath (1788–1877), die Frage, ob eine bestimmte Stelle in den Annalen des Tacitus (Buch 13, Kapitel 57) im

An einigen Stellen finden sich prächtige Flügelginster-Bestände.

Sinne eines römerzeitlichen Ausbruchs des Rodderbergvulkans zu deuten sei. Diese Vermutung hatte erstmals der um die Erforschung des Eifelvulkanismus so verdienstvolle Trierer Gymnasiallehrer Johann Steininger (1794–1874) in einer 1822 in Mainz erschienenen Schrift geäußert. Quellenlage und Geländebefunde sprechen jedoch dagegen, so dass die Bonner Autoren schließlich von einem viel höheren Alter des Ausbruchs ausgehen konnten.

Nach dem Auftreten eines Tuffbandes im Lössprofil eines heute nicht mehr bestehenden Hohlweges zwischen Bonn-Lannesdorf und Bonn-Mehlem hat man den Ausbruch auf etwa 30.000 Jahre vor der Gegenwart während der letzten Kaltzeit (Würm-/Weichsel-Eiszeit) angesetzt, doch auch dieses Ausbruchsalter

Nur der zentrale Bereich des Rodderbergs wird extensiv als Grünland genutzt.

erwies sich als erheblich zu jung. Beim Bau einer Schnellstraße im Bonner Westen fand man ebenfalls Rodderberg-Tuffe. Da der Löss im Hangenden mehrere Bodenhorizonte aufweist, von denen man zumindest einen als zwischeneiszeitlich deutet, wäre der Ausbruch spätestens in die vorletzte Kaltzeit (Riß/Saale) zu datieren. Somit wäre der Rodderbergvulkan etwa 150.000 Jahre alt und damit in etwa altersgleich mit dem Bausenberg bei Niederzissen im Laacher-See-Gebiet. Die neuesten gesteinsphysikalischen Daten legen jedoch die gut begründete Annahme nahe, dass der Vulkan vor etwa 300.000 Jahren tätig war.

Der Rodderberg liegt ziemlich exakt über dem südlichsten Zipfel der Niederrheinischen (Kölner) Bucht. Bei der genaueren Betrachtung einer geologischen Karte fällt nun auf, dass sich hier besonders zahlreiche Vulkanberge gerade in einem Bereich aufreihen, in dem großräumige Störungen des Untergrundes spitzwinklig zusammenlaufen – einerseits die Randverwerfungen entlang des Eifelnordrandes und andererseits diejenigen an der Westflanke des Bergischen Landes, die sich durch das gesamte Mittelrheintal fortsetzen. Trotz ihrer räumlichen Nähe gehören das Vulkangebiet des Siebengebirges und der Rodderberg zeitlich und nach Art des geförderten Materials jedoch nicht zusammen. Der

vulkanische Förderzyklus des Siebengebirges vom Trachyttuff bis zum Alkalibasalt ereignete sich schon vor etwa 25–18 Mio. Jahren im oberen Tertiär, als
der Faltenrumpf des Schiefergebirges durch Unruhe und Bewegungen in der
Erdkruste in einzelne Schollen zerbrach und die markante Niederrheinische
Tieflandbucht entlang randlicher Störungen einbrach. Im Übergangsgebiet
von Mittel- und Niederrhein
liegt die große Mehrzahl der
tertiären Ausbruchspunkte
rechts des Rheins. Sie reichen bis an die Buchtflan-
ken heran und finden im
Siegburger Michelsberg mit
seiner berühmten Abtei ihren nördlichsten Vorposten.
Linksrheinisch endet die tertiärzeitliche Vulkanfolge mit
der frei erodierten Basaltkuppe der Godesburg bzw.
mit dem Kegel der Tomburg
bei Rheinbach.

Im jüngsten Abschnitt der
Erdgeschichte   (Quartär)
setzten nun erneut Be-

**Üppig blühende Wegränder sind immer eine
klare Einladung an diverse Blütengäste.**

wegungen und Verlagerungen im Gesteinsuntergrund ein. In deren Folge
konnten wiederum vulkanische Schmelzen aus größerer Tiefe aufsteigen und
die Oberfläche durchdringen. Vor allem im Laacher See-Gebiet und in der
Westeifel haben die jetzt erfolgenden Ausbrüche die Landschaft vielgestaltig
überformt. Dieser jüngere (= pleistozäne) Vulkanismus dauerte etwa eine
halbe Million Jahre an und endete in der Osteifel vor rund 13.000 Jahren
mit den gewaltigen Ausbrüchen des Laacher Kessels. Der Rodderberg gehört dieser jüngeren quartärzeitlichen Phase des rheinischen Vulkanismus an
und bildet gleichzeitig dessen nördlichsten Ausbruchspunkt. Vom Zentrum
des Laacher See ist er jedoch mehr als 25 km entfernt und als einziger der
jüngeren Vulkane somit weit in das Gebiet der flankierenden Tertiärkuppen
des Siebengebirgs-Vulkanfeldes vorgeschoben. Nur knapp 500 m trennen
den geologisch vergleichsweise jungen Rodderbergvulkan vom nächsten
tertiärzeitlichen Ausbruchspunkt, der rund 20 Mio. Jahre alten Basaltkuppe
mit dem berühmten Rolandsbogen. Eine solche enge räumliche Verzahnung
von Ausbruchspunkten völlig verschiedener erdgeschichtlicher Zeitalter ist in
Mitteleuropa nahezu einzigartig.

Im Nordteil des Rodderbergs ist ein Lavagang aufgeschlossen.

In seiner Formgebung zeigt der Rodderberg mancherlei Anklänge an die Maare der Südwesteifel. Auch im Fall des Rodderbergs steht die beim Ausbruch entstandene, rund 800 m weite und heute nur noch etwa 30 m tiefe kesselförmige Senke in einem bemerkenswerten Missverhältnis zur (geringen) Menge des geförderten, zu einem Tuffring angehäuften Auswurfmaterials. Die Entstehung des Kraters hat man sich daher ebenso vorzustellen wie bei den übrigen Maareruptionen der Eifel. Danach wird die Aussprengung einer großen Hohlform durch den Kontakt von relativ kaltem Grundwasser mit dem aufsteigenden, ca. 1000 °C heißen Magma ausgelöst. Das plötzliche Aufheizen des Grundwassers erzeugt große Mengen unter gewaltigem Druck stehendem Wasserdampf, und dieser zerreißt das gesamte überlagernde Deckgebirge. Phreatomagmatismus nennt man diese explosive Ausräumung durch überspannten Wasserdampf. Er hinterließ den Rodderberg-Explosionstrichter, der nach geophysikalischen Messungen ursprünglich wohl über 60 m tief war. Die Ablagerungen aus der phreatomagmatischen Phase des Rodderbergvulkans enthalten konsequenterweise besonders viel zertrümmertes Nebengestein aus dem Deckgebirge und relativ wenig zu Schlacken bzw. Tuffen erstarrtes Magma. Nach der phreatomagmatischen Initialzündung beruhigte sich das

Ausbruchgeschehen wohl für einen längeren Zeitraum. Die weite Kratersenke wirkte in der Folgezeit als Sedimentfalle und lagerte schichtweise Löss ab. Die weitere Eruptionsgeschichte umfasst nun gleich mehrere Ausbruchswellen, die man als strombolianische Phasen zusammenfasst. Sie sind benannt nach dem bis heute tätigen Vulkan Stromboli (Liparische Inseln), der zwar kontinuierlich vulkanisches Material fördert, dies aber ohne allzu heftige Eruptionen. Die Ablagerungen dieser strombolianischen Ausbruchsakte sind am Rodderberg stellenweise über 12 m mächtig. Bis vor wenigen Jahren war in der nördlichen Abbaugrube die Kontaktzone aufgeschlossen, an der die älteren (nach der Ausräumung des Maarkessels abgelagerten) Lössschichten von den aufgelagerten noch heißen Auswurfmassen temperaturbedingt ziegelrot gebrannt (gefrittet) wurden. In der Mitte der größten Grube ragt außerdem ein aus den strombolianischen Spätphasen stammender Basaltgang auf, der als glühender Schmelzfluss in die längst abgesetzten Schlacken aufsteigen konnte und dort erstarrte. An der Sohle ist er etwa 2 m breit. Seinem Mineralbestand nach ist er ein Leucit-Nephelin-Basalt mit reicher Beimengung von Titanaugit und nur wenig Olivin.

Die aktiven Schlote der strombolianischen Eruptionen verlagerten sich vom Nordrand des Kraters zu seinem Südrand, bis der gesamte Ausbruchzyklus vorerst zu Ende kam. Seine Gesamtdauer könnte mehrere Jahrzehntausende umfasst haben. Schließlich wurde der Krater in der Spät- und Nacheiszeit weitgehend mit Löss aufgefüllt und nahm durch zusätzliche Erosion der Kraterränder seine heute eher sanften Böschungswinkel an. Nach dem Absetzen der Schichten unterlag das Rodderberg-Gebiet noch einigen tektonischen Bewegungen: Am heutigen Nordrand hat bereits der Geologe Richter im Jahre 1942 eine vertikale Verwerfung um etwa 15 m festgestellt, in der Vulkansenke eine weitere um etwa 5 m.

Notizen zur Pflanzenwelt

Von Natur aus würde auf den flachgründigen Hängen des Rodderbergvulkans ein geschlossener Buchenwald stocken. Die bereits seit Jahrhunderten praktizierte landwirtschaftliche Nutzung, insbesondere die Beweidung des Gebietes, ließ jedoch ausgedehnte Halbtrocken- bzw. Trockenrasen entstehen, in denen sich vor allem solche Pflanzenarten angesiedelt haben, die eher in den Wärmegebieten Süd- und Südosteuropas beheimatet sind. Nach biogeographischen Gesichtspunkten stellen sie also bemerkenswerte Besonderheiten dar, zumal sie im Rheinland die Nordgrenze ihrer natürlichen Verbreitung in Europa erreichen. Zusammen mit dem Siebengebirge beherbergt der Rodderberg somit die nördlichsten Posten dieser deutlich kontinental getönten Vegetationseinheiten. Annähernd 200 verschiedene Blütenpflanzenarten sind auf den recht flachgründigen Lava-Verwitterungsböden und Lösshängen nachgewiesen, darunter 40 Arten aus der Roten Liste Nordrhein-Westfalens. Eine dieser bemerkenswerten Artengemeinschaften ist die Nelkenhafer-Flur, die ihren Blühaspekt meist schon bis zum Frühsommer abschließt. Sie ist fast nur aus unscheinbaren und eher unauffälligen Arten zusammengesetzt. Bunter und auffallender ist dagegen der auf dem Schlackenwall verbreitete Flügelginster-Rasen, in dem sich unter anderem Kartäuser-Nelke und Golddistel, der eigenartige Feld-Mannstreu, Aufrechter Ziest, Sandglöckchen, Sonnenröschen und Flockenblumen-Arten finden. Von den Pflanzen, welche die lockeren Aschen- und Schlackenhalden der Aufschlüsse an der Nordwestseite des Berges besiedeln, sind der Schmalblättrige Hohlzahn oder die Breitblättrige Platterbse besonders erwähnenswert. Auch in den Gebüschsäumen wachsen einige im Rheinland nicht gerade häufige Arten. Im zeitigen Frühjahr fällt hier die Felsenbirne auf. Wolliger Schneeball oder auch die

Das Sonnenröschen ist eine der Leitarten der trockenwarmen Standorte des Rodderbergs.

Die Blattstiele der seltenen Wein-Rose tragen oft die bizarren Gallen der Rosengallwespe.

eigenartige, auch an den nichtblühenden Teilen stark duftende Wein-Rose gehören zu den Pflanzen, die über das nördliche Mittelrheingebiet hinaus kaum noch anzutreffen sind.

Entsprechend weist auch die Tierwelt etliche Besonderheiten auf. Überraschend war der Nachweis einer Gottesanbeterin (Fangschrecke), die im Wesentlichen im Mittelmeergebiet verbreitet ist. Aber auch etliche Heuschrecken gehören sonst eher seltenen Arten an, beispielsweise die Blauflügelige Ödlandschrecke. Unter den Schmetterlingen fallen Schwalbenschwanz, Wolfsmilchschwärmer und Widderchen auf. Zahlreiche Singvögel, darunter Goldammer, Grauammer, Heckenbraunelle, Garten- und Mönchsgrasmücke sind Brutvögel auf dem Rodderberg. Seit einiger Zeit kommt hier auch wieder die Wachtel vor.

Seit 2001 hat die Biologische Station Bonn die Betreuung des Naturschutzgebietes Rodderberg übernommen. Mit einer gemischten Bergschaf-Ziegen-Herde wird die Verbuschung des Gebietes eingedämmt, damit sich die blumigen Trockenrasen wieder ausbreiten können.

Der gesamte Rodderberg ist durch einen Rundwanderweg erschlossen. Der von Wachtberg-Niederbachem aus erreichbare Wanderparkplatz liegt bereits auf dem Niveau der Hauptterrasse bei hier etwa 160 m ü. NN. Vom Weg, der den Schlackenwall begleitet, kann man sehr gut die heute flache Senke überblicken. In deren Mitte liegt der Broichhof, dessen Name offenbar auf ein ehemals vorhandenes Feuchtgebiet deutet. Sein düsteres Mauerwerk besteht zu großen Teil aus den basaltischen Rodderberg-Schlacken. Der Hof wurde 1635 erbaut; vorher hat dort eine mit Gräben umgebene Wasserburg aus dem 14. Jahrhundert gestanden.

INFO

Das besondere Artporträt

Kartäuser-Nelke

Eine besonders schmucke Erscheinung auf Felsbändern, Böschungen und Magerrasen ist die bis etwa 40 cm hohe Kartäuser-Nelke (*Dianthus carthusianorum*). Wie alle heimischen Vertreter dieser besonders dekorativen Gattung ist sie besonders geschützt. Warum der große Carl von Linné sie eventuell nach dem Kartäuser-Orden benannt hat, ist heute kulturhistorisch nicht mehr so recht nachvollziehbar. Jedenfalls ist keine Quelle bekannt, wonach diese Art speziell in den Kartäuserklöstern kultiviert wurde.

Auf den trockenen Hängen nicht selten – die geschützte Kartäuser-Nelke

ventuell trägt sie auch den Namen der beiden verdienstvollen Naturforscher J. und F. Karthauser, was die Diskrepanz in den Schreibweisen des deutschen und wissenschaftlichen Artnamens erklären würde. Der Gattungsname *Dianthus* bedeutet „göttliche Blume". Die deutsche Gattungsbezeichnung Nelke leitet sich von „Näglein" ab – so bezeichnete man früher die aus einem flächig-breiten Kronblattsegment nagelartig dünn verschmälerten unteren Anteile der Kronblätter. Um diese dekorative Pflanze ranken sich demnach mancherlei Geheimnisse.

Eine besondere Auffälligkeit entgeht den meisten Beobachtern: Auch diese Nelken-Art praktiziert die unter dem Fachbegriff Dichogamie zusammengefassten Lösungen zur Vermeidung der Selbstbestäubung: Daher reifen die männlichen (Staubbeutel) und weiblichen Funktionsteile (Narben) einer zwittrigen Blüte erst nacheinander heran: In frisch geöffneten Blüten präsentieren zunächst die prall gefüllten Staubbeutel ihren Polleninhalt, während die fünf Narbenlappen noch zusammengefaltet sind wie ein Regenschirm. Erst wenn die Staubbeutel durch die Sammelaktionen besuchender Insekten ausgeleert und – nunmehr nutzlos – von ihren Stielchen abgefallen sind, spreizen sich die fünf Narbenlappen weit aus. Zwischen beiden Funktionszuständen liegen nur wenige Tage.

Rundsicht mit Weitblick

Bereits von hier und erst recht etwa 500 m weiter am über der Rheintalflanke (Hauptterrassenkante) verlaufenden Wegabschnitt bietet sich eine großartige Aussicht auf die landschaftsbestimmenden Elemente: Mit dem Siebengebirge treten rechtsrheinisch noch einmal Berge bis unmittelbar an das Rheinufer heran. Nach Norden öffnet sich die fast tellerebene Niederrheinische Bucht. Der Blick geht über die weiten Köln-Bonner Ackerebenen, die im Osten von den Bergischen Randhöhen, im Westen vom Höhenzug des Villerückens begrenzt werden. Der größte Teil des Bonner Stadtgebietes liegt auf der Niederterrasse des Rheins. Die übrigen Talterrassen zeichnen sich im Gelände nicht allzu deutlich ab. Man erkennt die dem Kottenforstplateau vorgelagerte Godesburgkuppe, deren Basalthärtling erst durch die Erosion des Rheins aus seiner Ummantelung des devonischen Grundgebirges frei gelegt wurde. Bei klarer Sicht ist auch der 36 km entfernte Kölner Dom zu erkennen.

Etwa 300 m weiter südlich gelangt man zum Aussichtspunkt Heinrichsblick, der ehemaligen Richtstätte des Amtes Mehlem. Man hat den Platz nach dem hier unschuldig gehenkten Bräutigam einer Mehlemer Amtmannstochter benannt. Eine Bronzetafel erinnert an die traurige Geschichte des Paares, die in diversen Erzählungen fortlebt und in Bonn-Mehlem noch heute durch das „Beiern" am Fastnachtsdienstag lebendig gehalten wird.

Von hier bietet sich ein unvergleichlicher Blick auf das gesamte Siebengebirge. Er reicht nördlich von der Dollendorfer Hardt (246 m) bei Oberkassel über die Kuppengruppe Himmerich, Mittelberg und Broderkonsberg oberhalb von Bad Honnef und im Süden bis zu den geradlinig aufgereihten, aber weitgehend abgebauten Basaltkuppen der Linzer Höhe (Asberg, Meerberg, Minderberg, Rennenberg/359 m, Hummelsberg/390 m). Im Kern des Siebengebirges sieht man links vom Drachenfels (321 m, Trachyt) den Hirschberg (Quarzlatit) sowie Petersberg (331 m) und Nonnenstromberg (335 m; beide Foidlatitbasalt). Rechts vom Drachenfels schließt sich die Wolkenburg (324 m; Quarzlatit) an, die in den Trachytzug Schallenberg-Geisberg-Jungfernhardt-Lohrberg/432 m) übergeht. Südlich vom Rhöndorfer Tal zeigen sich der Breiberg (313 m; Quarzlatit) und die Löwenburg (455 m; Foidlatit). Ganz im Hintergrund er-

Immer ein hübscher Anblick: die Wiesen-Primel

scheint die antennenverunzierte Spitze des Großen Ölberges (Foidlatitbasalt), der mit 459 m höchsten Siebengebirgserhebung. Deutlich erkennbar ist, dass die Vulkanberge der alten Einebnungsfläche des devonischen Schiefergebirges aufgesetzt sind. Vom Heinrichsblick sind auch die nördlichsten Höhenburgen des Rheintales (Godesburg, Drachenfels, Löwenburg) zu sehen.

Der weitere Weg wird rheinwärts von Gebüsch und bergseitig von Trockenrasen begleitet. Unmittelbar hinter einer kleinen Steigung zweigt rechts ein Weg genau nach Südwesten ab. Folgt man der Abzweigung nach rechts, passiert man nach wenigen Schritten ein Privathaus, das anstelle des 1888 erbauten

Ausflugslokales „Zum alten Vulkan" auf dem höchsten Punkt (193,3 m ü. NN) des Rodderbergs errichtet wurde. Westlich der Senke, südlich der Broichhof-Zufahrt, steht eine aus Lavabrocken errichtete, jetzt zum größten Teil verputzte kleine Kapelle.

Bevor der Weg wieder zum Ausgangspunkt zurückführt, geht der Blick über das Drachenfelser Ländchen, in dem einige Kuppen (Dächelsberg, Hohenburg, Stumpe-Berg, Wachtberg) an die vulkanische Vergangenheit auch der Landschaft der Gemeinde Wachtberg erinnern. Diese zum Teil auch als Steinbruch genutzten Ausbruchspunkte sind Bestandteil des Siebengebirgs-Vulkanfeldes und gehören im Unterschied zum Rodderberg wiederum dem älteren (= tertiärzeitlichen) Vulkanismus des Rheinlands an.

Dächelsberg

Wenn man nach dem Besuch des Rodderberges nicht über die Vulkanstraße hinunter nach Bonn-Mehlem und weiter zum DB-Bahnhof wandert, sondern noch einen kleinen Abstecher in westlicher Richtung nach Wachtberg-Niederbachem unternehmen möchte, kann man hier von einer im April 2015 neu errichteten hölzernen Aussichtskanzel aus den vielleicht besten Einblick in den Aufbau eines rheinischen Einzelvulkans nehmen; dieser Anlaufpunkt ist eine Station im neu eingerichteten Wanderweg „Feuerroute" im Naturpark Rheinland. Geradezu bilderbuchreif führt der Dächelsberg zwischen die Anatomie eines Basaltvulkans vor Augen. Die verbliebene Abbauwand zeigt, dass bei einem ersten Ausbruch zunächst Trachyttuff gefördert wurde, der zugleich dezimetergroße Trachytbruchstücke führte. Erst in diese trachytische Füllung ist der Basalt eingedrungen und hat sich darin pilzförmig ausgedehnt. Die Oberseite des eindrucksvoll säulig abgeschiedenen Basaltkörpers hat sich in charakteristischer Weise mit dem trachytischen Material verzahnt. Den Dächelsberg-Ausbruch hat man auf 25,1±1,3 Millionen Jahre vor der Gegenwart datiert. Seit geraumer Zeit ist er als geologisches Denkmal geschützt. Die tieferen Abbausohlen des Steinbruchs sind unter der Überstauung eines Steinbruchsees verschwunden. Dort entwickelte sich unterdessen eine interessante Feuchtgebiets-Lebensgemeinschaft, so dass der alte Bruch unlängst zusätzlich als Naturschutzgebiet ausgewiesen wurde. In seinem direkten Umfeld finden sich bemerkenswerte (aber unzugängliche) Streuobstwiesen, die auch mit ihren Orchideenvorkommen zur Biodiversität in der Region erheblich beitragen.

Empfehlung für die Tourverlängerung nach Niederbachem: Der weitgehend abgebaute Dächelsberg (Naturschutzgebiet) bietet einen hervorragenden Einblick in den Aufbau eines rheinischen Tertiärvulkans.

Die erste vulkanische Überformung der Tertiärzeit erfasste vor rund 35 Millionen Jahren das Gebiet der heutigen Hocheifel und hinterließ dort ein ausgedehntes Vulkanfeld mit zahlreichen markanten Vulkanbergen. Dann verlagerte sich der tertiärzeitliche Vulkanismus vor etwa 25 Millionen Jahren in das Bonner Gebiet und formte das Siebengebirge mit seinen über 40 Trachyt-, Latit- und Basaltkuppen. Die vulkanische Aktivität dieses Ausbruchzyklus blieb jedoch nicht auf den eigentlichen (= rechtsrheinischen) Siebengebirgsraum beschränkt, sondern erfasste auch die heute linksrheinisch gelegenen Gebiete. Zum Siebengebirgs-Vulkanfeld gehören daher auch die altersgleichen Vulkanzeugnisse in Bad Godesberg (Godesberg, Lyngsberg) sowie des Drachenfelser Ländchens (Hohenburg, Stumpeberg, Wachtberg). Im weiteren Umkreis gehören die Landskron bei Gimmersdorf, der Dungskopf bei Oberwinter, der Scheidskopf bei Remagen, die Kuppe mit dem Rolandsbogen und die Tomburg bei Rheinbach zum linksrheinischen Teil des ausgedehnten Siebengebirgs-Vulkanfeldes.

Tourenprofil: Streckenwanderung

Anfahrt/Ausgangspunkt: DB-Bahnhof Oberwinter oder einem erreichbaren Parkplatz in dessen Nähe; Rückfahrt vom Bahnhof Bonn-Mehlem.

Wegverlauf: Gehen Sie vom Bahnhof Oberwinter zunächst durch die Straße „Am Hahnsberg" ein kurzes Stück in nördlicher Richtung, biegen dann links in die Straße „Im Ellig" und wählen Sie nach zwei Kurven die Straße „Rheinhöhenweg", die hier bereits mit dem gleichnamigen Fernwanderweg (Markierung „R") bzw. dem Europäischen Fernwanderweg E8 sowie mit dem RheinBurgenWeg zusammenfällt. Folgen Sie dieser Wegmarkierung bis auf die Nordflanke des Rodderbergs.

Zielpunkt: DB-Bahnhof Bonn-Mehlem

Einkehrmöglichkeit: am Start- und Zielpunkt sowie auf dem Rolandsbogen

Strecke: 11.665 m

tiefster Punkt: 52,9 m ü.NN

höchster Punkt: 197,2 m ü.NN

Summe Steigungen: 207 m

Summe Gefälle: 211 m

maximale Steigung: 8,5 %

maximales Gefälle: 6,3 %

Alternativstrecke: 12.264 m

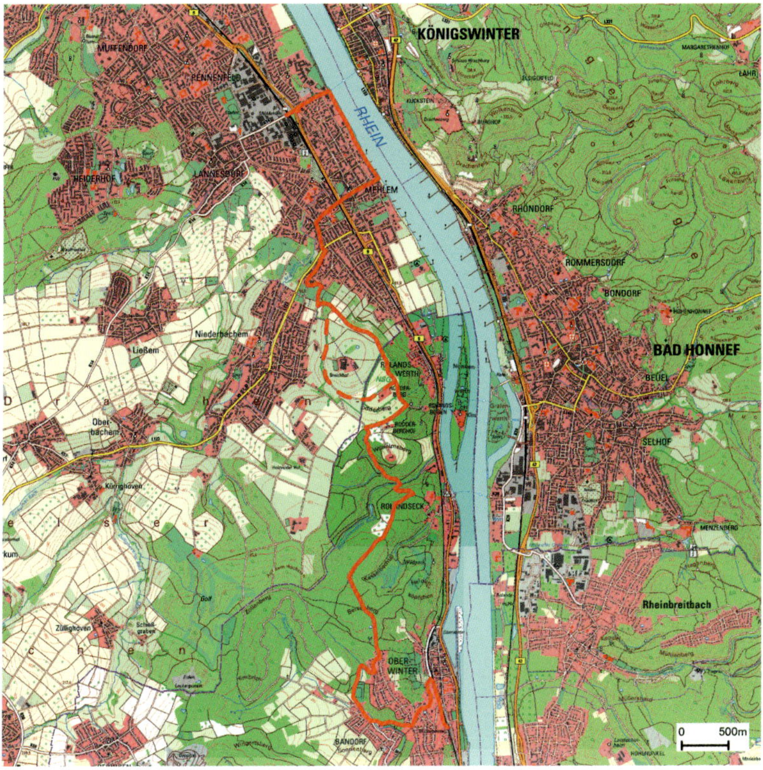

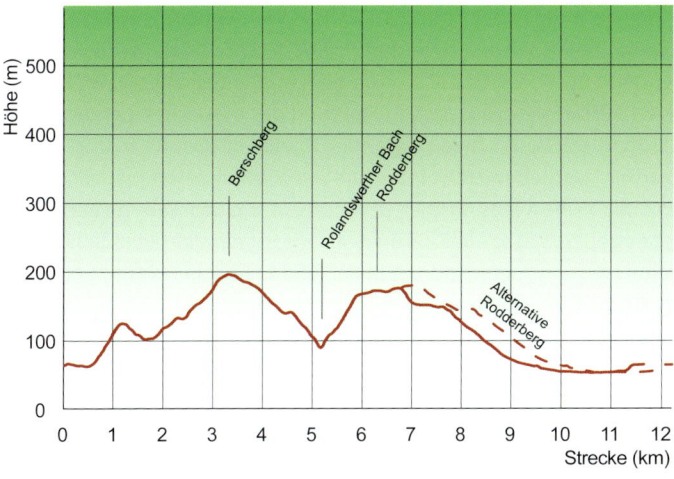

© GeoBasis-DE / Geobasis NRW 2017 dl-de/by-2-0, http://www. www.geodatenzentrum. nrw.de [Daten bearbeitet]

Die Flugansicht bestätigt die wuchtige vulkanische Bastion an der Nordwestecke des Westerwaldes.

NaTour 19 – Das achte Weltwunder

Im Kerngebiet des Siebengebirges

Immerhin auf den berühmten Naturgelehrten Alexander von Humboldt (1769–1859) geht die Bezeichnung als „achtes Weltwunder" für das Siebengebirge zurück – eine selbst aus heutiger Sicht durchaus verständliche Wertschätzung, denn nur selten findet man so viele und unterschiedliche Naturerscheinungen auf vergleichbar engem Raum. In der modernen Landeskunde bezeichnet man solcherart herausragende Objekte als Geotope, und diesen Anspruch erfüllt das Siebengebirge allemal: Seit 2008 ist es Nationaler Geotop. Hier ragen auch keineswegs nur sieben Berge auf, die das Gebirge aufbauen, sondern eher sieben Mal so viele. Denn der Name ist nämlich kein Zahlbegriff, sondern leitet sich von „Siefen" ab, der in der Region üblichen Bezeichnung für tief eingeschnittene Bachtälchen.

Der britische Gesandte und Altertumsforscher Sir William Hamilton (1730–1803), berühmter Gatte einer eher berüchtigten Gattin (1765–1815), erkannte hier die wahre Natur, weil er als Diplomat in Neapel einen Vesuvausbruch live miterlebt hatte: Das Siebengebirge ist tatsächlich die vulkanische Nordwestbastion des Westerwaldes. Heute bietet sich diese rheinische Teilregion als äußerst verlockendes Wanderparadies an. Aus dem über 200 km langen Wanderwegenetz führt Sie die hier vorgeschlagene Route zu einigen landschaftlichen Höhepunkten des Kernbereichs.

Wer rasch und bequem an Höhe gewinnen möchte, kann übrigens gleich Deutschlands älteste und steilste Zahnradbahn benutzen, die im halbstündlichen Takt zwischen der Talstation in Königswinter und dem Drachenfels verkehrt. Entschlossenere Wanderer wählen dagegen eher den steilen Fahrweg, der gleich bei der Talstation die aufgestelzte B42 unterquert. Etwa auf halbem Weg erreicht man die 1879–1884 in neugotischem Stil von dem Bonner Bankier Stephan von Sarter (1833–1902) errichtete Drachenburg. Sarter finanzierte den Bau des Suezkanals und wurde dabei reich. Von Spöttern wurde die Drachenburg zeitweilig als „Rheinisches Neuschwanstein" verunglimpft, ist aber längst als bemerkenswerte Architektur anerkannt. Der ummauerte Park

Die Bezeichnung Siebengebirge rührt von den zahlreichen tief eingeschnittenen Tälchen (= Siefen) her.

mit seinem sehenswerten Baumbestand ist gartengeschichtlich bedeutsam und immerhin Teil der „Straße der Gartenkunst zwischen Rhein und Maas". In der Vorburg befindet sich das 2002 gegründete Museum für die Geschichte des Naturschutzes. Diese Objekte befinden sich in der Obhut der segensreich wirkenden Nordrhein-Westfalen-Stiftung.

Besondere Erlebnisinhalte

Aufstieg zum Drachenfels

Der schmale Wanderweg, in diesem Abschnitt auch Eselsweg genannt, führt für knapp 1 km besonders steil, aber in sanftem Bogen um die Drachenfels-nordflanke bergan. An mehreren Stellen gibt er den Blick auf die malerische, auf der höchsten Kuppe (320 m) gelegene Burgruine Drachenfels frei. Ihr Felsfundament hat man 1971 nach einem größeren Felssturz mit einem aufwändigen Ankersystem und einem massiven Gürtel aus 250 m³ Stahlbe-

Zentraler Blickfang im Siebengebirge ist der Drachenfels. Hier endet die untere Engtalstrecke des Mittelrheins.

ton gesichert, nachdem die Folgen jahrzehntelanger Steinbruchtätigkeit die Kuppe fast hätten wegbrechen lassen. Felsstürze bleiben hier allerdings ein Problem. Erst 2011 musste der historische Eselsweg nach einem tragischen Unfall monatelang gesperrt werden. Oberhalb des Weges sind an mehreren Stellen die Werkspuren römerzeitlicher Steinmetze zu sehen. Nach einer letzten Linksbiegung stehen Sie auf der bei etwa 290 m liegenden Aussichtsplattform des Bergrestaurants und genießen beim Verschnaufen erst einmal das großartige Panorama am Übergang des Mittel- in den Niederrhein. Wie Schiffe im Strom liegen die beiden Rheininseln Grafenwerth (an das rechtsseitige Ufer angebunden) und Nonnenwerth (strommittig gelegen) zu Füßen des Siebengebirges. Über die Nordspitze von Nonnenwerth verläuft die Grenze zwischen Rheinland-Pfalz und Nordrhein-Westfalen.

Wer noch ein paar restliche Kräfte aktivieren kann und möchte, erreicht über einen kurzen, schmalen und steilen Weg die Burgruine Drachenfels. Zwischen 1138 und 1167 ließ der Kölner Erzbischof Arnold die Burganlage zur Territorialsicherung errichten, aber bereits ausgangs des Dreißigjährigen Krieges wurde sie wieder geschleift und nicht wieder aufgebaut. Ausmaße und Grundriss der früheren Burg sind aus den noch vorhandenen Ruinenresten nicht mehr zu erschließen.

Für erdgeschichtlich Interessierte ist das Siebengebirge geradezu ein Eldorado, das praktisch an jeder Wegebiegung neue Einblicke in seine feurige Vergangenheit bietet. Wenn man beispielsweise das helle Trachytgestein des Drachenfels genauer betrachtet, wird man leicht die mitunter fingerlangen und oft etwas tafeligen, leicht glasigen Sanidin-Kristalle entdecken – eine einzigartige und eindeutige Kennung. Sie sind übrigens auch im aufgehenden Mauerwerk des Bonner Münsters oder des Kölner Doms zu sehen. Anhand dieser auffälligen Großkristalle hat der bedeutende Bonner Geologe Hans Cloos (1885–1951) in detektivischer Kleinarbeit die ursprüngliche Gestalt des Drachenfels rekonstruiert und nachgewiesen, dass dessen erosionsanfällige Kuppe einst rund 120 m höher war als heute. Eine Materialprobe des Trachyts kann man gleich auf der Aussichtsplattform (dem ehemaligen Steinhauerwerkplatz) in Gestalt des hier 1914 aufgestellten Obelisken erleben, der an die Befreiungskriege erinnern soll.

Fantastische Rundsicht

Von allen Seiten überragt das Siebengebirge mit seiner gezackten Kuppenlinie das einbettende Umland – ein imposanter Akzent, mit der sich die Nordwestecke des Westerwaldes gegen die benachbarten Tallandschaften von Rhein und Sieg markant abhebt. Heute ist das Siebengebirge nicht nur ein mehrfach mit

Vom Großen Ölberg, der höchsten Erhebung im Siebengebirge, geht der Blick weit in die Niederrheinische Bucht.

dem Europadiplom ausgezeichneter und für die Naherholung bestens ausgestatteter Naturpark, sondern noch länger ein hochrangiges Naturschutzgebiet mit einer vielfältigen, unbedingt erhaltenswerten Pflanzen- und Tierwelt. Die geplante Ausweisung zum zweiten nordrhein-westfälischen Nationalpark scheiterte im Herbst 2009 bedauerlicherweise an einem reichlich idiotisch eingeleiteten Volksbegehren, mit dem der Stadt Bad Honnef verboten wurde, ihre Flächenanteile für dieses Vorhaben zur Verfügung zu stellen. Mit dieser Blockade war das Vorhaben definitiv erledigt.

Auch ohne die Adelung als Nationalpark begeistern sich die besuchenden Naturfreunde am lebhaften Relief des Siebengebirges mit seinen eindrucksvollen Einblicken in eine Landschaft, in welcher der rund 400 km breite europäische Mittelgebirgsgürtel unversehens seine Nordflanke aufrichtet und mit dem zu Füßen des Drachenfels liegenden spitzwinkligen Godesberger Rheintaltrichter als südlichstem Teil der Niederrheinische Bucht das brettebene Nordwesteuropäische Tiefland ankündigt. Ungefähr hier endet auch das untere Mittelrheintal. Die Bundesstadt Bonn, auf deren eher moderate, aber mit dem landschaftlich extrem störenden Posttower unnötig aufgepeppte

Besonderes Merkmal des Drachenfels-Trachyts sind die – vor allem an Werksteinen – erkennbaren fingerlangen Sanidin-Kristalle.

Kulisse man vom Drachenfels herabblickt, ist die erste größere Ansiedlung des Niederrheingebietes.

Die rheinseitigen Steilhänge vom Drachenfels und den anschließenden Talflanken von Niederdollendorf tragen die nördlichsten Rebfluren im geschlossenen Weinbaugürtel der Erde. Am Drachenfels wurde der Weinbau erst in den 1970er Jahren wieder reaktiviert. Leitrebe ist auch hier der Riesling, daneben werden einige andere Rebsorten erfolgreich angebaut, darunter sogar Spätburgunder. Auf den besonnten, nach Süden und Südwesten geneigten Bergflanken kommen viele Pflanzenarten aus südlichen Gefilden vor, die hier die Nordwestgrenze ihrer Verbreitung in Europa erreichen, darunter Wermut, Felsenbirne, Schwarzstieliger Streifenfarn, Berg-Steinkraut oder Purpurroter Steinsame. Daneben finden sich auch Pflanzenarten, deren Verbreitungsschwerpunkt das eher feuchte atlantische Klimagebiet ist – in den Wäldern östlich vom Drachenfels beispielsweise die immergrüne Stechpalme und an einigen Stellen der Zweiblättrige Blaustern.

Eine Kette von Trachytbergen

Der weitere Weg führt über die unlängst nicht besonders glücklich neu gestaltete Terrasse des Bergrestaurants und vorbei an der Bergstation der Zahnradbahn nach Osten – er ist hier Bestandteil des Rheinsteigs. Nachdem wir die Brücke über die Schienenanlage überschritten haben, zweigen wir in der scharfen Linksbiegung des Fahrweges nach rechts ab und folgen diesem Weg (Markierung „K", Zielangabe Milchhäuschen) über die Nordflanke der Wolkenburg. Deren vom Steinbruchbetrieb zerfressene Fassade ist von hier jedoch nicht sichtbar. Auch an ihrer Rheinflanke finden sich etliche bemerkenswerte Pflanzenvorkommen, doch sind deren Wuchsplätze aus Sicherheitsgründen nicht mehr erreichbar. Etwas abseits rechts vom Weg, aber heute ebenfalls nicht mehr zugänglich, befindet sich das Denkmal für den

Im Herbstaspekt erfreuen einige der feuchteren Talwiesen mit üppig blühender Herbst-Zeitlose.

Bonner Mineralien- und Fossilienhändler Bernhard Stürtz (1845–1928), der sich seinerzeit sehr für die Bewahrung des Siebengebirges eingesetzt hat.

Nach etwa 750 m erreichen wir den mit „K" bzw. „X9" markierten Rheinhöhenverbindungsweg (RV), der uns zum Ausflugslokal Milchhäuschen und dann durch den Wald und fast geradlinig nach Osten führt, vorbei an der zentralen Trachytkuppenkette des Siebengebirges mit Schallenberg (310 m), Geisberg (324 m) sowie Jungfernhardt (323 m) bis zum Nasseplatz, benannt nach Berthold Nasse (1831–1906), Oberpräsident der ehemaligen Preußischen Rheinprovinz; er trug im 19. Jahrhundert wesentlich zur Erhaltung des Siebengebirges gegen die destruktiven Interessen der Steinbruchbesitzer bei. Hier werfen wir unbedingt einen Blick in den berühmten, durch einen kurzen Hohlweg zugänglichen Steinbruch (mit Schutzhütte und Grillplatz) an der Nordseite des breitrückigen Lohrberges (435 m) – er zeigt geradezu lehrbuchreif die Gesteinslagerung einer Trachytkuppe und ihrer Tuffummantelung. Im Tuffmantel, den der Weg in den Steinbruch durchstößt, findet man kleinere und größere Reste der devonischen Sedimentgesteine aus dem Schiefergebirgssockel. Man spürt geradezu, mit welcher Wucht die Vulkaneruption den Untergrund durchschlagen hat, so dass sie sogar Reste des älteren Gesteinsfundamentes in den Auswurfmassen mitgeführt hat.

Der Lohrberg, der von hier nach Süden ansteigt, liegt innerhalb einer Kette von Trachytbergen, die sich vom Drachenfels bis zur Perlenhardt zieht. Sie spiegelt eine ungefähr gleichzeitige Ausbruchsphase des Siebengebirgsvulkanismus. Da der völlig bewaldete Lohrberg keine besondere Aussicht bietet, kann man auf den Aufstieg durchaus verzichten und dem Wanderweg bis zum Löwenburger Hof (Einkehrmöglichkeit) folgen. Hier steht übrigens ein äußerst prächtiges Exemplar der Stechpalme, die man in der Region auch Ilex oder Hülse nennt.

Optionaler Höhe(n)punkt

Der Aufstieg zur Löwenburg (455 m) lohnt sich aber schon allein der fulminanten Aussicht wegen. Vom Löwenburger Hof folgen wir zunächst etwa 300 m weit dem Rheinsteig und zweigen dann scharf rechts ab. Schöner Buchenwald, anfangs noch mit Schmalblättriger Hainsimse, dann zunehmend mit Wald-Schwingel und etlichen weiteren hervorhebenswerten Waldbodenpflanzen wie Wald-Bingelkraut und Zwiebel-Zahnwurz säumt den Weg bergan. Diese Stätte war einst für die Geschichte des gesamten Siebengebirgsraumes sehr bedeutsam (Verwaltungssitz), wie die restaurierte Burgruine ahnen lässt. Außerdem ist der Löwenburggipfel, wie eine bronzene Gedenkplatte an der Ruinenmauer berichtet, ein bedeutendes vermessungstechnisches Denkmal – man wählte ihn 1867 als Hauptbeobachtungspunkt für die genaue Einmessung des rheinischen Dreiecksnetzes, das seinerseits Bestandteil der europäischen Gradmessung ist. Von der Löwenburg sind dessen nächste Peilpunkte (Kölner Dom, Michelsberg bei Bad Münstereifel und Nürburg) bei klarer Sicht immer noch mit bloßem Auge gut erkennbar. Der geologische Aufbau des Berges ist indessen nicht ganz leicht zu durchschauen. An der Basis besteht er im Wesentlichen wiederum aus (etwas abweichend zusammengesetztem) Latit wie am Stenzelberg, im Gipfelbereich dagegen aus nephelinreichem Foidlatitbasalt.

Wer jetzt nach der Rückkehr zum Löwenburger Hof diese Wanderung abkürzen möchte, kann dem mit RV markierten Weg oder dem Rheinsteig nach Rhöndorf folgen, der fast ständig durch Wald führt. Mit RVK-Bus 521 besteht von der nahen Haltestelle Margarethenhöhe eine Rückfahrmöglichkeit nach Königswinter.

Auf dem Hauptgipfel des Siebengebirges

Nur wenige Gehminuten in Richtung Osten sind es jetzt noch bis zur Margarethenhöhe. Bald passiert man zur Linken das in charakteristisch rheinischem Fachwerkstil 1907 erbaute Forsthaus Lohrberg, in dem jetzt die Geschäftsstelle des 1869 gegründeten Verschönerungsvereins für das Siebengebirge (VVS) untergebracht ist. Der VVS ist der Träger des Naturparks Siebengebirge.

Das Siebengebirge ist ein hervorragend erschlossenes Wandergebiet, in dem man sich auch ohne Karte oder GPS bestens orientieren kann.

Im Hause werden künftig in einer besonderen Präsentation alle wichtigen Facetten zur Naturkunde des Siebengebirges vorgestellt.

Entschlossen Wanderwillige überqueren rasch die stark befahrene Verbindungsstraße zwischen Königswinter und Ittenbach, um hinter dem ausgedehnten Wanderparkplatz auf leicht schweißtreibendem, geradeaus bergan führendem Pfad oder kräfteschonendem kurvigem Fahrweg den Gipfel des Großen Ölbergs (460 m) in Angriff zu nehmen, der buchstäblich den Höhepunkt unserer Wanderung darstellt. Seine exponierte Lage nutzen – Naturschutzgebiet hin, Naturpark her – auch allerhand aufwändige (wenn nicht sogar störende) Antennenlagen der Telekom und der Flugsicherung des nahen Konrad-Adenauer-Flughafens Köln-Bonn. Kurz bevor rechts ein schmaler Weg zum Gipfel abzweigt, blickt man neben einem Gebäude mit technischen Anlagen in einen alten Steinbruch. Dieser Aufschluss zeigt sehr schön den säulig abgeschiedenen Alkalibasalt.

Nach etwa 300 m steht man auf dem Gipfel. Die Aussicht ist absolut grandios und im weiten Umkreis nicht zu übertreffen. Der Blick überstreicht alle markanten Gipfel des Siebengebirges, reicht weit in die Niederrheinische Bucht (bei klarem Wetter ist natürlich auch der Kölner Dom zu sehen), zeigt im Südwesten die vielen Kuppen des benachbarten Osteifeler Vulkanfeldes um den Laacher See (vgl. NaTour 12), streift über das tief unten liegende Rheintal bis tief in die Westeifel und erfasst im Osten schließlich große Teile des Niederwesterwaldes bis zur Montabaurer Höhe.

Umläufer im Stenzelberg

Von nun an geht's nur noch bergab. Vom Gipfel des Großen Ölberges führt der Weg zunächst ein paar Schritte auf die Nordflanke und biegt dann scharf nach Westen ab. Nach etwa 500 m erreichen wir den auch hier mit „R" markierten Rheinhöhenweg, dem wir anfangs durch schönen Rotbuchen-Hochwald und dann rechts flankiert von einer großen Lichtung bis zum Wegestern an der Gaststätte Einkehrhaus folgen.

Wir folgen nun südwärts dem markierten Rundwanderweg zum Stenzelberg bzw. dem Weghinweis Stenzelberg-Rundweg. Der bequemere Zugang führt

Beim Abbau des Stenzelberg-Latits hat man die Bereiche mit schaliger Absonderung stehen gelassen.

von der Südostseite in den längst aufgelassenen Steinbruch, vorbei an mehreren klammartigen Zugängen zu früheren Abbaustellen.

Auch hier hat die ehemalige Steingewinnung eine interessante Bergkuppe vulkanischen Ursprungs fast völlig ausgeräumt und ein verwunschen erscheinendes Gelände hinterlassen. Doch mag es scheinen, als habe sich der Berg dabei gewehrt. Sein Gestein weist nämlich etliche Stellen mit schaliger Absonderung auf, die industriell nicht verwertbar waren. Sie wurden von den Steinbrechern umgangen, blieben als isolierte bizarre Felstürme zurück und sind jetzt als Umläufer benannt. Bei Kletterern sind sie unterdessen als Übungsterrain sehr beliebt.

Nimmt man hier einen Gesteinsbrocken zur Hand, sieht man sofort den Unterschied zu den übrigen Siebengebirgsgesteinen: Es handelt sich um hellen Latit (früher Andesit genannt und so auch auf älteren geologischen Karten eingetragen). Mineralische Einsprenglinge, vor allem Periklas und Sanidin, bewirken seine körnige Struktur.

Phasenreiche GeoGeschichte – (fast) zum Anfassen

Vom Aufschluss Stenzelberg gelangen wir nach knapp 1 km auf einen Wanderparkplatz an der Straße Oberdollendorf – Heisterbacherrott. Direkt gegenüber zweigt der gut bezeichnete Zuweg zum früheren Steinbruch Großer Weilberg ab (Hinweisschild: Naturdenkmal Weilberg) – ein weiterer unbedingt sehenswerter Aufschluss, der klassisch schön die Anatomie eines Siebengebirgs-Vulkanbaus zeigt. Auch von einer etwas höher gelegenen Aussichtsplattform lässt sich ein hervorragender Einblick in den ehemaligen Steinbruch gewinnen, der heute gleichzeitig als bemerkenswerter Bio- und Geotop gilt. Besondere Informationstafeln veranschaulichen die phasenreiche, zu Stein erstarrte Vergangenheit.

Der frühere Bergbau hat hier einen wahrhaft aufschlussreichen Blick unter die Haut der Erde ermöglicht. Alle Stadien der Weilberg-Entstehung sind abzulesen: Vor etwa 25 Millionen Jahren (mitten in der Tertiärzeit) begann die vulkanische Tätigkeit mit einem gewaltigen Ascheregen (Trachyttuff). Reste der ursprünglich ausgedehnten und im weiten Umkreis immer noch in Resten nachweisbaren hellen Trachyttuffdecke sind in den Wegwänden am Zugang zum Aufschluss sichtbar. Basaltische Lava drang in den Tuff ein und brannte ihn in einer Kontaktzone ziegelrot. Der hangende Tuff wurde aufgewölbt und durch einige Verwerfungen versetzt. Die glutflüssige Lava erstarrte – roh geklüftet am Rande, in schlanken, langen Säulen abgesondert in einigem Abstand davon. Abschließend drang nochmals basaltische Lava auf. Dieser jüngere Basalt durchsetzte den älteren zunächst als schmaler Gang und verbreitete

Berühmter Aufschluss Großer Weilberg: In der Abbauwand unterhalb der hellen Trachyttuffdecke sind zwei basaltische Förderabschnitte zu erkennen.

sich nach oben tulpenförmig im weichen Tuff. Auf der Sohle des Steinbruches und am Hohlweg erscheint im Liegenden des Basaltes wiederum Tuff mit roter Kontaktzone. Der Basalt nahm hier die Form einer großen Linse an.

Ähnlich sind auch die übrigen Kuppen des Siebengebirges entstanden, auch wenn sich deren Erdgeschichte nirgends so detailreich und augenfällig verfolgen lässt. Alle Ausbruchspunkte gehen vermutlich auf die Tätigkeit nur eines einzigen, allerdings ausgedehnten Vulkans zurück, der in drei aufeinanderfolgenden Hauptphasen Magmen von unterschiedlicher mineralischer Zusammensetzung förderte. Wegen der im Siebengebirgsraum in beträchtlicher Menge geförderten Magmen entstand – ähnlich den Verhältnissen im Laacher-See-Gebiet (vgl. NaTour 12) in der Tiefe ein erhebliches Massendefizit, das an der Rheinseite des Siebengebirges die Erdkruste einstürzen ließ. In dieser landschaftlich nicht sehr auffälligen, aber nach geologischen Befunden gesicherten Siebengebirgs-Caldera liegt Königswinter. Ihren westlichen Teil hat der wesentlich jüngere Rhein erodiert.

Die tertiärzeitlichen Eruptionen hinterließen aber noch nicht die heutige Gestalt der Berge. Auch beim Weilberg ist die Oberfläche des Vulkans nicht erhalten. Durch lang andauernde Erosion wurde ein großer Teil von Tuff und Basalt wieder abgetragen. Über dieses Plateau floss übrigens im älteren Quartär (Pleistozän/Eiszeitalter) der Rhein.

Das besondere Artporträt

Zippammer

Eine der seltensten Singvogelarten im gesamten Rheinland ist die Zippammer – ihr wissenschaftlicher Name *Emberiza cia* greift ihren kennzeichnenden Ruf auf. Das Hauptverbreitungsgebiet der eher unauffällig gefärbten Art reicht von Südeuropa und Nordafrika bis nach Vorderasien. Die

Zippammer besetzt also in unserer Region die absolute Nordgrenze ihres Areals. Nur wenige Einzelnachweise sind aus jüngerer Zeit verbürgt – viele Brutvorkommen aus den 1970er Jahren sind unterdessen leider erloschen. Die nördlichste sehr kleine Brutpopulation in Deutschland findet sich bislang am Drachenfels. Da die etwas mehr als sperlinggroße Art nur relativ schwer zu beobachten ist, bleibt zu hoffen, dass einige ihrer Vorkommen an der Arealgrenze eventuell übersehen wurden.

Zu den seltensten Singvogelarten des Siebengebirges gehört die Zippammer.

Klosterlandschaft Heisterbach

Am Ausgang des ehemaligen Steinbruchs biegen wir rechts in den Waldweg und erreichen nach etwa 1 km die grünen Fluren von Heisterbach. Von der einst mächtigen, 1202 begonnenen Zisterzienserabtei verblieb nach dem Abbruch ab 1809 nur die berühmte spätromanische Chorruine, deren Werksteine übrigens die gesamte Geologie des Siebengebirgsraums widerspiegeln. Ursprünglicher Standort der Abtei war

Deutlich häufiger ist der ruffreudige Zilpzalp.

ab 1189 übrigens die früher Stromberg und heute Petersberg genannte Siebengebirgskuppe. Aus versorgungstechnischen Gründen verlegten die Zisterziensermönche ihren Klosterstandort nach wenigen Jahren an die heutige Stelle. In einem besonderen Forschungsvorhaben wurde die Klosterlandschaft Heisterbacher Tal ausführlich dokumentiert. Viele Relikte sind im direkten Umfeld noch oder wieder erlebbar – beispielsweise ein großer Fischteich. Das Umfeld der berühmten und zudem äußerst pittoresken Chorruine – sie erinnert an Gemälde von Caspar David Friedrich – ist durch Grabungen gründlich erforscht und im Oberflächenbefund erlebbar dargestellt worden. Das Gelände innerhalb der Klostermauern weist etliche bemerkenswerte Pflanzenarten auf – unter anderem auch einen kleinen Bestand der Wild-Tulpe. In der zum Komplex gehörenden Zehntscheune von 1721 ist eine sehenswerte Dokumentation zur Klosterlandschaft Heisterbach zu erleben.

Nach Verlassen des eindrucksvollen und wieder sehr gepflegten englischen Landschaftsparks, den ab 1826 der Königliche Gartenbauinspektor Maximilian

Die berühmte Chorruine der Zisterzienserabtei Heisterbach zeigt alle wichtigen Vulkanite des Siebengebirges.

Friedrich Weyhe gestaltete, und vorbei an den Gebäuden des heutigen Cellitinnenkloster wenden wir uns straßenseitig direkt vor dem malerischen barocken Torhaus nach links und folgen über den Besucherparkplatz hinweg bei leichtem Anstieg für etwa 750 m dem Rheinsteig. Gleich rechter Hand passiert man einen ausgedehnten Acker, der zur Klosterdomäne gehört und immerhin seit knapp 1.000 Jahren unter dem Pflug ist. Wo der Rheinsteig bei einer Wegeinmündung scharf links abbiegt, bleiben wir geradeaus und folgen dem mit „l" bezeichneten Waldweg um den Fuß des Petersberges, einem der jüngsten Vulkanberge im

Die Berg-Flockenblume ist im Gebiet wahrscheinlich nur ein Gartenflüchtling.

Siebengebirge. Der weitere Weg durch die Fluren führt zum DB-Bahnhof Königswinter und wenige Schritte weiter zum Ausgangspunkt an der Drachenfelsbahn.

Der berühmte Bonner Geologe Hans Cloos hat seinerzeit eine eindrucksvolle Skizze entworfen (hier in Nachzeichnung), die er „Das Siebengebirge ohne Haut und Haar" genannt hat. Die Darstellung zeigt die hier vorkommenden Vulkanite in der devonischen Umrahmung (grau), nämlich Trachyttuff (gelb), Trachyt (orange), Latit (braun) und Basalt (dunkelgrün).

Dollendorfer Hardt   **Petersberg**   **Nonnenstromberg**
Hirschberg

Siebengebirgsmuseum Königswinter

Durchaus nicht nur als Alternative bei „schlechtem" Wetter ist das Siebengebirgsmuseum in Königswinter (Kellerstraße 16, nahe der Rheinpromenade) unbedingt zu empfehlen. Es ist in einem imposanten barocken Bürgerhaus von 1732 untergebracht und eignet sich mit seinen bedeutenden kulturgeschichtlichen bzw. geologischen Sammlungen hervorragend zur Vor- oder Nachbereitung unserer Wanderung.
Siebengebirgsmuseum der Stadt Königswinter
Telefon 02223 – 37 03
www.siebengebirgsmuseum.de
Geöffnet Di+Do–Sa 14–17 h, Mi 14–19 h, So 11–17 h (April bis Oktober), Mi 14–19, Sa+So 14–17 h (November bis März)

Museum zur Geschichte des Naturschutzes

Außer einem Besuch des renovierten Schlosses Drachenburg mit seiner eindrucksvollen Parkanlage lohnt auch das seit 2002 in der Vorburg untergebrachte Museum zur Geschichte des Naturschutzes einen Besuch. Die Dauerausstellung bietet mit vielerlei Installationen einen umfassenden Einblick in die Ideen- und Kulturgeschichte des erstaunlicherweise noch recht jungen Naturschutzes in Deutschland und seine konkreten Projekte. Regelmäßig stattfindende Sonderausstellungen vertiefen diese Thematik.
Telefon 02223 – 70 05 70
www.naturschutzgeschichte.de
Geöffnet Di–So 11–18 h (April bis Oktober)

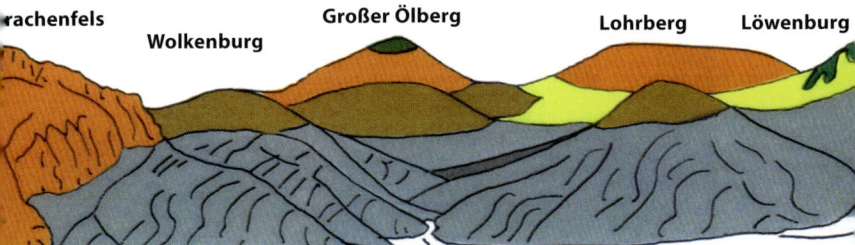

Drachenfels · Wolkenburg · Großer Ölberg · Lohrberg · Löwenburg

Tourenprofil: Rundwanderung

Anfahrt/Ausgangspunkt: Von Norden oder Süden über die A3 oder B42 bis Königswinter, innerörtlich die ausgeschilderten Parkplätze an der Drachenfelsbahn ansteuern.

Wegverlauf: Rundwanderung; Königswinter – Drachenfels – Milchhäuschen – (Löwenburg) – Margarethenhöhe – Großer Ölberg – Stenzelberg – Großer Weilberg – Klosterruine Heisterbach – Königswinter

Zielpunkt: Identisch mit NaTour-Einstieg

Empfohlene Karte: WK 1:25 000 Naturpark Siebengebirge, Topographische Karte 1:50 000 Blatt L5308 Bonn.

Einkehrmöglichkeiten: Königswinter, Drachenfels, Milchhäuschen, Margarethenhöhe, Löwenburger Hof, Großer Ölberg, Einkehrhaus, Heisterbach

Besonderer Hinweis: Das Wandergebiet Siebengebirge ist geologisch außerordentlich vielseitig. Für die Detailinformation im Gelände empfiehlt sich daher die Benutzung einer entsprechenden Spezialkarte, beispielsweise der Geologischen Karte von Nordrhein-Westfalen 1:25 000, Blatt 5309 Königswinter. Wegen der buchstäblich herausragenden Aussichtspunkte sollte man unbedingt auch ein gutes Fernglas mitnehmen. Für einen ungestörten Landschafts- und Wegegenuss sind die Wochenenden möglichst auszuklammern.

Besonders wichtig: Nicht selten rächt sich im Gebiet die frühere Steinbruchtätigkeit durch Felsstürze. Dann werden konsequenterweise bestimmte Wege oder Anlaufpunkte aus Sicherheitsgründen gesperrt. Vor der Planung einer Tour unbedingt bei der Geschäftsstelle des Verschönerungsvereins für das Siebengebirge (VVS, Naturparkträger) nachfragen (02223 – 90 94 94).

Strecke: 17.574 m

tiefster Punkt: 57,5 m ü. NN

höchster Punkt: 417,7 m ü. NN

Summe Steigungen: 455 m

Summe Gefälle: 455 m

maximale Steigung: 13,0 %

maximales Gefälle: 13,5 %

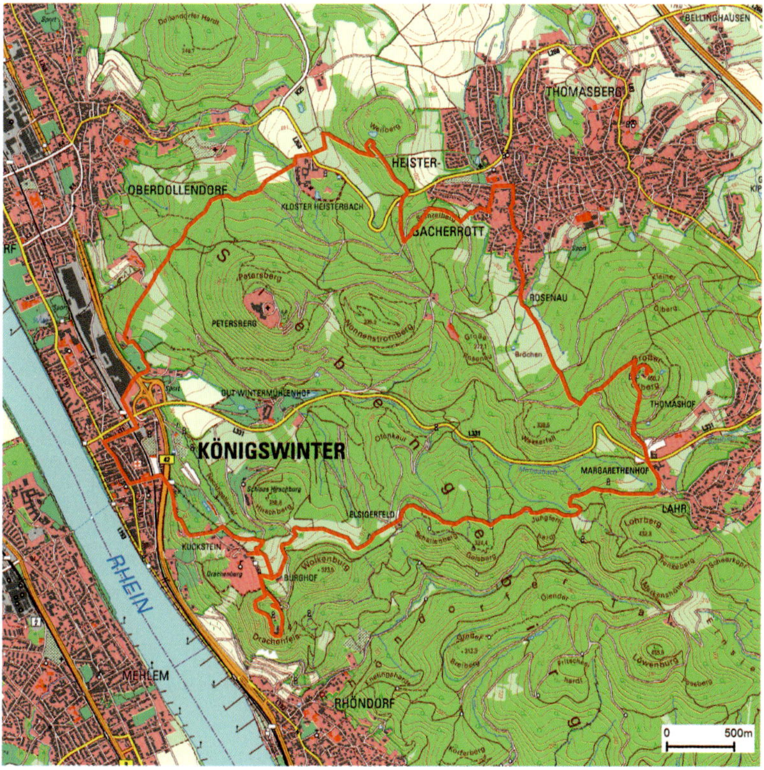

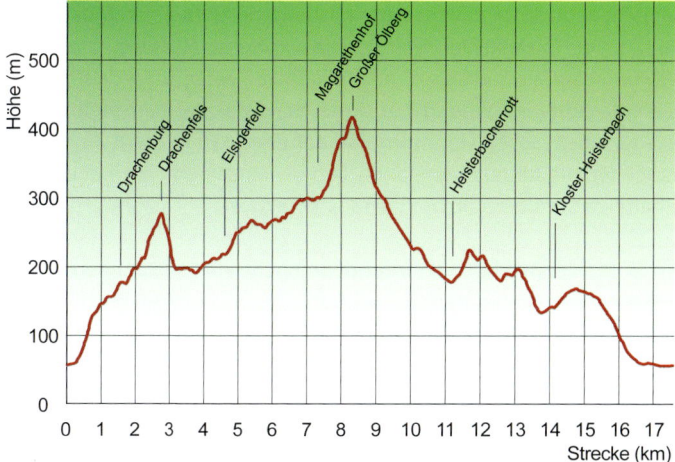

© GeoBasis-DE / Geobasis NRW 2017 dl-de/by-2-0, http://www. www.geodatenzentrum. nrw.de [Daten bearbeitet]

Diese NaTour beginnt am historischen Forsthaus Schönwaldhaus am Rande von Wachtberg-Villiprott.

NaTour 20 – Auf kurfürstlichen Spuren

Quer durch den Kottenforst bei Bonn

Mit dieser Erlebniswanderung erkunden Sie ein kulturgeschichtlich besonders bedeutsames Waldgebiet im Übergangsgebiet von Mittel- und Niederrhein an der Nordostecke der Eifel. Die wahlweise als Rund- oder Streckenwanderung bzw. als Radtour zu bewältigende Strecke führt durch völlig ebenes Gelände und weitgehend nur durch Wald auf der hier mehrere Kilometer breiten rheinischen Hauptterrasse auf etwa 170 m ü. NN. Prinzipiell eignet sie sich für alle Jahreszeiten, doch sind die einzelnen naturkundlichen Erlebnisinhalte im Sommerhalbjahr weitaus attraktiver.

Kottenforst – das schmeckt doch irgendwie nach reifen Brombeeren und würzigen Pilzen, nach blühenden Obstwiesen, verschwiegenen Weihern und pfeilgeraden Pfaden zu dicken Bäumen, denen man so seltsame Namen wie Kaisereiche oder Starke Fichte gegeben hat. Es könnte somit durchaus so sein, dass der Kottenforst eine Art Bilderbuchwald schlechthin ist, auch wenn ihm abgrundtiefe Schluchten, rauschende Wasserfälle oder gigantische Felsformationen fehlen. Aber welche Region bietet stattdessen schon das gesamte Kaleidoskop von Barockkapelle und Basaltvulkan, von Töpferdorf und Tongrube, Bauernhöfen und Bürgerhäusern, von Kurfürstenquelle und Königsmaar, kurz – das gesamte Gefüge von Gewachsenem und Gewolltem?

Der seltsame Name ist natürlich erklärungsbedürftig: Im Unterschied zum benachbarten Drachenfelser Ländchen trägt die Kottenforst-Terrasse über ihrem devonischen Grundgebirge und den eiszeitlich bedingten Schotterauflagen des früheren Rheins nur eine sehr dünne Lösslehmdecke, so dass hier eine landwirtschaftliche Nutzung auf weiten Strecken wenig attraktiv erschien. Gerade dieser Tatsache dürfte dieses Gebiet seine eher ungewöhnlich erscheinende Erhaltung als großer und auch heute noch weitgehend geschlossener Wald im südlichen Nordrhein-Westfalen verdanken. Im Kartenbild zeigt er sich als relativ großflächige, ungefähr herzförmig umrissene Waldinsel inmitten einer intensiv genutzten und daher nahezu waldfreien Kultur- und Siedlungslandschaft.

Schon die Benennung verweist darauf, dass der Kottenforst im historischen Raum gerade als Wald eine bedeutende Rolle gespielt hat, denn sein etwas

In der Umfassungsmauer wurden diebstahlgefährdete historische Grenzsteine aus dem Kottenforst dingfest gemacht.

seltsam anmutender Name ist mutmaßlich sogar keltischen Ursprungs. Ähnlich lautende Bezeichnungen finden sich bis heute vor allem in den gälischen Sprachen: Der Begriff „coed" ist im Walisischen sowie in der im keltischen Sprachraum geläufigen Form „coat" bzw. „goat" (wie etwa im Bretonischen) der übliche Begriff für Wald. Der Namensbestandteil „-forst" ist sprachgeschichtlich dagegen deutlich jünger und hat eine klare besitzrechtliche Bedeutung: Das gesamte Gebiet gehörte in fränkischer Zeit zum Krongut. Die im Gebiet zahlreich angesiedelten karolingischen Hofgüter, am Südwestrand des Kottenforstes beispielsweise die Güter Marienforst und Muffendorf, bewirtschafteten früher auch die in der Region vorhandenen Waldgebiete. Die früheste urkundliche Erwähnung im berühmten Prümer Urbar – direkter Anlass war im Februar 888 ein Besitzwechsel der gesamten Waldmark an die Abtei Prüm – führt dieses Gebiet bereits unter der Bezeichnung „cotenforast" auf. Die bis heute übliche Waldbenennung verwendet daher einen Gebietsnamen, der sich tatsächlich bereits über mehr als 1.000 Jahre hinweg urkundlich belegen lässt.

Seit 1959 ist das kulturhistorisch bedeutsame Waldgebiet an der Nordostecke der Eifel Bestandteil des Naturparks Kottenforst-Ville, der heute nach mehrfacher Erweiterung 1.045 km^2 Fläche umfasst und seit 2005 die etwas unspezifische und nicht besonders glücklich gewählte Bezeichnung Naturpark

Bis zur prächtigen Laubfärbung im Herbst ist der Wald immer ein Erlebnis.

Rheinland trägt. Die Landesgrenze von Nordrhein-Westfalen und Rheinland-Pfalz bildet seine Südgrenze. Insgesamt knapp 2.500 ha sind seit wenigen Jahren nach zähen Auseinandersetzungen mit den Waldbesitzern nach der FFH-Richtlinie ein Waldnaturschutzgebiet innerhalb des europäischen Schutzgebietverbundes Natura 2000.

Seltsamer Wegeverlauf

Am Wanderparkplatz, direkt gegenüber vom Forsthaus Schönwaldhaus, orientiert eine topographische Karte über Wegeverlauf und Wegebezeichnungen im Kottenforst. Viele Wege tragen die für ein Waldgebiet eher ungewöhnlichen Bezeichnungen Allee oder Bahn. Zudem fällt auf, dass die Alleen und Bahnen im Waldgebiet schnurgerade wie die Speichen eines Rades verlaufen. Dieses sicherlich ungewöhnliche Wegesystem hat bemerkenswerte historische Gründe. Im Jahre 1549 trat die Abtei Siegburg das Waldbesitzrecht an die Kölner Kurfürsten ab. Die nunmehr einsetzende kurfürstliche Zeit hat dem großen Waldgebiet Kottenforst in besonderem Maße ihre Kennzeichen aufgedrückt. Die jetzt über größere Distanzen linear durch den Wald angelegten Schneisen dienten in kurfürstlicher Zeit im Wesentlichen der rascheren Fortbewegung der berittenen Jäger und ihrer begleitenden Jagdmeute bei den damals so üblichen und beliebten Parforcejagden. Der respektablen, wenngleich erstaunlichen und durchaus hinterfragbaren Jagdleidenschaft des letzten Kölner (allerdings in Bonn residierenden) Erzbischofs und Kurfürsten Clemens August

Das auffallend gerade Wegesystem geht auf die hier früher üblichen Parforcejagden der letzten Kölner Kurfürsten zurück.

(1723–1760) verdankt das Waldgebiet Kottenforst ebenso wie größere Teile der nordwestlich anschließenden Waldville somit ein geometrisch exaktes Wegenetz in zeitgemäß absolutistischer Manier und erinnert damit fast an einen am Reißbrett durchstilisierten Barockgarten.

Dieser Erschließung kam die nahezu tellerebene und von Natur aus insofern bemerkenswert reliefarme Kottenforstterrasse natürlich sehr entgegen. Für die auffällige Wegeausrichtung gibt es aber noch einen anderen Grund: Alle historisch belegten Hauptachsen dieses Wegesystems wie Witterschlicker, Flerzheimer, Meckenheimer, Villiper und Wattendorfer Allee laufen allesamt

im Zentrum des heutigen Bonner Vorortes Röttgen zusammen – einer im Ortsnamen anklingenden alten Rodungsstätte im damals noch weithin geschlossenen Wald. Am gemeinsamen Schnittpunkt aller Alleen befand sich das seit 1750 erbaute, aber schon kurz nach 1800 wieder abgerissene kurfürstliche Jagdschloss Herzogsfreude (früherer Karteneintrag: *Joie de Duc*), von dem in der heutigen Wohnbebauung nur noch einige Kellergeschossreste erhalten sind. Am ehemaligen Schlossstandort in Röttgen erinnert ein Bronzemodell an Aussehen und Ausrichtung der ehemals imposanten Anlage.

Denkmäler der Waldnutzung

Das 1730 erbaute und nach einem kurfürstlichen Forstbeamten benannte Forsthaus Schönwaldhaus am Ausgangspunkt Wanderparkplatz versammelt in seiner straßenseitigen Umfassungsmauer eine größere Anzahl historischer und in einer Tafel erläuterter Grenzsteine aus dem Kottenforst. Diese denkmalpflegerisch durchaus nicht unumstrittene Konservierung war offenbar notwendig, weil

Große Teile des Kottenforstes sind Waldnaturschutz- und FFH-Gebiet.

es bis in die 1980er Jahre als schick galt, solche historisch bedeutsamen Kleindenkmäler in den eigenen Garten umzusiedeln.

Gleich gegenüber vom Forsthaus Schönwaldhaus fällt ein geradezu klassischer, alter Plenterwald mit sehenswerten, prächtig gewachsenen Baumgestalten (überwiegend Rot-Buchen) auf. Dieser Waldtyp zeichnet sich durch seine betont ungleichförmige Altersstruktur der Bäume aus, weil man die hiebreifen Exemplare jeweils nur einzeln entnommen hat. Auf den dadurch entstandenen kleinflächigen Lichtungen fand anschließend eine spontane Naturverjüngung statt.

Im Hochsommer sind in den Altwaldparzellen auch Hirschkäfer zu erleben.

Auf dem Weg zum Jägerhäuschen

Wir wählen den asphaltierten Weg links von der benannten Orientierungstafel mit topographischer Übersichtskarte. Er führt zum Großen Stern (Schnittpunkt von sieben Waldwegen) und weiter zum Jägerhäuschen, einer um 1725 erbauten Relaisstation, an der die berittene kurfürstliche Jagdgesellschaft bei der Parforcejagd über die geradlinigen Alleen und Bahnen jeweils die Pferde wechselte.

Am Wegrand fallen die zahlreichen, durch Stangenwerk besonders geschützten Burgen der Roten Waldameise auf, für die der Kottenforst besonders berühmt ist. Hier hat man die Ameisenvölker sogar planmäßig vermehrt, um sie in anderen

Der Wald steckt voller historischer Zitate: Am Jägerhäuschen wechselte man in kurfürstlicher Zeit die Pferde aus.

An sonnigen Spätwintertagen herrscht auf der Oberfläche der Ameisenburg schon ein „emsiges" Treiben.

Waldgebieten als unentbehrliche Helfer anzusiedeln. Das in den topographischen Karten als Naturdenkmal „Dicke Eiche" eingetragene Prachtexemplar einer Trauben-Eiche existiert leider nicht mehr – einer der heftigen Orkane der letzten Jahre hat den bemerkenswert schönen Baum einfach umgeworfen. Am liegenden Stamm kann man immer noch die beeindruckenden Maße ablesen. Gegenüber vom Jägerhäuschen befindet sich ein weiteres kulturhistorisch bemerkenswertes Relikt: Hier hat Kronprinz Wilhelm von Preußen, der spätere Kaiser Wilhelm II., seinerzeit Student an der von seinem Urgroßvater gegründeten Universität Bonn, am 19. Juni 1879 nach einem Jagdausflug in den Kottenforst eine Stiel-Eiche „allerhöchst und eigenhändig" gepflanzt, wie es eine Gedenktafel respektvoll untertänig verkündet. Für eine knapp 150-jährige Eiche ist das betreffende Exemplar allerdings bemerkenswert mickrig und von den benachbarten nordamerikanischen Mammutbäumen längst übergipfelt worden. Vom Jägerhäuschen wählen wir den nach Osten abzweigenden „Professorweg" (Markierung A21/A24) und folgen ihm bis zur Kreuzung mit dem Eifelvereinswanderweg mit der Markierung <10, wo wir links nach Norden abbiegen. Im Kreuzungsbereich der beiden Wege liegt eines der vielen im Kottenforst vorhandenen, aus der Römerzeit stammenden Trainingslager der in Bonn stationierten Garnison. Nach etwa 1,5 km trifft dieser Weg auf die Venner Allee. Nur wenige Schritte nach links befindet sich der Hirschweiher, eine aus kurfürstlicher Zeit stammende Tongrube, die sich nach Nutzungsaufgabe längst zu einem bemerkenswerten Feuchtbiotop entwickelt hat, unter anderem mit zahlreichen Vorkommen seltener Libellen-Arten. Ähnlich ist der in nördlicher Richtung wenig unterhalb gelegene Kurfürstenweiher zu bewerten. Wir folgen dem Eifelvereins-Wanderweg [<10], der nach etwa 3,5 km vorbei am südlichen Ortsrand von Bonn-Röttgen auf den nordöstlichsten Eifelsporn Venusberg führt. Hier wächst der nach seinen kennzeichnenden Arten be-

Den Kottenforst erschließen viele romantische und völlig eben verlaufende Wege.

nannte Hainsimsen-Perlgras-Buchenwald, in dem vereinzelt auch Hainbuchen und Trauben-Eichen oder hier und da auch Winter-Linden vertreten sind. Der weithin bekannten Jagdleidenschaft des Köln-Bonner Kurfürsten und Erzbischofs Clemens August hätte es sehr wohl angestanden, der römischen Jagdgöttin Venus auf diesem Höhenzug zwischen den Bonner Ortsteilen Kessenich, Poppelsdorf und Ippendorf eine angemessene Weihestätte einzurichten. Aber so weit ging die Weltlichkeit des geistlichen Territorialherren wohl doch nicht. Der Venusberg hieß früher einfach Vennesberg (von venn(e) = Sumpf, wegen seiner staunassen Pseudogley-Böden) und wurde erst im letzten Jahrhundert von den klassisch gebildeten Bonner bzw. Poppelsdorfer Professoren latinisiert, die hier gerne flanierten.

Waldau – ein vielseitiges Info-Zentrum

Jetzt sind es nur noch wenige Schritte bis zur Waldau, einem der beliebtesten Ausflugsziele (nicht nur) der Bonner Kottenforstwanderer. Ein geradezu riesiger Spielplatz für die Kleinen, dazu einladende Gastronomien, Ruhebänke und viele abzweigende Spazierwege versprechen interessante Eindrücke. Seit 1989 steht hier das „Haus der Natur" als Informationszentrum des Bon-

Auch über die angrenzenden Fluren ist das Gebiet gut zu erreichen und bietet wunderbare Eindrücke einer alten Kulturlandschaft.

ner Stadtforstamtes über Naturraum und Naturgefüge der weiteren Bonner Umgebung. Seine unbedingt besuchens- und sehenswerte Ausstellung ist in einem translozierten und wiedererrichteten bäuerlichen Fachwerkanwesen aus dem Hunsrück untergebracht. Zu mehreren Themenkreisen (Naturraum, Geologie, Boden, Kottenforst/Wald, Arten- und Biotopschutz, Grüne Pflanze) bietet die hervorragend gestaltete Ausstellung überaus interessante Daten, Fakten und Anschauungsobjekte. Eine große Luftaufnahme zeigt detailgenau den gesamten Bonner Raum. Ein eindrucksvolles Diorama erläutert den für den Kottenforst auf weiten Strecken so kennzeichnenden Maiglöckchen-Stieleichen-Hainbuchenwald. Weiterhin gibt es eine „Streichelwand" mit typischen Tieren aus dem siedlungsnahen Kottenforst und eine Sammlung wichtiger Waldpilze der Region. Faszinierend ist es auch, dem sprichwörtlichen Bienenfleiß eines Volkes im gläsernen Bienenstock oder der Betriebsamkeit der Waldameisen zuzusehen.

Direkt am Info-Zentrum überrascht ein begehbarer traditioneller Bauerngarten mit seiner enormen Fülle an Nutzpflanzen, Würzkräutern und Gartenblumen- eine zur Nachahmung besonders empfohlene Einrichtung. In diesem Garten kann man auch verschiedene Wildbienenhotels bewundern und dem geschäftigen Treiben zusehen. Ihm schließt sich eine alte Streuobstwiese an,

Am Ende dieser NaTour an der Waldau lohnt sich ein Besuch des Informations-zentrums und seines sehenswerten Bauerngartens.

die zu den wertvollsten Lebensräumen gehört, die der Mensch in der Kultur-landschaft eingerichtet hat.

Gespensterwald

Direkt beim Info-Zentrum Waldau beginnt der „Weg der Artenvielfalt", der vor allem den jüngeren Besuchern den besonderen Artenreichtum eines gealter-ten Laubwaldes nahe zu bringen versucht. Zu allem Jahreszeiten gibt es hier viel zu entdecken – ab Spätsommer bis weit in den Herbst hinein beispielswei-se die Vorkommen zahlreicher Pilzarten. Der Weg führt im weiten Bogen zum Wildgehege Waldau, wo Familien mit Kleinkindern die typischen Waldtiere des Kottenforstes (vor allem Wildschweine) geradezu hautnah erleben können. Die hier gezeigten Rothirsche kommen im Gebiet heute allerdings nicht mehr vor – in der französischen Besatzungszeit (vor dem Wiener Kongress 1815) hat man den gesamten Rotwildbestand per Fingerkrümmung am Gewehr erledigt. Ziemlich häufig sind im Kottenforst allerdings die später ausgewilderten Dam-hirsche, kenntlich an ihren großen hellen Punkten auf dem Fell.
Unmittelbar im Bereich des Waldauer Wildgeheges finden sich etliche Beispie-le so genannter Gespensterwälder – benannt nach den geradezu abenteuer-

In einigen Waldparzellen nahe der Waldau sind als „Gespensterbuchen" bezeichnete Hudebuchen zu sehen, die aus einer Sonderform der Niederwaldwirtschaft hervorgingen.

lich aussehenden Baumgestalten, fast ausschließlich Rot-Buchen in der Form über 200-jähriger Kopfbäume. Früher nutzte man das Rotbuchenholz vor allem im Niederwaldbetrieb – nachdem die Stämme zur Brennholzgewinnung abgeschlagen worden waren, blieben die Stubben einfach stehen und konnten über Stockausschläge wieder zu ansehnlichen Bäumen heranwachsen. Zum Schutz der nachwachsenden Stockausschläge vor Viehverbiss (Waldweide!) legte man hier die Hiebstellen über 2 m hoch und kappte die Bäume erst deutlich oberhalb der Reichweite der Weidetiere, so dass sich im Laufe vieler Nutzungszyklen ganz ungewöhnlich verformte Kopfbäume entwickelten.

Ein Hofgut mitten im Wald

Als Fortsetzung der Wanderung oder Radtour bietet sich der entlang des Wildgeheges führende Weg A18 an, der bald auf den mit „R" markierten Rheinhöhenweg trifft. Er erreicht nach kurzer Distanz die große Freifläche um den Annaberger Hof. Erst 1860 hat man hier etwa 60 ha Wald gerodet, um eine Ackerbauschule als Zweigstelle der Landwirtschaftlichen Akademie Poppelsdorf (heute Landwirtschaftliche Fakultät der Universität) einzurichten. Zuvor hatte man hier in bescheidenem Umfang Braunkohle (der Klüttenweg südöstlich des Weges erinnert noch heute an die frühere Brikettherstellung) abgebaut, nachdem Wildschweine der Überlieferung nach um 1750 hier ein obertägig ausstreichendes Braunkohlenflöz frei gewühlt hatten. Die hier ebenfalls anstehenden reichlichen Tonvorkommen beutete bis etwa 1890 eine Friesdorfer Alaunsiederei aus. Eine prächtige Rosskastanienallee säumt die ausgedehnten Acker- und Grünlandfluren des Hofgutes.

Wir folgen östlich des Freigeländes rund um den Annaberger Hof vorbei am Forsthaus Venne dem Europäischen Fernwanderweg E8, der hier die prosaische Bezeichnung „Wanderweg der deutschen Einheit" führt. Nach knapp 4 km trifft er wieder auf den Eifelvereinwanderweg (<10) und führt zurück auf den Ausgangspunkt am Wanderparkplatz in Villiprott.

INFO

Das besondere Artporträt

Wildkatze

Um die Mitte des 20. Jahrhunderts war die heimische Wildkatze (*Felis silvestris*) im Mitteleuropa fast ausgerottet. Das rigorose Bejagungsverbot und gezielte Artenschutzmaßnahmen haben die Restpopulationen zur Freude der Naturliebhaber wieder erstarken lassen: Die ist Art in den Mittelgebirgen rechts und links des Mittelrheins unterdessen wieder zu Hause, aber nicht unbedingt häufig oder gar zuverlässig zu beobachten. Zudem bleibt immer ein gewisser Zweifel, ob man nun wirklich eine Wildkatze oder eine verwilderte Hauskatze gesehen hat. Die äußeren Unterscheidungsmerkmale sind aber einfach und eindeutig: Wildkatzen haben einen dick buschigen und stumpf endenden Schwanz mit dunklen Querbinden, einen schmalen, schwärzlichen Aalstrich auf dem Rücken und an den Flanken eine undeutliche Tigerung. Die Fellfarbe ist immer gelbgrau. Außerdem laufen Wildkatzen auf etwas kürzeren Beinen und sind gewöhnlich extrem scheu. Ihre Nase ist immer fleischfarben, die Augen zeigen sich gelbgrün.

Im Naturpark Rheinland ist die Wildkatze unterdessen erfreulicherweise wieder heimisch. Erstarkte Populationen sind auch aus der zentralen und westlichen Eifel bekannt.

Im Kottenforst ist die Wildkatze zu Hause. Man bekommt sie aber eher selten zu sehen.

Abstecher zum Wasserschloss Gudenau

Vom Forsthaus Schönwaldhaus führt ein Weg (in Verlängerung des Wanderparkplatzes) am Waldrand vorbei zum Beckers Kreuz. Hier besteht der Untergrund nicht (nur) aus devonischem Schiefergestein, sondern auch aus vulkanischem Basalt. Der größere Teil des Basaltvorkommens befindet sich jedoch auf der gegenüberliegenden Talseite und bildet hier gleichsam das felsenfeste Fundament der Ortschaft Villip. An deren südlichem Rand befindet sich ein schon vor Jahrzehnten aufgelassener Steinbruch mit See, der sich unterdessen zu einem wertvollen Sekundärlebensraum entwickelt hat. Ein bemerkenswertes technisches Denkmal ist der steinerne (aus örtlichem Basalt aufgemauerte) Turm der 1842 erbauten (1978 renovierten) Villiper Windmühle – einem der südlichsten Vorposten aus dem vorwiegend niederdeutschen Verbreitungsgebiet dieser Flügel tragenden Mahlwerke. Vom Mühlenturm sind es nur wenige Schritte zum Schloss Gudenau, einer Wasserburg, deren Anlage auf das frühe 13. Jahrhundert zurückgeht und ihre heutige Gestalt im 16. bis 18. Jahrhundert erhielt. Sie ist gleichsam das Glanzstück unter den vier Wasserburgen auf dem Gebiet der Gemeinde Wachtberg.

Die hangnahen Wälder bieten zu allen Jahreszeiten interessante Aspekte.

Meridianmarke Venusberg

Wenn man an der Waldau den mehrere Kilometer langen Rückweg zum Ausgangspunkt in Villiprott nicht wählen möchte, bietet sich folgende Wegalternative an: Zwischen Waldau und Wildgehege zweigt links ein Weg (Markierung A10, <10) zur Casselsruhe ab. Von diesem in Bonn sehr beliebten Gastronomiebetrieb öffnet sich ein überaus prächtiger Blick auf das nördliche Mittelrheingebiet mit Siebengebirge und den mitten in Bad Godesberg gelegenen Basaltkegel mit der Godesburg. Die Fortsetzung des Weges zwischen Bonn-Venusberg und dem Geländer des Universitätsklinikums führt zur berühmten Meridianmarke, einem 1980 wiedererrichteten, technikgeschichtlichen Denkmal: Zur Festlegung der Ausgangsrichtung des Rheinischen Vermessungsnetzes bestimmte der berühmte Bonner Astronom F. W. Argelander am 20. August 1867 durch genaue Sternbeobachtung den Winkel zwischen der Sternwarte an der Poppelsdorfer Allee und einer Zielmarke auf dem Venusberg, eben dieser Meridianmarke. Sie wurde zu einem wichtigen Bestandteil des Dreiecksnetzes zwischen Aachen und Zürich, auf das die gesamte Landvermessung der Region bezogen wurde. An der Meridianmarke stehen wir gleichzeitig auf dem nordöstlichsten Punkt der Eifel – der Venusberg ist Bestandteil des so genannten Kreuzberghorstes, eines weit vorragenden Riegels aus Devongestein, der beim Einsinken der Niederrheinischen Bucht (Rheintaltrichter, Lengsdorfer Graben) stehen blieb.

Die weitere Fortsetzung des Weges führt im Bogen hinunter nach Bonn-Poppelsdorf, von wo mehrere Busverbindungen nach Bonn Hbf bestehen.

Zitterlinge sind typische Winterpilze – zumindest fallen sie dann am ehesten auf.

Im Gebiet kommen erfahrungsgemäß viele verschiedene Pilzarten vor. Die Pilzflora des Gebietes ist aber noch nicht genauer erforscht – sicher ein aussichtsreiches Feld für (Hobby-)Mykologen.

Tourenprofil: Streckenwanderung

Anfahrt/Ausgangspunkt: Wanderparkplatz am Forsthaus Schönwaldhaus in Wachtberg-Villiprott; über die A565 bis Abfahrt Wachtberg, dann über die L158 Richtung Bad Godesberg, abbiegen in die Ortschaft Villiprott, an der Kreuzung Dorfmitte links abbiegen und der Straße bis zum Ende folgen. Für Nichtautofahrer ist der Startpunkt vom Bahnhof Bad Godesberg mit der RVK-Linie 855 (Haltepunkt Dorfmitte) erreichbar.

Wegverlauf: Forsthaus Schönwaldhaus (Wachtberg-Villiprott) – Großer Stern – Jägerhäuschen – Professorweg – Venner Allee – Venusberg – Waldau – Bonn

Zielpunkt: je nach Wegvariante identisch mit NaTour-Einstieg oder ÖPNV-Verbindungen nach Bonn Hbf

Empfohlene Karte: Wanderkarte 1 : 25 000 Bonn und das Siebengebirge

Strecke: 10.263 m

tiefster Punkt: 168,3 m ü. NN

höchster Punkt: 179,5 m ü. NN

Summe Steigungen: 8 m

Summe Gefälle: 14 m

maximale Steigung: 0,4 %

maximales Gefälle: 0,8 %

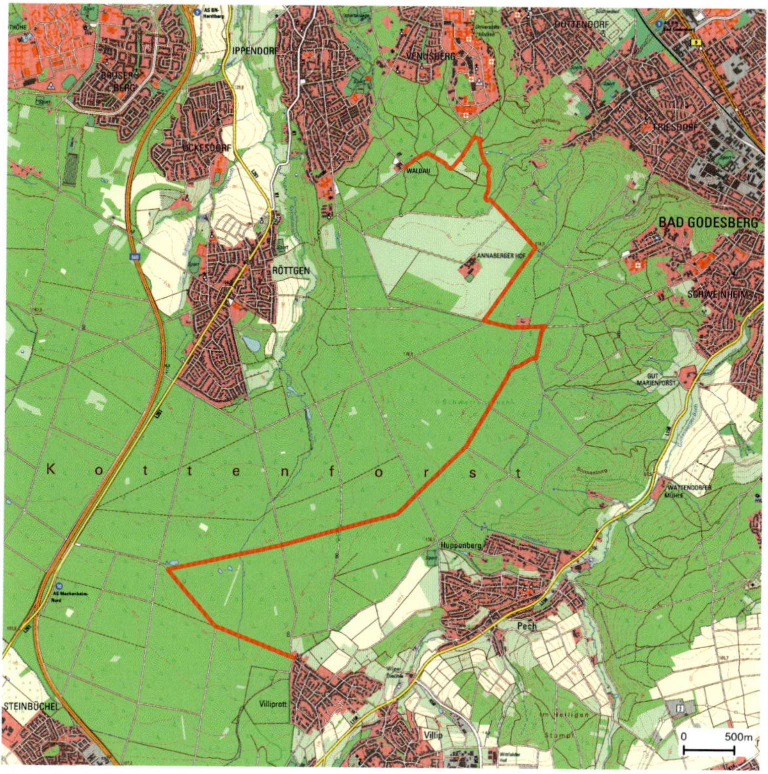

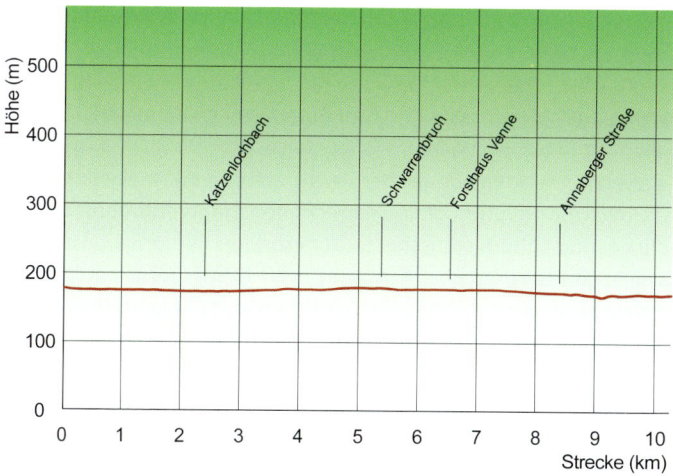

© GeoBasis-DE / Geobasis NRW 2017 dl-de/by-2-0, http://www. www.geodatenzentrum. nrw.de [Daten bearbeitet]

Zusammen mit der alten Zollburg Ehrenfels markiert der Binger Mäuseturm („Mautturm") die Binger Talpforte am Eingang des Oberen Mittelrheintals.

 ## NaTour 21 – Naturkunde per Schiff

Eine etwas andere Perspektive

Eine Schiffstour auf dem romantisch verklärten Mittelrhein, zumindest auf dem innerhalb eines Tages bequem zu erlebenden Streckenabschnitt zwischen Bingen und Bonn, gehört seit dem frühen 18. Jahrhundert zu den erwiesenen Klassikern der mitteleuropäischen Reisekultur. Glücklicherweise hält eine schon 1853 gegründete und bis heute fortbestehende Rheinschifffahrtsgesellschaft mit ihrer „Weißen Flotte" diese erlebniswerte Rheinreise-Tradition aufrecht. Die folgende an den leicht ablesbaren Rheinkilometern orientierte Übersicht listet für die Rheinstrecke von Bingen bis Bonn die aus naturkundlicher und kulturhistorischer Sicht besonders hervorhebenswerten Highlights einer genussvollen Rheinpassage per Schiff auf – jeweils aufgeführt nach links- bzw. rechtsheinischen landschaftlichen Highlights und Seitenverweisen in diesem Buch.

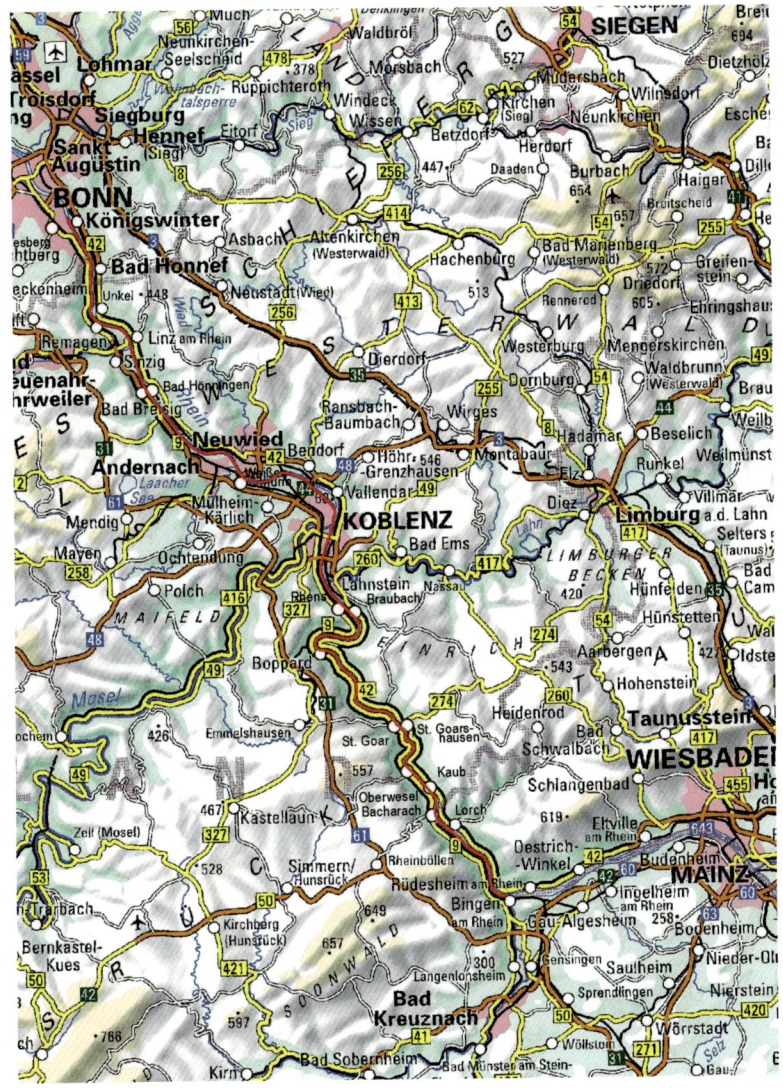

© GeoBasis-DE / BKG 2016 (Daten verändert)

Orientierungskarte zum Rheinlauf

Der vermessene Rhein

Wer am Rhein unterwegs ist, kennt die großen Sichtzeichen am Rheinufer, die der Schifffahrt die jeweiligen Stromkilometer anzeigen. Auf beiden Rheinufern zeigen querformatige, schwarz umrandete Rechtecke mit weißem Grund im Format 450 × 200 cm die vollen Kilometer in großen, 1 m hohen schwarzen Zahlen an. Ein gleicharmiges (lateinisches) schwarzes Kreuz auf quadratischem, 1,5 × 1,5 m messendem weißem Grund gibt die jeweiligen 500-m-Marken an, während die 100-m-Markierungen (Hektometermarken) als hochrechteckige Tafeln in den Abmessungen 40 × 150 cm mit den Zahlenangaben 1 – 4 bzw. 6 – 9 ausgeführt sind.

Diese amtlichen Kilometerangaben im Uferbereich beziehen sich immer auf die Achse des Talwegs bzw. die Strommitte: Die Verbindungslinien der sich jeweils gegenüber liegenden Ufersichtzeichen bilden mit der Mittellinie im Strom jeweils einen rechten Winkel. Nur deren gemeinsamer Schnittpunkt entspricht also der am Ufer angegebenen Entfernung. Daher betragen die Abstände zwischen den Hektometersteinen auch nur auf exakt geraden Flussstrecken genau 100 m. An Flussbiegungen weichen sie davon naturgemäß stärker ab. Bei den Zahlenangaben auf den Markierungstafeln ist allerdings zu berücksichtigen, dass der Rhein mit dem Beginn des Mittelrheinabschnitts nördlich von Bingen etwa 1,2 km kürzer ist, als es die Sichtzeichen angeben. Bei der abschnittweise mehrfach korrigierten Neuvermessung des Rheins (1883–1910) hat man die bereits zuvor genau verorteten Messpunkte der früheren Anrainerstaaten nicht aufgegeben, sondern begann an den ehemaligen Landesgrenzen jeweils wieder mit Rheinkilometer 0 neu zu zählen. Für das preußische Rheinland startete die Zählung mit Strom-km 0 somit bei der Nahemündung in Bingen. Da bei der ab 1939 international vereinbarten und durchlaufenden Kilometrierung ab Konstanz die alten Angaben nicht einfach glattzahlig zu übernehmen waren, wurden an den ehemaligen Landesgrenzen so genannte Fehlstrecken eingeführt. An der früheren Grenze Hessen/Preußen gegenüber der Nahemündung bei Bingen beträgt der Abstand der beiden Tafeln für Rheinkilometer 529 sowie 530 deshalb nicht wie sonst 1 km, sondern nur 525 m. Die 530-km-Anzeige befindet sich daher erstaunlicherweise unmittelbar neben der zugehörigen 500-m-Marke (schwarzes Kreuz auf weißem Feld).

Rhein-km lrh	Erlebnisinhalt	Rhein-km rrh
529	**Nahe-Mündung** Gebirgseintritt des Rheins und Beginn des Mittelrheins; die Nahe, südlicher Grenzfluss des Schiefergebirgsteiles Hunsrück, durchschneidet kurz vor der Mündung den in seinem Nordteil aus Bunten Schiefern aus dem Gedinne aufgebauten Rochusberg (vgl. S. 90). Das hier beginnende Durchbruchstal des Rheins durch das Rheinische Schiefergebirge bezeichnet den Mittelrhein. Die rund 60 km lange Talstrecke von Bingen bis Koblenz (Rhein-km 530-590) bildet – flankiert von den angrenzenden Schiefergebirgshöhen des Hunsrück (linksrheinisch) und des Taunus (rechtsrheinisch) – das Obere Mittelrheintal (Oberes Engtal) und ist seit 2002 UNESCO-Welterbegebiet.	
	Der markante Mäuseturm wurde auf seiner eigenen kleinen Felsinsel aus verwitterungsbeständigem Quarzit errichtet.	
530	Eintritt in den **Rhein-Canyon**: In seinem oberen Engtalabschnitt fließt der Mittelrhein auf der Sohle eines 150–220 m tief eingeschnittenen Talzuges und füllt dessen Boden mit dem Stromband und der angrenzenden Aue nahezu vollständig aus – von den wenigen randlichen Terrassenleisten abgesehen. Bis auf Reste in den Talni-	530

Rhein- km lrh	Erlebnisinhalt	Rhein- km rrh
	schen hat der Rhein auch jeweils die Schwemmfächer abgetragen, die aus einmündenden Seitentälern vor geschüttet wurden. Auf der Stromstrecke bis Koblenz neigt sich die Rheinoberfläche um etwa 18 m; das Gefälle beträgt durchschnittlich 0,02%. Erster Teilabschnitt der oberen Engtalstrecke ist die **Binger Talpforte**, in die der Rhein aus dem rheinhessischen Becken- und Tafelland bei Bingen mit fast rechtwinkliger Flussbiegung eintritt. Dieser Durchbruch zwischen den Quarzitrücken von Soonwald (Hunsrück) und Rheingaugebirge (Taunus) ist etwa 5 km lang, reicht bis Trechtingshausen und verläuft geradlinig fast in Nordrichtung. Die glatten, steilen und nur wenig gegliederten Hänge lassen das Rheintal hier besonders eng und eingezwängt erscheinen.	
530,1	**Mäuseturm**, eigentlich Mautturm, Zoll- und Wachstation (14. Jahrhundert) auf eigener Rheininsel (Mäuseturminsel) mit geringsmächtiger Kiesauflage auf quarzitischem Felsgrund, 1855–1974 wichtige Signaleinrichtung für die Rheinschifffahrt; unmittelbar benachbart schöner Auenwaldbestand der Bingerbrücker Aue	
	Burg Ehrenfels, Ruine einer kurmainzischen Burg (13. Jahrhundert) auf markanter Felsnase aus Taunusquarzit, Idealtyp einer mittelalterlichen Burgruine, z.T. sind noch Uferbefestigung erhalten; im oberen Talhang liegen Schuttmassen (= Rosseln) aus hartem Taunusquarzit, die durch Frostsprengung angesammelt wurden.	530,5
530,8	**Binger Loch**, bei Niedrigwasser sind die verbliebenen Lochsteine erkennbar, Teile eines den Rhein querenden Quarzitriffs, vor dem Freisprengen einer 120 m breiten Durchfahrt gefährliches Schifffahrtshindernis mit rauschender Stromschnelle; heute sichern Stromleitwerke den Fahrbetrieb	
532,2	**Poßbachtal**, nördlich der kleinen Taleinmündung sind Bunte Schiefer auf Taunusquarzit aufgeschoben	

Rhein- km lrh	Erlebnisinhalt	Rhein- km rrh

Rosseln sind eiszeitlich angelegte Halden aus Taunus-quarzit, wie man sie vor allem im Umkreis von Ass-mannshausen findet. Außerdem fallen hier die großen Rebbrachen auf.

Assmannshausen, inmitten des größten mittelrheini-schen Rotweinanbaugebietes: Hier endet die Binger Talpforte, und es beginnt der etwas breiter entwickelte, rund 15 km lange Talabschnitt von Bacharach. Er wen-det sich ab Trechtingshausen in eine erstaunlich gerad-linige nordwestliche Abflussrichtung und hält diese mit geringfügigen Biegungen bis Oberwesel bei. Im Unter-schied zu den weitgehend geschlossenen Engtalhän-gen bei Bingen löst vor allem auf der linken Rheinseite eine ganze Folge von Riedeln, Spornen oder kleineren Seitentalkerben die Talflanke auf. Nördlich des hier ein

532,2

Rhein- km lrh	Erlebnisinhalt	Rhein- km rrh
	mündenden Eichbaches sind Bunte Schiefer (Phyllite) aus dem tiefen Unterdevon steil auf Taunusquarzit aufgeschoben.	
533,0	**Burg Rheinstein**, alte Zollfeste (14. Jahrhundert), in preußischer Zeit nach romanischer Manier aufgebaut; am nahen Ohligsberg keltischer Abschnittswall und Grabhügelgebiet; hier stehen Bunte Schiefer an. Darüber finden sich Hermeskeil-Schichten und Taunusquarzit.	
	 Die Klemenskirche bei Trechtingshausen liegt unterhalb der neugotischen Burg Reichenstein in problematischer Lage auf der hochwassergefährdeten Niederterrasse.	
533,6	**Klemensgrund**, nur spärlich bewachsenes, von Flusssand überdecktes Felsriff	
534,3	**Morgenbachmündung**, steilhängig eingetieftes Schluchttal aus dem Binger Stadtwald, wegen seines reichhaltigen Biotopmosaiks als NSG ausgewiesen	

Rhein- km lrh	Erlebnisinhalt	Rhein- km rrh
534,5	**Burg Reichenstein**, alte Festung (12. Jahrhundert) mit Burgmuseum, am Rheinufer romanische Klemenskirche	
535,2	**Trechtingshausen**, reizvolles Winzerdorf auf der Hunsrückseite; bei Trechtingshausen endet das Verbreitungsgebiet der Bunten Schiefer aus dem tiefen Unterdevon (Gedinne) im oberen Mittelrheintal.	
	 Der Quarzitsteinbruch bei Trechtingshausen ist ein Verbrechen an der Tallandschaft.	
537,0	**Quarzitbrüche**, riesiger, auf verschiedenen Abbausohlen angelegter Steinbruchbetrieb im linksrheinischen Taunusquarzit mit großflächig zerstörtem Talhang – zweifellos eine landschaftliche Katastrophe, aber in Rheinland-Pfalz trotz Landschaftsschutz und UNESCO-Status möglich.	
537,0	**Burg Sooneck**, ehemaliger Raubritterstützpunkt (13. Jahrhundert), in preußischer Zeit teilweise wieder aufgebaut, fußt auf der nördlichsten Schuppe aus Taunusquarzit	
537,8	**Kleiner Lorcher Werth**, dem rechten Rheinufer genäherte, z. T. mit Weinbau bewirtschaftete Rheininsel auf Schotterbasis, durch Stromleitwerk mit der Nachbarinsel verbunden, Naturschutzgebiet	537,8

Rhein- km lrh	Erlebnisinhalt	Rhein- km rrh
538,5	**Niederheimbach**, ehemals Grenze zwischen Kurmainz und Kurpfalz, Weinlehrpfad, oberhalb des Ortes Aussichtspunkt mit Siebenburgenblick; der Rhein nimmt hier deutlich an Breite zu, nachdem er aus dem Verbreitungsgebiet der Taunusquarzite in die Hunsrückschiefer eingetreten ist	

Die Heimburg über Heimbach ist das am Mittelrhein seltene Beispiel einer Mittelterrassenburganlage. | |
539,4	**Burg Hoheneck**, auch Heimsburg genannt, nur wenig oberhalb der Häuserzeilen von Niederheimbach auf einer niedrigen Stufe der Mittelterrasse gelegen (13. Jahrhundert), im 19. Jahrhundert umgebaut	
539,5	**Großer Lorcher Werth**, Schotterinsel, zusammen mit der Nachbarinsel 24 ha groß, mit schöner Weichholzaue und an der unterstromigen Spitze Resten von Hartholzzone, Naturschutzgebiet	539,5
	Lorch, ehemals wichtiger Warenumladeplatz vor dem Binger Loch, an der Einmündung des tief eingeschnittenen Wispertales (größter Rheinzufluss zwischen Main und Lahn)	540,5
	Burg Nollig, Ruine (13. Jahrhundert) mit Schildmauer und Rundtürmen	540,8

Rhein-km lrh	Erlebnisinhalt	Rhein-km rrh
541,0	**Burg Fürstenberg**, Ruine (13. Jahrhundert) einer kölnischen Sicherungsburg mit rundem Bergfried in den Weinbergen oberhalb Rheindiebach	
	Die berühmte Wernerkapelle in Bacharach wurde aus Rotliegend-Sandstein des Mainzer Beckens errichtet. Dahinter zeigen sich die südexponierten Rebflächen des Steeger Tals – der größten Rebflur in einem linken Seitental des Oberen Mittelrheins.	
543,0	**Bacharach**, vielbesuchter, malerischer Ort mit fast komplett erhaltener Stadtbefestigung und zahlreichen Baudenkmälern, oberhalb der Taleinmündung, **Burg Stahleck** aus dem 12. Jahrhundert auf einer Felsklippe im unterdevonischen Hunsrückschiefer, heute Jugendherberge	
543,5	**Bacharacher Werth**, rund 25 ha große Rheininsel mit Felskern aus Hunsrückschiefer, ebenso wie die benachbarten Klippenreste der Diebssteine, schöne Weichholzzone	
	Niedertal, die Taleinmündung ist die Landesgrenze zwischen Hessen und Rheinland-Pfalz; hier endet außerdem der Naturpark Rhein-Taunus	544,0

Rhein- km lrh	Erlebnisinhalt	Rhein- km rrh
544,5	**Kauber Werth**, im Stromstrich geschwungene, knapp 5 ha große Rheininsel mit geschlossener Weichholzaue und Pappelaufforstungen; die strömungsbeengte Engstelle im Rhein heißt bei den Rheinschiffern „Wildes Gefährt"	544,5
	 Der Pfalzgrafenstein steht einzigartig unter den mittelalterlichen Burgenbauten des Oberen Mittelrheins. Er fußt auf einer Falkenlay genannten Felsinsel mit Ansätzen einer Auenentwicklung.	
546,0	**Pfalzgrafenstein**, einzigartige kurpfälzische Zollfeste (Typ Flussburg) auf dem Felsriff Falkenlay (14. Jahrhundert), Grundriss in Schiffsgestalt	546,0

Rhein- km lrh	Erlebnisinhalt	Rhein- km rrh
	Burg Gutenfels oberhalb von Kaub fußt auf einer Gesteinsfolge, in der man früher Dachschiefer (Unterdevon in der Hunsrück-Fazies) abgebaut hat.	
	Kaub, sehenswerter Ort mit zahlreichen Baudenkmälern, auf einer Felsnase oberhalb des Blüchertales (früheres Bergwerksgebiet) die **Burg Gutenfels,** (13. Jahrhundert, heute Hotel); gegenüber auf dem linksrheinischen Talhang Halden und Gebäudereste der ehemals bekannten Dachschiefergrube „Rhein" im unterdevonischen Hunsrückschiefer	546,5
549,0	**Schönburg**, wieder aufgebaute Burg (12. Jahrhundert) mit beachtlicher Schildmauer auf schmalem Felssporn über einer Nebentaleinmündung	
550,0	**Oberwesel**, sehenswerter Ort mit vielen beachtlichen Kunst- und Baudenkmälern; hier – am Beginn des St. Goarer Engtals – tritt der Mittelrhein in eine andere Gesteinsfolge ein: Der Wechsel von weicheren Ton- und Bänderschiefern zu sehr harten Sandsteinen gleicher Altersstellung drückt sich entsprechend in einem verän-	

Rhein- km lrh	Erlebnisinhalt	Rhein- km rrh
	derten Erscheinungsbild der Tallandschaft aus und bedingt hier eine Folge auffälliger Talverengungen wie am Roßstein gegenüber Oberwesel oder an der berühmten Loreley südlich von St. Goarshausen. Dazwischen erstrecken sich nur wenig betonte Talweitungen. Bei Oberwesel schenkt der Rhein bemerkenswerterweise in das SW-NO-Streichen des Grundgebirges ein. Grund dafür ist vermutlich eine Aufschiebung von Hunsrückschiefer auf Unterems, die im Gebiet des Oberweseler Ochsenturms das Rheintal quert.	
	Roßstein, markante Felskuppe gegenüber vom Ochsenturm (Teil der Oberweseler Niederburg), besteht noch aus Hunsrückschiefer, während hinter der Flussbiegung wieder Singhofener Schichten (Unterems) anstehen	550,5
550,9	**Tauberwerth**, knapp 2 ha großes Felsriff aus Singhofen-Schichten mit lückigem Weidengebüsch. In diesem Bereich sind bei niedrigem Wasserstand die Reste der Felsriffgruppe „Sieben Jungfrauen" zu sehen, auf denen sich gerne Graugänse und Kormorane ausruhen.	

Die Loreley von ihrer schönsten (Südwest-)Seite; die Geologie dieses berühmtesten Rheintalfelsens ist komplizierter als vermutet.

Rhein- km lrh	Erlebnisinhalt	Rhein- km rrh
	Loreley, mit Abstand berühmtester, rund 130 m über die Flussaue aufragender Rheintalfels aus Singhofen-Schichten, für Straße und Schiene durchtunnelt; auf der Südflanke biologisch interessantes Felsgebüsch mit vielen seltenen Arten; an der Loreley verengt sich der sonst etwa 300–420 m breite Rhein auf nur 130 m und ist damit deutlich schmaler als an der engsten Stelle der Binger Talpforte; unterhalb der Loreley tritt, wie auch schon an der Unterstromseite des Binger-Loch-Riffs oder im „Wilden Gefährt" bei Kaub ein markanter Gefällsknick der Stromsohle auf. Schifffahrtsbehindernde Felsriffe wechseln auf dieser Stromstrecke mit tieferen Auskolkungen. Kurz südlich der Loreley erreicht der Mittelrhein mit 20 m bei mittlerem Wasserstand seine größte Wassertiefe überhaupt. Zwischen Oberwesel und der Fließstrecke nördlich St. Goar knickt der Mittelrhein mehrfach ab, behält seine nordwestlich orientierte Abflußrichtung aber nach wie vor ein.	554,2
	Burg Katz, eigentlich Burg Neu-Katzenellenbogen (14. Jahrhundert), heute Erholungsheim	555,8
	St. Goarshausen, Schwesterstadt von St. Goar, Sitz des Schiffahrtsgerichtes	556,0
556,2	**St. Goar**, sehenswertes, nach einem irischen Missionar benanntes Rheinstädtchen mit vielen Baudenkmälern	
556,5	**Burg Rheinfels**, oberhalb St. Goar, größte Burgruine Deutschlands (13. Jahrhundert, das heutige Areal entspricht einem Drittel der ursprünglichen Ausdehnung), ehemalige Zollfestung; interessante und bemerkenswert artenreiche Burgflora- und -fauna.	
	Burg Maus, oberhalb des kleinen Ortes Wellmich, ursprünglich Burg Peterseck oder Burg Deuernberg (14. Jahrhundert), in Anlehnung an die namentlich verkürzte Burg Katz umbenannt; Wellmich ist alter Bergwerksstandort, hier baute man auf dem Werlau-Wellmicher Gangzug Blei- und Zinkerze ab.	558,8

Rhein- km lrh	Erlebnisinhalt	Rhein- km rrh
558,8	**Ehrentaler Werth**, 8 ha große unbewirtschaftete Rheininsel auf Schotterbasis mit schöner Weichholzaue und Pappelaufforstung, NSG, beim Rheinausbau in Stromleitwerk verlängert; im linksrheinischen Talhang gegenüber Bleigrube Gute Hoffnung, durch Stollen unter dem Rhein mit rechtsrheinischen Erzgängen zwischen Wellmich und Ehrental verbunden	
	 Blick auf den herbstlich verfärbten Bopparder Hamm: Die Farbnuancen zeigen die erstaunliche Vielfalt der hier angebauten Rebsorten.	
565,8	**Bad Salzig**, nach salzführender Mineralquelle benannt, diese wurde um die vorletzte Jahrhundertwende neu erbohrt. Bei Bad Salzig beginnt der Talabschnitt mit den im Kartenbild wie auch in der Stromlandschaft so markanten **Bopparder Schlingen**. Wiederum an der Schichtgrenze zwischen relativ weicheren und härteren Unterdevongesteinen hat der Fluss zwischen Boppard und Braubach eine eindrucksvolle Doppelschlinge mit auffallend steilen Prallhängen in den Hauptterrassenboden eingeschnitten. Dem fast inselartig flachen, von Obstbaumkulturen bestandenen Gleithang zwischen Filsen und Osterspai steht der in sich geschlossene, steil aufragende Prallhang des „Bopparder Hamm" mit seinen Rebflu-	

Rhein- km lrh	Erlebnisinhalt	Rhein- km rrh
	ren gegenüber. Am anschließenden Innenbogen, der die beiden Siedlungen Oberspay und Niederspay trägt, beginnt eine deutlichere Talweitung, die schon ein wenig an die typischen Formen des Unteren Mittelrheintales erinnert. Die einzige große Rheinmänderschleife des oberen Engtalabschnitts beginnt an einer geologischen Störung, an der Unterems-Schichten auf ein schmales Band aus Oberems-Quarzit geschoben sind und diesen auf das jüngste Unterdevon, die Kieselgallenschiefer, drückte (vgl. Schichttabelle S. 65). Der weit geschwungene Prallhang des Bopparder Hamms (bekannte Weinlage) ist in Kieselgallenschiefer eingeschnitten.	
	Feindliche Brüder, die am Nordende des schmalen Bergsporns gelegene Burg Sterrenberg ist die ältere Anlage (11. Jahrhundert), die südlich benachbarte Burg Liebenstein war ursprünglich deren Vorburg; erst die jüngere Legendenbildung brachte das Burgenpaar „Feindliche Brüder" auf; beide Burgen fußen auf einem nur wenige hundert Meter breiten Band aus Tonschiefer der Siegen-Stufe.	566,5
	Bornhofen, berühmtes Wallfahrtskloster; der Taleinschnitt hinter dem Ort ist die Grenze des Naturparks Nassau-Lahn; die südliche Talflanke besteht aus bemerksnwert steil stehenden jüngeren Hunsrückschiefern, die nördliche aus älteren Unterems-Schichten	567,0
	Kamp, im Ort schöne mittelalterliche Adelshöfe mit Fachwerkkonstruktionen; die felsigenTalhänge oberhalb des Ortes beherbergen eines der bedeutendsten mittelrheinischen Vorkommen der Smaragdeidechse.	568,7
570,2	**Boppard**, sehenswerter, aus einem römischen Kastell hervorgegangener Ort (römisches Mauerwerk erhalten)	

Rhein-km lrh	Erlebnisinhalt	Rhein-km rrh
	Das Naturschutzgebiet „Schottel" ist ein strömungs-beruhigter Abschnitt nördlich der Bopparder Rhein-schleife. Er dient vor allem dem Wasservogelschutz.	
	Filsen, im Gleithang der großen Rheinschlinge, im Hin-tergrund des Ortes ist sehr klar die Terrassengliederung des Rheintals erkennbar.	571,8
	Osterspai, von der ehemaligen Wasserburg ist nur noch der Wohnturm zu sehen; oberhalb des Ortes das barocke Jagdschlösschen Liebeneck (17. Jahrhundert). Der Uferbereich entlang des langgestreckten Stromleit-werks „Auf der Schottel" ist Naturschutzgebiet.	575,0
	Vielfach sind im Rhein – je nach Wasserführung – kleine, meist unbenannte Felsinseln zu sehen, auf denen sich dennoch eine bescheidene Ansiedlung von Auengehöl-zen vollzieht.	

Rhein-km lrh	Erlebnisinhalt	Rhein-km rrh
	Marksburg, einzige unzerstörte Höhenburg (eigentlich Markusburg) des Mittelrheingebietes (11. Jahrhundert) auf einem steilhangigen Sporn aus Oberems-Schichten mit Diasbas-Gängen aus basaltischer Lava; im Burgbereich ein kulturhistorisch bemerkenswerter Kräutergarten (vgl. S. 182).	579,8
	Braubach, alter Bergbauort im Gebiet von Blei-Zink-Silber-Erzgängen; die drei Schornsteine auf der Höhe Pankert gehören zu einer Bleihütte im Tal östlich des Ortes; der hier früher umgehende Bergbau auf Erze ruht seit 1957.	580,2
	Überall im Mittelrheingebiet findet man die Spuren der früheren Leinpfade, über die Pferdegespanne die Lastkähne rheinaufwärts schleppten.	
582,0	**Rhens**, seit dem 13. Jahrhundert Treffpunkt der (rheinischen) Kurfürsten und Königswahlort; am Nebentalausgang streichen die Kieselgallenschiefer des Oberems aus; ab Rhens durchfließt der Rhein ein nach Norden ausgerichtetes, deutlich lichteres Tal, das geradlinig in die Landschaftseinheit **Lahnsteiner Pforte** überleitet.	

Rhein- km lrh	Erlebnisinhalt	Rhein- km rrh
	Im Rheinprofil des bedeutenden Naturschutzgebietes **Koppelstein** (vgl. S. 191) hat die Talerosion einen Quarzgang aus dem Emser Gangzug freipräpariert; der Emser Gangzug hat in der Region eine bedeutende montanhistorische Tradition. Der Koppelstein ist mit seinen bemerkenswerten Vorkommen seltener Arten Naturschutzgebiet.	582,4
585,0	**Burg Stolzenfels**, ursprünglich alte kurtrierische Zollstätte (13. Jahrhundert), im 19. Jahrhundert nach wilhelminischem Zeitgeschmack neu hergerichtet. Während der linksrheinische Talhang bei Kapellen-Stolzenfels bemerkenswert steil und mit rund 280 m auch sehr hoch ist, fallen die rechtsrheinischen Hänge beiderseits der Lahnmündung ungleich sanfter ab. Im Unterschied zur Binger Talpforte, die eher wie eine Tunnelzufahrt wirkt, öffnet sich die **Lahnsteiner Talpforte** in Stromrichtung trichterförmig, wobei – diesen Eindruck verstärkend – hinzukommt, dass auf der rechten Rheinseite bis zum Ehrenbreitstein ein breiter Obertalboden entwickelt ist. Das Breitenverhältnis vom Untertal- zum Obertalboden beträgt hier wie sonst nirgendwo im gesamten Oberen Mittelrhein etwa 1,2 : 2.	
	Lahnmündung, im rechtsrheinischen Schiefergebirge die geographische Grenze zwischen Taunus und Westerwald; auf dem nördlichen Taunusbergsporn **Burg Lahneck** aus dem 13. Jahrhundert, von Goethe in einem romantischen Gedicht verklärt; die im Rheinprofil anstehenden Gesteine gehören ins Ems; zudem befinden wir uns hier tektonisch im Zentrum der Mosel-Mulde. Die Lahn trennt die Schiefergebirgsteile Taunus (im Süden) und Westerwald (im Norden).	585,8
587,0	Südlich des Brauereigeländes mit seinen das Landschaftsbild störenden, extrem hässlichen Silogebäuden stehen in der Felswand Hohenrhein-Schichten und Emsquarzit in einer durch Verschuppung recht unübersichtlichen Muldenlage an. Es sind verfaltete und steil gestellte ehemalige Wattböden aus dem Erdaltertum.	

**Steil stehendes Devon, im Rheinprofil sehr häufig anzu-
treffen, deutet auf eine buchstäblich bewegte Vergangenheit hin.**

Rhein- km lrh	Erlebnisinhalt	Rhein- km rrh
588,0	**Rittersturz**, mit steil aufgerichteten Unterems-Schich- ten in der Talflanke. Mit der ans linke Ufer angebun- denen Rheininsel Oberwerth (Stadtteil von Koblenz) beginnt der breit-trichterförmige Übergang des oberen Engtals in die Mittelrheinische Beckenlandschaft; nur 2 km westlich von hier liegt bereits das Moseltal.	
	Ehrenbreitstein, seit dem 10. Jahrhundert in vielen Epochen entwickelte Festung, zeitweilig Sitz der Trierer Erzbischöfe und Kurfürsten; die festung fußt auf einem relativ schmalen Plateau der jüngeren Hauptterrasse; im Steilhang unterhalb der preußischen Festungsge- bäude stehen Emsquarzit, Hohenrhein- und Laubach- Schichten aus dem oberen Unterdevon an (vgl. Schicht- tabelle S. 65). In der Festung befindet sich – außer dem Bundesarchiv – das Landesmuseum Koblenz mit seinen kulturhistorisch bedeutsamen Sammlungen.	592,2

Rhein- km lrh	Erlebnisinhalt	Rhein- km rrh
592,4	**Moselmündung**, die Mosel ist die geographische Grenze zwischen Hunsrück und Eifel; das **Deutsche Eck** (der Name geht auf eine hier 1216 begründete Besitzung des Deutschen Ritterordens zurück) ist seit 1953 Mahnmal der deutschen Einheit und seit 1994 wieder mit pompösem Reiterstandbild Kaiser Wilhelms I. ausgestattet; die Landzunge vor dem Deutschen Eck ist eine künstliche Aufschüttung – ursprünglich stand die geschichtsträchtige Kirche St. Kastor direkt am Ufer. Nördlich der Moselmündung durchmisst die Rheinfahrt die im Kartenbild als ungefähr 20×40 km großes Rechteck auffallende Mittelrheinische Beckenlandschaft, deren tiefsten Teil man auch als Neuwieder Becken bezeichnet. Sie reicht bis zur markanten Andernacher Talpforte, an der der untere Engtalabschnitt des Mittelrheins beginnt. Die Mittelrheinische Gebirgsbucht ist ein tertiärzeitliches und auch in jüngerer Zeit noch bewegtes Senkungsfeld, wie die häufigen Erdbeben dieses Raumes zeigen.	
594,2	**Niederwerth**, große Schotterinsel ohne Felskern, große Stromspaltung im Bereich der 3,5 km langen Rheininsel, einzige Rheininsel mit eigenem Siedlungsstandort des gleichnamigen Dorfes, seit der Merowingerzeit besiedelte, Gemüse- und Obstbauinsel, auf der Nordspitze mit schönen Auengehölzen	
596,0	**Graswerth**, ebenfalls Schotterinsel, liegt im Strömungsschatten von Niederwerth, weitgehend unbewirtschaftet mit bemerkenswerter natürlicher Auenvegetation, Naturschutzgebiet	
	Ketsch, unmittelbar nördlich der Autobahnbrücke (A48) liegt eine dritte, sehr kleine Rheininsel (Schotterinsel), die Bestandteil des 136 ha großen Naturschutzgebietes ist; bedeutende Vorkommen seltener Flussauenpflanzen. Hier befindet sich eines der größten rheinischen Vorkommen der Schwanenblume.	598,6

Rhein- km lrh	Erlebnisinhalt	Rhein- km rrh
	Vallendar, im Ort schöne Fachwerkbauten, von der benachbarten Humboldthöhe prachtvoller Blick auf die gesamte mittelrheinische Beckenlandschaft; namengebende Lokalität der Vallendar-Schotter, die für die Gliederung der pleistozänen Rheinterrassen maßgebend sind. Das landschaftlich enorm störende Silo einer Senioren-Wohneinrichtung ist dem eklatanten Unverstand der örtlichen Genehmigungsbehörden zu verdanken.	595,8
602,6	**Urmitzer Werth**, 4 ha große, flache Schotter- bzw. Kiesinsel im Rhein mit erhaltener Weichholzaue und Röhricht, Bestandteil eines 80 ha großen Auen-Naturschutzgebietes; in diesem Gebiet sind zwei römische Kastelle aus dem 1. Jahrhundert v. Chr. nachgewiesen; ungefähr hier könnten auch die nicht mehr genau lokalisierbaren Brücken von Cäsars Rheinübergängen (55 und 53 v. Chr.) bestanden haben.	
605,0	Das nicht nur in dieser Region ungeliebte Kernkraftwerk Mülheim-Kärlich (die Reaktoranlage unter der eiförmigen Kuppel steht passenderweise über dem Schlot eines quartärzeitlichen Vulkans) befindet sich seit Jahren glücklicherweise im Rückbau und wird in naher Zukunft gänzlich verschwinden. Es war ziemlich genau 100 Tage am Netz, bevor der weitere Betrieb wegen diverser Ungereimtheiten gerichtlich untersagt wurde. Der Kraftwerkstandort bezeichnet die tiefste Stelle im Neuwieder Becken. Die Basis der jüngeren Deckschichten liegt hier etwa bei NN. In südlicher Richtung fallen am Beckenrand bei Kettwig die Abraumhalden der Tongrube Kettwig auf, die für die Quartärstratographie des gesamten Rheinlandes außerordentlich bedeutsam sind.	
606,0	**Weißenthurmer Werth**, 2 km lange, 30 ha große (Schotter- bzw.Kiesinsel) mit Weichholzaue, darin einzelne reinerbige Schwarz-Pappeln; über die Nordspitze verläuft die architektonisch nicht besonders gelungene Straßenbrücke nach Neuwied.	606,0

Rhein- km lrh	Erlebnisinhalt	Rhein- km rrh
607,0	**Weißenthurm**, der vom Ufer erkennbare Weiße Turm ist eine alte Grenzmarke (Kurtrier/Kurköln) aus dem 13. Jahrhundert; die unruhige Horizontlinie über der linksrheinischen Begrenzung des Neuwieder Beckens sind die quartärzeitlich entstandenen Vulkanberge der Laacher See-Region (Osteifeler Vulkanfeld)	
	Neuwied, erst Mitte des 17. Jahrhundert gegründete, in regelmäßigem Schachbrettmuster angelegte Stadt; nördlich der Neustadt (gegenüber der Nettemündung, 608,7) in großem, dendrologisch bemerkenswertem Park (vgl. S. 219) das Barockschloss der Fürsten zu Wied; zur Hochwassersicherung rheinseitig bedeicht	608,4
	Wiedmündung, die Wied entspringt im Gebiet der Seenplatte im Hohen Westerwald und hat sich im Schiefergebirge ein stark mäandrierendes Tal geschaffen	610,2
	Gönnersdorf, in Hanglage oberhalb Feldkirchen, weltberühmter Fundplatz für die Jägerkulturen der Späteiszeit (Funde im Museum Monrepos, vgl. S. 217)	612,0

Bis weit über den heutigen Ort Hammerstein hinaus reichte nach der Eruption des Laacher-See-Vulkans der durch die massiven Ascheströme kurzfristig aufgestaute Rhein.

Rhein- km lrh	Erlebnisinhalt	Rhein- km rrh
613,0	**Andernach**, römische Gründung, sehenswerter Ort mit zahlreichen bedeutenden Baudenkmälern, darunter erhaltene Stadtbefestigung; unterhalb der aufgeständerten Krahnenbergbrücke (B9) Alter Rheinkran (1554), der bis 1911 in Betrieb war; unmittelbar nördlich von Andernach beginnt an der markanten **Andernach-Leutesdorfer Talpforte** der untere (nördliche) Engtalabschnitt des Mittelrheins. Nur hier treten die Schiefergebirgsflanken bis unmittelbar an das Rheinufer heran, während sich der Talzug im weiteren Verlauf nicht so eng zeigt wie im oberen Abschnitt. Kennzeichnend für diesen Rheinabschnitt sind die wechselständig rechts und links angeordneten, auffallend unsymmetrischen Talweitungen, die nur zweimal von (bei Hammerstein und bei Unkel) unterbrochen werden.	
614,8	**Namedyer Werth**, heute an das linke Rheinufer angebundene Insel mit prächtig entwickelten Auenwaldbeständen, darin u.a. die seltene Flatter-Ulme; auf der ehemaligen Rheininsel (Naturschutzgebiet) befindet sich der im Jahre 2008 reaktivierte und erstmals 1903 nach einer Bohrung aufgefundene „Geysir Andernach", der unterdessen als höchster Kaltwassergeysir der Welt offiziell in das Guinness-Buch der Rekorde eingetragen ist (vgl. S. 225).	
617,0	Etwa im Bereich der südlichen Spitze des Namedyer Werthes und nördlich von Schloss Namedy verläuft die Siegen-Mayener Hauptaufschiebung: Hier sind die Siegen-Schichten bei der Gebirgsauffaltung in der schieferigen Hunsrück-Fazies steil auf die ungefähr gleichaltrigen Schichten in sandig-toniger Normalfazies aufgeschoben worden.	617,0
	Burg Hammerstein, Ruine einer der ältesten Spornburgen des Rheinlandes (10. Jahrhundert); im Steilhang Vorkommen seltener, wärmeliebender Pflanzenarten	617,7

Rhein-km lrh	Erlebnisinhalt	Rhein-km rrh
620,1	**Brohlbachmündung**, die Talsohle wurde beim Ausbruch des Laacher Bimsvulkans vor rund 13.000 Jahren von den Ascheströmen fast 60 m hoch aufgefüllt – etwa so hoch, wie die Kirchturmspitze der Ortschaft aufragt.	
	Rheinbrohl, Weinort zu Füßen der Rheinbrohler Ley, in der Umgebung (und auch auf der linken Rheinseite bei Brohl) mehrere Thermalquellen	620,2
622,0	**Burg Rheineck**, anfangs kurpfälzische, später kurkölnische Burg (12. Jahrhundert) über der Einmündung des Vinxtbaches, um 1830 in Neuromanik wiedererrichtet; unterhalb der Burg bedeutender Fossilfundpunkt unterdevonischer Gefäßpflanzen	
	Bad Hönningen, gegenüber der Vinxtbacheinmündung (Vinxt vom lat. ad fines = an den Grenzen) steht die Rekonstruktion eines römischen Wachtturms; hier begann der obergermanische Limes, der bis zur Donau reichte; ansonsten ist der Ort von einem chemischem Großbetrieb und seiner Deponie beeinträchtigt; auf den östlichen Rheintalhängen bemerkenswerte Lössauflagerungen mit Orchideenvorkommen.	622,5
623,6	**Bad Breisig,** die hier sprudelnden Thermalquellen stehen wie die zahlreichen weiteren Mineralquellen des Mittelrheingebiets im Zusammenhang mit dem jungen, vermutlich noch nicht abgeschlossenen Vulkanismus der Region; unmittelbar nördlich von Bad Breisig beginnt auf dem linken Rheinufer eine besonders große, 7 km lange Talweitung, die Goldene Meile (= 1 alte geographische Meile) mit fruchtbaren Schwemmlandböden, die sich bis Remagen erstreckt. Vermutlich ist sie nicht nur Ausräumung des Rheins und seines hier mündenden Nebenflusses Ahr entstanden, sondern ein selbständiger tektonischer Senkungsraum zwischen Mittelrheinbecken und Niederrheinischer Bucht.	

Rhein- km lrh	Erlebnisinhalt	Rhein- km rrh
	Schloss Arenfels, anstelle einer früheren Burg (14. Jahrhundert) in den unteren Rebfluren ab 1849 errichteter Bau nach Plänen des Kölner Dombaumeisters Zwirner; im Gebiet der Talflanken bemerkenswerte Parkflüchtlinge, darunter etwa die sonst seltene Manna-Esche. In diesem Talabschnitt quert der Hönningen-Seifener Sattel das untere Mittelrheintal, eine Spezialauffaltung innerhalb des großräumig angelegten Siegener Sattels. Zwischen dem Neuwieder Becken und dem Siebengebirge stehen im Rheinprofil überwiegend die Schichten des Mittel-Siegen aus dem Sattelkern an.	624,7
628,0	**Sinzig**, vom Rheinufer etwas zurückgesetzter Ort (römische Gründung) mit kunsthistorisch bedeutsamer Kirche auf Mittelterrassenanhöhe	
629,3	**Ahrmündung** mit weit in den Rhein vorgeschobener Schotteraue; gilt als eine der wenigen relativ naturnah erhaltenen Nebenflussmündungen des gesamten Rheingebiets, Naturschutzgebiet; die Ahr ist der einzige, direkt zum Mittelrhein entwässernde Eifelfluss.	
	Linz, besonders schmuckes Fachwerkstädtchen mit vielen sehenswerten Baudenkmälern; die Basaltkuppe des Kaiserbergs (mit kleiner Kirche) gehört einer Linie mit acht eng benachbarten Eruptionspunkten an; im Talhintergrund der Bergfried von Ruine Rennenberg (13. Jahrhundert); die tertiärzeitlichen Basaltvulkane dieses Raumes sind auf mehreren parallel verlaufenden Linien angeordnet.	630,0
	Burg Ockenfels, wiedererrichtete Anlage auf den Ruinen einer schon im 15. Jahrhundert zerstörten Höhenburg auf einer der wenigen sehr rheinnahen Basaltkuppen; die beiden südöstlich davon gelegenen Vorkommen (Naak und Nützenak) sind weitgehend abgebaut.	631,0

Rhein-km lrh	Erlebnisinhalt	Rhein-km rrh
	Der relativ erosionsresistente Basaltfelsen der Erpeler Ley zwingt den Rhein zu einem westlichen Ausleger.	
	Erpeler Ley, wuchtige Basaltkuppe, tertiärzeitlicher Eruptionspunkt des Siebengebirgsvulkanismus, der den Rhein zu einer Westbiegung zwingt; Lebensraum seltener Pflanzen und Tiere, in der rheinseitigen Flanke durch Höhle erweiterte Basaltrosette	633,0
	Erpel, malerischer, kleiner Rheinort mit hübschen Fachwerkensembles, am Fuß der auch biogeographisch bedeutsamen Erpeler Ley Brückentürme der aus der jüngeren Geschichte unrühmlichen Remagener Brücke aus Osteifeler Basaltlava, die am Ende des Zweiten Weltkriegs eine traurige Berühmtheit erlangte	633,4
633,8	**Remagen**, römerzeitliche Gründung, sehenswerter Ort mit vielen Baudenkmälern; auf Felsterrasse über dem Ort die neugotische Apollinariskirche	
636,5	**Unkelstein**, im Rhein durch grüne Boje markiertes, heute weggesprengtes Basaltriff; hier und im Steinbruch oberhalb der Straßenaufständerung führte Alexander von Humboldt als Student seine ersten Forschungen durch	

Rhein- km lrh	Erlebnisinhalt	Rhein- km rrh

An der Stuxlei bei Unkel findet sich ein besonders eindrucksvolles Beispiel einer überkippten Falte im Unterdevon: Der rechte Teil fällt leicht nach Süden ein, der
linke (nörliche) taucht dagegen steil ab.

135.227KM
von der
Landes Grenze

Nördlich von Unkel findet
sich direkt am Rheinu-
fer eines der wenigen
Beispiele der früher
anlässlich einer genau-
eren Rheinvermessung
vermarkten Myriameter-
steine. Das Objekt ist vom
Rhein aus zu sehen.

Unkel, hübscher Rheinort mit sehenswertem Denk-
malbestand; an der Talflanke ein bedeutender Devon-
aufschluss mit steil überschobener Nordflanke; wenig
nördlich von Unkel beginnt als letzter Abschnitt des
Mittelrheins, der Godesberger Taltrichter, der mit seinen deutlich weiteren Talterrassenböden bereits der tief
ins Schiefergebirge hineinragenden Niederrheinischen
Bucht angehört.

636,5

Rhein-km lrh	Erlebnisinhalt	Rhein-km rrh
640,5	**Honnefer Stromspaltung**, Dreiteilung des Rheins zwischen den beiden Inseln Grafenwerth (dem rechten Ufer vor Bad Honnef genähert,640,5–641,8) und Nonnenwerth (640,5–642,5, mit 1132 gegründetem Kloster), über die Nonnenwerth-Nordspitze verläuft die Landesgrenze zwischen Rheinland-Pfalz und Nordrhein-Westfalen	640,5
	Bad Honnef, vom Rheinufer etwas zurückgesetzter Ort mit sehenswertem Denkmalbestand, Ausgangspunkt für Wanderungen im angrenzen Siebengebirge: vielkuppige tertiärzeitliche Vulkanbastion an der Nordwestecke des Westerwaldes, eines der ältesten Naturschutzgebiete der Welt	641,0
643,0	**Rolandsbogen**, über den Ruinen der kurkölnischen Burg Rolandseck (12. Jahrhundert) 1840 von den Rheinromantikern über tertiärzeitlichem Basaltvulkan errichtete Kunstruine; unmittelbar nördlich davon liegt der (vom Rhein aus nicht einsehbare) Quartärvulkan Rodderberg (vgl. S. 323), ein biogeographisch bemerkenswerter Grenzpunkt.	

Bei Bonn-Mehlem deutet sich im Angesicht des Siebengebirges das geographische Ende des Mittelrheins an.

Rhein-km lrh	Erlebnisinhalt	Rhein-km rrh
	Drachenfels, Wahrzeichen und bekannteste Erhebung des Siebengebirges auf dem vermutlich meistbestiegenen Berg Europas; Ruine einer kurkölnischen Burg (13. Jahrhundert); zu Füßen des trachytischen Drachenfelses, aus dem man die mittelalterlichen Teile des Kölner Doms errichtete, endet nach üblicher Konvention das Untere Mittelrheintal.	643,8
	Königswinter, vielbesuchter Rheinort zu Füßen des geschichtsträchtigen Petersberges, Ausgangspunkt für Wanderungen im Siebengebirge; der Ort liegt in einer weiten, zum Rhein geöffneten Senke, die man neuerdings als Erosionsrest einer typischen Caldera (vulkanisch bedingten Einbruchzone) versteht.	645,0
647,0	**Godesburg**, nördlichste Höhenburg des Rheinlandes (13. Jahrhundert) auf kleinem Basaltkegel im Stadtzentrum von Bonn-Bad Godesberg; hier beginnt definitiv die breite Niederungslandschaft der Niederrheinischen Bucht, wie an den zurückweichenden Schiefergebirgsflanken abzulesen ist. In diesem Raum gehen zwei europäische Großlandschaften ineinander über – der ausgedehnte Mittelgebirgsgürtel fällt zum Nordwesteuropäischen Tiefland ab. Dessen südlichsten Teil, der als breites Dreieck in das Rheinische Schiefergebirge eingebrochen ist, bezeichnet man als Niederrheinische oder Kölner Bucht.	

Zum Weiterlesen (Auswahl)

Bayer, A.: Mystische Pfade am Rhein. 35 geheimnisvolle Wanderungen an Ober- und Mitterlhein. Bruckmann, München 2014

Bitz, A.: Die Fauna des Miittelrheintals. In: Landesamt für Denkmalpflege Rheinland-Pfalz (Hrsg.): Das Rheintal von Bingen und Rüdesheim bis Koblenz. Eine europäische Kulturlandschaft. Verlag Philipp von Zabern, Mainz, 603–614, 2001

Bitz, A., Merz, T.: Lebensräume: Wechselwirkungen zwischen Natur und Kultur. In: Landesamt für Denkmalpflege Rheinland-Pfalz (Hrsg.): Das Rheintal von Bingen und Rüdesheim bis Koblenz. Eine europäische Kulturlandschaft. Verlag Philipp von Zabern, Mainz, 511–514, 2001

Boldt, H. (Hrsg.): Der Rhein. Mythos und Realität eines europäischen Stromes. Rheinland-Verlag, Köln 1988

Burggraaff, P., Fischer, E., Kleefeld, K-D.: Klosterlandschaft Heisterbacher Tal. Rheinische Landschaften 49, RVDL-Verlag, Köln 2001

Cepl-Kaufmann, G., Johanning, A.: Mythos Rhein. Kulturgeschichte eines Stroms. Wissenschaftliche Buchgesellschaft, Darmstadt 2003

Cruse, B.: Zur Mineralogie und Geologie des Koblenzer Raumes, des Hunsrücks und der Osteifel. Aufschluss-Sonderband 30, Heidelberg 1980

Dehnen-Schmutz, K.: Nichteinheimische Pflanzen in der Flora mittelalterlicher Burgen. Diss. Bot. Bd. 334, J. Cramer, Stuttgart 2000

Fischer, H.: Rheinland-Pfalz, Saarland. Eine geographische Landeskunde. Wissenschaftliche Länderkunden Band 8/IV. Wissenschaftliche Buchgesellschaft, Darmstadt 1989

Geologisches Landesamt (Hrgs.): Geologie von Rheinland-Pfalz. – E. Schweizerbart'sche Verlagsbuchhandelung, Stuttgart 2005

Gerlach, U.; Hager, K., Hard, G.: Vegetationsentwicklung auf Weinbergsbrachen des rheinischen Schiefergebirges. Natur und Landschaft 53, 344–351 (1978)

Glandt, D.: Taschenlexikon der Amphibien und Reptilien Europas. Quelle & Meyer, Wiebelsheim 2010

Gormsen, E.: Das Mittelrheintal. Eine Kulturlandschaft im Wandel. Leinpfad-Verlag, Ingelheim 2003

Gränitz, F., Grundmann, L. (Hrsg.): Das Mittelrheinische Becken. Böhlau-Verlag, Köln 2003

Hachenberg, F.: 2000 Jahre Waldwirtschaft am Mittelrhein. Landesmuseum Koblenz, Koblenz 1992

Haffke, J., Schmickler, A.: Die Ahr von oben. Eifel-Verlag, Köln 2015

Hilgers, J.: Zur aktuellen Bestandssituation einiger bemerkenswerter Ruderal- und alter Kulturpflanzen an den Burgen und Burgruinen im Regierungsbezirk Koblenz. Fauna und Flora in Rheinland-Pfalz 8, 79–132 (1995)

IKSR (Internationale Kommission zum Schutz des Rheins) (Hrsg.): Biotopverbund am Rhein (mit Atlas). Koblenz 2006

Imhof, M., Kemperdick, S.: Der Rhein. Kunst und Kultur von der Quelle bis zur Mündung. Wissenschaftliche Buchgesellschaft, Darmstadt 2004

Jungbluth, J. H., Fischer, E., Kunz, M.: Die Naturschutzgebiete in Rheinland-Pfalz. IV. Die Planungsregion Mittelrhein-Westerwald. Mainzer Naturwissenschaftliches Archiv, Beiheft 11, 1-414 (1989)

Kleefeld, K.-D.: Zukunft des Oberen Mittelrheintals. Modellprojekt für die UNESCO-Kulturlandschaften. – Rheinische Heimatpflege 44, 241–265 (2007)

Kersberg, H.: Die Pflanzenwelt im Bilde des Rheinischen Schiefergebirges. In: Institut für Landeskunde (Hrsg.): Die Mittelrheinlande. Festschrift zum XXXVI. Deutschen Geographentag von 2. bis 5. Oktober 1967 in Bonn. Wiesbaden, 52–62 (1967)

Kleifeld, H., Vienken, T., Wallossek, C.: Die Erpeler Ley. Rheinische Landschaften 54, RVDL-Verlag, Köln 2005

Kneidl, V.: Hunsrück. Insel der Tropen. Streifzüge durch die Erdgeschichte. Edition Goldschneck. Quelle & Meyer, Wiebelsheim 2011

Koenigswald, W. von, Meyer, W. (Hrsg.): Erdgeschichte im Rheinland. Fossilien und Gesteine aus 400 Millionen Jahren. Pfeil Verlag, München 1994

Koenigswald, W. von, Simon, K.-F.: GeoRallye. Spurensuche zur Erdgeschichte. Bouvier, Bonn 2007

Korneck, D.: Xerothermvegetation in Rheinland-Pfalz und Nachbargebieten. Schriftenreihe zur Vegetationskunde 7, Bonn-Bad Godesberg 1974

Kremer, B. P.: Der Mittelrhein. Mittelrheinisches Becken und unteres Engtal. Rheinische Landschaften 21, RVDL-Verlag, Köln 1985

Kremer, B. P. (Hrsg.): Natur am Mittelrhein. Themen, Tipps und Touren. Verlag Eifelverein, Düren 1999

Kremer, B. P. (Hrsg.): Die Ahr. Erleben und genießen. Wienand-Verlag, Köln 1996

Kremer, B. P. (Hrsg.): Laacher See. Landschaft, Natur, Kunst, Kultur, 2. Aufl., Wienand-Verlag, Köln 1996

Kremer, B. P. (Hrsg.): Das Siebengebirge. Natur, Landschaft, Kultur. Wienand-Verlag, Köln 2002

Kremer, B. P.: Zwischen Sayn und Siebengebirge. Der Naturpark Rhein-Westerwald. Rheinische Landschaften 55, RVDL-Verlag, Köln 2005

Kremer, B. P.: Der Rhein. Von den Alpen bis zur Nordsee. 2. Aufl., Mercator-Verlag, Duisburg 2015

Kremer, B. P.: Kulturlandschaften lesen. Vielfältige Lebensräume erkennen und verstehen. Haupt Verlag, Bern 2015

Kremer, B. P., Meyer, W.: Das obere Mittelrheintal. Rheinlandschaft zwischen Bingen und Koblenz. Rheinische Landschaften 43, RVDL-Verlag, Köln 1994

Kremer, B. P., Roth, H. J.: Das Untere Lahntal. Rheinische Landschaften 53, RVDL-Verlag, Köln 2004

Lambert, D.: Bergbau in Braubach. Herimatkundliche Buchreihe zum östlichen Schiefergebirge Band 6. Lahnbrück-Verlag, Weilburg 2011

Landesamt für Denkmalpflege Rheinland-Pfalz (Hrsg.): Das Rheintal von Bingen und Rüdesheim bis Koblenz. Eine europäische Kulturlandschaft, Bände 1 und 2. Philipp von Zabern, Mainz 2001

Landesamt für Denkmalpflege Rheinland-Pfalz (Hrsg.): „Wer will des Stromes Hüter sein?" 40 Burgen und Schlösser am Rhein. Schnell + Steiner, München 2002

Lelek, A., Buhse, G.: Die Fische des Rheins – früher und heute. Springer-Verlag, Heidelberg 1992

Look, E.-R., Feldmann, L. (Hrsg.): Faszination Geologie. Die bedeutendsten Geotope Deutschlands. E. Schweizerbart'sche Verlagsbuchhandlung, Stuttgart 2006

Merz, T. : Die Flora des Mittelrheintals. In: Landesamt für Denkmalpflege Rheinland-Pfalz (Hrsg.): Das Rheintal von Bingen und Rüdesheim bis Koblenz. Eine europäische Kulturlandschaft. Verlag Philipp von Zabern, Mainz, 589–602, 2001

Merz, T., Bitz, A.: Relikte vom Menschen weitgehend unbeeinflusster Lebensräume. In: Landesamt für Denkmalpflege Rheinland-Pfalz (Hrsg.): Das Rheintal von Bingen und Rüdesheim bis Koblenz. Eine europäische Kulturlandschaft. Verlag Philipp von Zabern, Mainz, 515–547, 2001

Merz, T., Bitz, A.: Nutzungsbedingte Lebensräume. In: Landesamt für Denkmalpflege Rheinland-Pfalz (Hrsg.): Das Rheintal von Bingen und Rüdesheim bis Koblenz. Eine europäische Kulturlandschaft. Verlag Philipp von Zabern, Mainz, 549–588, 2001

Meuser, P., Oswald, A.: Luftbildatlas Weltkulturerbe Oberer Mittelrhein. DOM publishers, Berlin 2009

Meyer, W., Stets, J.: Das Rheintal zwischen Bingen und Bonn. Sammlung Geologischer Führer Bd. 89. E. Schweizerbart'sche Verlagsbuchhandlung, Stuttgart 1996.

Meyer, W., Stets, J.: Das Mittelrheintal. Geologie in Karte und Profil. Geologisches Landesamt Rheinland-Pfalz, Mainz 2000.

Meyer, W., Stets, J.: Das Obere Mittelrheintal aus geologischer Sicht. In: Landesamt für Denkmalpflege Rheinland-Pfalz (Hrsg.): Das Rheintal von Bingen und Rüdesheim bis Koblenz. Eine europäische Kulturlandschaft. Verlag Philipp von Zabern, Mainz, 25–44, 2001

Meyer-Doerpinghaus, U.: Am Zauberfluss. Szenen aus der Rheinromantik. Zu Klampen-Verlag, Springe 2015

Ministerium für Umwelt und Forsten Rheinland-Pfalz & Landesamt für Umweltschutz und Gewerbeaufsicht Rheinland-Pfalz (Hrsg.): Planung vernetzter Biotopsysteme. Oppenheim, 1992ff. mit den folgenden Bänden:
Bereich Landkreis Altenkirchen (1992)
Bereich Landkreis Cochem-Zell (1993)
Bereich Landkreis Mayen-Koblenz / Koblenz (1993)
Bereich Landkreis Neuwied (1993)
Bereich Landkreis Rhein-Lahn (1993)
Bereich Landkreis Westerwald (1993)
Bereich Landkreis Ahrweiler (1994)
Bereich Landkreis Rhein-Hunsrück (1995)
Bereich Landkreis Mainz-Bingen und Kreisfreie Stadt Mainz (1999)

Müller, W.: Das Laacher-See-Gebiet im Rundblick vom Lydiaturm. Vulkanologie & Geologie, Flora & Fauna, Kloster & Basilika. Görres Druckerei und Verlag, Neuwied 2014

Müller, W., Schumacher, K.-H.: Steinreiche Eifel 2: Herkunft, Verwendung und Gewinnung der Eifelgesteine. Görres Druckerei und Verlag, Neuwied 2013

Noll, F. C.: Einige dem Rheinthale von Bingen bis Coblenz eigenthümliche Pflanzen und Thiere mit Rücksicht auf ihre Verbreitung und die Art ihrer Einwanderung. Jahresberichte der Frankfurter Vereinigung für Geographie und Statistik 42, 1–66 (1878)

Oster, U. A.: Flüsse in Deutschland. Eine Kulturgeschichte. Wissenschaftliche Buchgesellschaft, Darmstadt 2008

Pfotenhauer, A., Lixenfeld, E.: Oberes Mittelrheintal. Welterbe. Edition Monumente, Bonn 2006

Pohl, D. (2001): Forst- und Landwirtschaft, Wein- und Obstbau. In: Landesamt für Denkmalpflege Rheinland-Pfalz (Hrsg.): Das Rheintal von Bingen und Rüdesheim bis Koblenz. Eine europäische Kulturlandschaft. Verlag Philipp von Zabern, Mainz, 289–316, 1991

Prössler, H.: Das Weinbaugebiet Mittelrhein in Geschichte und Gegenwart. Schriften zur Weingeschichte 49, Rhenania-Fachverlag, Koblenz 1979

Rheinischer Verein für Denkmalpflege und Landschaftsschutz (Hrsg.): Das Rheintal – Schutz und Entwicklung. Die Rheintal-Konferenz des Rheinischen Vereins für Denkmalpflege und Landschaftsschutz am 6./7. November 1997 in Mainz. Eine Dokumentation. RVDL-Verlag, Köln 1999

Schäfer, A., Wedra, C., Wey, H.: Die Pflanzenwelt im Moseltal. 18 faszinierende Entdeckungstouren zwischen Perl und Koblenz. Quelle & Meyer, Wiebelsheim 2016

Schäffke, W.: Der Rhein von Mainz bis Köln. Eine Reise durch das Rheintal –
Geschichte, Kunst und Landschaft. DuMont, Köln 1985

Schirmer, W. (Hrsg.): Landschaftsgeschichte im europäischen Rheinland. LIT-
Verlag, Münster 2003

Schmitt, E.: Biotopverbundmodell Oberer Mittelrhein. Gießener Geographische Schriften 69, 1991

Schwickerath, M.: Karte der Einstrahlungen bemerkenswerter Florenelemente
in das Rheinstromgebiet nebst Erläuterungen. Rheinische Heimatpflege 8,
67–72 (1936)

Solmsdorf, H.; Lohmeyer, W., Mrass, W.: Ermittlung und Untersuchung der
schutzwürdigen und naturnahen Bereiche entlang des Rheins (Schutzwürdige Bereiche im Rheintal). Schriftenreihe für Landschaftspflege und
Naturschutz 11, Bonn-Bad Godesberg 1975

Stets, J., Schäfer, A.: Geologie, Paläogeographie und Beckenanalyse im Rheno-
herzynikum am Beispiel des Rheinprofils (Unterdevon, Rheinisches Schiefergebirge). Decheniana 161, 93-110 (2008)

Tittizer, T., Krebs, F.: Der Rhein und seine Auen. Eine Bilanz. Springer Verlag,
Heidelberg 1996

Tümmers, H. J.: Der Rhein. Ein europäischer Fluss und seine Geschichte. Verlag
C.H. Beck, München 1994

Volk, O.: Die Erschließung des mittleren Rheinlandes für den Weinbau im Hoch-
und Spätmittelalter. Berichte zur deutschen Landeskunde 71(1),107–128
(1998)

Volk, O.: Wirtschaft und Gesellschaft am Mittelrhein vom 12. bis zum 16. Jahrhundert. – Veröffentlichungen der Historischen Kommission Nassau 63,
1998

Weiter-Matysiak, B.: Weinbau im Mittelalter. Geschichtlicher Atlas der Rheinlande, Beiheft VII/2, Köln 1985

Wirtgen, Ph.: Flora der preußischen Rheinprovinz und der zunächst angrenzenden Gebiete. Bonn 1857

Artenregister

Bildnachweis

o = oben, u = unten, li = links, re = rechts

Heiko Bellmann über Frank Hecker: 165, 185, 215, 313 o, 325
Blickwinkel über Frank Hecker: 251
Frank Hecker: 108, 124, 125, 197 u, 235, 261, 350
Bruno P. Kremer: 8, 9, 11, 14, 16, 17, 18, 22, 23, 28, 29, 30, 32, 33, 34, 38, 47, 51, 56, 57, 58, 61, 62, 65, 74, 75, 76, 114, 115, 130, 131, 134 u, 140, 144, 145, 154, 163 o, 175, 182, 187, 188, 191 li, 194, 195, 196 u, 197 o, 199, 202, 206, 207 u, 208, 209, 212, 213, 214, 216, 217, 219, 220, 221, 224, 226, 227, 228, 229, 230, 231, 237, 238, 239, 242, 244, 245, 247, 250, 252-260, 264, 266, 267, 268, 269, 270, 272, 274, 275, 276, 277, 278, 279, 280, 284, 285, 288, 289, 291, 292, 293, 297, 298, 299, 302, 303, 306, 308, 309, 310, 311, 312, 313 u, 317, 320, 321, 322, 324, 326, 327, 328, 330, 331, 333, 335, 339, 340, 342, 343, 344, 345, 347, 349, 351, 352, 356, 357, 358, 359, 360, 361, 362, 363, 364, 365, 366, 367, 368, 369 re, 377, 378, 379, 380, 381, 382, 383, 384, 386, 388, 389, 391, 394, 398, 399, 400
Thomas Merz: 19, 27, 90, 91, 92, 93, 94, 95, 96, 97, 98, 99, 102, 103, 104, 105, 106, 107, 109, 112, 113, 116, 117, 118, 119, 121, 122, 123, 132, 134 o, 135, 136, 137, 142, 147o, 150, 152, 155, 157, 160, 162, 163 u, 170, 172, 173, 176, 177, 178, 179, 184, 186, 189, 190, 191 re, 205, 372, 375
Walter Müller: Haupttitel, 147u, 151, 166, 171, 196 o, 207 o, 233, 236, 248, 287, 314, 338, 369 li
Rainer Nowack: 315
Vera Riemann: 49
Siebengebirgsmuseum Königswinter/Heimatverein Siebengebirge: 12

Die Autoren

Dr. Bruno P. Kremer

Geboren in Linz am Rhein, Studium der Biologie, Chemie und Geologie; Diplom (Biologie), Staatsexamen (Lehramt an Gymnasien), Promotion zum Dr. rer. Nat. Arbeitsschwerpunkte zunächst Labor- und Feldforschung zu Problemen der biochemischen Ökologie, später zunehmend Bearbeitung regionalkundlicher Themengebiete. Zahlreiche Zeitschriften- und Buchveröffentlichungen zu biologisch-ökologischen Sachthemen sowie zur Naturerlebnispädagogik.

Thomas Merz

ist seit 2005 selbständiger Biologe. Er befasst sich mit Landschaftspflege und -planung, Geographischen Informationssystemen und digitaler Kartografie. Er ist zertifizierter Natur- und Landschaftsführer für das UNESCO-Welterbe Oberes Mittelrheintal.

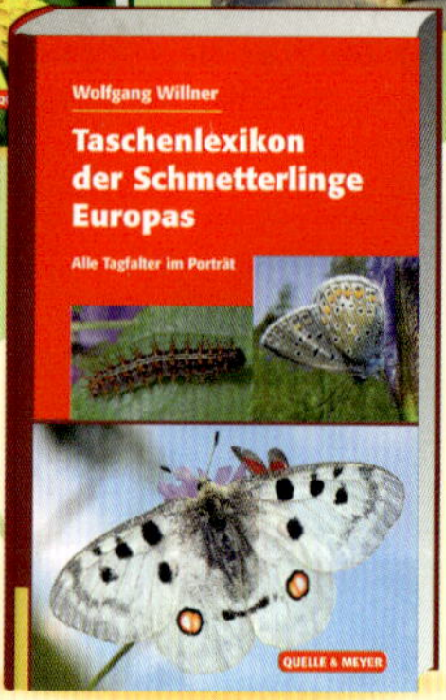